LEVEN IN JE LEVEN

Marjolein Boswinkel

LEVEN
IN JE
LEVEN

Leer de
valkuilen
in je leven
herkennen

JEFFREY YOUNG & JANET KLOSKO

Pearson

Eerste druk 1999
Tweede druk 2000
Derde druk 2001
Vierde druk 2002, twaalfde oplage 2021

Vertaling van: Reinventing Your Life by Jeffrey E. Young and Janet S. Klosko
Penguin Group, New York 1994.

Vertaling: Saskia Janzen
Omslagontwerp: Studio Pearson
Omslagbeeld: Alex Garaev, Shutterstock
Lay-out: Marie-Jan Ousen

ISBN 978 90 265 1569 9
NUR 770/777

INHOUDSOPGAVE

INTRODUCTIE

Dit is een heel bijzonder boek. In een tijd waarin de markt overspoeld lijkt te worden met zelfhulpboeken, die allemaal de weg tot geluk beloven, is dat een opmerkelijke uitspraak. Waarom springt dit boek er met kop en schouders bovenuit? En waarom is het zo goed dat dit boek nu in vertaalde vorm voor de Nederlandstalige markt ter beschikking komt?

In de eerste plaats is het boek zo bijzonder omdat het de auteurs gelukt is de meest recente inzichten uit wetenschappelijk onderzoek uit verschillende onderzoeksgebieden te integreren met inzichten uit verschillende psychotherapeutische stromingen. Daarmee overstijgt het boek traditionele scheidingen tussen verschillende wetenschapsgebieden en therapeutische stromingen. Het is zo bijzonder omdat wat de auteurs stellen zo goed gefundeerd is. Het zijn niet zomaar goedbedoelde inzichten en adviezen die Young en Klosko geven. Wat zij zeggen is zo goed mogelijk gebaseerd op het beste wat onderzoek en praktijk ons kunnen leren.

In de tweede plaats is dit boek geschreven op een manier die iedereen direct persoonlijk aanspreekt. Met de kennis van dit boek zult u uzelf en andere mensen beter begrijpen en beter met uzelf en met anderen weten om te gaan. U zult een beter inzicht krijgen in wat uw persoonlijke valkuilen zijn en hoe die in uw eigen persoonlijke geschiedenis zijn ontstaan. En, als u dat wilt, kunt u verantwoorde adviezen vinden hoe u kunt proberen veranderingen in uw leven aan te brengen. Het is een dik boek, maar u hoeft niet alles te lezen want in het begin vindt u een wegwijzer zodat u die delen kunt raadplegen die voor u van belang zijn.

In de derde plaats is dit boek voor heel veel mensen geschikt. Of u nu gewoon in mensen geïnteresseerd bent of dat u merkt dat u steeds in dezelfde patronen terechtkomt (of dat nu in uw werk of in uw privé-leven is), of dat u hulp zoekt bij deskundige hulpverleners, of dat u bijvoorbeeld psychotherapeut bent en een beter inzicht in uw eigen valkuilen wilt krijgen; dit boek is geschikt voor u. De patronen waarin mensen terecht kunnen komen, worden op een niet-veroordelende en aansprekende manier beschreven zodat het iedereen aan kan spreken. Wij raden dit boek dan ook aan voor mensen die voor zichzelf meer over hun valkuilen te weten willen komen, die hulpverlener willen worden, die bij ons in behandeling komen, maar we gebruiken het ook voor onszelf om een beter inzicht in onszelf te krijgen.

Jeffrey Young en Janet Klosko hebben met andere woorden een heel intelligent, aansprekend, menselijk en verantwoord boek geschreven. Ik ben buitengewoon verheugd dat drs. Saskia Janzen de taak op zich heeft genomen dit boek in het Nederlands te vertalen en dat drs. Hannie van Genderen bereid is geweest de vertaling te corrigeren. Dit boek is meer dan welkom.

Dr. Arnoud Arntz,
Universitair Hoofddocent Medische, Klinische en Experimentele Psychologie, Universiteit Maastricht
Psychotherapeut RIAGG Maastricht

WOORD VOORAF DOOR AARON BECK

Ik ben erg blij dat Jeffrey Young en Janet Klosko het hebben aangedurfd om het lastige onderwerp van de persoonlijkheidsproblematiek aan te pakken, daarbij gebruikmakend van de technieken en principes van de cognitieve therapie. De auteurs hebben belangrijk pionierswerk verricht door het ontwikkelen en toegankelijk maken van een methode waarmee belangrijke duurzame veranderingen in relaties en werk tot stand kunnen worden gebracht.

Persoonlijkheidsproblematiek heeft te maken met duurzame patronen waar mensen zichzelf mee benadelen en die hen verschrikkelijk ongelukkig maken. Mensen met persoonlijkheidsproblemen hebben vaak zeer langdurige verstoringen in hun leven, naast dat ze worden gekweld door angst en depressie. Vaak zijn ze ongelukkig in hun intieme relaties of presteren ze onder hun niveau in hun werk. De kwaliteit van hun leven is niet wat ze willen.

De cognitieve benadering is erin geslaagd een therapievorm te ontwikkelen voor deze lastige chronische problemen. Bij de behandeling van persoonlijkheidsproblemen richten we ons niet alleen op symptomen – zoals depressie, angst, paniekaanvallen, verslavingen, eetstoornissen, seksuele problemen en slapeloosheid – maar ook op de 'schema's', die daaraan ten grondslag liggen. (De auteurs hebben de *schema's* valkuilen genoemd.) De meeste cliënten komen in therapie met bepaalde kenmerkende schema's die terug te vinden zijn in de verschillende symptomen. Wanneer die basale schema's in de therapie worden aangepakt, kan dat een gunstige weerslag hebben op tal van levensgebieden.

Cognitieve therapeuten kennen de signalen die wijzen op het bestaan van een schema. Het eerste signaal is al wanneer de cliënt zegt: 'Dit probleem heb ik al mijn hele leven, zo ben ik gewoon.' De cliënt ziet zijn probleem als iets 'natuurlijks'. In de tweede plaats lukt het de cliënt niet om zijn huiswerkopdrachten, die hij met zijn therapeut heeft afgesproken, uit te voeren. De cliënt heeft het gevoel 'vast te zitten'. Hij wil veranderen, maar hij verzet zich daar ook tegen. In de derde plaats heeft de cliënt er geen idee van wat hij bij anderen teweegbrengt. Het kan zelfs zo zijn dat hij er geen idee van heeft hoe nadelig zijn gedrag voor hemzelf is.

Schema's zijn moeilijk te veranderen. Ze worden door je denken, gedrag en gevoel in stand gehouden en de therapie moet al deze gebieden beroeren. Als je je maar op een of twee gebieden richt dan werkt het niet.

Leven in je leven benoemt elf van deze chronische en schadelijke patronen, of 'valkuilen'. In dit boek worden zeer complexe zaken helder en eenvoudig uitgelegd. De lezers zullen het begrip 'valkuil' gemakkelijk kunnen begrijpen en ze zullen hun eigen valkuilen snel kunnen herkennen. Een rijkdom aan praktijkvoorbeelden zal de lezer helpen om op zijn eigen wijze zijn valkuilen aan te pakken. Daarnaast is het zo dat de methoden van verandering die de auteurs aanreiken bijzonder goed zijn. Ze hanteren een geïntegreerde benadering, waarin cognitieve, gedragstherapeutische, psychoanalytische en experimentele therapieën worden samengeklonken, met behoud van de praktische probleemoplossende benadering van de cognitieve therapie.

Leven in je leven biedt een praktische benadering voor het leren hanteren van de meest pijnlijke en vaak langdurige problemen. Het boek laat zien met hoeveel gevoel, mededogen en inzicht de auteurs te werk gaan.

VOORWOORD

WAAROM NOG EEN ZELFHULPBOEK?

We denken dat *Leven in je Leven* een leemte kan vullen die andere zelfhulpboeken laten liggen. Er zijn veel uitstekende zelfhulpboeken, en er zijn even zoveel goede therapieën. De meeste zijn echter beperkt. Sommige boeken gaan maar over één enkel probleem, zoals afhankelijkheid, depressie, gebrek aan assertiviteit of verkeerde partnerkeuze. Sommige boeken bespreken een heel scala aan problemen, maar gebruiken slechts één methode van verandering. Alleen gedragstherapie, hypnose of echtparentherapie. Andere boeken beschrijven een universeel probleem, bijvoorbeeld rouw en verlies, heel goed en inspirerend, maar ze zijn heel vaag over hoe dat te veranderen, wanneer we dat willen, geïnspireerd door dat boek.

In *Leven in je leven* bieden Janet Klosko en ik je een nieuwe benadering om levenslange duurzame patronen te veranderen. De valkuilentherapie biedt een aanpak voor elf van de meest schadelijke patronen die we dagelijks in onze werkzaamheden als klinisch psychologen tegenkomen. We hebben diverse technieken afkomstig uit verschillende therapievormen samengevoegd om je te helpen om deze valkuilen aan te pakken. We denken dat dit boek een veelheid van chronische levensproblemen op een zeer degelijke en veelomvattende manier benadert, en dat het de boeken die je tot nu toe hebt gelezen overstijgt.

Omdat dit boek gaat over persoonlijke groei en verandering wil ik beschrijven hoe ik ertoe ben gekomen om de valkuilentherapie te ontwikkelen. In menig opzicht kun je uit de ontdekkingsreis naar jezelf, die we in dit boek beschrijven, mijn eigen ontwikkeling als therapeut af lezen.

De reis begon in 1975, toen ik studeerde aan de Universiteit van Pennsylvania. Mijn eerste therapie-ervaring deed ik op gedurende mijn stage in een gezondheidscentrum in Philadelphia. Ik leerde Rogeriaanse therapie, een non-directieve therapie. Ik voelde me de hele tijd een sta in de weg. Cliënten kwamen naar me toe met ernstige problemen, ze waren erg emotioneel en ik had geleerd om te luisteren, hun woorden te herhalen en te verduidelijken, zodat ze zelf een eigen oplossing zouden kiezen. Het probleem was natuurlijk dat ze dat vaak niet lukte. Of wanneer ze wel een eigen oplossing kozen, dan duurde dat zo lang dat ze erg gefrustreerd waren tegen de tijd dat de therapie ten einde was. Rogeriaanse therapie paste niet bij hoe ik ben, bij mijn temperament. Ik ben misschien te ongeduldig, maar ik hou ervan om verandering en vooruitgang tamelijk snel te zien gaan. Het frustreert mij om hulpeloos toe te kijken als er een ernstig probleem is, zonder er iets aan te kunnen doen.

Kort daarna begon ik te lezen over gedragstherapie, een benadering die de nadruk legt op snelle en concrete gedragsverandering. Het luchtte me geweldig op. Ik mocht actief zijn en adviezen geven aan cliënten, in plaats van passief toe te kijken. Gedragstherapie bood een helder kader waarmee ik de problemen van cliënten kon verklaren en technieken om ze aan te pakken. Het leek wel een kookboek of een technische handleiding. In vergelijking met de wat vage benadering die ik eerst had geleerd, was het gedragstherapeutische model aantrekkelijk. Ik was goed toegerust voor snelle verandering op de korte termijn.

Na enkele jaren raakte ik ook teleurgesteld in de gedragstherapie. Door me zo uitsluitend te richten op wat mensen *deden*, kreeg ik het gevoel dat gedragstherapie te ver ging in het ontkennen van gedachten en gevoelens. Ik miste de rijkdom van de innerlijke belevingswereld van cliënten. Op dat moment las ik het boek *Cognitive Therapy and the Emotional Disorders*, van dr. Aaron Beck, en ik was direct weer enthousiast. Beck combineerde de praktische gerichtheid en het directe van de gedragstherapie met de rijkdom van de gedachten en gevoelens van de cliënten.

Na mijn studie aan de universiteit ben ik bij dr. Beck cognitieve therapie gaan studeren. Ik vond het prachtig om aan cliënten te laten zien dat hun gedachten niet klopten en ze rationele alternatieven te bieden. Ook hield ik ervan om probleemgedrag te lokaliseren en nieuwe manieren van hanteren van alledaagse situaties te oefenen. Cliënten veranderden opzienbarend. Hun depressie verbleekte, angstsymptomen verdwenen. Ik merkte ook dat de cognitieve technieken voor mezelf in mijn persoonlijk leven heel bruikbaar waren. Ik probeerde andere professionals in de Verenigde Staten en in Europa te interesseren voor de cognitieve therapie door workshops te geven en lezingen te houden. Na enkele jaren begon ik mijn eigen praktijk in Philadelphia.

De resultaten bleven verbluffen, vooral als mijn cliënten leden onder angst of depressie. Maar ik hield na verloop van tijd ook een groep cliënten over die maar weinig of helemaal niet verbeterde. Ik besloot om daar bij stil te staan en uit te vinden wat ze gemeen hadden. En ik vroeg aan mijn collega-cognitief therapeuten om eveneens te beschrijven wat hun cliënten, die geen baat hadden bij de therapie, kenmerkte. Ik wilde zien of er overeenkomsten waren.

Wat ik ontdekte over deze cliënten was voor mij een openbaring. De moeilijkste cliënten hadden meestal niet zulke ernstige symptomen; ze waren in het algemeen minder depressief en minder angstig. Ze hadden veel problemen met intimiteit: deze cliënten waren niet gelukkig in hun relaties. En bovendien bestonden deze patronen al vaak hun hele leven.

Ze gingen niet in therapie als gevolg van een enkele crisis, zoals een scheiding of de dood van een ouder. Deze cliënten leden allen als gevolg van patronen waarmee ze *zichzelf schade berokkenen.*

Vervolgens besloot ik om de meest voorkomende thema's of patronen te gaan opschrijven. Dit werd mijn eerste lijst van schema's of valkuilen. De lijst bevatte maar een paar patronen, lang niet alle elf die beschreven staan in *Leven in je leven.* Gevoelens van minderwaardigheid, het gevoel van isolement en eenzaamheid, de neiging jezelf te veel op te offeren en ongezonde afhankelijkheid van anderen waren patronen die op de eerste lijst voorkwamen. Deze valkuilen bleken van grote waarde in het werken met cliënten, bij wie de therapie daarvoor niets deed. Ik merkte dat ik door die lijst van valkuilen de problemen van mijn cliënten in hanteerbare stukken kon opdelen. Ook was ik in staat verschillende strategieën te ontwikkelen voor verschillende patronen.

Terugkijkend paste mijn zoektocht naar brede thema's bij mijn persoonlijkheid. Ik heb altijd de verschillende aspecten van mijn leven willen zien als een geheel, met een zekere ordening en voorspelbaarheid. Ik heb altijd gedacht dat ik mijn eigen leven beter zou kunnen sturen door die algemene thema's of patronen te leren onderkennen. Ik herinner me nog goed hoe ik als student probeerde om mijn medestudenten in te delen in verschillende vriendschapscategorieën, afhankelijk van de mate waarop ik op hen kon bouwen.

Een andere rode draad in mijn ontwikkeling als therapeut was mijn toenemende behoefte aan integratie en vermenging van therapieën in plaats van kritiek en uitsluiting. Veel therapeuten denken dat ze voor één bepaalde benadering moeten kiezen en dat ze die devoot moeten volgen. Daarom hebben we zuivere gestalttherapeuten, gezinstherapeuten, freudianen en gedragstherapeuten. Ik ben steeds meer gaan geloven dat we er beter naar kunnen streven om het beste wat de therapieën te bieden hebben te integreren. Er is veel van waarde in de psychoanalytische, experiëntiele, cognitieve, farmacologische en gedragstherapeutische benaderingen. Maar afzonderlijk hebben ze allemaal beperkingen.

Aan de andere kant ben ik er ook geen voorstander van om zomaar verschillende technieken door elkaar te gebruiken zonder een samenhangend referentiekader. Ik geloof dat de elf valkuilen zo'n samenhangend kader bieden en dat de technieken uit de verschillende kaders gecombineerd kunnen worden, als een soort van wapenarsenaal om de valkuilen te bestrijden. Verder is het zo dat de valkuilen je een gevoel van continuïteit bieden in je leven. Dat hebben we in de hoofdstukken die volgen beschreven. Je verleden en je toekomst kun je zien als een consistent geheel. Iedere valkuil kan begrepen worden vanuit zijn ontstaan in de kindertijd en komt ons daarom juist bekend voor. We kunnen begrijpen, bijvoorbeeld waarom we ons aangetrokken voelen tot partners die altijd kritiek hebben, en waarom we ons zo naar voelen als we een fout maken, wanneer we begrijpen hoe veeleisend en streng onze ouders waren.

Ik hoop dat *Leven in je leven* in de behoefte voorziet van een veelomvattend boek dat gaat over een groot aantal diepgevoelde, chronische problemen die we allemaal hebben. Ik hoop ook dat het je een goed kader biedt om te begrijpen hoe deze patronen zijn ontstaan en een goed aanknopingspunt voor oplossingen voor iedere valkuil, werkzame oplossingen die uit verschillende psychologische benaderingen zijn gedestilleerd.

Jeffrey Young & Janet Klosko

WOORD VAN DE VERTALER

Zodra ik *Reinventing Your Life* in handen kreeg, meende ik dat dit boek toegankelijk moest worden gemaakt voor een breed publiek in Nederland. Op grond van mijn ervaring als klinisch psycholoog en psychoanalytisch psychotherapeut met de behandeling van jonge mensen met ernstige persoonlijkheidsstoornissen (in De Geestgronden te Bennebroek), weet ik dat er een grote behoefte is aan nieuwe invalshoeken voor deze behandeling naast de psychoanalytische benadering. Die behoefte is er bij behandelaren, maar ook bij de patiënten of cliënten en hun omgeving. Zo'n nieuwe invalshoek bood Marsha Linehan als eerste via een succesvolle benadering voor de behandeling van mensen met een borderline persoonlijkheidsstoornis. De zogenaamde Linehan-trainingen schieten dan ook als paddestoelen uit de grond. Zij legt de nadruk op het leren hanteren van (zelf)destructief gedrag. Erwin van Meekeren, psychiater in Endegeest breekt een lans voor een benadering waarbij de nadruk ligt op het hanteren van de relatie met de cliënt. Hier ligt de nadruk op de eigen verantwoordelijkheid van de cliënt voor het zelfdestructieve gedrag. Beide invalshoeken zijn mijns inziens zeer belangrijk. Jeffrey Young en Janet Klosko bieden met *Leven in je leven* een aanvullend gezichtspunt. Zij verhelderen de zelfdestructieve patronen waarin mensen verstrikt zijn geraakt en waar zeer veel mensen zich in zullen herkennen. Ze leggen de nadruk op de eigen verantwoordelijkheid van cliënten voor de keuze om zich hieraan te ontworstelen dan wel ermee door te leven. Young en Klosko zijn daarbij in dit boek helpend, overtuigend en stimulerend. *Leven in je leven* is voor behandelaren en cliënten een belangrijk boek.

Het vertalen ervan was om al deze redenen een groot genoegen. Veel dank ben ik verschuldigd aan Hannie van Genderen, psychotherapeut en hoofdopleider Gedragstherapie te Maastricht. Zij heeft de vertaling meegelezen en van bruikbaar commentaar voorzien. Daarmee heeft zij een belangrijke bijdrage geleverd aan deze vertaling. Bovendien was haar bekendheid met de cognitieve gedragstherapie en de auteur voor mij belangrijk voor het weloverwogen nemen van vertaalbeslissingen.

Daar waar de Amerikaanse situatie sterk verschilt met de Nederlandse is het boek aangepast aan de Nederlandse situatie.

Saskia Janzen

HOOFDSTUK 1

VALKUILEN

- Kom je steeds in relaties terecht met mensen die afstandelijk en kil zijn? Heb je het gevoel dat zelfs de mensen die je het meest na staan, je niet begrijpen en niet genoeg om je geven?
- Heb je het gevoel dat je eigenlijk een slecht mens bent en dat anderen niet van je zouden houden en je niet zouden accepteren, als ze je *echt* zouden kennen?
- Stel je de wensen van anderen boven die van jezelf, zodat je eigen behoeften nooit voldoende aan bod komen en je zelfs niet meer weet wat je behoeften zijn?
- Ben je bang dat er iets vreselijks zal gebeuren, bijvoorbeeld dat pijn in je keel al het begin lijkt van een ongeneeslijke ziekte?
- Voel je je, ondanks maatschappelijk succes en waardering, toch steeds ongelukkig, niet tevreden of miskend?

Patronen als deze noemen we *valkuilen*. In dit boek beschrijven we de elf meest voorkomende en laten we zien hoe ze te herkennen en te begrijpen zijn, en hoe je ze kan veranderen.

Een valkuil begint in de kindertijd en ontwikkelt zich naarmate we ouder worden. Het begint ermee dat ons iets wordt aangedaan door onze familie of door anderen. We worden in de steek gelaten, bekritiseerd, te veel beperkt, misbruikt, buitengesloten of verwaarloosd. In ieder geval gaat er iets kapot. De valkuil, die we daarbij ontwikkelen wordt iets van onszelf. Lang nadat we uit huis zijn gegaan, gaan we door met het creëren van situaties waarin we worden mishandeld, genegeerd, gecontroleerd of vernederd en waarin we niet in staat zijn onze levensdoelen te bereiken.

Valkuilen bepalen hoe we denken, voelen en handelen en hoe we met anderen omgaan. Zij roepen sterke gevoelens van woede, verdriet en angst op. Zelfs als we schijnbaar alles hebben – maatschappelijk aanzien, een goede relatie, waardering en respect van onze naasten, een carrière – dan nog missen we het vermogen om te genieten en in onszelf te geloven.

ROBERT IS EEN 39-JARIGE ZEER SUCCESVOLLE EFFECTENMAKELAAR. HIJ VEROVERT VROUWEN, MAAR GAAT GEEN ECHTE RELATIE MET ZE AAN. HIJ ZIT GEVANGEN IN DE VALKUIL VAN DE *EMOTIONELE VERWAARLOZING*.

Toen we begonnen met de valkuiltherapie, was Robert onze eerste patiënt. Hij laat duidelijk zien hoe zelfdestructief deze patronen zijn. Robert heeft de ene relatie na de andere, omdat geen enkele vrouw echt bij hem past. Uiteindelijk vallen ze allemaal tegen. Alleen als hij verliefd is op een vrouw, die seksueel erg aantrekkelijk voor hem is, kan Robert korte tijd intimiteit voelen. Het probleem is dat deze relaties steeds stuklopen.

Robert gaat geen verbintenis aan. Hij verovert. En als hij heeft 'gewonnen', en de vrouw in kwestie wordt verliefd op hém, dan is het voorbij.

Robert: *Als een vrouw te veel wil, dan haak ik af. Vooral als ze me openlijk gaat claimen, dan ben ik meteen weg.*

Robert is eenzaam en verveeld. Innerlijk voelt hij zich leeg en is hij steeds op zoek naar een vrouw om die leegte te vullen. Robert gelooft niet dat hem dat zal lukken. Hij is alleen en is er innerlijk van overtuigd dat dat ook zo zal blijven.

Als kind voelde hij zich ook al erg alleen. Zijn vader heeft hij nooit gekend en zijn moeder was afstandelijk en kil. Geen van beiden gaven ze hem emotioneel wat hij nodig had. En zo, zonder veel warmte, groeide hij op. En als volwassene houdt hij deze eenzaamheid in stand.

Jarenlang herhaalde Robert deze valkuil met zijn therapeuten door steeds van de een naar de ander te gaan. Iedere therapeut gaf hem in het begin hoop en stelde hem uiteindelijk weer teleur. Nooit ging hij een echte relatie aan met zijn therapeut; altijd weer vond hij een reden om de therapie te beëindigen. Iedere therapie bevestigde weer dat zijn leven was zoals het was, en voelde hij zich nog meer alleen.

Veel van Roberts therapeuten waren warm en begrijpend. Dat was het probleem niet. Het probleem was eerder dat Robert altijd een uitvlucht vond om de intimiteit uit de weg te gaan, die voor hem zo ongewoon en ongemakkelijk was. Emotionele steun van de therapeut was essentieel, maar niet voldoende. Zijn therapeuten lieten zijn valkuil onbesproken. Robert zou, om dit patroon te doorbreken, moeten stoppen met zijn jacht op vrouwen. En dan zou hij moeten beginnen om onder ogen te zien, dat hij niet goed in staat is om echt contact te hebben. Ten slotte zou hij zorg en aandacht van anderen moeten leren accepteren.

Toen Robert ten slotte bij ons in behandeling kwam, daagden we hem uit om zijn valkuil los te laten, iedere keer als hij weer dreigde erin verzeild te raken. Het was erg belangrijk om hem te laten merken dat we met hem meevoelden hoe ongemakkelijk het voor hem was om echt contact te hebben, gezien zijn ervaring met zijn kille ouders. Maar als hij begon over Ilse, die niet mooi genoeg was, of Marije die niet slim genoeg was of Anne die gewoon niet bij hem paste, dan grepen we dat aan om hem te laten zien dat hij weer in zijn patroon verviel van het vermijden van contact door anderen af te wijzen. Na een jaar steunend en confronterend werken, met een goed evenwicht in steun en confrontatie, kwam er eindelijk verandering. Nu heeft hij een relatie met Nicole, een warme en lieve vrouw.

Robert: *Mijn vroegere therapeuten waren echt begrijpend en ik heb veel inzicht gekregen in mijn harde jeugd, maar geen van hen hielp me te veranderen. Het was te gemakkelijk om weer in mijn oude patronen te vervallen. Deze manier was anders.*
Ik nam eindelijk verantwoordelijkheid voor een relatie. En ik wilde niet dat mijn relatie met Nicole weer mis zou lopen. Ik had het gevoel dat zij het voor me was. Ik besloot om me eindelijk aan iemand te binden, ook al zag ik best dat Nicole niet perfect was, want ik wist dat ik anders alleen zou blijven.

De valkuiltherapie betekent een voortdurende confrontatie met jezelf. We zullen je leren je valkuilen op te sporen en ze steeds maar weer aan te pakken, net zolang tot ze hun greep op je verliezen.

ESTHER IS EEN 42-JARIGE BEGAAFDE VROUW. ZE ZIT THUIS OPGESLOTEN OMDAT ZE VRESELIJK ANGSTIG IS. HOEWEL ZE MEDICIJNEN GEBRUIKT VOOR HAAR ANGST, ZIT ZE GEVANGEN IN DE VALKUIL VAN DE *KWETSBAARHEID*.

In zekere zin heeft zij geen leven; ze is te bang om ook maar iets te doen. Leven is gevaarlijk. Ze blijft thuis, omdat het daar veilig is.

Esther: *Ik weet dat er allerlei leuke dingen te doen zijn in de stad. Ik hou van theater, van leuke restaurantjes. Ik ga graag naar vrienden. Maar het gaat gewoon niet. Ik heb toch geen plezier. Ik ben steeds maar bang dat er iets ergs zal gebeuren.*

Esther is bang voor auto-ongelukken, bruggen die in kunnen storten. Ze is bang dat ze beroofd wordt, aids krijgt of te veel geld uitgeeft. Het is echt geen wonder dat zij thuis blijft. Haar echtgenoot Walter heeft er schoon genoeg van. Hij wil wél uitgaan en dingen blijven doen. Walter zegt terecht dat het niet eerlijk is als hij zich dat allemaal moet ontzeggen.

De ouders van Esther waren zeer beschermend. Zij zijn joodse overlevenden, die in hun jeugd in concentratiekampen hebben gezeten. Zij behandelden haar als een porseleinen popje, zegt ze. Steeds waarschuwden haar ouders haar voor mogelijke, maar onwaarschijnlijke gevaren: ze zou longontsteking kunnen krijgen, ze zou opgesloten kunnen worden in de metro, ze zou kunnen verdrinken of er zou brand kunnen uitbreken. Geen wonder dat ze voortdurend zeer angstig is en bezig is uit te zoeken of de buitenwereld wel veilig is. Ondertussen heeft ze geen plezier meer in haar leven.

Voor zij bij ons kwam heeft Esther drie jaar lang verschillende medicijnen geprobeerd. Dat is de meest gebruikelijke behandeling bij angst. De laatste keer ging zij naar een psychiater die Seresta voorschreef. Zij nam iedere dag pillen, en ze hielpen. Ze voelde zich beter, minder bang. Het was prettiger, en het gevoel dat de medicijnen hielpen, maakte dat ze een gevoel van controle had. Toch bleef ze thuis. Haar man klaagde dat de medicijnen ervoor zorgden dat ze het prettiger had thuis. En, wat nog ernstiger was, dat Esther zich afhankelijk ging voelen van de medicijnen.

Esther: *Ik heb het gevoel dat ik ze mijn hele leven moet blijven slikken. Ik ben als de dood om ermee te moeten stoppen. Ik wil niet weer altijd en overal bang zijn.*

Zelfs als ze lastige situaties goed aanpakte, dan nog schreef ze haar succes toe aan de medicijnen. Zo kreeg ze geen gevoel van controle, niet het gevoel dat ze zelf de dingen in handen kon nemen. (Dit is waarom juist bij behandeling van angst, patiënten de neiging hebben om terug te vallen als de medicatie wordt gestopt.)

Esther ging snel vooruit met behulp van de valkuiltherapie. Na een jaar ging het haar een stuk beter. Ze ging steeds meer dingen doen die ze daarvoor eng vond. Ze kon reizen, vrienden bezoeken, naar de film, en ten slotte nam ze een parttime baan waarvoor ze moest reizen.

Als onderdeel van haar behandeling hielpen we Esther de gevaren te relativeren. We lieten haar iedere keer weer zien hoe ze het gevaar in betrekkelijk veilige situaties overdreef en dat ze haar eigen kwetsbaarheid en zwakte buitenshuis overdreef. Ze leerde om *gewoon* voorzichtig te zijn. Ze hield ermee op om steeds maar aan haar man en vrienden geruststelling te vragen. Haar huwelijk werd beter en ze kreeg meer plezier in het leven.

DE IRONIE VAN DE HERHALING

Robert en Esther zijn voorbeelden van twee van de elf valkuilen: emotionele verwaarlozing en kwetsbaarheid. Aan de hand van weer andere cliënten zullen we de overige valkuilen beschrijven:
extreme aanpassing, wantrouwen en misbruik, verlatingsangst, minderwaardigheid, veeleisendheid, afhankelijkheid, mislukken, extreem hoge eisen en sociaal isolement.
Waarschijnlijk herken je je in meer van deze valkuilen.

Dat we de pijn blijven herhalen uit onze kindertijd is een van de kerngegevens van de psychoanalytische psychotherapie. Freud noemde dit *her-*

halingsdwang. Kinderen van alcoholisten trouwen vaak zelf met een alcoholist. Het mishandelde kind wordt zelf een ouder die zijn kinderen slaat. Het seksueel misbruikte kind gaat de prostitutie in. En het kind van overbezorgde ouders laat zich door anderen de wet voorschrijven.

Dit is iets verbijsterends. Waarom doen we dat? Waarom blijven we onze pijn herhalen en blijven we lijden? Waarom verbeteren we ons leven niet maar zetten we het patroon voort? Bijna iedereen herhaalt de negatieve ervaringen uit de kindertijd op een zelfdestructieve manier. Dit is, vreemd maar waar, wat psychotherapeuten tegenkomen. Op de een of andere manier krijgen we het voor elkaar om in ons volwassen leven de vaak destructieve beperkingen van de kindertijd voort te zetten. Een valkuil is de manier waarop we deze beperkingen herhalen.

In de cognitieve psychologie wordt een valkuil een *schema* genoemd. *Schema's* zijn diepgewortelde overtuigingen over onszelf en de wereld, die we ons vroeg in ons bestaan eigen maken. Deze *schema's* horen bij je zelfgevoel. Om een *schema* op te geven moet je de zekerheden opgeven die horen bij het gevoel over wie en wat je bent. Daarom houden we er zo aan vast, zelfs als ze ons kapotmaken. Deze vroege overtuigingen geven je een gevoel van voorspelbaarheid en zekerheid – ze zijn comfortabel en vertrouwd. Gek genoeg geven ze een veilig gevoel. Daarom weten cognitief psychologen waarom ze zo moeilijk te veranderen zijn.

Laten we nu eens kijken hoe valkuilen doorwerken in de manier waarop we liefdesrelaties beleven.

STEVEN IS EEN 35-JARIGE AANNEMER. HOE MEER SLIPPERTJES ZIJN VROUW LILY MET ANDERE MANNEN HEEFT DES TE AANTREKKELIJKER HIJ HAAR VINDT. STEVEN IS GEVANGEN IN DE VALKUIL VAN DE *VERLATINGSANGST*.

Steven is diep ongelukkig. Zijn vrouw heeft aan de lopende band relaties met anderen. En als het weer zover is dan wordt hij radeloos.

Steven: *Ik doe alles om haar terug te krijgen. Ik kan het niet verdragen. Ik weet dat ik instort als ze weggaat. Ik begrijp niet waarom ik ermee doorga, het is net alsof ik meer van haar hou als ik weet dat ze er niet voor me is. Dan denk ik: 'Als ik maar een betere man was, dan zou ze dit niet doen, dan zou ze bij me blijven.' Ik kan deze onzekerheid niet verdragen.*

Lily belooft steeds om trouw te blijven, en iedere keer opnieuw gelooft hij haar. En steeds weer wordt zijn hoop de grond ingeboord.

Steven: *Ik kan niet geloven dat ze me dit aandoet, waarom? Na de laatste keer dacht ik echt dat ze ermee zou kappen. Ze ziet toch hoe erg ik het vind. Ik wilde bijna niet meer verder leven. Ik kan echt niet geloven dat ze het nog eens zou doen.*

Stevens huwelijk is een achtbaan. Het gaat op en neer, het ene moment is hij vol goede moed, het andere moment de radeloosheid nabij, pijlsnel omhoog om dan weer even hard neer te storten.

Steven: *Het ergste is het wachten. Wachten tot ze thuiskomt terwijl je weet wat ze aan het doen is. Ik heb soms wel dagen gewacht. Ik zat daar gewoon maar te wachten tot ze thuiskwam.*

Al wachtend wordt hij heen en weer geslingerd tussen woede en wanhoop. En als Lily dan eindelijk thuiskomt, hebben ze ruzie. Een paar keer sloeg hij haar zelfs, waarna hij altijd huilend om vergiffenis smeekte. Hij wil uit die achtbaan. Hij wil stabiliteit en rust. Toch is dit de ironie van de valkuil van de VERLATINGSANGST. Hoe onvoorpelbaarder Lily is, des te meer hij haar wil. Hij vóelt meer als ze hem dreigt te verlaten.

Stevens kindertijd was een aaneenschakeling van onvoorspelbaarheid en verlies. Zijn vader liet het gezin in de steek toen Steven twee jaar was. Hij en zijn zusjes groeiden op bij hun moeder, een alcoholiste die de kinderen verwaarloosde. Deze gevoelens zijn hem vertrouwd, en door met Lily te trouwen en haar ontrouw te tolereren heeft hij ze nieuw leven in geblazen.

Steven is in analyse geweest. Hij zag zijn analyticus driemaal per week, drie jaar lang.

Steven: *Ik ging op de bank liggen en ik praatte over alles wat me inviel. Ik voelde me heel alleen. Mijn analyticus zei nooit zo veel. Zelfs als ik huilde, of tegen hem schreeuwde, reageerde hij meestal niet. Voor mijn gevoel was hij er gewoon niet.*

Hij vertelde veel over zijn jeugd en over hoe het voor hem was om op die bank te liggen.

Het frustreerde hem. Hij ging maar langzaam vooruit. Hij *begreep* zijn problemen beter, maar hij *veranderde* niet. (Dit is een veel gehoorde klacht over psychoanalyse. Inzicht is belangrijk, maar voor veel mensen niet genoeg.) Hij wilde een meer directieve therapie, een snellere. Hij wilde meer handvatten.

De valkuilbenadering bood Steven wat hij nodig had. In plaats van terughoudend en neutraal, werkten wij, therapeuten, actief met hem samen. Wij hielpen hem precies te gaan begrijpen hoe zijn patroon werkte, en hoe hij het kon veranderen. We leerden hem, in relaties met vrouwen selectiever te zijn. We waarschuwden hem voor de aantrekkelijkheid van destructieve partners, omdat die juist zo opwindend voor hem zijn. We confronteerden hem ook met de pijnlijke waarheid, dat hij zoals zovelen een partner had gekozen die zijn valkuil nu juist in stand hield.

Na anderhalf jaar valkuiltherapie, besloot Steven om van Lily te scheiden. Hij had haar alle kansen gegeven. Hij had geprobeerd om zijn eigen destructieve gedrag te veranderen, en dat verwijderde hem van haar. Hij had haar meer vrijheid gegeven en hield op haar gangen na te gaan. Maar Lily veranderde niet, in tegendeel het werd alleen maar erger.

De eerste keer dat we hem vroegen of hij er wel eens aan dacht om weg te gaan zei Steven dat hij bang was het niet te redden. Maar toen hij dan eindelijk de stap nam, redde hij het best. Hij werd rustiger en kreeg meer zelfvertrouwen. Hij merkte dat hij zonder Lily ook een eigen leven kon hebben. Het was een goede beslissing om deze zelfdestructieve relatie te beëindigen.

Langzaam aan begon Steven andere vrouwen te ontmoeten. Eerst nog koos hij hetzelfde type als Lily, onstabiele vrouwen die weinig houvast geven. Hij deed alles in sneltreinvaart nog eens opnieuw. We hielpen hem om geleidelijk aan gezonde keuzen te maken, ook al was het voor hem minder spannend. Hij woont nu al zes maanden samen met Maartje, een betrouwbare maar minder spectaculaire vrouw dan Lily, die echt om hem geeft. Voor het eerst in zijn leven merkt Steven dat hij tevreden is in een stabiele en steunende omgeving.

De valkuilbenadering laat zien welk soort relaties goed voor je zijn en welke niet, met het oog op jouw valkuil. Dat is niet altijd gemakkelijk. Net zoals Steven, moet je pijnlijke keuzen maken.

PAUL IS 30, HIJ WERKT IN DE TEXTIEL IN HET FAMILIEBEDRIJF VAN ZIJN VADER. HIJ IS GEEN GOEDE MANAGER EN ZOU VEEL LIEVER IETS ANDERS DOEN. PAUL ZIT GEVANGEN IN DE *VALKUIL VAN DE EXTREME AANPASSING.*

Paul probeert het iedereen naar de zin te maken. Zijn eigen behoeften komen op de tweede plaats. Hij zegt altijd: 'Het maakt mij niet uit, beslis jij maar', als hem iets wordt gevraagd. Paul probeert zijn vrouw voor zich te winnen door overal 'ja' op te zeggen. Hij probeert zijn kinderen voor zich te winnen door alles goed te vinden. Door in het familiebedrijf te gaan, probeert hij het zijn vader naar de zin te maken, ook al doet hij dan werk dat hij niet leuk vindt.

Gek genoeg is het zo, dat hoe meer hij probeert het anderen naar de zin te maken, hoe meer hij ze irriteert. Hij offert zichzelf op. Zijn vrouw is kwaad omdat hij geen ruggengraat heeft. Zijn kinderen misbruiken zijn goedheid, maar missen ook grenzen. Zijn vader ergert zich aan de lopende band over zijn slapheid, vooral in de omgang met werknemers. Hoewel Paul het niet beseft, is hij ook kwaad. Van binnen is hij razend dat hij zijn eigen behoeften zo lang opzij gezet heeft. Dit is een oud patroon. Zijn vader is een dominante man. Hij regeert door anderen te overheersen. Alles moet op zijn manier. Toen hij klein was werd Paul door hem gekleineerd en beschimpt als hij het waagde hem tegen te spreken. Zijn moeder deed er niets tegen. Ze was vaak depressief en Pauls rol was dat hij ervoor zorgde dat ze zich beter ging voelen. Op geen enkele manier stonden *zijn* behoeften centraal.

Voordat Paul bij ons in therapie kwam, deed hij twee jaar Gestalttherapie. Zijn therapeut moedigde hem aan in het hier en nu te blijven en contact te maken met zijn eigen gevoelens. Zijn therapeut liet hem bijvoorbeeld oefeningen doen waarin hij zijn vader tegensprak. De therapie hielp hem te voelen hoe boos hij was.

Het probleem was dat de therapie te weinig richting gaf. Er was geen vaste focus. Paul exploreerde zijn gevoelens steeds maar weer in de therapie. En vanzelfsprekend kwam zijn boosheid op zijn ouders iedere keer weer naar boven, maar hij leerde niet er anders mee om te gaan of ze te begrijpen. De therapeut liet het patroon van zijn problemen ongemoeid en leerde hem geen technieken om de positie van underdog los te laten.

De valkuiltherapie gaf Paul een hanteerbaar denkkader waardoor hij kon inzien dat zijn underdog-positie de rode draad in zijn leven was. Hij leerde ook hóe hij kon veranderen. Hij was een snelle leerling. Onze bevinding is dat de VALKUIL VAN DE EXTREME AANPASSING het gemakkelijkst te veranderen is.

Paul werd zelfbewuster. Hij werd zich meer bewust van zijn wensen en gevoelens die hij zo lang opzij had gezet. Hij ontwikkelde zijn eigen opinies en voorkeuren. Hij werd assertiever in de omgang met zijn vader, zijn gezinsleden en zijn werknemers. Hij moest vooral oefenen met het voelen van boosheid. Hij leerde om op rustige en besliste wijze zijn wensen naar voren te brengen. Hoewel zijn vrouw en kinderen eerst tegensputterden, legden ze zich snel bij de nieuwe realiteit neer. Zij waren, nu hij sterker was, beter met hem af.

Met zijn vader had hij een groter gevecht te leveren. Hoewel zijn vader probeerde Pauls rebellie de grond in te boren en zijn oude positie te herstellen, lukte hem dat niet. Paul ontdekte dat hij meer lef had dan hij dacht. Toen hij dreigde uit de zaak te stappen als hij geen gelijkwaardiger positie kreeg, gaf zijn vader zich gewonnen. Paul neemt nu steeds meer zijn vaders taken over. Zijn vader, die zich geleidelijk uit de zaak terugtrekt, heeft eindelijk respect voor zijn zoon gekregen.

Dit voorbeeld laat zien dat alleen het leren kennen van je gevoelens niet genoeg is. Veel therapieën helpen om de relatie te leggen tussen wat we nu meemaken en onze kindergevoelens. Maar deze benaderingen gaan vaak niet verder. Men voelt zich wel beter, maar valt snel terug in de oude patronen. De valkuiltherapie biedt gerichte huiswerkopdrachten en voortdurende confrontatie om je te helpen vast te houden wat je hebt geleerd.

DE OMWENTELING VAN DE COGNITIEVE THERAPIE

De valkuiltherapie komt voort uit de cognitieve psychologie. Deze werd door dr. Aaron Beck in de jaren zestig ontwikkeld. In de valkuiltherapie hebben we veel inzichten uit de cognitieve psychologie verwerkt.

De grondgedachte van de cognitieve psychologie is dat de manier waarop we over ons leven denken (cognities) bepaalt hoe we ons voelen (emoties). Mensen met emotionele problemen hebben de neiging de realiteit te vervormen. Neem bijvoorbeeld Esther. Zij was geneigd om alledaagse bezigheden, zoals met de metro gaan, als iets levensgevaarlijks te zien, net als haar moeder. Valkuilen verstoren onze kijk op de werkelijkheid. Een valkuil drukt steeds weer op dezelfde knoppen in ons denken.

Cognitieve psychologen zijn van mening dat we cliënten kunnen leren om de realiteit beter te zien en dat ze zich daardoor beter gaan voelen. Als we Esther kunnen leren dat het ongevaarlijk is om alleen te reizen, dan wordt ze minder bang en kan ze weer gaan leven.

Dr. Beck adviseert om onze gedachten onder de loep te nemen. Als we van streek zijn dan moeten we ons afvragen of we niet overdrijven en alles persoonlijk opvatten en overal een ramp van maken. Helpt onze manier van denken? Zijn er andere manieren van kijken? Verder zegt Beck dat we onze negatieve gedachten moeten testen, met kleine experimenten. Zo vroegen we bijvoorbeeld aan Esther om in de winter in haar eentje een blokje om te lopen om eens te onderzoeken of er iets ergs zou gebeuren. Ze was ervan overtuigd dat ze een ziekte zou krijgen of beroofd zou worden.

Cognitieve therapie heeft veel aanzien gekregen. Steeds meer onderzoek toont aan dat zij effectief is bij angst en depressie. Het is een actieve vorm van therapie die cliënten leert om hun stemming in de hand te houden door hun manier van denken te veranderen.

Cognitief therapeuten combineren cognitieve methoden met gedragstechnieken, die, hoewel onmisbaar, niet krachtig genoeg zijn om de ingesleten patronen te veranderen.

Zo hebben we de *valkuiltherapie* ontwikkeld, die cognitieve technieken en gedragstechnieken combineert met psychoanalytische en experimentele technieken. Elsa is de laatste die we hier willen bespreken. Zij laat zowel de kracht als de beperking van deze benadering zien.

Elsa is een 29-jarige zangeres en actrice. Zij werd door haar stiefvader seksueel misbruikt en gaat daar nog steeds onder gebukt. Elsa zit nog steeds gevangen in de valkuil van *wantrouwen en misbruik*.

Elsa heeft nog nooit een langdurige relatie met een man gehad. In plaats daarvan ging zij van het ene naar het andere uiterste, ze ging alle mannen uit de weg of ze deed het met iedereen. Totdat ze naar de theaterschool ging, had ze geen vriendje en ging ze jongens uit de weg.

Elsa: *Ik laat mannen nooit dichtbij komen. Ik herinner me nog heel goed dat ik hard weg rende toen ik voor het eerst door een jongen werd gekust. Als ik merkte dat een jongen me aardig vond, dan deed ik net zo lang vervelend tegen hem tot hij afhaakte.*

De eerste twee jaar op de theaterschool dronk Elsa veel, en ze gebruikte ook softdrugs. In deze tijd ging ze met meer dan dertig mannen naar bed. 'Ze betekenden helemaal niets voor me', zegt ze.

Elsa: *Op de theaterschool werd ik helemaal gek, ik ging met iedereen naar bed. Van een bepaalde jaarclub heb ik alle mannen gehad. Ik was doodongelukkig. Ik voelde me goedkoop en smerig. Ik liet me gebruiken, ik kon gewoon geen nee zeggen. Als ik uitging met een jongen, draaide het er altijd op uit dat we in bed eindigden, terwijl ik me altijd voornam dat niet te doen. Ik weet echt niet waarom ik dat deed. Ik was in die periode gewoon de controle kwijt.*

Het seksueel misbruik door haar stiefvader beschadigde haar seksualiteit en haar vermogen om intiem met mannen om te gaan. Voor haar waren seks en misbruik aan elkaar verbonden.

Nu gaat Elsa weer alle mannen uit de weg. Al heel wat jaren is ze niet uitgegaan en is ze bang dat ze niet zal trouwen en geen kinderen zal krijgen.

Haar eerste therapie was een standaard cognitieve therapie. Haar therapeut richtte zich op het heden, namelijk op haar patroon van mannen uit de weg gaan. Zelden ging het over haar kindertijd. In plaats daarvan kreeg ze opdrachten om contact te leggen met mannen, of om naar feestjes te gaan. De therapeut hielp haar om verkeerde denkbeelden te veranderen. Zoals: 'alle mannen willen alleen maar seks'. En dan moest ze voorbeelden geven van aardige en belangstellende mannen.

Een aantal maanden ging de therapie zo door. Elsa begon weer uit te gaan, maar met onbetrouwbare mannen. Ze zag best dat veel mannen wel te vertrouwen waren, maar toch woog dat niet op tegen haar eerdere ervaringen. Elsa wist dat ze meer nodig had, om haar diep ingeslepen patronen te veranderen.

Elsa: *Mijn therapeut vroeg me te veranderen, zonder te willen weten waarom ik ben geworden wie ik ben. Ik weet wel dat zijn adviezen juist zijn. Dat ik mannen moet gaan vertrouwen en intimiteit moet leren verdragen. Maar ik heb mijn redenen om dat te doen. En die moet ik eerst begrijpen.*

Elsa werd kwaad op iedere man die het waagde haar te benaderen met romantische bedoelingen. Ze begreep wel dat haar boosheid het gevolg was van verkeerd denken, maar haar gevoel was anders. Elsa moest leren haar woede te richten op degene op wie ze eigenlijk kwaad was: haar stiefvader. Ze moest zich gaan uiten en erkenning krijgen.

De eerste anderhalf jaar van de valkuiltherapie hielpen we Elsa om de traumatische herinneringen te verwerken door verbeeldingsoefeningen. We moedigden haar aan om haar woede te ventileren en haar stiefvader te confronteren met haar aanklacht. Ook steunden we haar bij haar keus om deel te gaan nemen aan een groep van incest-slachtoffers. Ook lieten we haar zien, hoe ze steeds weer in de valkuil van het wantrouwen en misbruik stapte door de verkeerde vriendjes te kiezen.

Elsa begon weer uit te gaan. Hoewel ze nog steeds op de verkeerde mannen viel, vermeed ze hen, op ons advies, en in plaats daarvan richtte ze zich op de meer betrouwbare types, hoewel die minder spannend waren. Ze leerde nee te zeggen en respect te eisen in plaats van af te wachten of ze die kreeg.

Ongeveer een jaar later werd ze verliefd op Bert, een aardige, sensitieve man. Maar ook met hem voelde ze zich seksueel geremd. Ze hebben daar samen iets aan gedaan en nu gaat het steeds beter.

In hoofdstuk 7 gaan we dieper in op de valkuil van WANTROUWEN EN MISBRUIK. We willen benadrukken dat veel valkuilen, met name die van WANTROUWEN EN MISBRUIK, moeilijk te veranderen zijn. Vaak is de hulp van een therapeut of een groep nodig.

Elsa's behandeling laat zien hoe de valkuiltherapie net als de cognitieve gedragstherapie op de praktijk is gericht: ze werkt aan vaardigheden en verandering. Maar onze belangstelling gaat verder dan alleen gedragsverandering. We richten ons ook op de diepgewortelde, vaak levenslange problemen van mensen met zelfrespect, met relaties en hun loopbaan. We willen niet alleen het gedrag maar ook het gevoel en *de manier van zijn* van mensen aanspreken.

Het volgende hoofdstuk begint met een vragenlijst om je te helpen ontdekken welke valkuilen bij jou van toepassing zijn.

HOOFDSTUK 2

WELKE VALKUILEN ZIJN OP JOU VAN TOEPASSING?

In dit hoofdstuk helpen we je te ontdekken welke valkuilen je leven het meest beheersen. Geef elk van de volgende 22 uitspraken een cijfer om aan te geven in hoeverre de uitspraak bij je past.

SCORINGSWIJZE

1. HELEMAAL NIET BIJ ME PASSEND
2. VRIJWEL NIET BIJ ME PASSEND
3. EEN BEETJE BIJ ME PASSEND
4. MEER WEL DAN NIET BIJ ME PASSEND
5. VOOR HET GROOTSTE DEEL BIJ ME PASSEND
6. BESCHRIJFT ME PERFECT

Ga eerst na hoe waar de uitspraak is voor je kindertijd. Als je voor verschillende leeftijden verschillende antwoorden moet geven, kies dan de score die het best past bij hoe je je tot je twaalfde meestal voelde. Scoor dan hoe passend iedere uitspraak voor je is nu je volwassen bent. Als je antwoord in verschillende periodes anders is, kies dan de score die het best bij je past in het afgelopen half jaar.

De valkuilenvragenlijst

Als kind	Nu	Beschrijving
		1. Ik merk dat ik me vastklamp aan mijn naasten, omdat ik bang ben dat ze me zullen verlaten.
		2. Ik ben vaak bang dat de mensen van wie ik hou iemand anders aardiger zullen vinden en dat ze me in de steek zullen laten.
		3. Ik ben meestal op mijn hoede voor de werkelijke motieven van mensen – ik vertrouw ze niet echt.

Als kind	Nu	Beschrijving
		4. Ik heb het gevoel dat ik steeds op mijn hoede moet zijn voor andere mensen, anders zullen ze me pijn doen.
		5. Ik maak me meer zorgen dan anderen dat ik ziek zal worden of dat me iets ergs zal overkomen.
		6. Ik ben bang dat ikzelf of mijn familie geld zal verliezen en dat ik arm zal worden en afhankelijk van anderen.
		7. Ik kan het leven niet alleen aan, ik heb anderen nodig om me bij te staan.
		8. Mijn ouders en ik zijn te veel bij elkaar en bij elkaars problemen betrokken.
		9. Niemand heeft ooit voor me gezorgd, niemand heeft echt zijn of haar leven met me gedeeld of was echt bij mij betrokken.
		10. Er waren nooit mensen die mijn emotionele behoefte aan begrip, meegevoel, begeleiding, advies en steun hebben vervuld.
		11. Ik hoor er niet bij. Ik ben anders. Ik pas nergens in.
		12. Ik ben saai en vervelend – ik weet nooit wat ik in gezelschap moet zeggen.
		13. Als ze me echt zouden kennen, met al mijn fouten, zou niemand van me houden, behalve misschien de mensen die mij niet interesseren.
		14. Ik schaam me dood voor mezelf – ik verdien geen liefde, aandacht en respect van anderen.
		15. Wat mijn werk of mijn studie betreft ben ik niet zo intelligent en capabel als de meeste mensen

Als kind	Nu	Beschrijving
		16. Ik voel me vaak tekortschieten omdat ik in vergelijking met anderen niet voldoende talent heb, niet zo intelligent en succesvol ben.
		17. Ik heb het gevoel dat ik niet anders kan dan te doen wat anderen van me willen – anders worden ze kwaad of zullen ze me afwijzen.
		18. Anderen zien me als iemand die te veel voor anderen doet en niet genoeg voor zichzelf.
		19. Ik doe altijd mijn uiterste best. Goed is niet goed genoeg voor mij. Het liefst ben ik in alles de beste.
		20. Ik moet zo veel presteren dat er haast geen tijd is om te ontspannen en echt te genieten.
		21. Ik heb het gevoel dat ik niet hoef te voldoen aan de regels en normen die voor anderen gelden.
		22. Het lijkt wel of ik mezelf er niet toe kan brengen om routineklussen of vervelende taken te doen of mijn emoties in bedwang te houden.
		• Voeg je scores op vraag 1 tot en met 10 samen, dan krijgt je je totale *Sociaal isolement-score.*

HET GEBRUIK VAN HET SCOREBLAD

Nu kun je de uitkomsten van de vragenlijst overbrengen op het scoreblad. De voorbeeldvragenlijst en het voorbeeldscoreblad laten zien hoe dat moet.

Voorbeeldvragen

Als kind	Nu	Beschrijving
3	2	1. Ik merk dat ik me vastklamp aan mijn naasten omdat ik bang ben dat ze me zullen verlaten.
5	4	2. Ik ben vaak bang dat de mensen van wie ik hou iemand anders aardiger zullen vinden en dat ze me in de steek zullen laten.

Voorbeeldscoreblad

✔	Valkuil	Kind	Nu	Kind	Nu	Hoogste score
✔	Verlatingsangst	1 3	1 2	2 5	2 4	5

De vragen 1 en 2 zijn onderdeel van de valkuil van de verlatingsangst. Laten we beginnen met vraag 1. Neem je score voor deze uitspraak als *kind*. En breng deze score over naar de cel naast het woord verlatingsangst op het scoreformulier, naast nummer 1 (onder de Kind-kolom). Neem dan je score voor deze uitspraak *nu* en breng hem over naar de volgende cel 1 (onder de Nu-kolom).

Kijk vervolgens naar de score voor vraag 2 als *kind*. Breng de score over naar cel 2, onder de Kind-kolom. Neem dan je score op vraag 2 *nu* en plaats hem onder de Nu-kolom.

Kijk naar al je scores op de valkuil van de verlatingsangst. Welke is de hoogste? Plaats je hoogste score (1, 2, 3, 4, 5 of 6) in de laatste cel op de rij voor verlatingsangst. Als je hoogste score een 4, 5 of 6 is, plaats dan een vinkje in de eerste kolom van het scoreformulier. Dat betekent dat naar alle waarschijnlijkheid verlatingsangst een van je valkuilen is. Als je hoogste score 1, 2 of 3 is, laat de cel dan leeg. Dan is verlatingsangst waarschijnlijk *niet* een van je valkuilen.

Ga nu door en vul op dezelfde manier de rest van je scoreformulier in.

Scoreblad valkuilen

✔	Valkuil	Kind	Nu	Kind	Nu	Hoogste score
	Verlatingsangst	1	1	2	2	
	Wantrouwen en misbruik	3	3	4	4	
	Kwetsbaarheid	5	5	6	6	
	Afhankelijkheid	7	7	8	8	
	Emotionele verwaarlozing	9	9	10	10	
	Sociaal isolement	11	11	12	12	
	Minderwaardigheid	13	13	14	14	
	Mislukken	15	15	16	16	
	Extreme aanpassing	17	17	18	18	
	Extreem hoge eisen	19	19	20	20	
	Veeleisendheid	21	21	22	22	

HET INTERPRETEREN VAN JE SCORES

We beschrijven nu kort de elf valkuilen zodat je ermee vertrouwd kunt raken. Kijk naar je scoreformulier: elke valkuil met een ✔ is waarschijnlijk op jou van toepassing. Het spreekt vanzelf dat hoe hoger de scores voor een bepaalde valkuil zijn, des te sterker deze voor je geldt en des te meer invloed het patroon op jouw leven heeft.

Als je er niet zeker van bent of een valkuil op jou van toepassing is, maak je er dan geen zorgen over. Verderop in het boek geven we meer informatie over iedere valkuil en krijg je een specifiekere test.

DE ELF VALKUILEN IN HET KORT

Twee van de valkuilen hebben te maken met een gebrek aan veiligheid in je gezin van herkomst. Het zijn de valkuil van de verlatingsangst en die van wantrouwen en misbruik.

VERLATINGSANGST

Verlatingsangst is het gevoel dat de mensen van wie je houdt je zullen verlaten en dat je helemaal alleen achter zal blijven. Of je er nu bang voor bent dat ze dood zullen gaan, weg zullen lopen, of je in de steek zullen laten voor een ander, in ieder geval ga je ervan uit dat je alleen achter zult blijven. En om die reden klamp je je waarschijnlijk aan hen vast. Gek genoeg loopt het er vaak op uit dat jij ze weg duwt. Soms omdat je onevenredig boos en heftig reageert op de normaalste separaties.

WANTROUWEN EN MISBRUIK

Bij wantrouwen en misbruik staat de overtuiging centraal dat mensen je zullen kwetsen en misbruiken. Je weet zeker dat ze je zullen bedriegen, zullen liegen, je manipuleren, je vernederen, je kwaad doen, je pijn doen of van je profiteren. Als je deze valkuil hebt, verschans je je achter een muur van wantrouwen, om jezelf te beschermen. Je laat mensen niet al te dichtbij komen. Je wantrouwt de bedoelingen van anderen en je bent geneigd het ergste te denken. Je verwacht zelfs dat de mensen die van je houden je uiteindelijk zullen verraden. Of je gaat helemaal geen relatie aan of doet maar alsof, terwijl je je in feite niet openstelt voor anderen. Of je gaat relaties aan met mensen die je misbruiken en om je vervolgens boos en wraakzuchtig te voelen.

Twee valkuilen hebben te maken met je vermogen om redelijk zelfstandig te kunnen functioneren. Het betreft de valkuil van de afhankelijkheid en die van de kwetsbaarheid.

AFHANKELIJKHEID

Als je gevangen bent in afhankelijkheid, dan voel je je niet in staat om je in het dagelijks leven staande te houden zonder steun van anderen. Als kind gaf men je altijd het gevoel dat je het echt niet alleen zou kunnen. Nu je volwassen bent zoek je sterke figuren op om je aan op te trekken en je laat hen jouw leven regelen. Op je werk kun je niet zelfstandig functioneren. Je houdt jezelf klein, dat is duidelijk.

KWETSBAARHEID

Je leeft in de angst dat er ieder moment een ramp kan gebeuren. Of dat nu een natuurramp is, of een misdrijf. Of je vreest dat je gezondheid op het spel staat of dat je financieel ten onder zult gaan. Je weet zeker dat er iets verschrikkelijks gaat gebeuren. Je voelt je niet veilig. Met deze valkuil heb je als kind geleerd dat het leven niet veilig is. Je werd te veel beschermd door je ouders. Ze waren overmatig bezorgd over jouw veiligheid. Je angsten zijn echt niet reëel en toch beheersen ze je leven. Je steekt er veel te veel energie in om je een beetje veilig te voelen. Je kunt bang zijn voor van alles: om een angstaanval te krijgen of aids, om gek te worden of om failliet te gaan en om als zwerver te eindigen. Je hebt vliegangst, je vreest beroofd te worden of dat er een aardbeving zal losbarsten. Je bent gewoon voor alles bang.

Twee valkuilen betreffen je relaties met anderen: die van de emotionele verwaarlozing en sociaal isolement.

EMOTIONELE VERWAARLOZING

Emotionele verwaarlozing gaat over de overtuiging dat jouw behoefte aan genegenheid nooit door anderen vervuld zal worden. Niemand houdt echt van je of begrijpt je gevoelens. Je merkt dat je je aangetrokken voelt tot mensen die nogal kil en terughoudend zijn. En doordat je zelf ook terughoudend bent is de relatie gedoemd om onbevredigend te blijven. Je voelt je bedrogen en je wordt heen en weer geslingerd tussen woede en eenzaamheid en gekwetstheid. Gek genoeg stoot je boosheid juist mensen af, en zo houd je je gevoel van tekortkomen in stand. Als cliënten die emotioneel verwaarloosd zijn naar ons toekomen, dan is hun gevoel van eenzaamheid goed voelbaar. Het voelt als een grote leegte en een niet verbonden zijn. Het gaat om mensen die echt geen idee hebben wat liefde is.

SOCIAAL ISOLEMENT

Sociaal isolement gaat over je relatie met anderen. Het heeft te maken met je geïsoleerd voelen van de wereld om je heen. Met deze valkuil is het vaak zo dat je je er als kind niet bij voelde horen. Misschien had je iets bijzonders wat je anders maakte. Als volwassene heb je deze valkuil in stand gehouden door vermijdingsgedrag. Je gaat het uit de weg om je aan te sluiten bij groepen of bij vrienden.

Je kunt je buitengesloten hebben gevoeld omdat de andere kinderen je buitensloten om een bepaalde reden. En daarom voelde je je ongewenst. Als volwassene kun je het gevoel hebben lelijk te zijn of seksueel niet aantrekkelijk. Je denkt dat je niet genoeg in je mars hebt, dat je sociale vaardigheden tekortschieten of dat je anderszins niet goed genoeg bent. Je brengt het scenario uit je kindertijd opnieuw tot leven: je voelt je minderwaardig en daar gedraag je je naar.

Het is niet altijd duidelijk dat iemand de valkuil van het sociaal isolement heeft. Veel mensen met deze valkuil functioneren goed in hun privéleven en hebben voldoende sociale vaardigheden. Hun valkuil is vaak niet zichtbaar in één op één relaties. Soms is het verbazingwekkend om te merken hoe angstig en teruggetrokken deze mensen zich in gezelschap voelen, op een feestje, op school, in vergaderingen of op hun werk. Zij hebben iets rusteloos, ze zoeken een veilige plek, maar die vinden ze niet.

Twee valkuilen hebben te maken met het gevoel van eigenwaarde, dit zijn die van de minderwaardigheid en die van het mislukken.

MINDERWAARDIGHEID

Bij minderwaardigheid voel je je van binnen stuk en besmet. Je gelooft dat je in wezen niet iemand bent om van te houden. Als mensen je echt zouden kennen, zouden ze zien hoe slecht je bent. Als kind werd je niet gerespecteerd. Je werd zelfs door je ouders om je zwakheden bespot en bekritiseerd. Je gaf jezelf de schuld: je was hun liefde immers niet waard. Nu als volwassene ben je bang voor intimiteit. Je kunt haast niet geloven dat mensen je waarderen – je verwacht afkeuring.

MISLUKKEN

Bij mislukken geloof je dat je niet in staat bent om te presteren op school, in je werk of bij het sporten. Je hebt het gevoel achter te blijven bij je leeftijdgenoten. Als kind heb je dat gevoel al meegekregen. Het zou kunnen dat je een leerstoornis had of dat je niet genoeg discipline hebt geleerd om je bepaalde belangrijke vaardigheden eigen te maken, zoals bijvoorbeeld lezen. Ze noemden je dom, lui of zeiden dat het er gewoon niet inzat. En als volwassene houd je jezelf in deze valkuil door je mislukkingen te overdrijven of door jezelf te dwarsbomen.

EXTREME AANPASSING

Met extreme aanpassing zet je je eigen wensen en behoeften opzij om anderen een plezier te doen of geef je de wensen van anderen voorrang. Je geeft ze de ruimte om jouw leven te bepalen. Dat doe je of uit *schuldgevoel* – dat je anderen zou kwetsen door jezelf op de eerste plaats te stellen – of uit *angst* – dat ze je zullen straffen of verlaten als je ongehoorzaam bent.

Als kind heeft waarschijnlijk een van je ouders je zo naar beneden geduwd. En als volwassene ga je steeds maar weer relaties aan met dominante, overheersende mensen en onderwerp je je aan ze of ga je relaties aan met mensen die zelf tekort zijn gekomen en die jou weinig te bieden hebben.

EXTREEM HOGE EISEN

Als je last hebt van extreem hoge eisen, streef je altijd naar de allerhoogste prestaties. Je legt in extreme mate de nadruk op status, geld, succes, schoonheid of erkenning, ten koste van geluk, plezier, gezondheid, voldoening en goede relaties. Waarschijnlijk pas je deze strenge normen ook op anderen toe en ben je heel kritisch. Als kind verwachtte men topprestaties van je en je leerde dat minder dan de top niet goed genoeg was. Je leerde dat eigenlijk niets goed genoeg was.

VEELEISENDHEID

De laatste valkuil, die van de veeleisendheid, heeft te maken met je vermogen om realistische beperkingen in het leven te aanvaarden. Mensen met deze valkuil voelen zich *speciaal*. Ze staan erop dat ze altijd onmiddellijk hun zin krijgen. Wat anderen redelijk vinden, wat haalbaar is, de tijd en moeite die iets gewoonlijk kost, en wat het voor anderen betekent, zien ze over het hoofd. Zelfdiscipline is geen sterke kant van je.

Veel mensen met deze valkuil werden als kind verwend en verwaarloosd. Er werd van hen niet verwacht dat ze zich inhielden. Ze hoefden zich niet aan dezelfde spelregels als andere kinderen te houden. Als volwassenen worden ze nog steeds razend als ze niet krijgen wat ze hebben willen. (Ze voelen zich miskend.)

Nu weet je ongeveer welke valkuilen bij jou passen. In het volgende hoofdstuk vertellen we wat hun oorsprong is – hoe we ze als kind ontwikkelen.

HOOFDSTUK 3

BEGRIJPEN HOE EEN VALKUIL ONTSTAAT

We kunnen valkuilen herkennen aan drie centrale kenmerken.

KENMERKEN VAN VALKUILEN

1. HET GAAT OM *LEVENSLANGE PATRONEN OF THEMA'S*;
2. ZE ZIJN *ZELFDESTRUCTIEF*;
3. ZE ZIJN *ZEER KRACHTIG*.

Zoals we al in het eerste hoofdstuk vertelden is een valkuil een patroon of thema dat in je kindertijd begint en zich in je verdere leven herhaalt. Het thema kan verlatingsangst zijn, wantrouwen en misbruik, emotionele verwaarlozing, of welke andere valkuil dan ook. Het resultaat is dat we als volwassene *juist de meest fnuikende beperkingen uit onze kindertijd nieuw leven inblazen.*

Een valkuil is zelfdestructief. Daarom is het voor ons therapeuten ook zo beklemmend. We zien dat iemand als Steven steeds opnieuw in de steek gelaten wordt en dat Elsa weer wordt misbruikt. Cliënten worden naar hun valkuil toegetrokken, als motten naar het licht. Een valkuil maakt ons zelfgevoel stuk, hij beïnvloedt onze gezondheid, onze relaties, ons werk, ons geluk, onze stemming. Een valkuil raakt ieder aspect van ons leven.

Een valkuil is zeer krachtig. We worden gedreven om ermee door te gaan. Deels komt dat door de menselijke behoefte aan continuïteit. De valkuil is wat we kennen. Ook al doet hij pijn, hij is bekend en vertrouwd. Daarom is een valkuil zo moeilijk te veranderen. Bovendien was het in onze kindertijd *de beste manier van overleven*. Toen was het adequaat – het probleem is dat we onze valkuilen blijven herhalen nu ze niet meer nodig zijn.

HOE ONTWIKKELEN VALKUILEN ZICH?

Een aantal factoren speelt een rol bij de ontwikkeling van een valkuil. De eerste is temperament. Temperament is aangeboren. Het is onze emotionele make-up, het is onze software.

Temperament is bij iedereen verschillend, net zoals onze andere aangeboren eigenschappen. Het betreft ons hele gevoelsleven. We geven hier een paar voorbeelden van aangeboren kenmerken.

ENKELE DIMENSIES VAN TEMPERAMENT

VERLEGEN	↔	SPONTAAN
PASSIEF	↔	AGRESSIEF
VLAK	↔	GEPASSIONEERD
ANGSTIG	↔	ROEKELOOS
SENSITIEF	↔	ONKWETSBAAR

Je kunt temperament opvatten als jouw specifieke combinatie van eigenschappen.

Vanzelfsprekend wordt gedrag ook beïnvloed door de omgeving. Een veilige en voedende omgeving kan een verlegen kind spontaan maken. En als de omstandigheden maar slecht genoeg zijn, dan kan zelfs het sterkste kind kapot gemaakt worden.

Aangeboren eigenschappen en omgeving vormen en beïnvloeden ons. Dat geldt zelfs (hoewel in mindere mate) voor lichamelijke kenmerken, zoals lengte. We worden geboren met een voorgeprogrammeerde lengte en het hangt van de omstandigheden af, voeding, gezondheid, enzovoort, of we echt zo groot worden.

Het meest invloedrijk is het gezin waarin we opgroeien. De dynamiek van onze jeugd wordt daardoor grotendeels bepaald. Als we in ons latere leven in een valkuil zitten, voeren we in feite het drama van onze kindertijd opnieuw op. Denk maar aan Steven, hij maakt steeds opnieuw mee dat zijn moeder hem in de steek laat. En Elsa wordt steeds opnieuw misbruikt.

VOORBEELDEN VAN DESTRUCTIEVE OMSTANDIGHEDEN IN DE KINDERTIJD

1. EEN VAN JE OUDERS MISBRUIKTE JE, EN DE ANDER KEEK WERKLOOS TOE.
2. JE OUDERS WAREN AFSTANDELIJK EN STELDEN HOGE EISEN AAN JE PRESTATIES.
3. ER WAS ALTIJD RUZIE THUIS, EN JIJ STOND ERTUSSEN.
4. EEN VAN JE OUDERS WAS ZIEK OF DEPRESSIEF EN DE ANDER AFWEZIG. JIJ NAM DE ROL VAN VERZORGER OP JE.
5. JE WERD DOOR EEN VAN JE OUDERS GECLAIMD, ALS EEN SOORT VERVANGENDE PARTNER.
6. EEN VAN JE OUDERS WAS FOBISCH EN BESCHERMDE JE TE VEEL. HIJ OF ZIJ WAS ZELF BANG OM ALLEEN TE ZIJN EN HAD JOU NODIG. VOOR ZICHZELF.
7. JE OUDERS HADDEN ALTIJD KRITIEK OP JE. NIETS WAS GOED GENOEG.
8. JE OUDERS VONDEN TE VEEL GOED. ZE STELDEN GEEN GRENZEN.
9. JE WERD DOOR LEEFTIJDGENOTEN GEPEST OF JE VOELDE JE ANDERS.

Erfelijkheid en omgeving werken samen. De schadelijke invloeden uit onze kindertijd verweven zich met ons temperament tot een knellend patroon. Ons temperament kan deels bepalen hoe we worden behandeld door onze ouders. Er is bijvoorbeeld in een gezin vaak één kind dat seksueel misbruikt wordt. En ons temperament bepaalt goeddeels hoe we reageren op de omstandigheden. Twee kinderen kunnen heel verschillend reageren op precies dezelfde omstandigheden. Beiden worden misbruikt, maar de een wordt passief en de ander vecht terug.

WAT HEBBEN KINDEREN NODIG?

Onze kindertijd hoeft echt niet perfect te verlopen. Het moet gewoon 'goed genoeg' zijn, zoals D.W. Winnicot zei. Kinderen hebben behoefte aan veiligheid, verbondenheid, autonomie, waardering. Ze hebben realistische grenzen nodig en ze moeten zichzelf kunnen zijn. Als aan deze basisbehoeften wordt voldaan kan een kind gedijen. Problemen ontstaan als kinderen veel tekortkomen in deze basisbehoeften. Bij een valkuil gaat het om deze tekorten.

Wat hebben we nodig?

1. Basisveiligheid
2. Verbondenheid
3. Autonomie
4. Zelfwaardering
5. Zelfexpressie
6. Realistische grenzen

1. **Basisveiligheid**: verlatingsangst en wantrouwen en misbruik

Sommige valkuilen zijn meer basaal dan andere. De valkuilen die te maken hebben met basisveiligheid zijn heel basaal. Ze beginnen vroeg. Ze komen zelfs bij baby's al voor. Voor een baby is veiligheid van levensbelang.

De valkuilen die de basisveiligheid betreffen hebben te maken met hoe kinderen *in hun gezin* worden behandeld. De dreiging verlaten of misbruikt te worden komt juist van de mensen die ze moeten beschermen, verzorgen en liefhebben.

Mensen die als kind werden verlaten of misbruikt zijn het meest beschadigd. Ze voelen zich nergens thuis. Zij hebben het gevoel dat er iets verschrikkelijks zal gebeuren. Ieder moment kunnen ze worden verlaten en gekwetst door hun naasten. Ze voelen zich kwetsbaar. Ze zijn snel uit balans. Hun gevoelens zijn intens en wisselend, ze zijn impulsief en zelfdestructief.

Een kind heeft een veilige omgeving nodig. In een veilig thuis zijn ouders voorspelbaar. Ze zijn lichamelijk en emotioneel voor het kind aanwezig. Niemand wordt misbruikt. Een beetje ruzie is gewoon. Er gaat niemand dood, en het kind wordt niet verlaten, althans niet voor langere tijd. Steven, de man die steeds werd bedrogen door zijn vrouw, had geen stabiele kindertijd. Zijn moeder dronk.

Steven: *Soms kwam ze 's nachts niet eens thuis. En ze wisten er allemaal van, maar ze hielden hun mond dicht. En als ze thuis was, was ze dronken.*

Als je een ouder had die alcoholist was, dan kwam je zeker tekort. Het was onveilig. Je zou kunnen zeggen dat Steven verslaafd is aan onveiligheid. Hij voelt zich aangetrokken tot onstabiele vrouwen. Hij valt op ze. Op die vrouwen wordt hij verliefd.

Een veilig gehecht kind kan zich ontspannen en veilig voelen. Er is basisveiligheid. Zonder dat gevoel is er weinig mogelijk. De ontwikkeling stagneert, de basisvoorwaarden kosten zoveel energie. De onveilige situaties uit onze kindertijd herhalen we het meest. Voor je het weet verlies je je in de ene na de andere destructieve relatie. Of ga je relaties helemaal uit de weg, zoals Elsa na de theaterschool.

2. **Verbondenheid:** emotionele verwaarlozing en sociaal isolement

Om een gevoel van verbondenheid te ontwikkelen hebben we aandacht, liefde, begrip, respect, genegenheid en leiding nodig. Zowel van onze ouders als van leeftijdgenoten.

Er zijn twee soorten verbondenheid. De eerste heeft te maken met intimiteit. Intieme relaties hebben we met familie, partners en hele goede vrienden, zij zijn ons het meest nabij. Met hen voelen we het soort van verbondenheid zoals bij onze ouders. De tweede heeft te maken met het gevoel ergens bij te horen, bij een groter geheel. Deze sociale verbondenheid voelen we in onze kennissenkring en in het verenigingsleven.

Als er aan ons gevoel van verbondenheid iets schort, valt dat vaak niet op. Je kunt een gezin hebben, een partner, of actief deelnemen aan de gemeenschap, maar van binnen voel je je er niet mee verbonden. Je voelt je alleen en verlangt naar een soort relatie die je niet hebt. Alleen een goede verstaander zou opmerken dat je niet echt een relatie aangaat met anderen. Je houdt iedereen op een afstand. Niemand mag echt dichtbij komen. Of je bent zelfs een echte eenling, je was altijd al alleen.

Robert, de man die we in het eerste hoofdstuk beschreven, de man met steeds een andere vrouw, is iemand met ernstige problemen met intimiteit. Hij schrikt ervoor terug. Zelfs zijn meest intieme relaties blijven aan de oppervlakte. Toen hij begon met therapie kon hij niemand opnoemen met wie hij nauw bevriend was.

Robert groeide op in een emotioneel vacuüm. Hij kende zijn vader nauwelijks en zijn moeder was kil en afstandelijk. Gevoelsmatige en lichamelijke tederheid ontbraken ten ene male. Naar ons idee kun je als kind op drie vlakken tekortkomen: koestering, empathie en leiding. Robert kreeg geen van drieën.

Eenzaamheid is het centrale thema voor wie problemen heeft met verbondenheid. Je kunt het gevoel hebben dat niemand je echt kent en om je geeft (emotionele verwaarlozing). Of je voelt je alleen staan, alsof je nergens bij hoort (sociaal isolement). Je hebt een leeg gevoel en hunkert naar verbondenheid.

3. **Autonomie:** afhankelijkheid en kwetsbaarheid

Autonomie gaat over ons vermogen om los te komen van onze ouders en een eigen leven te leiden, zoals je leeftijdgenoten. Het gaat om het vermogen om uit huis te gaan, een eigen leven te hebben, het gevoel dat je iemand bent. Het gevoel dat je je leven richting geeft en eigen doelen hebt, los van de steun van onze ouders. Het is het vermogen om als individu te handelen, je hebt een *zelf, een eigen ik.*

Als in jouw gezin autonomie belangrijk was, dan hebben je ouders je geleerd om voor jezelf te zorgen, ze hebben je aangemoedigd om verantwoordelijkheid te dragen en een eigen oordeel te vormen. Ze hebben je niet te veel beschermd. Ze hebben je juist aangemoedigd om naar buiten te treden en met leeftijdgenoten om te gaan. Ze leerden je dat het redelijk veilig is en hoe je jezelf kunt beschermen. Ze hebben je geholpen om een eigen identiteit te ontwikkelen.

Maar je kunt ook in een minder gezonde omgeving zijn opgegroeid, waarin afhankelijkheid en versmelting werden gekoesterd. Mogelijk hebben je ouders je geen vaardigheden geleerd om jezelf staande te houden. In plaats daarvan hebben ze misschien wel alles vóór je gedaan en hebben ze je pogingen om dingen zelf te doen getorpedeerd. Mogelijk hebben ze je geleerd dat de wereld vol gevaren is en hebben ze je alsmaar voor alle mogelijke gevaren of ziekten gewaarschuwd. Ze hebben je weerhouden om je eigen richting te kiezen. Misschien hebben ze je geleerd dat je niet kunt vertrouwen op je eigen oordeel of beslissingen, om verder te komen in het leven.

Esther, de vrouw uit hoofdstuk 1, met al die fobieën, werd als kind te veel beschermd. Haar ouders hebben haar alsmaar gewaarschuwd omdat ze zelf zo bang waren. Ze leerden haar om zich weerloos te voelen.

Het was niet kwaad bedoeld van Esthers ouders. Ze waren zelf bang. Ze probeerden Esther te beschermen. En dat gebeurt vaak. Ouders die hun kinderen te veel beschermen doen dat vaak uit liefde. Esther heeft de valkuil van de kwetsbaarheid. Ze kan niet autonoom zijn omdat ze te bang is om zelf dingen te ondernemen.

Je veilig genoeg voelen om dingen te ondernemen is één aspect van autonomie. Je opgewassen voelen tegen de dagelijkse dingen en een eigen ik hebben zijn andere aspecten ervan. Deze laatste twee hebben van doen met afhankelijkheid.

Als je afhankelijk bent mis je het gevoel van competentie, je bent niet opgewassen tegen het leven. Je ouders waren te beschermend: zij namen de beslissingen voor je en namen de verantwoordelijkheid van je over. Of ze hebben je ondermijnd, door steeds kritiek op je te hebben als je je eigen weg ging. En als gevolg daarvan kun je nu, als volwassene, niet goed op jezelf staan en heb je leiding, advies en financiële steun nodig van mensen die voor je gevoel wijzer en sterker zijn dan jij. Zelfs als je uit huis gaat – en velen doen dat niet – dan zoek je weer een relatie met een andere ouderfiguur. Je vindt een partner of een baas die dient als vervang-ouder.

Afhankelijke mensen hebben vaak een onderontwikkeld of verward zelfgevoel. Hun identiteit valt helemaal samen met die van hun ouders of partners. Het stereotype geval is de vrouw die volledig opgaat in het leven van haar man en haar eigen identiteit verliest. Zij doet alles voor hem. Ze heeft geen eigen vrienden, geen eigen interesses en geen eigen mening. Als ze praat, praat ze over het leven van haar man.

Je veilig genoeg voelen om risico te nemen in het leven, je competent voelen, een sterk zelfgevoel ontwikkelen, dat zijn de componenten van autonomie.

4. **Zelfwaardering**: minderwaardigheid en mislukken

Zelfwaardering is het gevoel de moeite waard te zijn in ons persoonlijke en sociale leven en in ons werk. Als we als kind genoeg liefde en respect kregen van onze ouders, van vrienden en op school, dan voedde dat onze zelfwaardering.

Idealiter zouden we allemaal zo'n jeugd hebben gehad. We zouden ons geliefd en gewaardeerd hebben gevoeld door familie, geaccepteerd door onze leeftijdgenoten en succesvol op school. We zouden geprezen en aangemoedigd zijn zonder bekritiseerd of afgewezen te zijn.

Misschien was dat voor jou niet zo. Misschien had een van je ouders of een broer of zus altijd wat op je aan te merken. Je voelde je niet geliefd. Je werd gepest door leeftijdgenoten. Ze gaven je het gevoel ongewenst te zijn. Of je voelde je een nul op school en in sport.

Als volwassene voel je je onzeker over bepaalde aspecten van je leven. Op de terreinen waar je je kwetsbaar voelt, intieme relaties, in gezelschap of werk, heb je onvoldoende zelfvertrouwen. Je voelt je minder dan anderen. Je bent overgevoelig voor kritiek en afwijzing. Nieuwe uitdagingen maken je bang. Je gaat ze uit de weg of je zorgt dat je inspanningen mislukken.

De twee valkuilen die te maken hebben met zelfwaardering zijn die van de minderwaardigheid en het mislukken. Zij sluiten aan bij minderwaardigheidsgevoelens in privé-sfeer en op het werk. De valkuil van de minderwaardigheid gaat vaak gepaard met andere valkuilen. In de valkuil van de minderwaardigheid speelt het gevoel dat je echt van binnen rot bent een grote rol – dat hoe beter iemand je kent, des te minder hij om je geeft. Van de vijf patiënten die we in het eerste hoofdstuk noemden, hadden er drie – Elsa, Robert en Paul – de valkuil van de minderwaardigheid naast hun primaire valkuil.

Elsa werd seksueel misbruikt door haar stiefvader. Wantrouwen en misbruik en minderwaardigheid komen vaak samen voor. Kinderen geven zichzelf bijna altijd de schuld als ze worden misbruikt, ze zullen het wel verdiend hebben, denken ze.

Robert, de man die steeds een andere vrouw had, voelt zich erg slecht. Hij verbergt deze gevoelens achter superioriteit en afstand. En Paul, de 'people pleaser', voelt zich ook slecht. Paul gaat voorbij aan zijn eigen wensen, deels omdat hij zichzelf dat niet waard vindt. Als we worden gekwetst in ons zelfgevoel dan *schamen* we ons. Schaamte is het gevoel dat hier overheerst. Als je de valkuil van de minderwaardigheid of die van het mislukken hebt dan schaam je je voor jezelf.

5. **Zelfexpressie**: extreme aanpassing en extreem hoge eisen

Zelfexpressie is de vrijheid om uiting te geven aan wie we zijn, aan onze behoeften, gevoelens (inclusief woede) en natuurlijke neigingen. Ze impliceert het geloof dat onze behoeften even geldig zijn als die van anderen. We mogen spontaan zijn, zonder onszelf erg in te houden. We voelen ons vrij om te doen wat ons gelukkig maakt, en niet in de eerste plaats anderen. We mogen plezier maken en een beetje onze gang gaan, en we hoeven niet alleen maar te werken en steeds maar tegen anderen op te boksen.

Als je opgroeit in een omgeving waarin zelfexpressie wordt gestimuleerd, dan mag je je eigen natuurlijke voorkeuren en wensen ontdekken. Als er beslissingen worden genomen houdt men rekening met je behoeften en wensen. En zolang je anderen geen ernstige schade toebrengt, mag je verdriet en woede laten zien. Je mag ook een beetje speels zijn, los en enthousiast. Je wordt aangemoedigd om een goede balans te vinden in spel en werk. De eisen die aan je gesteld worden zijn redelijk.

Maar als je opgroeit in een gezin waarin zelfexpressie wordt ontmoedigd, krijg je straf of word je opgezadeld met schuldgevoelens als je je eigen gevoelens, wensen of voorkeuren naar voren brengt.

Je neemt die van je ouders over. Je voelt je weerloos. Je schaamt je als je je losjes of speels gedraagt. Werk en prestaties worden overgewaardeerd, ten koste van plezier. Je ouders zijn pas tevreden als het perfect gaat.

Paul: *Mijn vader was nooit tevreden met me. Altijd wilde hij me veranderen, en altijd maar voorschrijven wat ik moest doen. Mijn moeder lag veel in bed. Ze was altijd ziek. Ik probeerde zo goed mogelijk voor haar te zorgen.*

Pauls identiteit deed er niet zoveel toe. Zijn ouders lijfden hem in. Hij leerde zijn eigen behoeften opzij te zetten om zijn ouders een plezier te doen. Als kind werd hij niet echt gezien, hij had een beroerde kindertijd. 'Het is alsof ik nooit kind ben geweest', zegt hij. Als je zelfexpressie in de verdrukking komt, zijn er drie tekenen. Ten eerste dat je je te veel aan anderen aanpast. Je doet alles om het anderen naar de zin te maken, je zorgt voor iedereen. Je offert jezelf op, als een martelaar. Je eigen wensen zijn niet belangrijk voor je. Je kunt het niet aanzien dat mensen om je heen verdriet hebben en je moet ze helpen, hetgeen ten koste van jezelf gaat. Soms doe je zo veel voor anderen dat ze zich schuldig gaan voelen. Als niet alles wat je doet wordt gewaardeerd, voel je je zwak en passief of boos. Je bent ten prooi aan de wensen van anderen.

Een tweede teken dat zelfexpressie in de verdrukking komt is als je je altijd moet inhouden en de touwtjes nooit eens los kunt laten. Misschien ben je een workaholic en draait je hele leven om je werk. Dat kan een carrière zijn of iets anders. Bijvoorbeeld als je vreselijk je best moet doen om er *altijd* mooi uit te zien, of om je huis spic en span te houden, of als je altijd alles precies op de juiste manier moet doen.

Het kan zijn dat je wat vlak bent. Er is geen spontaniteit. Je verbergt je reacties. Het doet er niet toe of je dat nu doet omdat je denkt te moeten doen wat anderen willen (extreme aanpassing) of omdat je moet voldoen aan absurd hoge eisen (extreem hoge eisen), het netto resultaat is dat je niet echt plezier hebt. Je leeft somber en vreugdeloos. Op de een of andere manier pak je dat jezelf af.

Een derde aanwijzing voor problemen met zelfexpressie is dat er veel onderdrukte woede is. Chronische wrok kan onder de oppervlakte zitten en er opeens, ongecontroleerd uitvliegen. Je voelt je depressief. Je zit vast in een saaie routine. Je leven lijkt leeg, je doet alles, maar zonder plezier.

6. **Realistische grenzen**: veeleisendheid

Deze valkuil is in veel opzichten de tegenpool van de twee vorige. Als je niet jezelf mag zijn, ben je te veel gecontroleerd. Je onderdrukt je eigen behoeften en je willigt die van anderen in. Als je juist problemen hebt met grenzen dan staan je eigen wensen zo centraal, dat je anderen vergeet. Dat kan zo ver gaan dat anderen je egoïstisch vinden of veeleisend, controlerend, op jezelf gericht of narcistisch. Bovendien kun je problemen hebben met zelfcontrole. Je bent zo impulsief of emotioneel dat je je langetermijndoelen uit het oog verliest. Je zoekt directe bevrediging. Routine of saaie klusjes kun je niet verdragen. Je hebt op de een of andere manier geleerd dat je speciaal bent en dat je het recht hebt om alles op jouw manier te doen.

Realistische grenzen betekent dat je kunt aanvaarden dat je je gedrag soms moet aanpassen, dat niet alles kan. Bijvoorbeeld omdat je rekening houdt met de wensen van anderen. Het heeft ook te maken met het vermogen om je te beperken en jezelf in bedwang te houden, om je doelen te bereiken en om straf te voorkomen.

Als we opgroeiden in een gezin waarin redelijke grenzen werden gesteld, was de opvoeding erop gericht om ons zelfdiscipline en zelfcontrole te leren. We werden niet te erg verwend, we mochten niet alles. Verantwoordelijkheid was belangrijk. We moesten huiswerk maken en meehelpen in het huishouden. Onze ouders leerden ons om vanuit het perspectief van anderen naar onszelf te kijken en rekening te houden met anderen. We mochten anderen niet onnodig pijn doen. We leerden de rechten en vrijheden van anderen te respecteren.

Maar misschien leerde je dat allemaal niet. Misschien waren je ouders te toegevend en kreeg je alles wat je wilde. Of ze gaven je je zin als je je driftbui had en zo leerde je dat manipulatie werkt. Ze hadden geen overwicht. Ze stonden toe dat je de boel bij elkaar schreeuwde. Ze leerden je niet het idee van *voor wat hoort wat*. Ze wezen je er niet op dat andere mensen ook gevoelens hebben, laat staan dat je leerde er rekening mee te houden. Zelfdiscipline en zelfcontrole kwamen niet in het woordenboek voor. Al deze opvoedingsfouten kunnen veeleisendheid veroorzaken.

Het kan ook zijn dat je ouders koud waren en je verwaarloosden. Ze hadden altijd kritiek, je was nooit goed genoeg. Je werd veeleisend als reactie op de verwaarlozing en vernedering.

Als je veeleisend bent kan dat je leven behoorlijk verpesten. Mensen krijgen op den duur genoeg van je. Ze trekken zich terug of laten je stikken. Je partner gaat ervandoor, je vrienden bellen niet meer, je wordt ontslagen. Zelfs je gezondheid kan gevaar lopen als je te weinig zelfdiscipline hebt geleerd. Je rookt te veel, je gaat drugs gebruiken, je eet te veel en sport te weinig. Het kan zelfs uitdraaien op wetsovertreding, als je kwaad wordt en iemand te lijf gaat of als je dronken achter het stuur kruipt. Je doelen bereiken is lastig als je geen discipline hebt, je hebt geen zin om te doen wat nodig is.

Mensen die problemen hebben met grenzen geven vaak anderen de schuld. Ze hebben de neiging niet naar zichzelf te kijken als mogelijke oorzaak van hun problemen. Ze zullen dit boek niet gauw lezen, bijvoorbeeld. Anderen hebben problemen, zij niet. Waarschijnlijk lezen hun vrienden dit boek wel. Geen van de vijf patiënten uit hoofdstuk 1 had deze problemen, maar sommigen hadden wel een destructieve relatie met iemand die zich slecht kan begrenzen.

SAMENVATTING

Als samenvatting geven we hier een lijst van valkuilen, ingedeeld naar basisbehoeften.

De elf valkuilen

I. Basisveiligheid
1. Verlatingsangst
2. Wantrouwen en misbruik

II. Verbondenheid
3. Emotionele verwaarlozing
4. Sociaal isolement

III. Autonomie
5. Afhankelijkheid
6. Kwetsbaarheid

IV. Zelfwaardering
7. Minderwaardigheid
8. Mislukken

V. Zelfexpressie
9. Extreme aanpassing
10. Extreem hoge eisen

VI. Redelijke grenzen
11. Veeleisendheid

In het volgende hoofdstuk zullen we uitleggen hoe valkuilen werken en hoe mensen op verschillende manieren met hun valkuil omgaan.

HOOFDSTUK 4

DRIE STIJLEN: OVERGAVE, VERMIJDEN EN BESTRIJDEN

Valkuilen organiseren onze ervaring. Ze beïnvloeden openlijk of onbewust ons denken, voelen en handelen.

Ieder mens gaat er op een andere manier mee om. Dit verklaart waarom kinderen in dezelfde omstandigheden zo verschillend reageren. De één wordt een passief, angstig slachtoffer. De ander rebelleert openlijk, gaat vroeg het huis uit en zoekt als puber zijn eigen weg.

Dit komt deels omdat we verschillende temperamenten hebben. We zijn van nature bang, actief, naar buiten gericht of verlegen. Ons temperament stuurt ons. Deels komt het ook omdat we verschillende rolmodellen kiezen. Aangezien een dader vaak met een slachtoffer trouwt, kunnen hun kinderen beiden als rolmodel kiezen. Een kind kan de misbruikende ouder nadoen of het slachtoffer.

DRIE STIJLEN OM MET EEN VALKUIL OM TE GAAN: OVERGAVE, VERMIJDEN EN BESTRIJDEN

Laten we eens naar drie verschillende mensen kijken: Alex, Simon en Max. Ze hebben alledrie de valkuil van de minderwaardigheid. Alledrie voelen ze zich niet goed genoeg, liefde onwaardig, ze schamen zich. Toch gaan ze heel verschillend om met hun gevoel van minderwaardigheid. We noemen die stijlen: overgave, vermijden en bestrijden

Alex: geeft zich over aan zijn gevoel van minderwaardigheid.

Alex is een negentienjarige student. Als je hem groet, kijkt hij je niet aan. Hij houdt zijn hoofd gebogen. Hij praat onverstaanbaar. Hij bloost, hapert en kleineert zichzelf voortdurend. Hij zegt steeds 'sorry'. Hij neemt altijd de schuld op zich, zelfs als hij er niets aan kan doen.

Alex voelt zich de mindere, hij delft steeds het onderspit als hij zichzelf met anderen vergelijkt. Andere mensen zijn beter. Op feestjes voelt hij zich ellendig. In zijn eerste jaar ging hij wel naar feestjes, maar durfde met niemand te praten: 'Ik wist echt niet wat ik moest zeggen'. Nu, in zijn tweede jaar, gaat hij niet meer.

In zijn studentenhuis heeft Alex een vriendinnetje. Ze heeft aan één stuk door kritiek op hem. En ook zijn beste vriend bekritiseert hem vaak. Zijn verwachting dat mensen hem niet goed genoeg vinden komt dikwijls uit.

Therapeut: *Waarom bekritiseer je jezelf zo?*
Alex: *Misschien omdat ik de anderen voor wil zijn.*

Alex schaamt zich dood. Hij bloost veel en loopt met zijn hoofd naar beneden van schaamte. Hij interpreteert alles als bewijs voor zijn idee dat hij niks waard is, een mislukkeling. Niemand zal ooit van hem houden.

Alex: *Ik voel me zo'n mislukkeling. Ik ken nog niemand van mijn jaar, en we zijn nu al een half jaar bezig. Andere mensen knopen gewoon een praatje aan en ik zit hier maar te kniezen. Niemand praat met me.*
Therapeut: *Praat jij wel eens met iemand?*
Alex: *Wie zou er met me willen praten?*

Alex, *denkt, voelt* en *doet* alsof er iets met hem mis is. Zijn valkuil is verweven met zijn bestaan. Zo gaat het als je coping-stijl overgave is. Dan heb je veel last van je valkuil. Alex is zich voortdurend bewust van zijn minderwaardigheidsgevoelens.

Als je stijl overgave is, dan vervorm je alles wat er gebeurt zodanig dat het past bij je valkuil. We reageren sterk op alles wat met onze valkuil te maken heeft. We zoeken zelfs bijpassende partners en omstandigheden. En zo houden we de valkuil in stand.

Alex vervormt zijn ervaringen zodanig dat zijn valkuil wordt bevestigd. Zijn visie klopt niet. Steeds denkt hij dat mensen tegen hem zijn of hem vernederen, ook al is dat niet zo. Hij is bevooroordeeld en is erop uit te bewijzen dat hij minderwaardig is. Hij dikt het negatieve aan en ziet het positieve over het hoofd. Als overgave onze stijl is, dan houden we onvoorwaardelijk vast aan onze valkuil, ook al klopt er niets van.

We raken gewend aan bepaalde rollen en identificeren ons met het beeld dat men van ons heeft. Als we als kind werden misbruikt of verwaarloosd, als ze altijd tegen ons tekeer gingen en altijd iets aan te merken hadden en ons kleineerden, dan is dát het meest vertrouwd voor ons. De meeste mensen zoeken dezelfde ongezonde omstandigheden uit hun jeugd weer op. De essentie van overgave bestaat eruit dat je je leven zo inricht dat je blijft vastzitten in de patronen van je kindertijd.

Alex werd in zijn jeugd bekritiseerd en vernederd, een goede voedingsbodem voor minderwaardigheid. Nu hij volwassen geworden is, lokt zijn gedrag kritiek en vernedering uit. Hij kiest vrienden en partners die hem bekritiseren. Hij verontschuldigt zich en schaamt zich voortdurend. Hij haalt zichzelf steeds naar beneden. Als mensen gewoon aardig tegen hem zijn, blijft hij op een afstand en laat hij de relatie stuk lopen. Alex houdt de status-quo in stand. Als de omstandigheden te goed worden, dan draait hij net zo lang tot hij weer terug kan naar de oude vertrouwde toestand. Als hij zich per ongeluk eens de betere of de gelijke voelt, dan manoeuvreert hij zich snel weer in zijn oude positie.

Overgave omvat alle destructieve patronen die we blijven herhalen. Alle manieren waarop we onze kindertijd nieuw leven inblazen. We blijven dat kind, met altijd weer diezelfde pijn. Overgave maakt dat we die kindertijd vasthouden, levenslang. Daarom denken we ook dat het niet te veranderen is. Dit is het enige dat we kennen, we kunnen er niet aan ontsnappen. Het is een *self-fulfilling prophecy.*

Simon: vermijdt zijn minderwaardigheidsgevoelens.

Simon is veertig en heeft nog nooit een intieme relatie gehad. Hij zit, als hij vrij is, altijd met wat maten in het buurtcafé. Hij voelt zich het meest op zijn gemak in relaties die niet al te persoonlijk zijn.

Simon is getrouwd met een vrouw met weinig gevoel. Ze is altijd met uiterlijkheden in de weer. Getrouwd zijn is voor haar belangrijker dan getrouwd zijn met Simon. Ze heeft wél vriendinnen, maar verlangt van Simon geen intimiteit. Zij wil een man, zodat zijzelf haar rol als echtgenote kan vervullen. Hun relatie is niet gebaseerd op echte intimiteit, maar op de traditionele taakverdeling. Ze bespreken niets met elkaar.

Simon drinkt al jaren te veel. Vrienden en familie raden hem steeds aan om naar de AA te gaan. Maar hij doet het niet. Hij zegt dat hij geen alcoholist is, hij drinkt voor zijn plezier, zegt hij en hij heeft het in de hand. Behalve in het café drinkt hij ook veel bij gelegenheden waarin hij zich minderwaardig voelt.

Simon kwam in therapie toen hij depressief werd. Maar, heel anders dan Alex, is hij zich niet bewust van zijn valkuil. Zijn leven was er juist op gericht om er geen last van te hebben. Toen hij met de therapie begon, was hij zich nauwelijks bewust van zijn minderwaardigheidsgevoel. Toen we hem vroegen hoe hij zich voelde, ontkende hij stellig schaamte- en minderwaardigheidsgevoelens. (Pas later in de behandeling kwamen ze er in alle hevigheid uit.)

Eerst moesten we zijn vermijden met volle kracht te lijf. Hij deed gewoon zijn huiswerk niet als hij zijn negatieve gedachten moest opschrijven. Wat heeft dat nou voor zin? Dan voel ik me alleen maar slechter. Als we hem vroegen zijn ogen dicht te doen, en het beeld op te roepen van zichzelf als kind, zei hij: ‘Ik zie niks, er komt niets naar boven’. Of hij zag een foto voor zich, zonder gevoelens. Als we vroegen naar zijn gevoelens over zijn vader, die hem had mishandeld, voelde hij echt geen boosheid en zei hij ‘Mijn vader was een goed mens’.

Simon probeert zijn minderwaardigheidgevoelens te vermijden. Met vermijden, gaan we het uit de weg om aan onze valkuil te *denken*. We duwen hem weg. We *voelen* onze valkuil ook niet meer. Als we al iets voelen dan laten we het verdampen. We gebruiken drugs of eten te veel, we doen niets anders dan schoonmaken of we worden workaholics. En we gaan alles uit de weg dat onze valkuil in gang kan zetten. We doen net alsof hij nooit heeft bestaan.

Veel mensen vermijden hele levensgebieden waarin ze zich kwetsbaar voelen. Als je valkuil die van de minderwaardigheid is, net als bij Simon, dan kan het zijn dat je intieme relaties vermijdt en je niemand toelaat. Als je de valkuil van het mislukken hebt vermijd je je werk, school en promotiemogelijkheden. Je onderneemt niets. Als afhankelijkheid je valkuil is, kun je alle situaties uit de weg gaan die een beroep doen op onafhankelijkheid. Je hebt bijvoorbeeld een straatfobie. Het is begrijpelijk dat vermijden een manier is om met onze valkuilen om te gaan. Een valkuil geeft veel nare gevoelens. We worden overweldigd door verdriet, schaamte, angst en woede. Daar willen we graag aan ontkomen. We willen dat liever helemáál niet voelen, want dat brengt ons alleen maar van streek.

Het nadeel van deze strategie is dat we de valkuil op die manier nooit kwijtraken. We zitten klem, omdat we de waarheid niet onder ogen zien. Als we geen problemen ervaren, kunnen we niets veranderen. In plaats daarvan gaan we maar door met onszelf kapot te maken en houden we schadelijke relaties in stand. We ontnemen onszelf de mogelijkheid om de oorzaken van de pijn weg te nemen, omdat we zo bezig zijn om pijn te vermijden.

Met deze strategie maken we een deal met onszelf. Op de korte termijn vermijden we pijnlijke gevoelens, maar op de lange termijn betalen we de prijs voor het uit de weg gaan. Simon doet zichzelf te kort, zolang hij doorgaat met vermijden. Hij geeft en krijgt niet de liefde die hij nodig heeft. En dat was nu juist wat hem als kind werd onthouden.

Met vermijden offeren we ons gevoelsleven op. We voelen niets, geen pijn maar ook geen plezier. We lopen rond als een zombie, niet in staat om echt te voelen. Vaak doen we anderen pijn, degenen die ons het meest naast staan, omdat we de problemen uit de weg gaan. En verslaving aan alcohol en drugs ligt op de loer.

Max: bestrijdt zijn minderwaardigheidsgevoel

Max is een 32-jarige beurshandelaar. Oppervlakkig gezien is hij zelfverzekerd, hij blaakt van zelfvertrouwen. Hij is een beetje een snob, arrogant.

Altijd heeft hij wat op anderen aan te merken, maar zelf doet hij nooit iets fout. Max kwam in therapie omdat zijn vrouw hem dreigde te verlaten. En hij vond dat het allemaal haar fout was.

Therapeut: *Dus je vrouw is kwaad op je?*
Max: *Als je het mij vraagt is het allemaal haar schuld. Zij overdrijft alles verschrikkelijk en ze eist te veel van me. Zij heeft therapie nodig, niet ik.*

Max koos een passieve, opofferende vrouw uit, die hem adoreert. Door de jaren heen was hij zo egoïstisch en gemeen geworden dat ze hem voor de keuze stelde: of jij gaat in therapie of ik ga weg.

Max wil altijd de baas zijn. Hij kiest zijn vrienden en ondergeschikten zo, dat ze hem naar de mond praten. Ze zullen hem niet gauw tegenspreken of uitdagen. Hij geniet van zijn superioriteit. Hij is erop gespitst om prestige en status te verwerven. Hij gebruikt anderen om zijn doelen te bereiken, hij zet ze naar zijn hand.

Ook in de therapie probeerde hij om die positie te behouden. Hij wilde geïnformeerd worden over onze ervaring en competentie, over hoe effectief we zijn, onze werkwijze en leeftijd. Hij benadrukte steeds hoe succesvol hijzelf was. Hij werd woedend toen we hem zeiden dat hij zijn vrouw niet goed behandelde. We begrepen hem niet. Hij verwachtte van ons dat we ons met de afspraken naar hem zouden schikken. En als we dat niet deden werd hij furieus. Hij kreeg niet de behandeling die hij in zijn ogen verdiende.

Max heeft zelf niet veel last van zijn valkuil, ook al is die overduidelijk aanwezig in zijn superioriteit. Max voelt precies het tegenovergestelde van wat hij als kind voelde. Hij probeert om zover mogelijk weg te zijn van het 'geminachte kind' van zijn ouders. Je zou kunnen zeggen dat hij zijn leven lang al probeert om dat kindergevoel weg te houden, om kritiek en misbruik te voorkomen.

Als bestrijden onze strategie is, dan proberen we onszelf en anderen ervan te overtuigen dat juist het omgekeerde het geval is. In plaats van minderwaardig, doen we alsof we speciaal, superieur, perfect en onfeilbaar zijn. En hier houden we wanhopig aan vast.

Bestrijden ontwikkelt zich omdat het een alternatief biedt voor kritiek en vernedering, waaraan we zo ontsnappen. Zo lossen we het op. Maar als bestrijden te ver wordt doorgevoerd, dan werkt het als een boemerang. We blijven niet ongedeerd.

Ze kunnen heel gezond *lijken,* de mensen die bestrijden. Maar pas op, veel vooraanstaande mensen, politici of sterren hebben deze stijl van omgaan met hun valkuil. Hoewel ze goed zijn aangepast en succesvol zijn in de ogen van anderen, hebben ze vaak geen vrede met zichzelf. Ze blijven zich minderwaardig voelen.

Ze bestrijden dit gevoel door naar applaus te streven. Dat moet als compensatie dienen voor het veel diepere gevoel van waardeloosheid. Ze maskeren hun defect met succes, om te voorkomen dat het aan het licht komt en dat ze ten val worden gebracht.

We raken erdoor geïsoleerd. We moeten zo ons best doen om perfect te lijken dat het ons niet meer kan schelen dat anderen eraan bezwijken. We gaan maar door, ongeacht wat de prijs is voor anderen. Uiteindelijk betalen we een hoge prijs: mensen trekken hun handen van ons af, ze laten ons in de steek.

Ook staat bestrijden intimiteit in de weg. We verliezen het vermogen anderen te vertrouwen, kwetsbaar te zijn en echt contact te maken. Sommige patiënten zouden liever alles kwijtraken, hun huwelijk, een goede relatie, dan kwetsbaar te zijn.

Uiteindelijk gaat het ooit mis, hoe goed we ook ons best doen. Mensen die bestrijden kunnen geen tegenslag verdragen. Zij nemen geen verantwoordelijkheid voor hun fouten en erkennen geen beperkingen. Bij echte tegenslag storten ze in. En dan worden ze pas echt erg depressief.

Onder de oppervlakte zijn 'mensen die bestrijden' erg *fragiel*. Hun superioriteit is snel verdwenen. Als er een barstje komt in het masker, dan stort het kaartenhuis snel in elkaar. De valkuil komt in volle kracht naar voren en ze zijn overgeleverd aan hun oorspronkelijke gevoel van minderwaardigheid. Ze voelen zich weer verwaarloosd en buitengesloten.

Deze drie mannen, Alex, Simon en Max, hebben primair last van minderwaardigheidsgevoelens. Ze voelen zich alledrie minderwaardige schepsels, waardeloos en de liefde van anderen niet waard, maar ze gaan er verschillend mee om. Hun stijlen zijn anders.

Alex, Simon en Max hebben ieder één primaire stijl. Normaal gesproken komt dat zelden voor. Meestal is er een combinatie van toegeven, vermijden en bestrijden.

Deze stijlen moeten we zien te veranderen, willen we uit de valkuil komen en weer gezond worden.

Het volgende hoofdstuk laat zien hoe je een valkuil effectief te lijf kan gaan zonder toegeven, vermijden en bestrijden.

HOOFDSTUK 5

HOE KUNNEN VALKUILEN VERANDEREN?

Valkuilen zijn levenslange patronen. Ze zijn diep ingesleten en moeilijk te veranderen, net als verslavingen en slechte gewoontes. Veranderen vereist bereidheid om pijn te verdragen. Je moet je valkuil onder ogen durven zien en je moet hem begrijpen. Je moet ook discipline hebben. Je moet dagelijks je gedrag observeren en veranderen. Verandering gaat niet van de ene op de andere dag. Je moet steeds oefenen.

ALGEMENE STAPPEN IN HET VERANDERINGSPROCES VAN VALKUILEN

We gebruiken Merel als voorbeeld bij het doorlopen van de stappen. Merels valkuil is die van de verlatingsangst. Zij is 31 en heeft een relatie met Ab. Hij wil zich niet aan haar binden. Ze hebben nu elf jaar een relatie maar hij wil niet met haar trouwen, hoewel ze het al vaak heeft gevraagd.

Eens in de zoveel tijd maakt Ab het uit. Merel is dan ten einde raad. In zo'n periode begon ze met de therapie.

Merel: *Ik wil me niet meer zo voelen. Ik red het niet meer. Ik denk alleen nog maar aan Ab. Het is een obsessie. Hij moet bij me terugkomen.*

Dat obsessieve is kenmerkend voor de valkuil van de verlatingsangst. Als het uit is, gaat Merel wel eens met een ander uit, maar ze is alleen maar geïnteresseerd in Ab. Stabiele, betrouwbare mannen vindt ze saai. Op ons advies zette Merel de volgende acht stappen om haar patroon te veranderen.

STAP 1. BENOEM JE VALKUILEN

De eerste stap is dat je vaststelt wat je valkuilen zijn. Dit kun je doen door de valkuilenvragenlijst in hoofdstuk 2 erbij te pakken. Als je weet welke valkuil jij hebt en hoe die jouw leven beïnvloedt dan ben je beter in staat hem te veranderen. Door je valkuil een naam te geven als minderwaardigheid of afhankelijkheid en erover te lezen in dit boek, begrijp je jezelf beter. Je krijgt inzicht in wat er speelt. Dit is de eerste stap. Merel herkende zichzelf op verschillende manieren in de verlatingsangst valkuil. Toen ze met therapie begon, gaven we haar de valkuilenvragenlijst. Zij scoorde hoog op de items van verlatingsangst.

Merel: *Ik wist ergens wel dat dat mijn thema was. Dat ik altijd bang was dat mensen me zouden verlaten. Dat was altijd al zo. Het was mijn lot, dat dacht ik tenminste.*

Cliënten hebben dit vaak als zij hun valkuil identificeren. Ze hebben het gevoel dat iets wat ze al lang wisten, opeens duidelijk wordt. Merel kon heel goed zien hoe het thema verlatingsangst in haar leven speelde. In haar relatie was dat het centrale thema. Door bij het verleden stil te staan, kon ze ook daar haar valkuil zien. Als we haar vroegen haar ogen dicht te doen en zich haar kindertijd voor te stellen, kwam het thema verlating het meest naar voren.

Merel: *Ik zie mezelf staan bij de bank in de woonkamer. Ik probeer de aandacht van mijn moeder te trekken, maar ze is dronken. Het lukt me niet.*

Merels moeder was alcoholiste zolang ze zich kon herinneren. Toen Merel zeven was ging haar vader weg. Hij trouwde met een andere vrouw. Toen hij opnieuw kinderen kreeg, verwaterde het contact. Hij liet Merel en haar zus bij hun moeder achter, maar die was niet in staat voor ze te zorgen.

Merel werd door allebei haar ouders in de steek gelaten. Haar moeder doordat ze te veel dronk en haar vader door weg te gaan. Deze verlating was de rode draad in haar jeugd. Langzamerhand begreep Merel hoe het thema verlating met haar leven verweven was, in het verleden en het heden. Dat het benoemd werd als valkuil maakte *dat ze beter kon begrijpen wat ze meemaakte.* Je valkuil is je vijand – leer je vijand kennen, is onze leus.

STAP 2. BEGRIJP DE OORSPRONG VAN JE VALKUIL; VOEL HET GEKWETSTE KIND BINNEN IN JE

De tweede stap is om je valkuil te gaan voelen. Wij merken dat het erg moeilijk is om pijnlijke dingen te veranderen zonder ze weer opnieuw te voelen. We hebben allemaal onze manieren om pijn uit de weg te gaan. Helaas merken we daardoor niet meer wat onze valkuil is.

Je valkuil voelen, betekent je jeugd weer naar boven halen. We zullen je vragen om je ogen dicht te doen, en de beelden toe te laten. Laat ze maar gewoon in je opkomen, forceer niet. Laat ieder beeld maar goed tot je doordringen. Stel je maar zo levendig mogelijk voor hoe het echt was. Als je dat een paar keer doet, dan herinner je je ook het gevoel dat je er als kind bij had. Je voelt de pijn of andere emoties van je valkuil.

Dit is geen eenvoudige oefening. Als je je overmand voelt door emoties of er erg angstig van wordt, dan is dat een teken dat je therapie nodig hebt. Je kindertijd was zo pijnlijk dat het te erg is om er zonder hulp aan herinnerd te worden. Je hebt iemand nodig, een bondgenoot. Een therapeut kan je daarbij helpen.

Als je contact hebt gemaakt met het kind in je, dan vragen we je om ermee te gaan praten. Dit innerlijke kind zit opgesloten. We willen het weer tot leven brengen, zodat verandering en groei weer kunnen plaatsvinden. Dit kind moet eerst genezen.

We vragen je om contact te maken met het kind in je. Je kunt er hardop mee praten of je kunt schrijven. Je kunt bijvoorbeeld een brief schrijven naar het kind met je dominante hand (de hand waar je gewoonlijk mee schrijft), en je kunt het kind laten antwoorden in je andere hand. We hebben gemerkt dat je met je niet-dominante hand goed uitdrukking kunt geven aan het kind in je.

Het idee om met het kind in je te praten kan op het eerste gezicht vreemd lijken. Als je het boek verder leest, zul je het beter gaan begrijpen. We geven een voorbeeld van Merel, die met haar innerlijke kind praat.

Therapeut: *Praat eens met de kleine Merel. Help haar.*
Merel: *Hm... (pauze) Ik zie haar voor me en ik neem de kleine Merel op schoot. Ik zeg 'Het is vreselijk wat je meemaakt. Je ouders doen het niet goed, ze zijn niet in staat je te geven wat je nodig hebt. Maar ik zal dat wel doen. Ik zal je helpen erdoorheen te komen en ervoor zorgen dat je je erdoorheen slaat'.*

Een van de dingen die we je vragen is om je innerlijke kind te troosten, te helpen, te leiden, en mee te leven. Dat kan eerst gek lijken of ongemakkelijk, maar we hebben gemerkt dat de meeste mensen er veel baat bij hebben.

STAP 3. DAAG JE VALKUIL UIT; TOON DE ONJUISTHEID ERVAN AAN

Je leven heeft je er absoluut van overtuigd dat je valkuil klopt. Merel gelooft in al haar vezels dat iedereen aan wie ze zich hecht haar zal verlaten. Zij aanvaardt haar valkuil zowel met haar gevoel, als met haar verstand.

In deze stap gebruik je je verstand om je valkuil aan te pakken. Om dit te doen, moet je bewijzen dat hij niet klopt, of ten minste dat verandering mogelijk is. Je moet je valkuil in twijfel trekken. Zolang je erin gelooft, kun je hem niet veranderen.

Om je valkuil te weerleggen, inventariseer je alle argumenten voor en tegen je valkuil. Je gebruikt je hele leven. Als je bijvoorbeeld van jezelf vindt dat je een *mislukking* bent, dan ga je eerst alle bewijsmateriaal verzamelen voor je valkuil, namelijk dat je een echte *minkukel* bent. En vervolgens maak je een lijst van alle bewijzen ertegen, namelijk dat je iemand bent, waar mensen graag mee omgaan.

In de meeste gevallen wijst de inventarisatie uit dat je valkuil niet klopt. Je bent níet onvolwaardig, incompetent, een mislukkeling, gedoemd om misbruikt te worden, enzovoort. Maar, soms klopt het wél. Het kan voorkomen dat je zo vaak afgewezen bent en gemeden, dat je onvoldoende sociale vaardigheden hebt ontwikkeld. En zo ben je in zekere zin echt een minkukel geworden. Of je hebt zoveel kansen in je werk of opleiding laten schieten, dat je niet verder komt in je loopbaan.

Kijk dan eens naar de argumenten voor je valkuil. Is er bewijs dat je valkuil echt aangeboren is of werd je gehersenspoeld als kind door je gezin of leeftijdsgenoten? Werd je incompetent geboren of werd dat je ingehamerd door je strenge ouders, zodat je het zelf bent gaan geloven *(afhankelijkheid)*? Was je als kind echt speciaal of hebben je ouders je verwend en verwaarloosd, en hebben ze je het gevoel gegeven dat je meer rechten hebt dan een ander *(veeleisendheid)*? Stel jezelf ook de vraag of er bewijs is dat je valkuil nog steeds klopt. Of was dat alleen vroeger het geval?

Als je, na dit onderzoek, nog steeds gelooft dat je valkuil waar is, stel jezelf dan de vraag: 'Hoe kan ik deze kant van mijzelf veranderen?' Zoek uit wat je kunt doen om de situatie te verbeteren.

Hier is een voorbeeld uit de inventarisatie van Merel ten gunste van haar valkuil van de verlatingsangst.

Bewijs dat iedereen van wie ik hou me in de steek laat

Bewijs	Is dit echt waar of werd het me ingehamerd?	Hoe kan ik het veranderen?
1. Als ik niet alles voor Ab doe, laat hij me in de steek.	Het is niet waar, als ik te veel aan Ab hang, dan wijst hij me júist af. Hij wordt kwaad en wil bij me weg. Ik denk het alleen maar, omdat ik als kind niet bij machte was om mijn vader vast te houden, wat ik ook deed.	Ik zou Ab wat meer ruimte moeten geven. En ik zou ermee moeten ophouden me aan hem vast te klampen. Als ik alleen ben zou ik me meer kunnen leren te ontspannen. En stoppen met te denken dat ze me misschien in de steek laten.

Hier is een deel van Merels inventarisatie tegen haar valkuil.

Bewijs dat niet iedereen me in de steek laat
1 Ik heb altijd een goede band gehad met mijn zus.
2 Ik had verschillende vriendjes die iets met me wilden, maar ik was zo op Ab gericht dat ze nooit een kans van me kregen.
3 Mijn therapeut staat achter me.
4 Ik heb een tante die altijd belangstelling voor me had en die me probeerde te helpen.
5 Ik heb al jarenlang dezelfde vrienden.
6 Met Ab ben ik al elf jaar samen, al was het met ups en downs.

Nadat je de inventarisatie hebt gemaakt, moet je de argumenten tegen je valkuil op een systeemkaart opschrijven. Dit is een voorbeeld van wat Merel opschreef:

Verlatingsangstkaart
- Het is niet waar dat iedereen me in de steek laat, al voel ik dat wel zo. Dat komt omdat mijn ouders me allebei in de steek hebben gelaten.
- Ik heb veel verlating meegemaakt in mijn leven, op alle mogelijke manieren, maar dat komt ook omdat ik me altijd het meest aangetrokken voelde tot mensen die zich niet konden hechten.
- Maar dat hoeft niet zo te blijven. Ik kan ze uit de weg gaan. Ik kan ervoor kiezen om met mensen om te gaan die zich aan me binden en er echt voor me zijn.
- Ik kan me beter afvragen of ik niet hypersensitief reageer als ik me in de steek gelaten voel door iemand. Want ook al voel ik het zo, het kan zijn dat het mijn valkuil is die opspeelt. Iets doet me denken aan wat me vroeger is overkomen. Mensen hebben recht op wat ruimte. Ik moet ze wat ruimte laten.

Kijk elke dag goed naar deze kaart. Neem hem mee. Bewaar een kopie naast je bed of op een andere plek, waar je hem altijd kan zien.

STAP 4. SCHRIJF BRIEVEN NAAR DE OUDER, BROER, ZUS, OF VRIEND DIE BIJDROEG AAN HET ONTSTAAN VAN JE VALKUIL

Het is belangrijk om je woede en verdriet over wat er gebeurd is te uiten. Al die opgekropte gevoelens houden het kind in je geblokkeerd. We willen dat dat kind weer een stem krijgt, zodat het zijn gevoelens tot uitdrukking kan brengen.

We vragen je om brieven te schrijven aan iedereen die je heeft gekwetst. We weten best dat je je waarschijnlijk erg schuldig voelt, vooral ten opzichte van je ouders. Het is niet zo gemakkelijk om je tegen je ouders te keren. Misschien waren ze van goede wil. Ze hadden misschien goede bedoelingen. Maar we willen dat je daar even geen rekening mee houdt en gewoon zegt waar het op staat.

Laat je gevoel in de brief spreken. Vertel ze hoe ze je hebben gekwetst en hoe je je daardoor voelde. Vertel ze dat ze niet goed gehandeld hebben. Zeg tegen ze hoe het anders had gekund.

Waarschijnlijk verstuur je de brief niet. Het gaat om het *schrijven* zelf en om *uitdrukking te geven* aan je gevoel. Vaak is het *niet* mogelijk om het gevoel of het gedrag van je ouders te veranderen. Het is goed als je je dat realiseert. Het doel van de brief is niet je ouders te veranderen. Het doel is dat jij weer een gezond mens wordt.

Hier is de brief die Merel aan haar moeder schreef.

Lieve Mamma,

Mijn hele leven lang heb je te veel gedronken. Ik moet je vertellen wat de gevolgen daarvan voor mij waren.

Ik heb het gevoel dat ik nooit een kind ben geweest. Ik maakte me de hele tijd zorgen over dingen waar andere kinderen geen weet van hebben. Ik was er nooit zeker van dat we eten zouden krijgen. Ik moest alles zelf doen. Als andere kinderen buiten speelden en plezier hadden, stond ik te koken of maakte ik het huis schoon.

Je hebt er geen idee van hoe vernederd ik me door jou heb gevoeld. Ik herinner me dat ik leerde strijken toen ik zes was, om te voorkomen dat ik uitgelachen zou worden omdat mijn kleren gekreukeld waren. En ik kon nooit iemand mee naar huis nemen om te spelen. Je was er nooit, zoals andere moeders. Je kwam nooit op school. Ik kon niets bij je kwijt. In plaats daarvan lag je maar op de bank, jezelf lens te drinken.

Ook al probeerde ik nog zo om je van die bank te krijgen, en mijn moeder te laten zijn. Het lukte gewoon niet.

Ik heb zo veel verdriet over wat ik heb gemist. Ik herinner me een paar keer dat je er wel voor me was, en dat was heel bijzonder voor me. Bijvoorbeeld toen ik van streek was over mijn vriendje van de middelbare school. Toen heb je met me gepraat. Ik wilde dat dat vaker was gebeurd.

In plaats daarvan groeide ik op met een groot gat in plaats van een moeder. En dat gat is er nog steeds. Je had me dit niet aan mogen doen, het was fout wat je deed.

Met zo'n brief kan je de rekening vereffenen. Je kunt je verhaal hardop vertellen, misschien voor het eerst.

STAP 5. BESTUDEER HET PATROON VAN JE VALKUIL IN DETAIL

We willen dat je uitdrukkelijk formuleert hoe je valkuil zich in je huidige leven manifesteert. De hoofdstukken over je individuele valkuilen zullen je helpen het zelfondermijnend gedrag te traceren dat je valkuil in stand houdt.

We vragen je op te schrijven wat maakt dat je in je valkuil terecht komt en hoe je dat kunt veranderen. Hieronder staat een voorbeeld van één van Merels tabellen.

Manieren waarop ik mijn valkuil van de verlatingsangst dagelijks in stand houd.	Hoe kan ik veranderen?
1. Ik hang aan Ab en ik probeer zijn leven te regelen.	Ik zou Ab meer vrijheid kunnen laten, zonder hem duizend keer te vragen waar hij heen gaat en wat hij gaat doen. Als hij ontevreden is of kwaad over iets in de relatie, dan zou hij dat moeten kunnen zeggen, zonder dat ik instort of er direct tegenin ga. Ik zou ermee op kunnen houden om hem iedere vijf minuten te vragen of hij van me houdt en bij me blijft. Ik moet niet boos worden als hij wat meer ruimte wil. Ik kan ermee ophouden me zo bedreigd te voelen als er in zijn leven iets goeds gebeurt.
2. Ik word echt boos als iemand niet direct terug belt.	Ik kan mijn vrienden meer ruimte geven zonder me bedreigd te voelen als zij het druk hebben met hun eigen leven.
3. Ik ga helemaal op in Ab en vergeet mijn eigen leven.	Ik kan me meer op mezelf richten en de dingen doen die voor mij belangrijk zijn. Ik kan mijn eigen vrienden opzoeken, schilderen, lezen en brieven schrijven. Ik kan iets leuks gaan doen. Ik kan mezelf wat gunnen. Mezelf trakteren.

STAP 6. DE VOLGENDE STAP IS HET DOORBREKEN VAN HET PATROON

Nadat je de valkuilenvragenlijst hebt ingevuld in hoofdstuk 2 en hebt vastgesteld welke valkuilen je hebt, willen we dat je er een uitkiest. Kies de valkuil die nu je leven het meest bepaalt. Als dat niet gaat, kies dan de valkuil die toegankelijker lijkt. We willen dat het haalbaar voor je is.

Merel had verschillende valkuilen. Naast de valkuil van de verlatingsangst, had ze ook die van de minderwaardigheid. Ze dacht dat het haar fout was dat haar vader was weggegaan en dat haar moeder geen goede moeder was. Zoals we al eerder zeiden, geven kinderen zichzelf vaak de schuld voor hun verwaarlozing en misbruik.

Maar verlatingsangst was Merels centrale valkuil. Daar ging ze het eerst mee aan de slag. Ze had eerst een stevige basis nodig van waaruit ze haar andere valkuilen zou kunnen aanpakken. Dat vonden wij ook.

Gebruik de kaarten die je in stap 5 hebt gemaakt. Kies twee of drie manieren uit waarmee je je valkuil versterkt. Probeer om de veranderingen uit te voeren. Zet haalbare stappen. We vinden het vooral belangrijk dat je vooruitgang boekt.

Merel begon met haar relaties met vrienden. Ze probeerde niet meer steeds te vervallen in twee uitersten, namelijk vastklampen of woedend afwijzen. Als zij een telefoontje of een uitnodiging negeerden, dan wachtte ze even met bellen, in plaats van direct woedend en van streek terug te bellen. Ze deed ook haar best om haar relaties met goede vrienden te verdiepen, en die met minder goede vrienden te laten rusten. Ze besloot om enkele erg onstabiele vrienden (meest alcoholisten) te laten schieten. Dat was een verlies, maar wel een waar ze zelf voor koos. Gebruik de technieken uit de volgende hoofdstukken om je te helpen om jouw valkuil te veranderen. Werk je lijst met gedragingen die je valkuil in stand houden geduldig af. Begin pas met de volgende valkuil als je er één redelijk onder de duim hebt.

STAP 7. HOU VOL

Geef niet op, laat je niet ontmoedigen. Valkuilen kunnen echt veranderen, maar dat kost veel tijd en veel werk. Zet door. *Confronteer jezelf iedere keer opnieuw.*

Merel is meer dan een jaar in therapie geweest. Zo nu en dan heeft ze weer last van haar verlatingsangst, maar dat gebeurt steeds minder. Haar gevoelens erover zijn minder intens, en ze is er sneller uit. En de aanleiding moet veel ernstiger zijn dan voorheen. Het verbreken van een relatie, bijvoorbeeld. Haar leven is veranderd.

De relatie met Ab is wel het meest veranderd. Ze heeft geleerd dat ze Ab meer ruimte moet geven. Hij voelde zich bekneld en probeerde met alle macht om onder haar uit te komen. Deels wilde hij zich niet binden omdat ze zo aan hem klitte. Als ze nu boos is vertelt ze hem dat kalm en gaat ze niet meer zo tekeer. Ze probeert te luisteren als hij kwaad is of als hij iets kwijt wil. Ze laat hem zijn eigen beslissingen nemen.

Een paar maanden geleden stelde zij hem voor de keuze, of ze gingen trouwen of ze zou de relatie beëindigen. Hij koos ervoor met haar te trouwen. Natuurlijk loopt het niet altijd goed af. Soms lopen relaties stuk. Wij denken dat het beter is om een hopeloze relatie te beëindigen, dan gevangen te blijven in de valkuil van de verlatingsangst.

STAP 8. JE OUDERS VERGEVEN

Het is niet nodig om je ouders te vergeven. Zeker als er sprake was van ernstige verwaarlozing of misbruik, dan kan het zijn dat je ze dat nooit vergeeft. Dat is je eigen keuze. Maar we hebben gemerkt dat het in de meeste gevallen vanzelf gaat. Het hoort bij het proces van weer 'heel' worden.

Cliënten zien hun ouders geleidelijk steeds minder als boze reuzen en steeds meer als mensen met hun eigen zorgen en problemen. Ze zien dat hun ouders gevangen waren in hun eigen valkuilen, en in feite meer kind waren dan reus. Zo kunnen ze hen vergeven.

Nogmaals, dit gaat niet altijd zo. Je kunt ze vergeven, maar dat hoeft niet. Het hangt af van wat je hebt meegemaakt als kind. Je kunt ook het tegenovergestelde beslissen, namelijk om het contact helemaal te verbreken. Je moet doen wat goed voor jou is. Of je ze uiteindelijk wel of niet kunt vergeven, dat maakt niet uit. We zullen je hoe dan ook steunen.

OBSTAKELS, WAT STAAT VERANDERING IN DE WEG?

In de loop van ons werk hebben we een lijst gemaakt met de meest voorkomende obstakels. Tevens hebben we enkele mogelijke oplossingen geïnventariseerd.

Obstakel 1: *Je verweert je tegen je valkuil, in plaats van je valkuil te erkennen en er verantwoordelijkheid voor te nemen*

Als je moeite hebt met veranderen geef je misschien anderen de schuld. Je kunt je eigen fouten nog niet toegeven en geen verantwoordelijkheid nemen om te veranderen. Of je overcompenseert door harder te werken, meer indruk te maken op anderen, meer geld te verdienen, het anderen nog meer naar te zin te maken, enzovoort. (Voor meer over bestrijden, zie hoofdstuk 4.)

Robert, de man die de ene vrouw na de andere had, moest er hard voor vechten om het bestrijden te stoppen. Zijn gemuggenzift, de onmogelijke eisen die hij aan vrouwen stelde wat betreft schoonheid en status, zijn voortdurende behoefte aan prikkels. Dat was zijn manier om zich beter te voelen over zijn eenzaamheid. Hij moest zijn strategieën opgeven om gewoon menselijk contact te kunnen maken met een vrouw. Zonder haar te bekritiseren of te willen imponeren. Hij moest dichterbij komen om door zijn valkuil heen te kijken.

Hier zijn een paar oplossingen voor dit obstakel.

Oplossing 1: doe een experiment. Maak een lijst van alle keuzen waar je spijt van hebt in je leven. Hoe zou je je voelen als ze je eigen schuld waren? Wat zou het voor je betekenen als de kritiek die men op je heeft een beetje waar is? Probeer de pijn van je fouten te voelen. Probeer de pijn van je kindertijd te erkennen. Voel wat je nodig had, maar niet kreeg.

Oplossing 2: werk eens wat minder en verdien minder. Hou ermee op om altijd indruk te willen maken. Voel hoe het is om te zijn als iedereen, geen uitzondering, niet superieur. Pas als je dit kunt voelen, ben je kwetsbaar genoeg om te veranderen.

Obstakel 2: Je omzeilt je valkuil

Vermijden is een veel voorkomend probleem. De meeste cliënten geven niet graag hun ontsnappingsroutes op. Je kunt denken dat je het ook moeilijk hebt. Je staat jezelf niet toe om bij je problemen, je verleden, je familie of je patronen stil te staan. Je blijft je gevoel wegmaken of verdoven door te drinken of drugs te gebruiken.

We begrijpen best waarom je wilt ontsnappen. Als je dat niet meer doet, dan ben je ten prooi aan intense angst en pijn. Alle vijf cliënten uit hoofdstuk 1 worstelden hiermee. Steven moest ophouden met problemen uit de weg te gaan, door steeds met Francien bezig te zijn. Elsa moest ophouden met de pijn te vermijden die een intieme seksuele relatie voor haar impliceert. Esther moest ophouden met gevaarlijke activiteiten uit de weg te gaan. Robert moest ophouden om nabijheid te vermijden. En Paul moest wegrennen voor zijn eigen behoeften en voorkeuren.

Er is motivatie voor nodig om vermijdingsgedrag los te laten. Je moet jezelf de rest van je leven voorstellen – je bent voor altijd in je valkuil gevangen of je bevrijdt jezelf er eindelijk uit.

Oplossing 1: je moet jezelf toestaan om door je problemen heen te kijken en de pijn te voelen uit je kindertijd alvorens te veranderen.

Dwing jezelf om de oefeningen te doen die we in het hoofdstuk van je valkuil beschrijven. Schrijf wat kritiekpunten op over je ouders of wat van je eigen minpunten en kwetsbaarheden. Doe dat iedere dag.

Oplossing 2: maak een lijstje van voor- en nadelen van het vermijden van gevoelens. Lees de lijst iedere dag door om jezelf eraan te herinneren.

Oplossing 3: hou eens een paar dagen op met drinken, te veel eten, drugs gebruiken, te veel werken, enzovoort, om je valkuil te vermijden. Noteer je gevoelens in een dagboek. Probeer in die dagen een paar van de imaginatie-oefeningen uit het hoofdstuk van je valkuil uit. Doe een twaalf stappenprogramma.

Obstakel 3: Je hebt geen afstand genomen van je valkuil; je vindt nog steeds dat hij klopt

Een ander obstakel is dat je blijft geloven in je valkuil. Zolang je dat doet, kun je niet veranderen. Je moet voldoende twijfelen aan de geldigheid ervan om het experiment van de verandering aan te gaan.

Neem bijvoorbeeld Esther. Zij was heel lang extreem angstig bij alles wat ze deed. Dat kwam omdat ze nog steeds geloofde dat er echt gevaar dreigde. Dat ze ieder moment getroffen kon worden door een ramp. Ze bleef uiterst waakzaam, steeds beducht voor een mogelijk ongeluk.

Esther geloofde nog steeds in haar valkuil. Ze geloofde echt dat zij heel kwetsbaar was. Ze moest haar denkwijze veranderen. Dat deed ze op verschillende manieren: ze leerde zichzelf om gevaar redelijk in te schatten, ze deed haar best om de kans op gevaar lager in te schatten. Ze nam gewone voorzorgsmaatregelen. Ze leerde zich te ontspannen. En geleidelijk geloofde ze steeds minder in haar valkuil.

Een valkuil gaat niet zomaar weg. Het is eerder zo dat je hem steeds weg moet duwen, stukje bij beetje moet hij zijn greep verliezen.

Oplossing 1: kijk naar de oefeningen in het hoofdstuk over hoe je je valkuil weerlegt. Lees ze weer door. Spreek met jezelf af dat je tegen je overtuigingen in zult gaan.

Het kan ook helpen om de oefeningen met iemand samen te doen. Een ander kijkt minder bevooroordeeld.

Oplossing 2: spoor alle bewijsmateriaal in je leven op dat je valkuil weerspreekt. Kijk naar mogelijkheden om te veranderen. Waren er verzachtende omstandigheden? Werd je misbruikt? Was je bang om afgewezen te worden of om te mislukken? Heb je mensen om je heen verzameld die je valkuil bevestigen? Speel de advocaat van de duivel.

Oplossing 3: schrijf je kaart en lees hem meermaals per dag.

Obstakel 4: *Je bent met een te moeilijke valkuil begonnen of je hebt een te grote stap willen nemen*

Misschien heb je verschillende valkuilen en ben je begonnen met de ergste. Als deze valkuil te overweldigend is, dan kun je geen vooruitgang boeken. Of je hebt wel de goede valkuil gekozen, maar je plan is te ambitieus. Het kan zijn dat je veranderingsstrategie te moeilijk is. Paul, de allemansvriend is hier een voorbeeld van. Paul begon met assertief te leren zijn bij zijn vader. Dat was een vergissing, het was te moeilijk. Paul werd erg bang. Hij kwam niet meer uit zijn woorden. Zijn poging direct zijn vader aan te pakken, was gedoemd te mislukken.

Paul werd op den duur wel assertiever ten opzichte van zijn vader. Maar hij moest eerst vaardiger worden door te oefenen met minder bedreigende mensen. Hij begon met vreemden, zoals vertegenwoordigers en serveersters. En ging toen verder met kennissen en medewerkers. Pas daarna waagde hij zich aan zijn naasten.

Dit is een van de belangrijkste regels. Stel jezelf haalbare doelen.

Oplossing 1: verdeel je plan onder in kleinere stappen.

Oplossing 2: begin met de gemakkelijke stappen. Bouw je vaardigheid geleidelijk op. Ga dan pas verder met de lastiger opdrachten.

Obstakel 5: *Je realiseert je, dat je valkuil rationeel gezien niet klopt, maar gevoelsmatig is dat wel het geval*

Dit gebeurt heel veel. De meeste cliënten vertellen ons maandenlang dat voor hun gevoel de valkuil eigenlijk nog geldt, alle logica ten spijt.

Steven, wiens vrouw steeds vreemd ging, zei dit ook steeds. Zelfs toen hij allang een stabiele relatie had, was hij nog bang dat ze hem zou verlaten. Als ze maar een beetje afwezig was of stil, dan begon hij wanhopig aan haar te trekken. Hij liet haar geen enkele ruimte.

Steven moest loslaten en ruimte geven. Hij moest leren dat het veilig was haar met rust te laten, ze zou niet weg gaan.

Oplossing 1: denk eraan dat we sneller *begrijpen* dan *veranderen.* Je gezonde kant moet sterker worden en je valkuil moet verzwakken. Heb geduld. Je gevoel zal echt veranderen.

Oplossing 2: je kunt het proces versnellen door meer te oefenen. Schrijf dialogen tussen je gezonde kant en je valkuil. Word boos op je valkuil. Heb verdriet over hoe je als kind werd behandeld. Voel de onrechtvaardigheid ervan.

Oplossing 3: als laatste, vraag hulp bij je vrienden. Zij kunnen je laten zien dat je valkuil niet klopt.

Obstakel 6: Er ontbreekt een belangrijke schakel in je plan

Misschien begrijp je niet alle gedachten, gevoelens en gedragingen die je valkuil versterken. Het kan zijn dat je een essentiële stap overslaat. Paul illustreert dit. Hij bleef boos en ongelukkig, hoewel hij assertiever werd ten opzichte van zijn vrouw en kinderen. Als hij boos was, zei hij dat op een rustige manier. Als ze iets onredelijks wilden, kon hij nee zeggen. Hij kon hen vragen op te houden als hun gedrag hem stoorde. Maar toch *voelde* hij zich nog steeds onderworpen en boos.

Wij realiseerden ons wat het probleem was. Dat was heel eenvoudig. Hij liet niet merken wat hij wilde, wat zijn mening en wensen waren. Hij zei niet wat hij wilde en was dan boos dat hij het niet kreeg. Essentieel voor Paul was om te leren zijn wensen naar voren te brengen.

Oplossing 1: vraag een vertrouwd iemand om je valkuil met je door te nemen en om samen een plan te maken. Misschien ziet die iets wat je hebt gemist.

Oplossing 2: bekijk nauwkeurig de lijst van gedragingen die bij je valkuil horen. (Je vind deze lijst in het hoofdstuk over jouw valkuil.) Heb je iets overgeslagen? Iets wat echt bij je hoort?

Obstakel 7: Je probleem is te diepgeworteld of te verankerd om op eigen houtje te veranderen

Voordat cliënten bij ons komen, proberen ze meestal eerst om zelf te veranderen. Pas als dat niet lukt, gaan ze in therapie. Dit kan voor jou ook zo zijn. Zelfs als je alle stappen uit het boek volgt, kun je toch vast blijven zitten in je valkuil. Hoe je ook je best doet eruit te komen.

Dan kan het zijn dat het je alleen niet lukt. Als dat zo is, ga dan in therapie. Misschien is dat wat je nodig hebt. Een therapeut kan je steunen, confronteren of kan objectiever naar je problemen kijken.

Oplossing: zoek professionele hulp van een therapeut of een groep.

Laten we eens kijken naar de hoofdstukken over de individuele valkuilen, nu je een plan van actie hebt. Het veranderingsproces kan nu beginnen.

HOOFDSTUK 6

'LAAT ME NIET IN DE STEEK!' DE VALKUIL VAN DE VERLATINGSANGST

ANNA IS 28 JAAR. ZE LEEFT IN DE VOORTDURENDE ANGST DAT HAAR MAN HAAR ZAL VERLATEN.

Het eerste dat Anna mij vertelde, is dat haar vader overleed toen ze klein was.

Anna: *Ik was zeven toen het gebeurde. Hij kreeg op zijn werk een hartaanval. Ik vind het naar om te zeggen, maar ik herinner me hem nog maar heel vaag. Ik heb natuurlijk wel foto's. Hij was groot en warm. Hij hield me vaak vast. We knuffelden veel. Toen hij dood was, stond ik steeds bij het raam te kijken of hij thuis zou komen. (ze begint te huilen) Ik denk dat ik het niet kon geloven. Ik zal nooit vergeten hoe ik me voelde, daar wachtend bij het raam.*

Therapeut: *Heb je dat gevoel vaker?*

Anna: *Ja, zo voel ik me als mijn man weggaat.*

Anna en Koert, haar man, hebben problemen over zijn zakenreizen. Hij moet vaak weg. Iedere keer raakt Anna erg over haar toeren.

Anna: *Ik maak altijd een scène. Ik ga huilen, hij probeert me gerust te stellen, maar het helpt niet. De helft van de tijd dat hij weg is ben ik doodsbang en de andere helft loop ik te huilen. Ik voel me zo alleen. Als hij terugkomt ben ik zo boos op hem, om wat hij me aandoet. Dat is het gekke. Als hij dan eindelijk thuiskomt ben ik zo boos dat ik hem niet eens meer wil zien.*

Koert heeft haast geen zin meer om naar huis te gaan. Anna belt hem ook te vaak als hij weg is. Ze heeft hem zelfs eens weg laten roepen bij een belangrijke bespreking, alleen maar om zijn stem te horen.

Steven is 35 jaar. Zijn vrouw bedriegt hem.

Bij Steven was er geen sprake van eenmalig tragisch verlies. Het verhaal van Steven gaat over chronisch, dagelijks aan je lot over gelaten worden. Vanaf zijn achtste was zijn moeder aan de drank.

Steven: *Soms zette ze het op een zuipen. Dan was ze twee of drie dagen weg. Ik wist nooit of ze terug zou komen. Maar zelfs als ze gewoon thuis dronk, dan was ze er niet voor me. Of ze nou thuis was of weg, als ze dronk was ik alleen.*

Steven is getrouwd met Lily, een vrouw die steeds relaties heeft met andere mannen. Iedere keer weer belooft ze dat ze ermee zal stoppen en dat ze trouw zal blijven. Maar ze doet het niet. Ze gaat weg met de zoveelste smoes en Steven weet dat ze liegt. Voordat Steven met therapie begon, was het hem opgevallen dat het zo op elkaar leek. Wachten op Lily was net als vroeger, toen hij op zijn moeder wachtte.

Steven: *Hoe zit dat toch? Ik maak weer precies hetzelfde mee als vroeger met mijn moeder. Lily drinkt niet eens. Ik begrijp het niet. Ik wacht tot ze er is, maar ik voel me even eenzaam als toen.*

Lisa is 32 jaar. Ze heeft de ene relatie na de andere en vindt nooit rust.

Lisa maakte direct een aardige en sensitieve indruk. De meeste mensen moeten een beetje wennen. Maar Lisa niet. Ze maakte direct contact. Na een paar sessies had ik het gevoel al jaren haar therapeut te zijn.

De eerste keer vertelde Lisa waarom ze was gekomen.

Lisa: *Ik wou dat ik de juiste man kon vinden, een die met me trouwt en altijd bij me blijft. Maar het lukt me maar niet.*
Therapeut: *Wat gebeurt er dan?*
Lisa: *Ik ga van de een naar de ander.*

Lisa heeft turbulente relaties. Ze gaat snel een intensieve band met iemand aan. Soms zegt ze in de eerste week al dat ze van iemand houdt. Ze wil ieder moment bij hem zijn en praat dan meteen over voor altijd samen zijn. In feite jaagt ze mannen weg, omdat ze veel te snel is.

Ze is heel gepassioneerd. Ze loopt over van gevoel. In een liefdesrelatie wordt ze overspoeld. Ze raakt haar gezonde verstand kwijt. En zodra een man dan een beetje afstand neemt, beschuldigt ze hem ervan dat hij haar in de steek laat. Ze test uit hoe ver ze kan gaan voordat hij weggaat. Soms doet ze extreme dingen. Zo ging ze bijvoorbeeld een keer naar de verjaardag van haar vriend, en ging er met een ander vandoor.

Als de relatie is beëindigd, voelt ze zich alleen. Ze wordt overspoeld door nare gevoelens en ze stort zich weer snel in een andere relatie. Haar relaties duren kort en eindigen er altijd mee dat ze in de steek wordt gelaten. Uiteindelijk hebben al haar minnaars haar verlaten.

DE VERLATINGSANGSTVRAGENLIJST

Deze vragenlijst meet hoe ingrijpend de valkuil van de verlatingsangst bij jou is. Geef antwoord op de items van de onderstaande schaal. Geef ieder item een score, gebaseerd op hoe je je meestal voelde als volwassene. Als het soms nogal verschilde, neem dan het laatste jaar of de laatste twee jaar als uitgangspunt voor je score.

SCORINGSWIJZE

1. HELEMAAL NIET BIJ ME PASSEND
2. VRIJWEL NIET BIJ ME PASSEND
3. EEN BEETJE BIJ ME PASSEND
4. MEER WEL DAN NIET BIJ ME PASSEND
5. VOOR HET GROOTSTE DEEL BIJ ME PASSEND
6. BESCHRIJFT ME PERFECT

Het is mogelijk dat de valkuil op jou van toepassing is ook als je maar een enkele keer een 5 of een 6 scoort, zelfs als je totale score laag is.

Score	Beschrijving
5	1. Ik ben vaak bang dat de mensen die me dierbaar zijn me zullen verlaten.
5	2. Ik klamp me aan mensen vast omdat ik bang ben om in de steek gelaten te worden.
3	3. Er zijn te weinig mensen op wie ik kan rekenen.
1	4. Ik word steeds verliefd op mensen die zich niet aan me kunnen binden.
1	5. Het is een komen en gaan in mijn leven. Ik kan mensen niet vasthouden.
4	6. Ik word wanhopig als een dierbare zich terugtrekt.

Score	Beschrijving
1	7. Ik ben zo bezeten van de gedachte dat mijn minnaars me zullen verlaten dat ik ze wegjaag.
1	8. De mensen met wie ik het meest omga, zijn onvoorspelbaar. Het ene moment kan ik wel op ze rekenen en het andere moment weer helemaal niet.
3	9. Ik heb andere mensen te veel nodig
1	10. Het eind van het liedje is dat ik alleen achterblijf.
	Je totale verlatingsangst-score (Tel je scores op vraag 1 tot en met 10 bij elkaar op.)

Het interpreteren van je verlatingsangst-score

10 – 19	Zeer laag, deze valkuil is niet van toepassing.
20 – 29	Tamelijk laag, deze valkuil is soms van toepassing.
30 – 39	Gemiddeld, deze valkuil is een thema voor je.
40 – 49	Hoog, dit is voor jou een belangrijke valkuil.
50 – 60	Zeer hoog, dit is zeker een van je centrale valkuilen.

HET GEVOEL VAN VERLATING

Je bent er echt van overtuigd dat je iedereen die je dierbaar is zal verliezen en dat je voor altijd emotioneel in de kou zal komen te staan. Of ze doodgaan, je wegsturen of zelf weggaan, je bent er zeker van dat je alleengelaten wordt. Je verwacht dat ze je zullen laten zitten, en dat het voor altijd zal zijn. Je gelooft dat je nooit meer iemand terug zult krijgen. Het is je lot om helemaal alleen door het leven te gaan. Dat is wat je in je hart denkt en voelt.

Steven: *Op sommige momenten, in de auto ofzo, vliegt het me aan. Ik weet dat Lily me uiteindelijk zal verlaten. Ze wordt verliefd op een van die kerels en dan is het afgelopen. Dan blijf ik alleen achter.*

De valkuil maakt liefde onbereikbaar. Je gelooft dat je relaties gedoemd zijn te mislukken, hoe goed ze ook mogen lijken.

Je kunt niet geloven dat er mensen zijn die van je houden en die dat zelfs blijven doen, al zijn ze ver weg. De meeste mensen raken niet direct van streek als hun geliefden voor een poosje weg zijn. Ze weten dat de relatie de scheiding kan doorstaan. Maar met de valkuil van de verlatingsangst, heb je die zekerheid niet. Zoals Anna zegt: 'Als ik Koert de deur uit zie lopen, dan denk ik: die komt nooit meer terug'. Je hangt te veel aan mensen en je wordt bij iedere scheiding, al is het maar voor even, veel te boos of bang. Vooral in liefdesrelaties voel je je emotioneel erg afhankelijk van de ander en ben je bang de ander te verliezen.

Verlatingsangst is vaak preverbaal. Het begint al in de eerste levensjaren, voordat kinderen leren praten. (Anna is een uitzondering. Haar valkuil begon op haar zevende, toen haar vader overleed. En daarom is haar valkuil ook minder ingrijpend.) In de meeste gevallen ontstaat verlatingsangst al vroeg, voordat kinderen woorden kunnen geven aan wat er gebeurt. Daarom kun je er als volwassene vaak niet goed over nadenken. Als je over het gevoel probeert te praten, dan zeg je vaak: 'Ik voel me helemaal alleen' of 'Er is niemand die van me houdt.' Omdat de valkuil zo vroeg begint, heeft hij een geweldige emotionele kracht. Iemand met verlatingsangst reageert bij het minste of geringste als een heel klein kind dat alleengelaten wordt. De valkuil van de verlatingsangst speelt vooral in intieme relaties. In groepen of in relaties met meer afstand merk je er vaak niets van. Het ergste is als er iemand weggaat. Iemand hoeft niet eens echt, fysiek, weg te gaan. Met deze valkuil ben je daar overgevoelig voor en dan concludeer je al snel dat iemand je zal verlaten. Het sterkst is het als je echt iemand verliest of wordt verlaten. Bij een scheiding of als iemand overlijdt of verhuist. Maar in de meeste gevallen is de aanleiding veel minder ingrijpend.

Je voelt je snel emotioneel alleengelaten. Misschien is je partner of je vriend even met zijn gedachten ergens anders, of doet hij wat afstandelijk, verveeld of heeft hij aandacht voor een ander. Misschien heeft hij het over een plan, waardoor jullie een poosje niet samen zullen zijn. Alles waarbij je het gevoel krijgt losgelaten te worden kan je in je valkuil laten belanden. Ook al heeft het niets te maken met echt verlaten worden.

Lisa is eens halsoverkop weggelopen bij een diner, omdat haar vriend niet op haar opmerking inging.

Lisa: *Gregor en ik hadden een diner en hij praatte met de vrouw naast hem aan tafel. Hij hoorde niet wat ik zei. En ik stond op en vertrok. Ik was totaal van slag. Toen hij de volgende dag belde, viel ik enorm tegen hem uit.*

Therapeut: *Wat raakte je er zo in?*

Lisa: *Ik had hem al eerder naar die vrouw zien kijken, en ik wist dat hij haar leuk vond.*

Gregor, die haar opmerking niet eens had gehoord, was natuurlijk in de war over haar extreme reactie. Deze gebeurtenis maakte dat hij erachter kwam dat Lisa niet de ware voor hem was. En hij verliet haar. Zoals ze al had verwacht.

DE VICIEUZE CIRKEL VAN DE VERLATINGSANGST

Zodra de valkuil in gang wordt gezet, vooropgesteld dat de scheiding lang genoeg duurt, dan ontstaat er een kettingreactie van negatieve gevoelens: angst, verdriet en woede. Dat is de vicieuze cirkel van de verlatingsangst. Als je deze valkuil hebt herken je dat.

Eerst voel je paniek, net als een klein kind dat merkt dat het alleen is. Bijvoorbeeld in de supermarkt, als het zijn moeder ineens niet meer kan vinden. Het is helemaal over je toeren. 'Waar is ze nou, ik ben helemaal alleen, ik ben verloren', zo'n gevoel. Je angst kan overgaan in paniek. Het kan uren, dagen duren. Als angst maar lang genoeg duurt, gaat het over. Op het laatst neemt de angst af en maakt plaats voor de wetenschap dat ze weg is. Dan voel je verdriet over je eenzaamheid, alsof je de verlorene nooit meer terugkrijgt. Dit verdriet kan overgaan in een depressie. En tot slot, als ze dan terugkomt, ben je kwaad op haar, omdat ze je in de steek heeft gelaten en op jezelf, omdat je haar zo nodig hebt.

TWEE TYPEN VERLATINGSANGST

Er zijn twee typen van verlatingsangst, die geworteld zijn in twee verschillende opvoedingsmilieus. Het eerste type komt voort uit de te veilige, te beschermde omgeving waarin het kind is opgevoed. Meestal geeft dat een combinatie van verlatingsangst en afhankelijkheid. Het tweede type verlatingsangst komt uit het emotioneel onstabiele opvoedingsmilieu voort. Geen van beide ouders is steeds voor het kind beschikbaar.

TWEE TYPEN VERLATINGSANGST

1. VERLATINGSANGST DIE IS GEBASEERD OP AFHANKELIJKHEID;
2. VERLATINGSANGST DIE IS GEBASEERD OP INSTABILITEIT OF VERLIES.

Veel mensen die afhankelijk zijn hebben ook verlatingsangst. In feite is het moeilijk voor te stellen dat iemand wel afhankelijk is en geen verlatingsangst heeft. Mensen die afhankelijk zijn geloven dat ze niet zelfstandig kunnen overleven. Ze hebben iemand nodig die ze stevig bij de hand neemt en ze door het dagelijks leven leidt. Ze hebben echt hulp nodig. Anna heeft beide valkuilen.

Therapeut: *Wat zou er gebeuren als je Koert kwijt zou raken?*
Anna: *Ik heb geen idee. Ik kan gewoon niet zonder hem. Ik zou niet kunnen leven. Ik kan me een leven zonder hem niet voorstellen.*
Therapeut: *Zou je voor jezelf kunnen koken, je aankleden en zou je kunnen zorgen voor een dak boven je hoofd, kortom zou je in leven kunnen blijven?*
Anna: *Nee, ik zou op mijn eentje niet kunnen functioneren. (pauze) Ik geloof dat ik dood zou gaan zonder hem.*

Als je gelooft dat jouw leven van een ander afhangt, dan is de gedachte dat je hem zou kwijtraken angstaanjagend. Dus iemand die heel erg afhankelijk is, heeft ook verlatingsangst als thema.

Omgekeerd is dat niet het geval. Veel mensen hebben een grote verlatingsangst maar zijn niet afhankelijk. Zij behoren tot het tweede type. Hun valkuil kwam voort uit onstabiele relaties met degenen van wie ze het juist moesten hebben. Moeder, vader, broers, zusters en intieme vrienden. Zowel Steven als Lisa kunnen uitstekend zelfstandig functioneren, al zijn ze voortdurend bang verlaten te worden. Zij zijn wel *emotioneel* afhankelijk van hun partners, maar niet *functioneel.*

Als je valkuil uit instabiliteit voortkomt, dan heb je het gevoel van emotioneel verbonden zijn verloren. Je kunt het niet verdragen om zonder ze te zijn, omdat dat zo verschrikkelijk *voelt.* Via hen voel je je verbonden met de rest van de wereld. Zonder hen ben je verloren, je bent nergens meer.

Lisa: *Nadat Gregor bij me was weggegaan, voelde ik me helemaal alleen. Het deed voortdurend pijn. Ik was alles kwijt, ik had helemaal niets meer.*

Je hebt andere mensen nodig als troost. Dat is het verschil met verlatingsangst die is gebaseerd op afhankelijkheid. Dan heb je iemand nodig om voor je te zorgen, als een kind. In het ene geval ben je op zoek naar hulp, verzorging en leiding. In het andere wil je liefde, koestering en emotionele verbondenheid.

Er is nog een ander verschil. Afhankelijke mensen hebben vaak veel hulptroepen achter de hand, mensen die kunnen inspringen als er iemand wegvalt. Er is meestal direct iemand beschikbaar die de open plaats in kan nemen. Of ze vinden meteen weer iemand, met wie ze onmiddellijk een afhankelijke relatie aanknopen. Eenzame mensen zijn meestal niet afhankelijk. Afhankelijke mensen verdragen geen eenzaamheid. De meeste afhankelijke mensen zijn tamelijk goed in staat iemand te vinden die voor hen zorgt. Ze gaan van de een naar de ander, soms zijn ze binnen een maand weer onder de pannen.

Dit geldt niet voor mensen die bang zijn om emotioneel in de kou te komen staan. Zij kunnen heel goed lang alleen zijn. Ze trekken zich juist terug uit intieme relaties omdat ze vaak gekwetst zijn en omdat ze bang zijn opnieuw gekwetst te worden. Als kind hebben ze geleerd met eenzaamheid om te gaan, ze weten hoe ze kunnen overleven. Dat is voor hen niet het probleem. Steeds weer mensen moeten verliezen is zo beschadigend. Je bindt je en dan raak je ze weer kwijt. Dan ben je weer alleen.

DE BRONNEN VAN DE VALKUIL VAN DE VERLATINGSANGST

Als we praten over de oorsprong van valkuilen, dan kijken we vooral naar de omstandigheden in iemands kindertijd. We weten tamelijk veel over welke gezinsomstandigheden voor kinderen niet goed zijn, zoals verwaarlozing, misbruik en alcoholisme. Die vormen vaak de achtergrond van het ontstaan van valkuilen. Het aandeel van de erfelijkheid benadrukken we niet zo sterk. Dat komt deels omdat de rol van de biologie in de persoonlijkheidsontwikkeling nog zo weinig onderzocht is. We nemen aan dat erfelijkheid een rol speelt, in de vorm van ons temperament. En dat dit op zijn beurt weer invloed heeft op hoe we als kind worden behandeld en ook hoe we daar weer op reageren. Maar we hebben er geen idee van hoe temperament de ontwikkeling van bepaalde valkuilen beïnvloedt.

Verlatingsangst is een uitzondering op deze regel. Onderzoekers hebben geobserveerd dat sommige baby's veel sterker op scheiding reageren dan andere. Dit suggereert dat sommige mensen biologisch meer aanleg hebben dan andere om verlatingsangst te ontwikkelen.

De wijze waarop we reageren op scheiding van de persoon die voor ons zorgt lijkt ten minste voor een deel aangeboren. Scheiding van de moeder is een kwestie van leven of dood voor een pasgeborene. In de dierenwereld zijn pasgeborenen totaal afhankelijk van hun moeders om te overleven. Als een jong zijn moeder verliest, overleeft het dat meestal niet. Baby's zijn toegerust met aangeboren gedrag dat erop is gericht om scheiding van de moeder te voorkomen. Ze huilen en zenden noodsignalen uit. Zij 'protesteren', zoals John Bowlby in zijn klassieke boek *Separation* schreef.

Bowlby schreef over jonge kinderen en baby's, die tijdelijk van hun moeder werden gescheiden. De baby's waren in crèches geplaatst met andere kinderen. Observatie van deze kinderen wees uit dat er drie fasen zijn in het proces van scheiding. Alle baby's vertoonden hetzelfde patroon.

BOWLBY'S DRIE FASEN IN HET PROCES VAN SCHEIDING

1. ANGST;
2. WANHOOP;
3. AFSTAND NEMEN.

Eerst protesteerden de baby's en waren ze heel angstig. Ze zochten naar hun moeder. Als iemand anders ze probeerde te troosten, waren ze ontroostbaar. Ze lieten zien dat ze kwaad waren op hun moeder. Maar als de tijd verstreek en hun moeder niet terugkwam, werden ze passief en een tijd lang depressief. Ze waren in die fase apathisch en teruggetrokken. Ze waren onverschillig ten opzichte van de groepsleiding, die pogingen deed om emotioneel contact te maken. Na nog langere tijd gingen de baby's nieuwe banden aan en werden ze minder depressief.

Als de moeder dan terugkwam, dan kwam de baby in de derde fase, en nam afstand. De baby toonde geen interesse in zijn moeder, ging niet naar haar toe en keurde haar geen blik waardig. Naarmate de tijd verstreek, brak zijn verzet, en ging de baby zich weer aan zijn moeder hechten. Maar de baby was dan erg aanhankelijk en angstig als de moeder uit het zicht verdween. Het kind was dan, zoals Bowlby het noemt 'angstig gehecht'.

Misschien herken je de overeenkomst tussen Bowlby's separatieproces en wat wij noemden, namelijk de vicieuze cirkel van verlatingsangst: angst, verdriet en woede. Sommige mensen, zoals bijvoorbeeld Lisa, lijken erg gevoelig te zijn, meer dan anderen. Bij een scheiding is hun angst, verdriet en woede zo intens dat ze zichzelf niet kunnen troosten. Ze voelen zich totaal verlaten en wanhopig. Ze kunnen maar heel kort afleiding vinden. Zonder de aanwezigheid van de ander worden ze niet rustig en blijven ze onzeker. Dit zijn mensen die erg gevoelig zijn voor verlies. Contact is voor hen heel belangrijk, daar zijn ze heel goed in. Maar ze kunnen niet alleen zijn.

Mensen met een aangeboren neiging om sterk te reageren op scheiding en die zichzelf, alleengelaten, niet goed kunnen troosten, hebben meer kans om de valkuil van de verlatingsangst te ontwikkelen. Maar niet iedereen met deze aanleg doet dat. Het hangt af van de omstandigheden in je jeugd.

Een stabiele emotionele band, vooral met je moeder, maar ook met anderen, beschermt je. Dan kom je niet zo snel in de valkuil terecht, zelfs met die aanleg. En andersom, zonder speciale aanleg, kun je in verlatingsangst terechtkomen als gevolg van te grote instabiliteit of ingrijpend verlies in je kindertijd.

Niettemin heeft iemand met een sterkere aanleg minder traumatische ervaringen nodig om toch in de valkuil te stappen. En dan is op grond van de levensgeschiedenis soms niet te begrijpen dat hij zo diep is.

BRONNEN VAN VERLATINGSANGST

1. HET KAN ZIJN DAT JE AANLEG HEBT VOOR VERLATINGSANGST, DAT JE NIET GOED ALLEEN KAN ZIJN.
2. EEN VAN JE OUDERS STIERF OF GING WEG TOEN JE NOG KLEIN WAS.
3. JE MOEDER MOEST NAAR HET ZIEKENHUIS OF MOEST EEN TIJD BIJ JE WEG TOEN JE NOG EEN KIND WAS.
4. JE WERD DOOR EEN KINDERJUFFROUW OPGEVOED OF IN EEN KINDERTEHUIS, DOOR STEEDS WISSELENDE STAFLEDEN. JE WERD AL JONG NAAR EEN KOSTSCHOOL GESTUURD.
5. JE MOEDER WAS NIET STABIEL. ZE WAS DEPRESSIEF, BOOS OF DRONKEN OF ZE LIET JE OP EEN ANDERE MANIER VAAK IN DE STEEK.
6. JE OUDERS SCHEIDDEN TOEN JE KLEIN WAS, OF ZE HADDEN ZO VAAK RUZIE DAT JE BANG WAS DAT HET HELEMAAL MIS ZOU GAAN IN JULLIE GEZIN.
7. EEN VAN JE OUDERS HAD OPEENS HELEMAAL GEEN AANDACHT MEER VOOR JE, OMDAT ER EEN BROERTJE OF ZUSJE WERD GEBOREN OF DOORDAT HIJ OF ZIJ HERTROUWDE.
8. JE GROEIDE OP IN EEN GESLOTEN GEZIN. ZE GAVEN JE VEEL TE VEEL BESCHERMING. JE LEERDE ALS KIND NIET OM ZELF DE DAGELIJKSE PROBLEMEN OP TE LOSSEN.

Het verliezen van een van je ouders op jonge leeftijd is zeker de meest tragische bron van deze valkuil. Zo begon het voor Anna. Misschien werd je moeder ziek en was ze lang van huis. Of je ouders gingen scheiden, en een van de twee verhuisde en besteedde steeds minder aandacht aan je. De dood van een ouder, ziekte, afwezigheid en echtscheiding behoren allemaal tot dezelfde categorie. Het zijn allemaal belangrijke relaties die worden afgebroken. Vooral het verlies van een van je ouders in de eerste jaren van je leven heeft een verwoestende invloed. In het algemeen kun je zeggen dat hoe vroeger het verlies is, hoe kwetsbaarder het kind, des te dieper de valkuil zal zijn.

Hoe diep het verlies van een van je ouders ingrijpt, hangt van een aantal factoren af. Natuurlijk is de kwaliteit van de band van belang. Bij Anna bijvoorbeeld hielp het dat ze een lieve en stabiele moeder had. Daardoor kon ze overeind blijven en raakte ze minder verstrikt in haar valkuil. Haar valkuil is goed afgebakend. Ze heeft er alleen last van in haar liefdesrelaties. Als je als kind in staat bent om je aan een ander te hechten, aan degene die de plaats van de verloren ouder inneemt, bijvoorbeeld je stiefvader, dan kan dat ook helpen. En het kan helpen als de verbroken relatie weer wordt hersteld, als de zieke ouder weer terugkomt, of als gescheiden ouders weer met elkaar verdergaan, of als ze ophouden met drinken. Allerlei ervaringen kunnen je valkuil helpen herstellen. Maar de ervaring van het verlaten zijn blijft je bij. Als je veel goede ervaringen hebt gehad, dan is er veel voor nodig om in je valkuil terecht te komen. Bijvoorbeeld als iemand van wie je houdt om de een of andere reden wegvalt. Als je al vroeg een van je ouders verloor, dan weet je onmiddellijk weer wat dat allemaal met zich meebrengt. Het vooruitzicht om dat weer te moeten meemaken is dan erg beangstigend.

Dat is het essentiële verschil tussen de valkuilen van de verlatingsangst en de emotionele verwaarlozing. Bij emotionele verwaarlozing waren je ouders wel aanwezig, maar liet de kwaliteit van de relatie veel te wensen over. Je ouders wisten niet hoe je van een kind moet houden of hoe je het moet verzorgen of steunen. De band met je ouders was er wel maar hij was niet hecht genoeg. Bij verlatingsangst heeft de band ooit bestaan en werd hij *verbroken.* Of je ouders waren *onvoorspelbaar,* soms waren ze er wel en dan weer niet.

Helaas heb je soms ouders die op beide terreinen tekortschieten. Niet in staat om je emotioneel te bieden wat je nodig had, en ook nog onvoorspelbaar. Dan is het te verwachten dat een kind beide valkuilen ontwikkelt, zowel emotionele verwaarlozing als verlatingsangst.

Een andere bron voor het ontwikkelen ervan is de afwezigheid van één constante ouderfiguur. Bijvoorbeeld met ouders die geen tijd voor hun kinderen hebben. Kinderen, die door hele reeksen van oppassen en kinderdagverblijven worden grootgebracht. Of die in kindertehuizen opgroeien, met een steeds wisselende groepsleiding. Vooral in het eerste levensjaar heeft een kind stabiliteit nodig, een vast persoon. Dat hoeft niet noodzakelijk de ouder te zijn. Maar als die steeds wisselt, is het ontwrichtend. Een kind voelt zich dan een vreemde eend in de bijt.

De volgende bron is subtieler. Het kan zijn dat je moeder er wel was, maar dat ze je geen stabiele relatie bood. Zoals de moeder van Steven, die soms heel lief en betrokken kon zijn, maar die in korte tijd, als ze dronken was, totaal onverschillig werd. En de moeder van Lisa, die misschien dezelfde aanleg had als haar dochter, en die onvoorspelbaar was in haar stemmingen. Ze was wel aanwezig, maar Lisa kon niet op haar rekenen.

Lisa: *Mijn moeder was er wel, of liever gezegd, ze was aanwezig. Soms was ze vrolijk en in haar sas, en dan had ze belangstelling voor me. Maar op andere momenten zat ze in de put, dan lag ze de hele dag op bed en dan reageerde ze helemaal niet, wat ik ook deed.*

Deze bron van verlatingsangst betreft de dagelijkse interacties tussen moeder en kind. Als die onstabiel zijn kan dat de valkuil veroorzaken.

Als de moeder van Steven dronken was sloeg ze hem niet, ze was onverschillig. Niet alleen ouders die mishandelen veroorzaken verlatingsangst. Als een van je ouders als gevolg van drugsgebruik of door wisselende stemmingen, je de ene keer sloeg en je de andere keer liefkoosde, dan kan dat de valkuil veroorzaakt hebben. Het hangt ervan af hoe je het hebt ervaren. Je kunt het hebben ervaren als losgelaten worden. Maar ook andersom. Als de mishandeling het enige is wat het kind van zijn ouders krijgt, dan kan het dat als band ervaren. Ouders die slaan zijn soms ondanks alles wel betrokken bij hun kinderen. Maar niet altijd. Daarom is er ook verschil tussen wantrouwen en misbruik en verlatingsangst.

Ook andere jeugdervaringen bevorderen de ontwikkeling van verlatingsangst. Je ouders hadden misschien de hele dag ruzie en het was thuis net een kaartenhuis dat ieder moment in kon storten. Of je ouders gingen scheiden. En een van de twee of allebei trouwden opnieuw, met iemand die al kinderen had. Dan kun je hun aandacht voor die nieuwe gezinsleden als verlating ervaren. Of ze gaven al hun aandacht en liefde opeens aan een jonger broertje of zusje. De geboorte van een nieuw kind hoeft echt niet altijd traumatisch te zijn voor het oudere kind. Dat levert echt niet altijd een valkuil op. Waar het om draait is de mate waarin het gebeurt. Om deze valkuil te veroorzaken moeten zeer sterke gevoelens van verlating worden opgewekt. Vaak is het zo dat een kind dat zich verlaten voelt, zijn ouders op de voet volgt. Als een schaduw kijkt hij naar ze en blijft hij alsmaar in de buurt. Dat lijkt op het eerste gezicht een sterke band. Maar de band is juist niet sterk genoeg. Het kind moet in de buurt blijven om zich daarvan te verzekeren. Soms eist dat alle aandacht van het kind op. En dan kan hij geen aandacht meer hebben voor andere mensen.

Ten slotte kan, zoals we al eerder opmerkten, verlatingsangst voortkomen uit juist een te beschermende omgeving, en deze kan zich dan mengen met afhankelijkheid. Het afhankelijke kind is doodsbang voor verlating. Dat was wat er met Anna en haar moeder gebeurde.

Anna: *Toen mijn vader stierf, mocht ik mijn moeder geen moment alleen laten. Ze was als de dood dat me iets zou overkomen, dat ze mij ook nog kwijt zou raken. Ik wilde altijd bij haar in de buurt zijn. Ik wilde niet naar school en ik speelde liever thuis dan buiten met andere kinderen.*

Anna's behoefte om bij haar moeder te zijn ondermijnde haar autonomie. Ze voelde niet de vrijheid om haar eigen gang te gaan en er vertrouwen in te krijgen dat ze haar eigen boontjes kon doppen. Ze bleef op haar moeder leunen. En dit was in feite waarschijnlijk ook wat haar moeder wilde. Die wilde niemand meer kwijtraken.

Andersom kunnen kinderen op het verlies van een ouder juist reageren met een grotere autonomie. Omdat niemand zich om hen bekommert, leren ze voor zichzelf te zorgen.

VERLATING EN INTIEME RELATIES

Als je verlatingsangst hebt, is je liefdesleven meestal stormachtig. Nooit eens rustig en kalm. Dat komt omdat je een relatie eigenlijk altijd ervaart als wandelen langs de rand van de afgrond. Lisa had er dit beeld bij tijdens haar therapie. Ze vertelde over een ruzie met Gregor, die er als gewoonlijk mee eindigde dat zij in tranen was en hij kil en gereserveerd.

Therapeut: *Doe je ogen dicht. Wat zie je voor je, als je je zo voelt?*
Lisa: *Ik val achterover, alsof ik in een donkere kelder val, waar ik altijd alleen achter moet blijven. Gregor duwt me erin. Hij doet de deur dicht en ik zit helemaal alleen, in die donkere kelder.*
Therapeut: *Wat voel je?*
Lisa: *Ik ben doodsbang.*

Als je iemand bent met een flinke valkuil, dan ervaar je de kleinste onenigheden in je relatie even sterk als Lisa. Je hebt snel het gevoel dat je iemand helemaal kwijt bent, en dat je volstrekt alleengelaten wordt.

Sommige mensen met verlatingsangst gaan intieme relaties helemaal uit de weg. Ze blijven liever alleen dan steeds iemand te moeten verliezen. Zo was Steven voor hij met Lily trouwde.

Therapeut: *Je was lang alleen?*
Steven: *Ik kon er niet meer tegen. Het deed te veel pijn. Ik kon niemand vinden die er echt voor me was. Het was beter zo. In mijn eentje had ik tenminste rust.*

Als je wel een intieme relatie aandurft, heb je naar alle waarschijnlijkheid geen rust. Je relatie is onstabiel. Je bent altijd bang je partner te verliezen.

Je kunt weinig hebben in een relatie. Je maakt je over alles zorgen, je overdrijft, zelfs de kleinste veranderingen maken je bang dat het afgelopen is. Als Lisa merkt dat haar vriend het niet helemaal naar zijn zin heeft, dan denkt ze meteen dat hij het uit zal maken. Als hij boos is, geïrriteerd, of afstandelijk doet, of iets anders wat doet denken aan verlating, dan weet ze al zeker dat dat het einde van de relatie is. Jaloezie en bezitterigheid zijn veelvoorkomende thema's. Ze beschuldigt haar vrienden er steeds van dat ze haar in de steek zullen laten, wat tamelijk irritant kan zijn. En haar relaties gaan ook vaak mis. Het is een self-fulfilling prophecy.

Dat is ook het geval met Anna. Ze maakt zich overdreven zorgen als haar man weg moet op zakenreis. Ze denkt dat het vliegtuig neerstort en dat hij dood gaat. Op andere momenten is ze ineens bang dat haar moeder ernstig ziek is of dat haar kinderen dood zullen gaan. Daarna kan ze alleen maar aan de dood denken en dat ze het in haar eentje niet zal redden.

Je stelt je al direct in het begin van de relatie erg afhankelijk op. Afhankelijkheid versterkt je valkuil omdat het het idee versterkt dat je je partner zult verliezen. Het houdt de mogelijkheid van verlating in stand. Je afhankelijkheid heeft iets wanhopigs. Lisa laat dit heel goed zien. De band met haar vriend, net als met haar moeder, lijkt nooit sterk genoeg. Ze voelt zich alleen en verlaten en ze stort zich helemaal in de relatie. Ze gaat er helemaal in op. Het is een obsessie, zegt ze, ze vergeet alles om zich heen. Ze zet alles in voor de relatie omdat die zo vreselijk belangrijk is.

WAARSCHUWINGSSIGNALEN IN HET BEGIN VAN DE RELATIE

Je voelt je misschien aangetrokken tot partners die je zouden kunnen verlaten. Hier zijn wat waarschuwingssignalen. Dat zijn de tekenen dat je met deze relatie wel in je valkuil zou kunnen trappen.

WAARSCHUWINGSSIGNALEN BIJ POTENTIËLE PARTNERS

1. JE PARTNER ZAL ZICH WAARSCHIJNLIJK NIET AAN JE WILLEN BINDEN OMDAT HIJ GETROUWD IS, OF AL EEN ANDERE RELATIE HEEFT.
2. JE PARTNER HEEFT WEINIG TIJD VOOR JE (HIJ MOET VEEL OP REIS, WOONT VER WEG OF IS EEN WORKAHOLIC).
3. JE PARTNER IS ONSTABIEL (HIJ DRINKT, GEBRUIKT DRUGS, IS DEPRESSIEF OF IS NIET IN STAAT OM TE WERKEN) EN IS NIET STEEDS EMOTIONEEL VOOR JE BESCHIKBAAR.
4. JE PARTNER IS EEN PETER PAN, HIJ KOMT EN GAAT WANNEER HET HEM GOEDDUNKT, EN WIL ZICH NIET BINDEN. OF HIJ WIL SEKSUELE VRIJHEID HEBBEN.
5. JE PARTNER IS AMBIVALENT. HIJ WIL JE WEL EN HIJ WIL JE NIET. HET ENE MOMENT IS HIJ STRAALVERLIEFD EN HET ANDERE MOMENT BESTA JE NIET VOOR HEM.

Het is niet zo dat je hopeloze partners uitzoekt, maar je voelt je aangetrokken tot partners die wel wat hoop op stabiliteit geven, maar nooit helemaal. Het is meer een mengeling van hoop en twijfel. Je hebt het gevoel dat het je wel zal lukken om hem voor je te winnen.

Je voelt je aangetrokken tot partners die wel wat te bieden hebben, die wel wat met je aangaan, maar niet zo dat je er helemaal op kunt vertrouwen. Het is een bekend en vertrouwd gevoel om geen stabiele relatie te hebben. Dat ken je maar al te goed. De instabiliteit is nu juist zo aantrekkelijk, het is je valkuil. Je blijft daardoor verliefd. Doordat je partners uitkiest die er niet helemaal voor je zijn, verzeker je je van het opnieuw doormaken van de verlating in je jeugd.

GOEDE RELATIES ONDERMIJNEN

Zelfs als je een partner uitkiest die stabiel is, dan zijn er nog haken en ogen. Dan zijn er toch weer manieren om in je valkuil van de verlatingsangst te stappen.

VERLATINGSANGST IN EEN RELATIE

1. JE GAAT RELATIES UIT DE WEG. ZELFS GESCHIKTE PARTNERS MIJD JE UIT ANGST OM ZE TE VERLIEZEN OF OM GEKWETST TE WORDEN.
2. JE BENT ERG BANG DAT JE PARTNER DOOD GAAT OF DAT JE HEM OP EEN ANDERE MANIER KWIJTRAAKT. JE WEET JE GEEN RAAD ALS DAT ZOU GEBEUREN.
3. JE REAGEERT OVERDREVEN OP KLEINE DINGEN VAN JE PARTNER, EN INTERPRETEERT BIJNA ALLES ALS TEKEN DAT HIJ JE WIL VERLATEN.
4. JE BENT ERG JALOERS EN BEZITTERIG.
5. JE KLAMPT JE AAN JE PARTNER VAST. JE BENT ER OBSESSIEF MEE BEZIG OM HEM AAN JE TE BINDEN.
6. JE KUNT NIET ZONDER HEM, ZELFS NIET VOOR EEN PAAR DAGEN.
7. JE GELOOFT ER NOOIT HELEMAAL IN DAT JE PARTNER BIJ JE ZAL BLIJVEN.
8. JE WORDT BOOS EN BESCHULDIGT JE PARTNER DAT HIJ NIET LOYAAL IS OF ONTROUW.
9. JE TREKT JE SOMS TERUG OF JE GAAT ERVANDOOR OM JE PARTNER TE STRAFFEN, OMDAT HIJ JOU ALLEEN HEEFT GELATEN.

Het kan best zijn dat je een goede, stabiele relatie hebt, maar dat je toch het gevoel hebt dat dat *niet* zo is. Dat heeft Anna. We hebben Koert een paar keer gezien, en onze indruk is dat hij echt voor hun huwelijk kiest. Objectief gezien is er geen enkele aanwijzing voor dat hij van plan zou zijn om Anna te verlaten. Integendeel, hij maakt de indruk veel van haar te houden. Maar Anna laat zich niet overtuigen. Dat is frustrerend voor Koert, het lukt hem niet om haar vertrouwen te winnen.

Koert: *Het maakt niet uit wat ik doe, ze vertrouwt me toch niet. Ik word er gek van. Vooral als ik voor mijn werk weg moet. Dan denkt ze zonder enige reden dat ik andere relaties heb. Ik vraag me soms af of ze niet zelf iemand anders wil. Waarom praat ze er anders zo vaak over?*

De andere valkuil waarin je terecht kunt komen is dat je ervoor zorgt dat je partner je in steek laat. Lisa blaast bijvoorbeeld ieder meningsverschil zo verschrikkelijk op dat de relatie in gevaar komt. Ze overdrijft de betekenis van ruzies, net zoals Anna dat doet bij afscheid, als haar man op zakenreis gaat. Lisa en Anna zeggen de hele tijd tegen hun partner 'Je houdt niet echt van me' of 'ik weet dat je me toch in de steek laat', 'je zult me wel niet missen', 'je zult wel blij zijn dat je even van me af bent.' We weten dat ze dat zeggen omdat ze dat ook steeds tegen ons zeggen. Ze zitten erop te wachten dat we stoppen met de behandeling of dat we weg gaan. Met hun beschuldigingen leggen ze hun partners steeds in de mond dat zij *niet* van ze houden en dat zij uiteindelijk weg *zullen* gaan. Met één hand duwen Lisa en Anna hun geliefden weg, terwijl ze met hun andere hand wanhopig proberen zich vast te klampen.

Als je relatie maar even een deuk krijgt, reageer je veel te emotioneel. Bij het minste of geringste verbreek je de relatie. Bijvoorbeeld als je partner een poosje weg moet, als hij het over iemand heeft waar je jaloers op bent, als je ruzie hebt, of als zijn stemming omslaat. Je partner heeft in de gaten dat je overdrijft en is soms verbijsterd over jouw heftige reactie op een klein incident. Koert beschrijft hoe dat voor hem is.

Koert: *We rijden naar het vliegveld en plotseling is Anna helemaal van streek. Ze begint te huilen alsof er iemand dood is gegaan. En ik weet niet wat ik moet doen. Ik ga twee dagen weg en ze doet alsof dit het einde van de relatie betekent.*

Voor de partner zonder deze valkuil is het een overdreven reactie.

Jij voelt je meestal in je eentje niet prettig: je bent bang, depressief of geïsoleerd. Voor jou is het erg belangrijk dat je voelt dat je partner er voor je is. Als hij weggaat, voel je dat niet meer. Het komt pas terug als hij er weer is. Je kunt je niet aan het gevoel van verlatenheid onttrekken, het is er de hele tijd. Het ligt op de loer om je te overspoelen. Bijna iedereen met deze valkuil kan zich maar kort zelf vermaken. Het lukt al gauw niet meer.

Hoe beter je jezelf kunt vermaken, des te langer je alleen kunt zijn. Hoe minder je dat kan, des te sneller je het knagende gevoel van verlatenheid hebt en de behoefte om weer samen te zijn.

Anna: *Ik was in de tuin bezig om mezelf een beetje af te leiden. Toen kwam de buurvrouw langs. Ik dacht, voor een buitenstaander lijkt het alsof ik me prima vermaak, alsof ik geniet van het alleen zijn. Maar dat was helemaal niet zo. Ik voelde me eigenlijk op de vlucht, en op het punt overvallen te worden door het rotgevoel.*

Afstandelijkheid is het bestrijden van verlatingsangst. Als je afstand houdt ontken je de behoefte aan verbondenheid. Je zegt als het ware: 'Ik heb je niet nodig.' Gewoonlijk zit er ook kwaadheid bij en straf. Je straft je partner door je terug te trekken, omdat je niet kreeg wat je nodig had. Hoewel dit helpt om je gevoel van verlatenheid te verdragen, betaal je een hoge prijs. Als je niets meer voelt, dan rest er slechts kou en kilte.

Een echt verlies is dodelijk. Het bevestigt je in je ideeën, dat je hoe dan ook nooit enig houvast zult krijgen. Je voelt je ambivalent over een nieuwe relatie. Eén kant van je wil wel en de andere wil niet. De ene kant wil geborgenheid en de andere kant is kwaad, meestal lang voordat er enige reden voor is. Al bij het begin van de relatie denk je dat de ander ervandoor is.

VRIENDEN

Als je verlatingsangst groot is, heeft het naar alle waarschijnlijkheid invloed op andere relaties en vriendschappen. In vriendschappen spelen dezelfde kwesties als in intieme relaties, maar dan wat minder sterk. Je hebt ergens het gevoel dat de vriendschap niet stabiel is. Je denkt dat je niet op je vrienden kunt rekenen. Mensen komen en gaan in je leven. Je bent overgevoelig voor alles wat de vriendschap kan bedreigen, een verhuizing, een korte scheiding, telefoontjes die niet beantwoord worden, een uitnodiging waarop niet wordt ingegaan, onenigheid of als iemand zich anders ontwikkelt, andere interesses krijgt.

Lisa: *Ik ben echt boos op Kete. Ik belde haar maandag op en nu is het woensdag. Ze heeft me nog steeds niet gebeld. Ik denk dat ik haar bel en zeg dat het voor mij niet meer hoeft. Ze heeft niet het recht me zo te behandelen.*

HET VERANDEREN VAN DE VALKUIL VAN DE VERLATINGSANGST

Deze stappen moet je nemen om je verlatingsangst te veranderen.

HET VERANDEREN VAN DE VALKUIL VAN DE VERLATINGSANGST

1. ZORG VOOR INZICHT IN WAT AANLEIDING GAF TOT JE VERLATINGSANGST.
2. SCHRIJF OP WANNEER JE JE VERLATEN VOELT. STEL VAST DAT JE OVERGEVOELIG BENT VOOR HET VERLIES VAN INTIEME VRIENDEN. DAT JE HET NIET VERDRAAGT ALLEEN TE ZIJN EN DAT JE BEHOEFTE VOELT OM JE VAST TE KLAMPEN.
3. ONDERZOEK DE PATRONEN IN VROEGERE RELATIES. SCHRIJF OP WAT ER MIS KAN GAAN ALS JE JE IN DE STEEK GELATEN VOELT.
4. GA ONSTABIELE, AFSTANDELIJKE EN AMBIVALENTE PARTNERS UIT DE WEG, OOK WANNEER JE JE STERK TOT ZE VOELT AANGETROKKEN.
5. ALS JE EEN PARTNER VINDT DIE STABIEL IS, HEB DAN VERTROUWEN. PROBEER TE GELOVEN DAT HIJ ECHT VOOR JE KIEST EN JE NIET IN DE STEEK LAAT.
6. KLAMP JE NIET VAST, WORD NIET JALOERS EN OVERDRIJF JE REACTIES NIET ALS IEMAND MET WIE JE EEN GOEDE RELATIE HEBT EENS EVEN WEG MOET.

---

1. Zorg voor inzicht in wat de aanleiding was tot je verlatingsangst. Bekijk eerst of je aanleg hebt voor de valkuil. Ben je altijd gevoelig geweest? Was het als kind al moeilijk voor je zonder je moeder? Was de overgang naar school al moeilijk? Kon je moeilijk uit logeren? Kon je het haast niet hebben als je ouders weg waren, voor een avond of een weekend? Hing je meer dan andere kinderen aan je moeder als je bij vreemden was? Heb je nog steeds moeite met de intensiteit van je gevoelens?

Als je veel ja hebt geantwoord, kan het zijn dat medicijnen je helpen. Veel cliënten hebben er baat bij. Ze kunnen dan hun gevoel beter de baas. Je kunt er met je therapeut over praten of je maakt een afspraak met een psychiater.

Maar of je nu wel of geen aanleg hebt, het is hoe dan ook belangrijk om te begrijpen hoe je valkuil is ontstaan. Laat, als je je goed voelt, beelden uit je kindertijd naar boven komen. Laat de beelden maar komen, probeer ze niet te sturen. Het allerbeste is om te beginnen met gebeurtenissen in het heden waardoor je in je valkuil terechtkomt. Als er nu zoiets aan de hand is, doe dan je ogen dicht en probeer je te herinneren wanneer je je eerder zo voelde.

Lisa: *Sinds Gregor me zei dat hij het wilde uitmaken ben ik zo in de war dat ik niet goed meer kan nadenken. Ik zit op iedereen te vitten, ook op mijn werk. Ik ben zo boos, ik kan niet geloven dat hij me dat aandoet. Ik bel hem steeds op. Nu wordt hij pas echt razend op me, maar ik kan er niets aan doen.*

Therapeut: *Doe je ogen dicht en denk aan Gregor. Wat zie je?*

Lisa: *Ik zie zijn gezicht vol afgrijzen. Ik denk dat hij me veracht omdat ik me zo aan hem vastklamp.*

Therapeut: *Wat voel je erbij?*

Lisa: *Ik haat hem en ik hou van hem, allebei.*

Therapeut: *Denk nu terug aan ditzelfde gevoel, zolang mogelijk geleden.*

Lisa: *(pauze) Ik zie mijn moeder in het ziekenhuis. Ik ben acht. Ik ga met mijn vader naar het ziekenhuis. Mijn vader vertelt me dat mijn moeder per ongeluk te veel pillen innam. Maar ik weet dat er meer aan de hand is. Ik loop de kamer binnen en ik ben zo boos op haar en tegelijk wil ik dat ze meteen weer thuiskomt.*

Breng heden en verleden met elkaar in verband door middel van je verbeelding. Probeer het begin van je verlatingsgevoel te herinneren.

2. Schrijf op wanneer je je verlaten voelt. Word je bewust van je huidige gevoel van verlating. Scherp je vermogen om te herkennen als je in je valkuil terechtkomt. Misschien lijd je verlies. Een van je ouders is ziek, of je echtgenoot gaat weg, een relatie eindigt, je hebt een onzekere liefde, of je hebt je zo verzekerd tegen iedere verlating dat je helemaal alleen bent.

Kijk of je de vicieuze cirkel van verlating in je leven kan herkennen. Anna, Steven en Lisa ontdekten het alledrie toen ze ernaar op zoek gingen.

Steven: *Het is iedere keer weer hetzelfde. Eerst realiseer ik me dat Lily niet thuiskomt. En dan ben ik woedend. Het ene moment ben ik als de dood dat er iets is gebeurd, dat ze een auto-ongeluk heeft gehad ofzo. Vlak daarna ben ik zo boos op haar, dat ze me dat nu alweer aandoet dat ik haar zou kunnen vermoorden als ze hier binnen loopt.*
Ik ga uren door. Totdat ik uitgeput ben. Dan ga ik naar bed, depressief, ik probeer maar te slapen.
En als ze dan eindelijk thuiskomt, dan kan het me meestal niets meer schelen. Soms ben ik zo kwaad dat ik me moet inhouden om haar niet te slaan.

Sta jezelf toe om alle gevoelens van de vicieuze cirkel door te maken. Word je ervan bewust als het weer zover is.

Het is belangrijk om eens alleen te leren zijn, in plaats van ervoor weg te rennen. Dat deed Anna. Toen ze in therapie ging, was ze koortsachtig bezig om niet alleen te zijn. Altijd was er wel iemand, in het echt of aan de telefoon die haar te hulp zou kunnen schieten als dat nodig zou zijn. Anna moest leren om alleen te zijn. Later leerde ze zelfs het te waarderen.

Anna: *Het geeft een goed gevoel om niet langer te proberen om steeds maar anderen om me heen te hebben. Ik zeg tegen mezelf dat ik best alleen kan functioneren. Ik kan voor mezelf zorgen, ik kan het naar mijn zin hebben.*

Je kunt klein beginnen. Even kort alleen zijn. Maak er iets moois van. Doe dingen die je leuk vindt. Je angst gaat echt over. Als je het maar vaak genoeg doet ben je er echt niet meer bang voor.

3. *Kijk naar vroegere relaties en herken de patronen die steeds terugkomen. Maak een lijst van omstandigheden waardoor je in de valkuil van de verlatingsangst terechtkomt.* Schrijf je liefdesrelaties op. Wat ging er mis? Was je partner te beschermend? En ging je maar door ten koste van alles? Was hij onstabiel? Ging jij steeds weg uit angst dat hij weg zou gaan? Zoek je steeds mensen uit waarvan te verwachten is dat ze je in de steek zullen laten? Was je zo jaloers en bezitterig dat je mensen wegjoeg? Welk patroon komt er naar voren? Had je het anders kunnen doen? Kon je de valkuil voorkomen?

Toen Lisa haar lijst maakte, zag ze dat ze de ene na de andere onstabiele relatie had gehad. Haar relatie met mij was voor het eerst anders, consistent, ik zou niet weggaan. En dat maakte Lisa stabieler. Dat liet ons zien hoe belangrijk dat eigenlijk is. Hoe iemand daardoor rust krijgt, hoe hij een anker krijgt en daardoor beter in staat is om zijn eigen leven te leiden.

4. Ga onstabiele, ambivalente partners die zich niet aan je willen binden uit de weg. Zelfs als je ze heel erg aantrekkelijk vindt. Probeer een stabiel persoon te vinden. Vermijd mensen met wie je een relatie als een achtbaan krijgt. Zelfs als ze alles hebben wat je leuk vindt. Niet dat we vinden dat je iemand moet uitkiezen waar je niets aan vindt. Maar een sterke seksuele respons kan juist een teken zijn dat je partner de valkuil van de verlatingsangst voor je graaft. Als dat zo is, en je vermoedt dat deze relatie weer problemen gaat geven, denk dan goed na voor je eraan begint.

Op de helft van haar tweede therapiejaar kreeg Lisa iets met een man die ze van haar werk kende (ze geeft tekenles op een middelbare school). Rik was ook leraar. Met hem had ze voor het eerst een stabiele relatie. Rik was heel duidelijk in wat hij voor haar voelde. Aan het eind van dat jaar vroeg hij haar ten huwelijk. Hij was alcoholist geweest, maar dat was al twaalf jaar geleden. Hij koos echt voor haar. Hij was het type dat nooit van zijn stuk te brengen was. Zijn standvastigheid hielp Lisa om haar intense gevoelens in bedwang te houden, net zoals dat in de therapie het geval was.

Toen ze met Rik begon voelde ze zich niet zo sterk tot hem aangetrokken, maar dat veranderde mettertijd. Voordat ze een relatie kregen waren ze eerst een aantal maanden bevriend, en dat was nog niet eerder gebeurd. En dat stabiliseerde ook. Lisa voelde zich minder kwetsbaar, ze klampte zich minder aan hem vast. Ze beschuldigde hem niet van ontrouw.

Steven scheidde ten slotte van Lily. Hij begreep dat ze nooit zou veranderen, hoe hij ook zijn best deed. Hoewel hij stellig geloofde dat hij nooit meer een andere vrouw leuk zou vinden, is hij nu toch met andere vrouwen bezig. Hij leert meer over zichzelf in relaties. En wat belangrijker is, hij blijft bij zichzelf, hij levert zich niet meer helemaal uit zodat hij niets meer heeft en de ander alles. Als je alles aan een ander geeft is het een ramp als die ervandoor gaat. Steven leert om zeggenschap te houden in relaties.

Steven: *Ik dacht altijd dat het er in een relatie om ging de ander vast te houden. Ik was tot alles bereid om haar maar te behouden. Maar nu merk ik dat ik best kan overleven als ik mensen loslaat. Ik kan ze laten gaan en toch gaat het goed met me.*

5. Als je een stabiele en toegewijde partner vindt, stel dan je vertrouwen in hem. Geloof er echt in dat hij voor je kiest en dat hij je niet in de steek laat. Na zo vaak in de steek gelaten te zijn is het moeilijk te geloven. Maar dat is de enige manier om uit de vicieuze cirkel te stappen en eindelijk lief te hebben.

Stap uit die achtbaan. Zie af van die onstuimige verliefdheden en wijd je aan een rustige, stabiele relatie.

Alledrie moesten ze leren om vertrouwen te krijgen. Anna moest erop vertrouwen dat Koert er echt voor haar was, ook als hij op reis was.

Anna: *Het is grappig, maar het lijkt wel tovenarij. Wat ik zocht, dat was er gewoon al. Koert is er voor me en hij wil dat ik zelfstandig ben. Dat is precies wat ik altijd wilde.*

Steven en Lisa moesten eveneens leren om op een gezonde manier hun partners te vertrouwen.

6. *Klamp je niet aan iemand vast, word niet jaloers en overdrijf niet als iemand gewoon even weg is, als je relatie verder goed is.* In een stabiele relatie met een partner die voor je kiest kun je leren niet meer zo sterk te reageren als je je gekwetst voelt. Je kunt dat best zelf. Ontdek je sterke kanten, kom erachter dat je alleen kunt zijn, dat het dan toch goed met je kan gaan. Denk eraan dat je een kaart kunt maken. Als je de kaart erbij pakt op het moment dat je dreigt weer je in je valkuil te stappen, helpt hij je om er weer uit te komen.

We hielpen Lisa om een kaart te maken om beter om te gaan met haar relatie met Rik. Ze gebruikte die om niet meer zo aan hem te gaan hangen, hem niet meer te beschuldigen en om vertrouwen in hem te blijven houden als ze dat dreigde te verliezen.

VOORBEELD VAN EEN VERLATINGSANGSTKAART

- IK VOEL ME HOPELOOS OMDAT RIK ZICH VAN ME AFKEERT. IK STA OP HET PUNT OM BOOS TE WORDEN EN VOEL ME TEGELIJK KLEIN EN BEHOEFTIG.
- IK WEET DAT DIT MIJN VALKUIL VAN DE VERLATINGSANGST IS, EN DAT IK STERK REAGEER ALS IK MAAR ENIGSZINS MERK DAT RIK ZICH TERUGTREKT. IK MOET MEZELF ERAAN HELPEN HERINNEREN DAT DAT SOMS GEBEURT, DAT HET BIJ EEN RELATIE HOORT.
- ALS IK BOOS WORD EN ME AAN HEM VASTKLAMP, DUW IK HEM JUIST WEG. RIK HEEFT ZO NU EN DAN RECHT OP WAT PRIVACY.
- IN PLAATS VAN BOOS TE WORDEN MOET IK DE RELATIE OP DE LANGE TERMIJN EN IN ZIJN GEHEEL ZIEN. MIJN GEVOEL GAAT ANDERS MET ME OP DE LOOP. IK KAN LEREN MIJN GEVOELENS TE VERDRAGEN EN ME VASTHOUDEN AAN HET IDEE DAT WE OVER HET GEHEEL GENOMEN BIJ ELKAAR ZIJN EN EEN GOEDE RELATIE HEBBEN.
- OM MEZELF ZO GOED MOGELIJK TE HELPEN MOET IK ME OP MIJN EIGEN LEVEN RICHTEN EN MEZELF ONTWIKKELEN. HOE BETER IK OP EIGEN BENEN KAN STAAN, DES TE BETER ZAL HET IN DE RELATIE GAAN.

Als je valkuil te diep is en het echt niet lukt een goede relatie op te bouwen, overweeg dan therapie. Een relatietherapie kan je helpen een goede relatie op te bouwen.

HOOFDSTUK 7

'IK KAN JE ECHT NIET VERTROUWEN' DE VALKUIL VAN HET WANTROUWEN EN MISBRUIK

FRANK IS 33 JAAR. IN ZIJN PERSOONLIJK LEVEN EN IN ZIJN WERK IS HIJ WANTROUWEND.

Frank komt in therapie met zijn vrouw Roos. Ze hebben huwelijksproblemen.

Frank: *Ik weet best dat ze van me houdt. Maar ik durf haar niet te vertrouwen. Alsof ik ergens toch denk dat het nep is. Dat ze zich opeens omdraait en zegt: 'Het is voorbij, het was niet echt, ik deed maar alsof ik van je hield.'*

Roos: *Zoals gisteren. Ik ging naar de supermarkt en liep mijn vriendin Agnes tegen het lijf. We dronken ergens koffie, niet langer dan een half uurtje. Ik kom thuis, Frank helemaal buiten zichzelf. Waar ik was geweest, met wie, en wat ik had gedaan. Op een gegeven moment pakte hij me vast en schudde me door elkaar. Hij schreeuwde, ik was echt bang voor hem.*

Frank: *Ik weet het. Het loopt uit de hand, verschrikkelijk.*

In de therapie is het al net zo. Frank vertrouwt me voor geen cent. Het duurde een tijd om een beetje vertrouwen te winnen. Zelfs na maanden therapie was hij nog erg wantrouwend.

Frank: *Gisteren had ik een gesprek met mijn baas. Hij vertelde mij dat ik bij klanten te sterk overkom. Ik wil niet achterdochtig zijn hoor, maar dat is precies wat jullie de vorige keer tegen me zeiden. Kennen jullie hem, ofzo? Hebben jullie dat met hem besproken?*

Therapeut: *Wij kennen jouw baas echt niet. En bovendien, dat weet je, zou ik nooit met iemand over jou praten, zonder jouw schriftelijke toestemming.*

Frank: *Het was wel erg toevallig. Ik dacht echt dat hij wist wat we hier hadden besproken.*

Therapeut: *Dat zouden we nooit doen. We staan aan jouw kant, dat weet je toch.*

Frank en Roos hebben twee kinderen. In de eerste zitting vroegen we hem hoe het bij zijn kinderen ging als hij kwaad is. Of hij dan zijn handen thuis kon houden.

Frank: *Ja, dat is het gekke. Ik had echt een rotjeugd. Mijn vader sloeg me. Ik bezwoer dat mijn kinderen het beter zouden krijgen. Ik heb nog nooit een vinger naar ze uitgestoken en dat zal ik ook nooit doen.*

Sinds hij volwassen is, heeft hij zich maar één keer laten gaan. En dat was vier jaar geleden, toen had hij gedronken. Sindsdien heeft hij geen druppel meer genomen. We hadden direct sympathie voor Frank. Hij doet echt zijn best om het beter te doen dan zijn ouders.

ELSA IS 29 JAAR. ZE HEEFT NOG NOOIT EEN LANGDURIGE RELATIE GEHAD.

Elsa komt in therapie omdat ze problemen heeft met mannen.

Elsa: *Ik geloof dat ik hier ben omdat ik nog nooit een normale relatie met een man heb gehad.*
Toen ik begin twintig was, dronk ik te veel en ging met jongens naar bed die ik nauwelijks kende. Ik was echt promiscue. Maar twee jaar geleden ben ik gestopt met drinken. En sindsdien heb ik geen vriendje meer gehad.
Niet zo lang geleden was ik op een feestje. Ik praatte met een jongen. Ik vond hem leuk. Maar later, toen we gingen dansen en hij me vastpakte en me een kus gaf, werd ik echt kwaad en ik vertrok. Die nacht besloot ik in therapie te gaan.

Elsa zegt dat ze bang is dat mannen misbruik van haar zullen maken.

Therapeut: *Wanneer is dat begonnen?*

Elsa: *Dat weet ik nog precies. Ik was negen en mijn moeder hertrouwde. Mijn stiefvader misbruikte me drie jaar lang. Net zolang als ze getrouwd zijn geweest. (ze begint te huilen) Het spijt me, ik praat hier nooit over.*

Therapeut: *Waar was je moeder dan?*
Elsa: *Ze zat onder de pillen. Ze was een zombie. Ze wist absoluut niet wat er gaande was.*

Elsa wil trouwen en kinderen krijgen, maar ze is bang dat het haar niet zal lukken een man zo dichtbij te laten komen.

DE WANTROUWEN- EN MISBRUIKVRAGENLIJST

Met deze vragenlijst kun je de ernst van je valkuil van het wantrouwen en misbruik meten. Beantwoord de items als volgt.

SCORINGSWIJZE

1. HELEMAAL NIET BIJ ME PASSEND
2. VRIJWEL NIET BIJ ME PASSEND
3. EEN BEETJE BIJ ME PASSEND
4. MEER WEL DAN NIET BIJ ME PASSEND
5. VOOR HET GROOTSTE DEEL BIJ ME PASSEND
6. BESCHRIJFT ME PERFECT

Ook als je maar een enkele keer een 5 of een 6 scoort kan het zijn dat de valkuil op jou van toepassing is, zelfs als je totale score laag is.

Score	Beschrijving
	1. Ik ga ervan uit dat mensen me pijn zullen doen of dat ze me zullen gebruiken.
	2. Mijn hele leven hebben de mensen om me heen misbruik van me gemaakt.
	3. Op den duur zullen mensen van wie ik hou me verraden.
	4. Ik moet mezelf beschermen en op mijn hoede zijn.
	5. Als ik niet uitkijk zullen mensen misbruik van me maken.
	6. Ik test mensen wel eens uit om te zien of ze wel echt achter me staan.
	7. Ik kwets anderen vaak om niet zelf gekwetst te worden.
	8. Ik ben bang om mensen toe te laten uit angst dat ze me zullen kwetsen.

Score	Beschrijving
	9. Ik ben kwaad over wat mensen me hebben aangedaan.
	10. Ik ben lichamelijk of geestelijk mishandeld en seksueel misbruikt door de mensen die ik juist zou moeten kunnen vertrouwen.
	Je totale wantrouwen- en misbruik-score (Tel je scores bij vraag 1 tot en met 10 bij elkaar op.)

Het interpreteren van je wantrouwen- en misbruik-score	
10 – 19	Zeer laag, deze valkuil is niet van toepassing.
20 – 29	Tamelijk laag, deze valkuil is soms van toepassing.
30 – 39	Gemiddeld, deze valkuil is een thema voor je.
40 – 49	Hoog, dit is voor jou een belangrijke valkuil.
50 – 60	Zeer hoog, dit is zeker een van je centrale valkuilen.

HOE WORDT MISBRUIK ERVAREN?

Bij misbruik heb je een ingewikkelde mengeling van gevoelens, woede, angst, boosheid en verdriet.

Je gevoelens zijn intens en net onder de oppervlakte voelbaar. Bij patiënten die zijn misbruikt zijn we ons voortdurend bewust van deze sterke gevoelens. Zelfs als ze heel kalm zijn, voel je de aanwezigheid ervan. Als water achter de sluisdeuren.

Je stemming slaat vaak zomaar om. Opeens ben je erg uit je doen, je huilt of je bent woedend. Anderen snappen daar niets van. Voorbeelden hiervan zijn de woedeaanvallen van Frank of als Elsa plotseling in tranen is. Op andere momenten ben je er even niet, we noemen dat dissociatie. Het lijkt wel of je weg bent. De dingen om je heen zijn niet echt voor je. Je voelt je verdoofd. Deze gewoonte heb je ontwikkeld als een soort van psychologische ontsnapping uit het misbruik.

Roos: *Als Frank ergens niet over wil praten dan kan hij gewoon afhaken. Dan is hij weg. Ik besta niet meer voor hem.*

Frank: *Ik weet wat ze bedoelt. Ik weet dat ik het doe. Het gebeurt gewoon, zonder dat ik het wil. Als ik er geen trek in heb sluit ik me af.*

Je hebt pijnlijke ervaringen met relaties. Relaties kosten je veel. Het is voor jou niet de plek waar je kunt bijkomen en waar je je kwetsbaar kunt opstellen. Integendeel. Het is gevaarlijk en onvoorspelbaar in relaties. Mensen doen je pijn, ze verraden en gebruiken je. Je moet op je hoede blijven. Je kunt mensen niet vertrouwen, zelfs niet je naasten. Eigenlijk zijn die nog het gevaarlijkst.

Je denkt dat ze je kwaad zullen doen (dat ze stiekem kwaadwillig zijn). Als iemand aardig voor je is, zoek je naar de achterliggende reden. Je gaat ervan uit dat mensen tegen je liegen en dat ze erop uit zijn om je te gebruiken.

Elsa: *Meestal denk ik dat ik wel weet waar een man echt op uit is, al is hij nog zo aardig.*
Therapeut: *Wat is dat dan?*
Elsa: *Seks natuurlijk.*

Wantrouwen en misbruik brengt *overdreven waakzaamheid* met zich mee. Je bent voortdurend op je hoede. Ieder moment kan er gevaar dreigen: je moet erop bedacht zijn dat iemand zich tegen je keert. Je wacht af en let goed op.

Deze houding kan de hele wereld betreffen of alleen bepaalde mensen. Frank wantrouwt bijvoorbeeld iedereen, maar Elsa vooral mannen (ze had het ook wel bij vrouwen, maar dan ging het meer om de angst voor verlating).

Je *herinnering* aan het misbruik in je kindertijd speelt een belangrijke rol. Het kan zijn dat je je alles herinnert en dat de herinneringen je niet loslaten. Veel doet je daaraan denken.

Elsa: *Ik vind seks vaak verschrikkelijk. Ik moet de hele tijd aan mijn stiefvader denken. Ik voel een grote afkeer.*

Het kan ook zijn dat je geen herinneringen hebt aan het misbruik. Dan heb je blinde vlekken in je geheugen.

Elsa: *Ik ben veel kwijt uit die tijd. Ik weet bijvoorbeeld niet hoe lang het heeft geduurd. Ik heb geen idee wanneer het ophield. Volgens mij duurde het de hele periode, maar ik weet het niet meer. Ik denk dat het een hele tijd heeft geduurd.*

Het kan ook zijn dat je geen echte herinneringen hebt, maar dat het op een andere manier naar boven komt, in dromen of nachtmerries, in gewelddadige fantasieën, beelden die zich opdringen, of wanneer je plotseling uit je doen bent door iets dat je aan misbruik doet denken.
Je lichaam herinnert het zich nog heel goed, ook al weet je dat zelf niet.

Frank: *Een poosje geleden gebeurde er iets geks. Ik liep de voorraadkast in, deed het licht aan, maar de lamp was stuk. Het koude zweet brak me opeens uit. Ik was als de dood.*
Therapeut: *Doe je ogen dicht en stel je dat moment weer voor.*
Frank: *Goed.*
Therapeut: *Denk nu terug aan het moment dat je je precies zo voelde.*
Frank: *Ik zie mezelf als kind, ik sta te beven in een kast.*
Therapeut: *Waar ben je zo bang voor?*
Frank: *Mijn vader loopt me te zoeken. Wat gek, dat ik dat niet eerder heb bedacht. Daarom was ik natuurlijk zo bang.*

Het kan zijn dat je herbelevingen hebt. Dat zijn herinneringen die zo levendig zijn dat het net is alsof je opnieuw wordt misbruikt. Maar het je herinneren in je relaties is misschien wel het gevaarlijkst. Daarin voer je het misbruik weer op.

Angst en depressie komen het meest voor. Je voelt je vaak wanhopig over je leven. Je hebt een negatief zelfbeeld en je voelt je een slecht mens.

DE BRONNEN VAN DE VALKUIL VAN HET WANTROUWEN EN MISBRUIK

Je komt in de valkuil terecht doordat je in je jeugd werd misbruikt, gemanipuleerd of verraden.

DE BRONNEN VAN DE VALKUIL VAN HET WANTROUWEN EN MISBRUIK

1. JE BENT ALS KIND MISHANDELD DOOR EEN GEZINSLID.
2. JE BENT ALS KIND SEKSUEEL MISBRUIKT DOOR EEN GEZINSLID OF JE WERD REGELMATIG BETAST.
3. EEN GEZINSLID HEEFT JE HERHAALDELIJK VERNEDERD, GEPEST OF GEKLEINEERD.
4. JE KON JE GEZINSLEDEN NIET VERTROUWEN. ZE SCHONDEN JE VERTROUWEN, MAAKTEN MISBRUIK VAN JE, ZE DEDEN BELOFTES, DIE ZE NIET VAN PLAN WAREN NA TE KOMEN OF ZE LOGEN OPZETTELIJK.
5. ZE HADDEN ER PLEZIER IN JE TE ZIEN LIJDEN.
6. JE WERD GEDWONGEN OM DINGEN TE DOEN ONDER DREIGING VAN STRENGE STRAFFEN OF REPRESAILLES.
7. EEN VAN JE OUDERS WAARSCHUWDE STEEDS DAT MENSEN BUITEN JULLIE GEZIN NIET TE VERTROUWEN WAREN.
8. JE GEZINSLEDEN WAREN TEGEN JE.
9. EEN VAN JE OUDERS BENADERDE JE OP EEN NIET PASSENDE MANIER. JE VOELDE JE ER ONGEMAKKELIJK BIJ.
10. JE WERD ZO ERG UITGESCHOLDEN DAT HET ECHT KWETSEND WAS.

Alle vormen van misbruik zijn grensoverschrijdend. Je fysieke, seksuele en psychologische grenzen worden niet gerespecteerd. Een gezinslid, dat jou juist had moeten beschermen heeft je willens en wetens gepakt. En je was weerloos, je was een kind.

Bij Elsa ging het om haar seksuele grenzen. Haar moeder en stiefvader dreven uit elkaar en haar moeder gebruikte kalmerende middelen. (Bij misbruik spelen alcohol en drugs bijna altijd een rol.) Haar stiefvader zocht troost bij haar.

Elsa: *Het begon heel gewoon, een beetje knuffelen en een zoentje. Eerst vond ik hem echt aardig. Ik dacht dat hij om me gaf. Ik vond het in het begin ook wel fijn, als hij me vastpakte en zoende.*

Dit scenario komt vaak voor. De ouders hebben ruzie of groeien uit elkaar en een van de ouders gebruikt het kind ter vervanging. Het kind is vaak blij met de genegenheid en dat kan later weer voor veel schuldgevoel zorgen.

De genegenheid van haar stiefvader ging geleidelijk over in seksueel misbruik. Eerst was het voor Elsa niet zo duidelijk wat er aan de hand was.

Elsa: *Op een gegeven ogenblik wist ik zeker dat het niet klopte. Ik herinner me dat hij in slaap begon te vallen op de bank, als we daar samen zaten. Hij hield zijn armen om me heen en begon me dan te strelen en hij duwde zich tegen me aan.*

Onthoud goed dat misbruik nogal kan verschillen. Bij sommigen gaat het om frequent seksueel misbruik en bij anderen is het beperkt tot aanraken en vasthouden. Het gaat erom hoe je je erbij voelde. Als je je erg ongemakkelijk voelde dan was het seksueel misbruik.

Dat is ook een bron van later schuldgevoel, namelijk dat het kind later gelooft dat zij het misbruik heeft aangemoedigd en ervan heeft genoten. Elsa liet het toe dat haar stiefvader haar aanraakte.

Elsa: *Ik lag daar maar, alsof ik me niet kon bewegen.*
Therapeut: *Je wist niet hoe je jezelf moest beschermen, en dat was erg beangstigend.*

Het misbruik riep ook seksuele gevoelens op bij Elsa. Dat bracht haar in de war, ze schaamde zich en voelde zich slecht. Het is belangrijk dat je begrijpt dat je echt niet verantwoordelijk bent. Het feit dat je het hebt toegelaten of dat het je opwond doet niet ter zake. Je was een kind, en daarom onschuldig. Je kunt niet veel doen als gezinsleden, die groter en sterker zijn, over je grenzen gaan. De situatie is te complex. Niemand verwacht dat je jezelf beschermt. Dat moeten je ouders doen.

Het feit dat niemand haar beschermde is voor Elsa het meest pijnlijk.

Elsa: *Het kon ze niet schelen wat er met mij gebeurde, mijn moeder niet en mijn stiefvader niet. Het liet hen beiden onverschillig wat er met mij gebeurde.*

Seksueel misbruik is evenzeer een schending van je persoon als van je lichaam. Je bent onschuldig, hoe dan ook. Je onschuld en je vertrouwen werden beschaamd.

Het heimelijke ervan was voor Elsa ook een bron van schuld en schaamte. Haar stiefvader zei altijd dat het hun geheimpje was.

Therapeut: *Waarom vertelde je het niet aan je moeder?*

Elsa: *Eerst omdat hij zei dat ik dat niet mocht. Maar ik schaamde me ook zo. Tot vandaag de dag durf ik er nauwelijks over te praten. Jij bent de eerste aan wie ik het echt vertel. Ik kon er echt niet met haar over praten. Ik was ook bang dat het gezin uit elkaar zou vallen.*
Ik probeerde haar ertoe te krijgen minder pillen te nemen. Hij deed het vooral als ze bewusteloos was van de pillen. En ik maar smeken om ermee op te houden. Ze moet toch gemerkt hebben dat er iets niet klopte. Maar ze ging maar door met die pillen.

Bij de meeste vormen van misbruik hoort het gevoel dat je niet beschermd wordt. De ene ouder misbruikte je en de ander deed er niets tegen. Ze lieten je allebei in de steek.

Als een vreemde het zou proberen, dan zouden we wel weten wat we moesten doen. We zouden terugvechten, we zouden hulp zoeken, we zouden ervandoor gaan. Al deze opties worden moeilijk als je een kind bent, en degene die je gebruikt is een gezinslid, iemand van wie je houdt. Je heb het toegelaten omdat je het contact nodig had, dat ligt eraan ten grondslag. Het was een van je ouders of een broer of zus. Misschien was het wel de enig mogelijke vorm van contact. Zonder dat was je alleen. Voor de meeste kinderen is enige vorm van contact beter dan helemaal geen contact. Iets is beter dan niets.

Bij alledrie de vormen van misbruik, lichamelijke en geestelijke mishandeling en seksueel misbruik, zijn de overeenkomsten groter dan de verschillen. Bij alledrie geldt de vreemde mengeling van liefde en pijn. Bij Frank was het net als bij Elsa. Maar hij werd door zijn eigen vader van kind af aan mishandeld, en omdat het langer duurde is zijn valkuil ernstiger.

Frank leefde in permanente angst. Zijn vaders woede-uitbarstingen waren onvoorspelbaar.

Frank: *Je wist nooit wanneer het zou gebeuren. Op het ene moment hadden we een normaal gesprek, en op het andere moment schreeuwde hij als een gek of stond hij voor me met gebalde vuisten. Soms nam hij mijn broer en dan weer mij. Het was alsof we een gevaarlijke gek in huis hadden genomen.*

Zelfs als er niets aan de hand leek dreigde er gevaar. Het was nergens echt veilig. Tot op de dag van vandaag voelt Frank zich onveilig. Het blijft hem energie kosten, hij kan zich niet met andere dingen bezighouden. Een deel van hem is altijd waakzaam.

Het is moeilijk voor te stellen hoe chaotisch en gevaarlijk de wereld er voor een kind uitziet, als iemand waar je van houdt je kwaad doet. De basisveiligheid, die voor anderen normaal is bestaat dan gewoonweg niet.

Bij alle vormen van misbruik die we als therapeuten in ons werk zijn tegengekomen, is het zo dat het kind zich waardeloos voelt. De dader geeft het kind de schuld, en het kind accepteert dat.

Frank: *Ik dacht dat het kwam omdat ík zo stom was. Ik was onhandig en kwam steeds in moeilijkheden. Mijn vader zei altijd dat ik in de hel terecht zou komen. Ik geloofde hem echt. Ik dacht dat mijn vader zo was omdat ik zo'n waardeloos persoon was.*

Misbruik brengt sterk het gevoel van onvolwaardigheid teweeg. Je schaamt je voor wie je bent. Je bent niets waard. Je hebt niet het recht om voor jezelf op te komen. Je laat je gebruiken en je laat ze over je heen lopen. Voor je gevoel *verdien je niet anders* dan misbruikt te worden.

Een kind heeft een laatste psychologisch redmiddel. Als de realiteit te verschrikkelijk is, dan is er een psychologische ontsnappingsmogelijkheid. Afhankelijk van de ernst van het misbruik kun je als kind meer of minder tijd gedissocieerd hebben doorgemaakt. Vooral tijdens het misbruik kun je geleerd hebben om te dissociëren. Als kind was dat een goede manier.

Elsa: *Als hij het deed, deed ik net alsof ik een oranje ballon was, die de lucht in vloog. Niets was echt en niets kon mij deren.*

Dissociatie kan voor jou een manier zijn geweest om jezelf emotioneel erbuiten te houden en erdoorheen te komen.

Dissociatie geeft ook afstand van een gebeurtenis, het lijkt alsof dat wat gebeurt buiten de realiteit staat. Zo kun je in staat zijn geweest om daarbuiten normaal met de dader om te gaan.

Elsa: *Hoewel ik daar toen niet bij stil stond, was het vreemde dat ik 's nachts met hem naar bed ging, terwijl ik dan 's morgens gewoon met hem en mijn moeder aan het ontbijt zat te praten. Het was alsof wat er 's nachts gebeurde op een andere planeet was.*

Bij extreem misbruik kan dissociatie leiden tot het ontstaan van verschillende persoonlijkheden.

Franks woede-uitbarstingen zijn zijn verweer tegen de mishandeling die hij vreest. Soms wordt hij *precies* als zijn vader. Het kind imiteert het gedrag van de dader. Dat is een manier om je sterker te voelen.

Frank: *Ik sloeg mijn broertje vaak. Ik voel me daar nu zo rot over. Ik deed precies wat mijn vader met mij deed.*

Een van de meest bekende vormen van bestrijden van de valkuil van het wantrouwen en misbruik is om zelf een ander te pakken te nemen. Dit zet de vicieuze cirkel van het misbruik voort. De misbruikten worden zelf daders. Een feit is dat veel daders zelf als kind werden misbruikt of mishandeld. Franks vader is hier een voorbeeld van.

Frank: *Ik weet waarom mijn vader het deed. Hij was zelf een mishandeld kind. Zijn eigen vader sloeg hem altijd in elkaar.*

Het is belangrijk je te realiseren dat het omgekeerde niet altijd waar is. De meeste slachtoffers worden geen daders. Frank mishandelt zijn kinderen niet, ook al heeft hij woede-uitbarstingen. Hij heeft de vicieuze cirkel doorbroken.

Veel slachtoffers die zelf niet misbruiken, hebben wel fantasieën daarover.

Frank: *Ik herinner me dat ik als kind een leerkracht had die de pest aan me had. Hij vernederde me ten overstaan van de hele klas. Wat haatte ik die man. Ik zat altijd in zijn lessen te dagdromen over hoe ik hem zou opwachten en dat ik hem dan in zijn maag zou stompen, net zolang tot hij om vergeving zou smeken.*

Je kunt soms uithalen naar iemand. Je kunt er genoegen aan beleven dat andere mensen pijn hebben. Je kunt manipulatief zijn of beledigend. Wat we beschrijven is je sadistische kant. Mogelijk is het een deel van je waar je liever niet aan wordt herinnerd. Het is het deel dat bestrijdt door te worden als degene die jou kwaad deed.

Franks vader was ook verbaal agressief. Het voortdurend bekritiseren dat ten grondslag ligt aan minderwaardigheid gaat over in geestelijke mishandeling als het *bedoeld* is om te kwetsen. Iemand wil je met opzet vernederen en naar beneden halen.

Frank: *Hij vond het leuk om me aan het huilen te krijgen. Hij dacht dat het grappig was. Ik probeerde om niet te huilen, maar dan ging hij maar door.*
Therapeut: *Wat zei hij dan tegen je?*
Frank: *Hij schold me uit, hij noemde me een watje, een slapjanus en een mislukkeling. Als mijn broers erbij waren. Hij vond het leuk om mijn verlegenheid te zien, echt waar.*

Franks vader haatte hem blijkbaar. Het is moeilijk voorstelbaar hoe een ouder een kind zo kan haten. Franks kwetsbaarheid was onverdraaglijk voor hem. Hij moest die kapot maken, eruit rammen. Franks vader handelde onder invloed van zijn eigen valkuil van het wantrouwen en misbruik. Hij had geleerd zijn eigen vernedering weg te werken door zelf de agressor te worden.

Een kind met een sadistische ouder is in gevaar. Je komt er haast niet zonder kleerscheuren vanaf. Sommige ouders gebruiken hun kinderen en ze kwetsen ze in koelen bloede. Zulke ouders slaan hun kinderen als ze nog heel klein zijn, nog geen vijf. Dan hoeven ze niet zo bang te zijn dat de kinderen het zeggen of dat het uitkomt.

Een minder erge vorm van de valkuil is als je bijvoorbeeld leert om mensen te misbruiken of te wantrouwen. Een van je ouders manipuleerde bijvoorbeeld veel of nam het niet zo nauw in moreel opzicht in relaties of werk.

Of ze manipuleerden jou en beschaamden je vertrouwen. Je ging geloven dat mensen zo zijn, en je verwacht dat vervolgens van ze.

WAARSCHUWINGSSIGNALEN IN RELATIES

Het gevaar dreigt dat je je aangetrokken voelt tot misbruikende partners of tot partners die je vertrouwen zullen beschamen. Dit zijn de signalen.

Waarschuwingssignalen bij partners

1. Hij/Zij is opvliegend, en dat maakt je bang.
2. Hij/Zij laat zich volledig gaan als hij/zij te veel drinkt.
3. Hij/Zij kleineert je ten overstaan van vrienden of familie.
4. Hij/Zij vernedert je, bekritiseert je en tast je gevoel van eigenwaarde aan.
5. Hij/Zij houdt geen rekening met jouw behoeften.
6. Hij/Zij doet alles, liegen of manipuleren, om zijn of haar zin te krijgen.
7. Hij/Zij krijgt alles voor elkaar, is een duivelskunstenaar in zaken.

8. HIJ/ZIJ IS SADISTISCH OF WREED, EN LIJKT ER PLEZIER IN TE HEBBEN ALS JIJ OF ANDEREN IN HET NAUW ZITTEN.
9. HIJ/ZIJ SLAAT JE OF DREIGT DAARMEE ALS JE NIET DOET WAT HIJ/ZIJ WIL.
10. HIJ/ZIJ DWINGT JE TOT SEKS, OOK ALS JE GEEN ZIN HEBT.
11. HIJ/ZIJ MAAKT MISBRUIK VAN JE ZWAKHEDEN.
12. HIJ/ZIJ BEDRIEGT JE (HEEFT ACHTER JOUW RUG OM ANDERE PARTNERS).
13. HIJ/ZIJ IS ERG ONBETROUWBAAR EN MAAKT MISBRUIK VAN JE GOEDGEEFSHEID.

Het meest raadselachtige is het onontkoombare feit dat we dezelfde destructieve patronen maar blijven herhalen. Freud noemde dat 'herhalingsdwang'. Waarom zou iemand die als kind misbruikt werd zich *opnieuw* in een zelfde soort relatie storten? Het slaat nergens op. Maar het gebeurt wel.

Je merkt dat je je aangetrokken voelt tot verkeerde partners. Mensen die je gebruiken, je slaan, die je beledigen en je vernederen, daar val je het meeste op. Dat is een van de meest verbijsterende gevolgen van het misbruik in je kindertijd. Het maakte je tot iemand die als volwassene gedreven wordt naar een verkeerde relatie, zodat je niet meer kunt ontsnappen, tenzij je in therapie gaat.

Neem bijvoorbeeld de relaties die Elsa had toen ze net twintig was. Omdat ze zelf veel drugs gebruikte, waren ook de meeste van haar vriendjes verslaafd.

Elsa: *Het langst ging ik om met Jelle. Ik zie hem soms nog wel eens. Hij was aan de coke en hij was er niet best aan toe. Hij stal mijn geld en op een keer probeerde hij zelfs me met een ander naar bed te laten gaan om aan coke te komen.*

Weinig mensen zijn zo goed in staat je te gebruiken en misbruik van je te maken als verslaafden. Maar zelfs haar gewone vriendjes maakten op een bepaalde manier seksueel misbruik van haar. 'Het gebruikelijke scenario was dat ze met me naar bed gingen en dan werd ik gedumpt.' Jarenlang had Elsa de ene na de andere relatie waarin ze werd misbruikt.

Toen we Elsa vroegen waarom ze dit liet gebeuren, zei ze 'Ik werd verliefd op ze' en 'Alles beter dan alleen.' Maar zo denken wij er niet over. Alleen heb je tenminste de kans om te helen en je gevoel van eigenwaarde terug te krijgen. Dan kun je een partner vinden die je anders behandelt.

De volgende lijst laat je valkuilen zien in langdurige intieme relaties. Er zijn er veel want misbruik is een ernstig probleem.

VALKUILEN IN RELATIES

1. JE DENKT VAAK ZONDER CONCRETE AANLEIDING DAT MENSEN MISBRUIK VAN JE MAKEN.
2. JE LAAT JE SLECHT BEHANDELEN OMDAT JE BANG BENT OF OMDAT JE HET GEVOEL HEBT DAT JE HET VERDIENT.
3. JE GAAT SNEL IN DE AANVAL OMDAT JE VERWACHT DAT MENSEN JE PIJN ZULLEN DOEN OF JE ZULLEN KLEINEREN.
4. JE KUNT NIET VAN SEKS GENIETEN, JE VOELT HET ALS EEN PLICHT, JE KUNT ER GEEN GENOEGEN AAN BELEVEN.
5. JE GEEFT JEZELF NIET GRAAG BLOOT, OMDAT JE BANG BENT DAT HET TEGEN JE WORDT GEBRUIKT.
6. JE LAAT NIET GRAAG JE KWETSBAARHEID ZIEN, OMDAT JE VREEST DAT ER MISBRUIK VAN WORDT GEMAAKT.
7. IN GEZELSCHAP VOEL JE JE NIET OP JE GEMAK OMDAT JE BANG BENT DAT ZE JE ZULLEN VERNEDEREN.
8. JE GEEFT ANDEREN SNEL HUN ZIN OMDAT JE BANG VOOR ZE BENT.
9. JE HEBT HET GEVOEL DAT ANDEREN ERVAN GENIETEN OM JE TE ZIEN LIJDEN.
10. JE HEBT EEN SADISTISCHE OF WREDE KANT, OOK AL DOE JE JE BEST DIE NIET TE TONEN.
11. JE LAAT MENSEN JE MISBRUIKEN, OMDAT DAT BETER IS DAN ALLEEN ZIJN.
12. JE HEBT HET GEVOEL DAT MANNEN/VROUWEN NIET TE VERTROUWEN ZIJN.
13. JE KUNT JE BEPAALDE PERIODES UIT JE JEUGD NIET HERINNEREN.
14. ALS JE BANG BENT VOOR IEMAND, DAN HAAK JE AF, ALSOF EEN DEEL VAN JOU ER NIET IS.
15. JE HEBT VAAK HET GEVOEL DAT MENSEN EEN VERBORGEN AGENDA HEBBEN OF SLECHTE BEDOELINGEN, ZONDER ENIG BEWIJS.
16. JE HEBT VAAK SADOMASOCHISTISCHE FANTASIEËN.
17. JE VERMIJDT HET OM DICHT BIJ MANNEN/VROUWEN TE KOMEN OMDAT JE ZE NIET VERTROUWT.
18. JE BENT BANG IN DE AANWEZIGHEID VAN MANNEN/VROUWEN EN JE BEGRIJPT NIET WAAROM.
19. JE MISBRUIKT ANDEREN SOMS OF JE BENT WREED, VOORAL TEN OPZICHTE VAN DEGENEN DIE JE HET MEEST DIERBAAR ZIJN.
20. JE VOELT JE VAAK HULPELOOS IN RELATIE TOT ANDEREN.

Zelfs als je wél een goede relatie hebt, maak je er soms een relatie van waarin je wordt misbruikt.

Je kunt op allerlei manieren van een goede partner een dader maken. Je kunt zijn woorden verdraaien, zodat onschuldige opmerkingen de lading krijgen van beledigingen. Je kunt je partner op zo'n manier uittesten dat het resultaat je niet overtuigt, zelfs als hij de test doorstaat. Je kunt hem ervan beschuldigen dat hij probeert je te kwetsen, ook al is dat niet zo. Je kunt zijn gebrek aan loyaliteit uitvergroten en zijn bewijzen van liefde minimaliseren. Zelfs als hij je echt goed behandelt, voel je je misbruikt.

Franks houding ten opzichte van zijn vrouw is daar een prima voorbeeld van. Hij kon echt op Roos vertrouwen.

Therapeut: *Kun je aangeven wanneer ze er echt op uit was om je pijn te doen?*
Frank: *Vlak voordat we trouwden ging ze een keer achter mijn rug om uit met Rien.*
Roos: *Hier word ik zo gek van. We hebben het er al duizend keer over gehad. Voordat we trouwden belde Rien, mijn ex-vriendje en vroeg of ik met hem ging lunchen. Hij zei dat het belangrijk was. En ik ben gegaan. Ik heb het Frank niet verteld omdat ik wist dat hij het niet zou begrijpen. Het betekende niets voor me.*
Therapeut: *Wat wilde Rien?*
Roos: *Hij wilde weten of er nog kans voor ons was om verder te gaan. Ik vertelde hem dat het niet aan de orde was. En dat was dat. Ik wilde het op een nette manier aan Rien laten weten. Ik hou van Frank en dat is nog steeds zo.*
Therapeut: *Dit hebben jullie al vaak doorgenomen?*
Roos: *Het is niet te geloven, hoe vaak hij me dit al niet voor de voeten heeft geworpen.*
Therapeut: *(tegen Frank) Kun je andere incidenten noemen waarop ze je met opzet pijn heeft gedaan?*
Frank: *Nee, dat niet, ik weet wel dat ze gelijk heeft. Maar ik kan het niet geloven. Ik kan haar niet vertrouwen. Ik kan niet geloven dat ze me niet laat zitten.*

Misschien was het voor Frank als kind te pijnlijk om steeds maar heen en weer geslingerd te worden tussen hoop en teleurstelling. Het duurde lang voordat hij bereid was om dat risico weer te lopen.

Je levensvisie kan gebaseerd zijn op het idee dat mensen niet te vertrouwen zijn. Dat hangt samen met de ernst van het misbruik. Je uitgangspunt is dat mensen erop uit zijn om je te kwetsen en dat ze er heimelijk van genieten om je te zien lijden. Dat is de emotionele ondertoon van je relaties, dat gevoel heb je zodra iemand dichterbij komt.

Het kan ook zijn dat jij partners die je anders goed zouden behandelen aanmoedigt om je slecht te behandelen. Bijvoorbeeld door jezelf in een relatie naar beneden te halen: je danst te veel naar andermans pijpen. Je vernedert jezelf, je staat toe dat je partner misbruik van je maakt. Je zendt de boodschap uit dat je het niet waard bent om goed behandeld te worden.

Elsa: *Vaak gingen jongens met me naar bed en dan voelden ze zich te goed voor me. Ik herinner me een jongen, David, voor wie ik veel voelde. In die periode ging ik met iedereen naar bed, maar om hem gaf ik echt. Ik zei vaak tegen hem 'Je denkt zeker dat je te goed voor me bent omdat ik meteen de eerste nacht met je naar bed ging.' Of 'Je denkt dat je te goed voor me bent omdat ik met iedereen naar bed ga.'*

Therapeut: *Wat gebeurde er dan?*

Elsa: *Ik denk dat hij er ten slotte in ging geloven, want hij maakte een eind aan de relatie.*

Niet alleen haalde ze zichzelf naar beneden, maar ze kon zich ook niet goed verweren. Zodra mannen zich sadistisch gedroegen werd ze overvallen door dat gevoel uit haar kindertijd dat ze zich niet kon bewegen. Ze kon niet voor zichzelf opkomen. Zoals ze het zelf zegt: 'Ik kon geen *nee* zeggen, wat ze ook deden.'

Je kunt ook de andere kant kiezen en zelf de agressor worden. Dan heb je de tegenaanval gekozen als manier van omgaan met je problemen. Dat doe je als je gelooft in het motto 'aanval is de beste verdediging'. Omdat je ervan uitgaat dat je aangevallen wordt, wil je dat liever voor zijn. Je hebt niet in de gaten dat jij in je eentje staat te vechten.

Roos: *Hij beschuldigt mij ervan dat ik hem op de huid zit, maar ondertussen doet hij het zelf. Hij zegt dat ik hem kleineer, maar dat doe ik niet. Ik let er juist op dat niet te doen, omdat ik weet hoe gevoelig dat ligt. Gisteravond gleed hij uit over het ijs en hij viel bijna. Toen ik vroeg of het ging, begon hij tegen me uit te varen. Hij dacht dat ik hem uitlachte. Maar ik vroeg gewoon of hij zich geen pijn had gedaan. Het is heel frustrerend. Hij doet alsof ik zijn vijand ben.*

Als je de rol van agressor kiest, dan slaat de ander soms terug. En dan krijg je paradoxaal genoeg precies wat je vreest. Of de mensen keren je langzaam maar zeker de rug toe.

Je bent woedend over de manier waarop je in het verleden behandeld bent. Zelfs in goede relaties komt je woede steeds naar boven. Het komt er op een destructieve manier uit. Je misbruikt de mensen waar je van houdt en je bent wreed tegen ze. Dit moet zo gauw mogelijk stoppen. Het beschadigt jou net zo erg als hen.

Als je seksueel werd misbruikt dan speelt je beschadigde seksualiteit altijd door in intieme relaties. Je bent lichtgeraakt of emotioneel afwezig tijdens seks.

Elsa: *Soms denk ik dat ik net zo goed zonder zou kunnen. Ik kijk er niet naar uit om met ze naar bed te gaan. Ik voel me zo afgesloten tijdens het vrijen dat ik er niet goed van word.*

Elsa maakte zich ook zorgen over haar sadomasochistische fantasieën. Alles wat met seks te maken had was negatief geladen.

HET VERANDEREN VAN DE VALKUIL VAN HET WANTROUWEN EN MISBRUIK

Dit zijn de stappen die je moet nemen om je valkuil van het wantrouwen en misbruik te veranderen.

Het is erg belangrijk hierbij te letten op de aanwijzingen hieronder. Begin er niet op eigen houtje aan.

HET VERANDEREN VAN DE VALKUIL VAN HET WANTROUWEN EN MISBRUIK

1. Raadpleeg bij deze valkuil zo mogelijk een therapeut, zeker als het gaat om seksueel misbruik of fysieke mishandeling.
2. Zoek iemand die je vertrouwt (dat kan je therapeut zijn). Maak gebruik van beelden. Probeer je voor te stellen wat er gebeurde tijdens het misbruik. Maak het weer helemaal door.
3. Als je de beelden naar boven haalt, geef dan lucht aan je woede op degene(n) die je dit heeft (hebben) aangedaan. Stop het machteloze gevoel in het beeld.
4. Houd ermee op jezelf te beschuldigen. Je hebt het niet verdiend. Hou op de dader te verontschuldigen.
5. Overweeg om het contact met de dader te verminderen of te stoppen gedurende tijd dat je bezig bent je valkuil te veranderen.
6. Confronteer de dader, zo mogelijk direct of met een brief.
7. Laat het misbruik in je huidige relaties niet langer toe.
8. Probeer de mensen die dat verdienen wat meer te vertrouwen en laat ze dichterbij komen.
9. Probeer een partner te vinden die je respecteert en die je geen pijn wil doen.
10. Misbruik je naasten niet.

---

1. Raadpleeg bij deze valkuil zo mogelijk een therapeut, zeker als het gaat om seksueel misbruik of fysieke mishandeling. Als je valkuil ernstig is dan moet je deze oefeningen zeker niet *alleen* doen. De valkuil van het wantrouwen en misbruik is een van de lastigste valkuilen. Hij geeft ernstige problemen en symptomen in relaties en is het moeilijkst te veranderen. Een poging tot verandering met behulp van een zelfhulpboek zal naar alle waarschijnlijkheid niet genoeg zijn. Misschien kun je als het minder erg is vooruitgang boeken met het doornemen van dit hoofdstuk. Maar als je als kind ernstig werd misbruikt, zoek dan hulp bij een therapeut. Je kunt je het beste tot je huisarts wenden of de Riagg of een polikliniek van een psychiatrisch ziekenhuis bij je in de buurt. Je huisarts kan je helpen om een therapeut te vinden of een zelfhulpgroep voor mensen die hetzelfde hebben meegemaakt.

Om je die dingen te herinneren en opnieuw te beleven heb je een therapeut nodig. Anders zou het te overweldigend kunnen zijn en zou het je schade kunnen doen. Als je twijfelt ga dan naar je huisarts of een polikliniek.

2. Zoek iemand die je vertrouwt (dat kan ook je therapeut zijn). Maak gebruik van beelden. Probeer je voor te stellen wat er gebeurde tijdens het misbruik. Maak het weer helemaal door. De herinneringen zijn het moeilijkste. Je hebt hierbij echt de steun van een therapeut of een andere vertrouwenspersoon nodig. De beelden van het misbruik zijn beangstigend. Je kunt overspoeld worden door je gevoelens. Een therapeut of een vriend kan je helpen hiermee om te gaan. Dan kan het een ervaring zijn die je ten goede komt. Je hebt misschien sterke weerstand tegen de herinneringen. Dat kan komen omdat het een van je ouders in een bepaald daglicht stelt.

Frank: *Het is voor mij zo moeilijk om te accepteren dat ik een waardeloze vader had. Ik bleef maar uitvluchten voor hem verzinnen. Hij was overwerkt, mijn moeder was een zeurkous, ik was een lastig kind.*
Therapeut: *Je wilt zo graag geloven dat je wel een goede vader had.*
Frank: *Ja, hoe zou ik nog met hem om kunnen gaan als ik dacht dat hij het zonder reden heeft gedaan?*

Het was voor Frank verschrikkelijk om zich te realiseren dat hij geen goede vader had gehad. Door het gedrag van zijn vader goed te praten kon hij met hem om blijven gaan. Belangrijker nog was dat hij daardoor zijn verleden de baas kon.

Een andere reden waarom je er niet zo graag aan herinnerd wordt, heeft te maken met het feit dat de gevoelens zo pijnlijk zijn. Je kunt jezelf helemaal doof en blind maken voor wat er gebeurd is. Zo bescherm je jezelf om overeind te blijven. Het is heel beangstigend om dat los te laten. Frank deed er in zijn therapie maanden over voor hij eraan toe was om de mishandeling onder ogen te zien. Toen hij dat eenmaal deed, lukte het hem direct.

Therapeut: *Doe je ogen dicht en vertel wat je voor je ziet.*
Frank: *Ik zie mij en mijn vader. Mijn vader is enorm groot. Ik ben zeven. Ik sta te sidderen van angst. Mijn vader schreeuwt naar me. (doet zijn vaders stem na) 'Ik zal je leren, rotjong.' Hij doet zijn riem af, en van angst plas ik in mijn broek.*

Frank kon het eerst niet geloven. 'Misschien heb ik het wel verzonnen', zei hij, of 'Misschien zijn het fantasieën.' Het koste hem veel moeite te aanvaarden dat zijn herinneringen klopten.

Je zult merken dat de beelden vanzelf in je opkomen zodra je je er veilig genoeg voor voelt. En tegelijk met de pijn die je daarbij voelt begint de genezing.

3. Als de beelden in je opkomen, geef dan lucht aan je woede op degene(n) die je dit heeft (hebben) aangedaan. Stop het machteloze gevoel in het beeld. Pak hem terug. Geef hem ervan langs. Stel je voor dat je sterker bent, ouder, met een wapen, zodat je je woede kunt ventileren. Je bent niet meer dat hulpeloze kind. Sla ondertussen maar op een kussen of op een telefoonboek.

Therapeut: *Wat zie je voor je?*
Frank: *We zijn in de keuken. Mijn vader slaat mijn kleine broertje in elkaar. Hij is buiten zichzelf. Mijn moeder staat in een hoek te schreeuwen.*
Therapeut: *Hou dat beeld even vast.*
Frank: *Goed.*
Therapeut: *Ga nu naar je vader en vertel hem wat hij fout doet.*
Frank: *Dat kan ik echt niet. Het is te gevaarlijk. (hij zakt bijna in elkaar in zijn stoel)*
Therapeut: *Dat kan ik begrijpen. Je bent niet sterk genoeg. Laten we er iets aan doen. Je wordt groter in het beeld, net zo groot als je nu bent.*
Frank: *Goed.*
Therapeut: *Vertel het hem nu. Vertel wat hij fout doet. Je mag wel op de bank slaan als je wil.*
Frank: *Nou, ik ga tussen hem en mijn broer in staan, en ik duw hem tegen de muur. Ik kijk hem in zijn gezicht. Hij is bang. (slaat op de bank) Ik zeg tegen hem: 'Grote kerel, kan je wel tegen een jongetje van vijf. Je moet wel een miezerig mannetje zijn als je het hiervan moet hebben. Je bent een rotzak. Ik haat je.' (stompt op de bank) 'Als je het waagt ooit weer een vinger naar mijn broer uit te steken, dan vermorzel ik je.'*
Therapeut: *Wat voor gevoel geeft dat je?*
Frank: *(lacht) Geweldig.*

Dit is een oefening waarmee je jezelf kracht geeft. Het geeft je de mogelijkheid om van je misbruiker af te komen. Ergens ben je nog steeds het bange kind. We willen dat je de kracht van de volwassenen opeist. Je hoeft niet langer je hoofd te buigen voor je misbruiker.

4. Hou ermee op jezelf te beschuldigen. Je hebt het niet verdiend. Hou op de dader te verontschuldigen. Jij hebt geen schuld. Je was een kind. In de gegeven omstandigheden deed je wat binnen je macht lag. Op dit punt moet je volstrekt duidelijk zijn. Dat is belangrijk. *Geen enkel kind verdient het om misbruikt te worden.*

Elsa: *Ik weet dat je niet onmiddellijk met een jongen naar bed moet gaan. Het geeft me een smerig gevoel. Maar dat heb ik toch al. Alsof ik iets besmettelijks ben. Wie zou me willen hebben, behalve voor één nacht?*
Therapeut: *Het is voor mij naar om te horen hoe je jezelf naar beneden haalt. Jouw stiefvader was de viezerik, niet jij.*

Wat er ook tegen je werd gezegd, onthoud dat je niet werd misbruikt omdat jij slecht was. Dat was een smoes. Daders halen altijd hun slachtoffers naar beneden. Laat je gevoel van minderwaardigheid achter je. Ga op zoek naar het goede kind in je. Voel met dat gekwetste kind mee.

Therapeut: *Ga nu terug naar het beeld als volwassene, en help het kind.*
Elsa: *(zucht). Daar ga ik dan. De kleine Elsa ligt bij hem op de bank. Haar ogen staren. Ik pak haar op en draag haar de kamer uit. Ik breng haar in veiligheid. Ik neem haar op schoot en wieg haar.*

Word boos op de ouder die je niet beschermde. Dat hoort ook bij het beeld. Hou ermee op om je woede op jezelf te richten, door te veel te eten, verslaafd te raken of je depressief en leeg te voelen. Gebruik je woede om jezelf sterker te maken.

5. *Overweeg om het contact met de dader(s) te verminderen of te stoppen gedurende de tijd dat je bezig bent je valkuil te veranderen.* We merken dat patiënten in het algemeen beter vooruit gaan als ze het contact met de dader verbreken. Sommigen doen dat tijdelijk, en anderen voor altijd. Het is geheel aan jou te beslissen of je een relatie wilt houden met degene die je heeft misbruikt. Het is ook aan jou of je wel of niet vertelt waarom je het contact verbreekt.

Maar voor een poosje, zeker in het begin van het therapieproces, is het dikwijls beter om het contact te stoppen. De dader houdt je in je valkuil. Aan één stuk door. Hij of zij geeft je de verkeerde boodschappen, dat je een zwak en hulpeloos slachtoffer bent, dat er iets mis met je is, dat je niet deugt.

Frank: *Toen Roos en ik uit eten gingen met mijn ouders, voelde ik me zo'n oen. Meteen al toen we aan tafel gingen, gooide ik mijn glas water om. Mijn broek was nat. Mijn vader noemde mij een mongool en hij lachte me uit. Ik voelde me een nul, een minkukel.*
Therapeut: *Wat deed je toen hij dat zei?*
Frank: *Niks. Ik viel stil. Ik heb de rest van de maaltijd mijn mond gehouden.*

Het is moeilijk om beter te worden in een vergiftigde atmosfeer.

6. *Confronteer de dader, zo mogelijk direct of met een brief.* Deze oefening heeft als doel je sterker te maken. Als je de dader niet confronteert met wat hij heeft gedaan, blijf je ergens dat hulpeloze kind, niet in staat je te verweren in een wereld van kwaadaardige volwassenen. Een deel van je zal altijd bang blijven. Maar je bent geen hulpeloos kind meer. Je kunt de dader het hoofd bieden.

Frank: *Zaterdag heb ik het gedaan. Ik nodigde mijn vader uit in mijn appartement. Ik vond het beter om het op bekend terrein te doen. Zodra hij er was ben ik erover begonnen. Dat hij mij en mijn broer had mishandeld, en dat hij zich had gedragen als een bullebak en een lafaard. Ik vertelde hem dat ik hem haatte om wat hij had gedaan. Dat ik hem voorlopig niet meer wilde zien. Totdat ik er weer behoefte aan zou hebben, of misschien wel nooit meer. Ik heb hem egoïstisch genoemd, kinderachtig, zwak. En ik heb hem gezegd dat het nergens op slaat dat ik het verdiend zou hebben. Ik heb alles gezegd.*
Therapeut: *Hoe voelde je erbij?*
Frank: *Ik heb me nog nooit zo goed gevoeld.*

Stel vast wat hij je heeft aangedaan. Zeg het hem. Erna voel je je opgelucht. Sta op en zeg: ‘Dit heb je me aangedaan’, ‘ik laat het niet meer toe’ en ‘ik ben vreselijk kwaad op je.’

Elsa had het contact met haar stiefvader verbroken. Ze schreef hem een brief:

Vader,
Toen ik klein was heb je misbruik gemaakt van mijn behoefte aan warmte en liefde, wat normaal is voor een kind. Ik was erg kwetsbaar. Mijn eigen vader was dood en mijn moeder was verslaafd. Niemand beschermde me.

Wat me het meest heeft gekwetst is, dat ik echt om je gaf. Eerst was je lief voor me. Je gaf me veel aandacht en liefde en ik had het zo nodig.

Het was moeilijk voor me om te geloven dat het allemaal nep was. Maar toch was dat zo. Je hebt me misbruikt. Als je echt om me gaf had je dat nooit gedaan.

Ik haat je. Je hebt me mijn vermogen om van mensen te houden afgepakt. Ik kan niet meer van seks genieten. Dat was van mij en je hebt het me afgenomen. Door jou ben ik mezelf gaan haten. Ik wil nooit meer contact met je.

Elsa

Of je de brief nu wel of niet verstuurt, het schrijven ervan is een goede oefening. Dat kan helpen je te ontgiften. Het laat jouw kijk op de werkelijkheid zien. Dit is een bevestiging van jezelf en dat is belangrijk. Het kan ook een oefening zijn voor een latere confrontatie in levende lijve. Vertel hem of haar per brief wat er verkeerd aan was. Vertel ze hoe je je eronder voelde en hoe je het anders had gewild.

Elsa confronteerde haar moeder direct. Haar moeder was nog steeds verslaafd.

Elsa: *Ik heb haar gezegd dat ik haar drugsgebruik zelfzuchtig vond en dat het me erg had pijn gedaan. Daardoor was ik moederloos geworden. Ik vertelde haar dat ze me in de steek had gelaten toen ik nog te klein was om voor mezelf te zorgen. En dat ik daardoor jarenlang seksueel was misbruikt door een van haar echtgenoten.*
Therapeut: *Hoe was het om dat te zeggen?*
Elsa: *Het was uitputtend, maar ook goed. Ik voelde me er beter door. Natuurlijk begon ze weer met haar eeuwige uitvluchten en ze ontkende het, zoals altijd. Maar ik ben er verder niet meer op ingegaan. Ik heb me omgedraaid en ben weggegaan. Ik weet niet wanneer ik haar weer ga opbellen.*

Vraag steun bij iemand die je kunt vertrouwen. Dit is heel belangrijk, omdat de dader naar alle waarschijnlijkheid iedere verantwoordelijkheid zal ontkennen. Wat wij meemaken is dat in de meeste gevallen waarbij er sprake is van ernstig misbruik, de dader ontkent. *Wees hierop voorbereid.*

Belangrijk is het feit dat jij de waarheid spreekt. Het succes van de confrontatie hangt niet van de reactie van de dader af. Het hangt af van wat het voor jou betekent, of het je kracht geeft en een goed gevoel over jezelf.

7. Laat het misbruik in je huidige relaties niet langer toe. We moeten de fatale aantrekkingskracht die verkeerde partners op je uitoefenen bestrijden.

Elsa: *Toen ik twintig was heb ik mijn leven vergooid met gestoorden, verslaafden en leugenaars.*

Kijk naar de relatie die je nu hebt. Schrijf op hoe je nog steeds toestaat dat ze misbruik van je maken, hoe je wordt geslagen, vernederd of verkracht. Dit moet allemaal stoppen. Je kunt niet beter worden als je valkuil alsmaar in werking wordt gesteld.

Vanaf nu willen we dat niemand meer misbruik van je maakt.

Als degene die je misbruikt je partner is of een vriend, dan is de kans erg klein dat hij of zij zal veranderen. Je kunt iemand één kans geven. Ga op je rechten staan. Bescherm jezelf. Houd je woede niet langer in, maak jezelf duidelijk. Confronteer hem. Word zelf niet agressief. Blijf assertief en houd de touwtjes in handen.

Laat je niet uit het veld slaan als iemand ontkent. Als hij niet verandert, stap je uit de relatie. We weten dat dit moeilijk voor je kan zijn, en we willen nogmaals benadrukken dat je in therapie moet gaan. Je hebt steun nodig bij de moeilijke beslissingen die je moet nemen.

8. Probeer mensen die dat verdienen wat meer te vertrouwen en laat ze dichterbij komen. Je vertrouwt mensen niet vanzelf, ook niet als ze wel goede bedoelingen hebben. Dit is een van de belangrijkste manieren waarop je je valkuil in stand houdt. Kijk eens onbevangen naar je relaties. Kijk goed naar de meest intieme, die met je familie, je vrienden, je partners, echtgenoten en kinderen.

Schrijf voor iedereen die je niet misbruikt alles op waarom hij of zij te vertrouwen is. Schrijf daarnaast ook op waarom hij of zij niet te vertrouwen is. Als je geen echt bewijs hebt van slechte behandeling, probeer dan meer vertrouwen te hebben. Laat je dekking langzaam varen. Probeer dichter bij mensen te komen. En vertrouw de mensen die dat verdienen.

Patiënten zijn er altijd verbaasd over hoeveel mensen eigenlijk te vertrouwen zijn. Zoals Frank.

Frank: *Nu ik inzie hoe weinig aanleiding er is, behalve die ene keer met dat ex-vriendje, heb ik me voorgenomen om vertrouwen te hebben in Roos. Ik ga niet meer haar wegen na. Ik beschuldig haar niet meer van ontrouw. (pauze) Maar ik ben zo bang dat ik het toch mis heb. Ik doe het wel, maar ik vind het doodeng.*

Therapeut: *Wat is het effect ervan op je relatie?*

Frank: *Het gaat echt beter. Vooral dat ik niet meer bang hoef te zijn haar ieder moment kwijt te raken. Ik word niet meer zo kwaad. En Roos is gelukkiger. Meer ontspannen. Het komt soms opeens wel weer opzetten. Zoals gisteren toen Thijs belde, haar collega. Ik hoorde haar lachen aan de telefoon en het deed me echt wat. Ik had zo graag mee willen luisteren, ik bleef maar denken dat Roos iets met hem heeft. Ik heb mezelf een halt toe geroepen. En toen voelde ik me direct beter. Hiervóór hadden we daar zeker ruzie over gekregen.*

9. Probeer een partner te vinden die je respecteert en die je geen pijn wil doen. Kijk zorgvuldig naar je partners, vroeger en nu, zoek naar bewijs voor misbruik. Als je een relatie hebt waarin je wordt misbruikt, zoek dan hulp om het misbruik te stoppen of om de relatie te beëindigen. Meestal gaat het stuk, als je bij een partner blijft die je misbruikt.

Probeer de waarschuwingssignalen te herkennen als je een nieuwe partner kiest. Dan kan je er beter op vertrouwen dat je een veilige partner uitkiest.

Ga relaties aan met mensen die je respecteren en die je niet willen kwetsen. Ook als je je minder tot zo iemand aangetrokken voelt. Het grootste struikelblok voor Elsa was om op te houden met het uit de weg gaan van intieme relaties. De gedachte dat mannen niet te vertrouwen zijn was diep geworteld.

Elsa: *Ik blijf liever alleen dan weer een rotrelatie te moeten doormaken.*
Therapeut: *Je gelooft dat een relatie met een man niet goed kan zijn.*
Elsa: *Ja, zo zijn mannen. Ze willen je alleen maar gebruiken en je daarna weggooien. Ze doen maar alsof ze om je geven, alleen om hun doel te bereiken.*
Therapeut: *Je bent erg kwaad.*
Elsa: *Ja, ik ben kwaad, ik zit vast en ik ben kwaad omdat ik vastzit.*

Elsa geloofde dat er voor haar niets anders was weggelegd dan een nieuwe pijnlijke relatie. Dan is het begrijpelijk dat je relaties uit de weg gaat. Dit is een goed voorbeeld van ‘Ontsnapping’ als strategie.

De realiteit is dat er om ons heen veel mensen zijn die veel aardiger zijn dan jouw gezinsleden. Je verwacht dat iedereen net zo is als bij jou thuis, maar dat klopt niet. Je generaliseert.

Begin voorzichtig met alleen afspraakjes. Kijk de kat uit de boom. Hou controle. Als je een relatie begint, kom dan voor jezelf op. Bescherm jezelf. Denk positief over jezelf. Dat zal je partner aanmoedigen om hetzelfde te doen.

10. Misbruik je naasten niet. Doe je partner, je kinderen, je vrienden of collega’s niet aan wat jij hebt meegemaakt als kind. Misbruik mag niet.

Frank: *Wat mijn houding ten opzichte van Roos heeft veranderd was dat ik me realiseerde dat ik bezig was haar te mishandelen. Met mijn voortdurende preken en uitbarstingen. Ook al sloeg ik haar niet.*

Als je iemand van wie je houdt misbruikt of mishandelt, stop er dan onmiddellijk mee. Als dat niet gaat, zoek dan direct hulp. Beter te stoppen, dan de vicieuze cirkel voort te zetten en je daar schuldig over te voelen.

We willen dat je het goedmaakt bij de mensen aan wie je schade hebt berokkend. Vertel ze dat je je realiseert dat je verkeerd hebt gehandeld. En vraag ze je te vergeven. Schets de manier waarop je wilt veranderen.

Herinner je je eigen ervaringen als kwetsbaar kind. Dat is de beste manier om je te behoeden voor actief misbruik.

ENKELE WOORDEN TOT SLOT

De weg die je moet gaan om wantrouwen en misbruik achter je te laten is lang en moeilijk. Juist daarom kan het erg belonend zijn. Het kan je brengen wat je altijd al wilde, te beminnen en bemind te worden. Blijf niet je hele leven gevangen in deze valkuil. Zoek hulp. Je valkuil komt voort uit kindermishandeling. Je hoeft je er niet voor te schamen dat je hulp nodig hebt. Eis op wat je toebehoort, net als Elsa, namelijk alles wat er plezierig is in een *steunende menselijke relatie.*

HOOFDSTUK 8

'IK KRIJG NOOIT WAT IK NODIG HEB' DE VALKUIL VAN DE EMOTIONELE VERWAARLOZING

ROBERT IS 39 JAAR. VROUWEN STELLEN HEM ALTIJD TELEUR.

Toen Robert de eerste keer bij ons binnen kwam, vielen ons twee dingen op. Hij was leuk om te zien, maar hij maakte een kille indruk. Er was iets afstandelijks aan hem dat moeilijk te pakken was. In die eerste sessie ging hij zitten en vertelde waarom hij was gekomen.

Hij had sinds zijn puberteit een aantal relaties gehad, die allemaal niet langer dan zes maanden hadden geduurd. Het ging altijd hetzelfde. Iedere keer wanneer hij een relatie begon, was hij weer vol hoop en waren zijn verwachtingen hoog gespannen. Hij was er zeker van dat hij dit keer de ware gevonden had. Desondanks liep het iedere keer uit op een desillusie. Het was erg frustrerend voor Robert.

Robert: *Nu gebeurde het met Elise alweer. Ik dacht echt dat het nu anders was. Het ging zo goed in het begin. Maar net als altijd verveelde ze me na een poosje. Ze stelde me teleur en ze begon me te irriteren.*

Therapeut: *Wat irriteerde je zo aan Elise?*

Robert: *Alles. Wat ze ook deed. Ze belde niet snel genoeg terug, ze praatte op feestjes te veel met anderen. Ze besteedde te veel tijd aan haar vriendinnen en haar werk. Ik kreeg geen mooie cadeaus voor mijn verjaardag. Ze was niet opwindend genoeg. Dat was nog het ergste. Ik weet best dat ze van me hield. Maar het was niet genoeg. Ik had meer nodig.*

In het begin van de relatie is Robert altijd erg verliefd. Maar geleidelijk aan maakt zijn hartstocht plaats voor teleurstelling. Daarna strandt de relatie meestal snel.

Sam is 28 jaar. Hij wordt verliefd op onbereikbare vrouwen.

Sam beschreef zijn situatie als volgt.

Sam: *Het gebeurt steeds weer. Ik word vreselijk verliefd op een vrouw. Maar op de een of andere manier wordt het niets. Neem nou (hij begint het op zijn vingers af te tellen) Anne, die was getrouwd. Jessica en Marijn hadden allebei een ander vriendje die niet van mijn bestaan wisten. Linda woonde te ver weg en Sterre had het net uitgemaakt met een ander. Die was nog niet toe aan een nieuwe relatie.*

Sam zoekt een bepaald type vriendinnen uit. Hij voelt zich aangetrokken tot koele afstandelijke vrouwen: 'Als ik een vrouw tegenkom die warm en lief is, dan haak ik snel af.' De vrouwen die hem wel blijven boeien, waar hij zelfs geobsedeerd door raakt, zijn narcistisch, egoïstisch en terughoudend. Hoewel ze graag met Sam omgaan, omdat hij zo attent is, willen ze haast nooit een echte relatie, ze gaan niet echt een relatie aan.

Sams relaties verlopen stormachtig, met pieken en dalen. Hoe bozer en gefrustreerder hij wordt, des te minder is de vrouw in kwestie in hem geïnteresseerd. Dan eindigt de relatie. Sam zit een poosje in de puree en dan begint het allemaal weer opnieuw.

Kiki is 40 jaar. Ze is een warme vrouw, maar getrouwd met een man die haar emotioneel in de kou laat staan.

Kiki en Bart zijn vijf jaar getrouwd. Ze hebben een zoontje. Kiki is een hartelijke en lieve moeder. Ze verwent haar zoontje eigenlijk iets te veel. Als hij huilt kan ze het haast niet aanhoren. Als hij maar even kikt dan rent ze al.

Kiki: *Voordat Krijn werd geboren, was ik maatschappelijk werkster. Maar nu ben ik thuis om voor Krijn te zorgen. Hij is alles voor me. Ik geniet er enorm van. Maar met Bart en mij gaat het niet zo goed. Hij is zo afstandelijk. Het is net een blok beton. Ik wist wel dat hij zo was toen we trouwden, maar ik dacht dat hij wel zou veranderen. Maar het is erger geworden.*

Bart is manager in een groot bedrijf. Hij werkt hard en reist over de hele wereld. Kiki is 's nachts en in het weekend vaak alleen thuis met de baby. 'Als Bart thuis is, verandert er niet veel. Hij gaat te veel op in zijn werk en heeft geen zin om iets met me te doen.' Kiki is bang dat hij haar niet trouw is als hij op reis is. Ze ergert zich voortdurend. De zeldzame keren dat ze dan eens samen zijn, zit ze de hele tijd te klagen en maakt ze hem verwijten. Vanzelfsprekend drijft haar boosheid hen steeds meer uit elkaar.

Robert, Sam en Kiki hebben allemaal emotionele verwaarlozing als valkuil. Als je die valkuil hebt, ben je er echt van overtuigd dat je nooit liefde en warmte genoeg zult krijgen.

DE EMOTIONELE VERWAARLOZINGVRAGENLIJST

De vragenlijst hieronder helpt je te herkennen hoe sterk jouw valkuil is op dit gebied. Scoor ieder item op de volgende manier.

SCORINGSWIJZE

1. HELEMAAL NIET BIJ ME PASSEND
2. VRIJWEL NIET BIJ ME PASSEND
3. EEN BEETJE BIJ ME PASSEND
4. MEER WEL DAN NIET BIJ ME PASSEND
5. VOOR HET GROOTSTE DEEL BIJ ME PASSEND
6. BESCHRIJFT ME PERFECT

Ook als je maar een enkele keer een 5 of een 6 scoort kan het zijn dat de valkuil op jou van toepassing is, zelfs als je totale score laag is.

Score	Beschrijving
	1. Ik krijg niet zoveel liefde een aandacht als ik nodig heb.
	2. Niemand begrijpt me echt.
	3. Ik voel me vaak aangetrokken tot partners die kil zijn en me weinig te bieden hebben.
	4. Ik voel me losstaan van anderen, zelfs van mijn meest intieme vrienden of mijn partner.
	5. Ik heb tot nu toe niet één keer meegemaakt dat ik voor iemand heel belangrijk ben en dat hij of zij zijn leven met me wil delen en echt geïnteresseerd in me is.
	6. Van niemand krijg ik warmte, veiligheid en tederheid.
	7. Er is niemand die echt naar me luistert en die mijn behoeften en gevoelens echt begrijpt.

Score	Beschrijving
	8. Ik ben bang mensen toe te laten uit angst dat ze me zullen kwetsen.
	9. Ik kan het maar moeilijk verdragen dat mensen me aardig vinden of om me geven.
	10. Ik voel me de meeste tijd heel erg alleen.
	Je totale emotionele verwaarlozing-score (Tel je scores bij vraag 1 tot en met 10 bij elkaar op.)

Het interpreteren van je emotionele verwaarlozing-score

10 – 19	Zeer laag, deze valkuil is niet van toepassing.
20 – 29	Tamelijk laag, deze valkuil is soms van toepassing.
30 – 39	Gemiddeld, deze valkuil is een thema voor je.
40 – 49	Hoog, dit is voor jou een belangrijke valkuil.
50 – 60	Zeer hoog, dit is zeker een van je centrale valkuilen.

HOE HET IS ALS JE TEKORTKOMT OP EMOTIONEEL GEBIED

Het is moeilijker dan bij andere valkuilen te beschrijven hoe emotionele verwaarlozing ervaren wordt. Het zit hem vaak niet in het denken. Dat komt omdat het zo vroeg begint. Je had er nog geen woorden voor. Je ervaart emotionele verwaarlozing veel meer als gevoel. Het gevoel dat je altijd alleen zal blijven, dat bepaalde dingen voor jou niet weggelegd zijn. Dat ze nooit naar je zullen luisteren, dat niemand je ooit echt zal begrijpen.

Emotionele verwaarlozing voelt alsof je iets mist. Het is leegte. Het beeld van een verwaarloosd kind komt nog het dichtste bij wat we bedoelen. Het is een eenzaam gevoel, het gevoel dat er niemand is. De droevige wetenschap dat het je lot is om voor altijd alleen te zijn.

Toen Robert met de therapie begon, kon hij niet echt zeggen wat hem dwars zat. Eerst begon hij met dingen te noemen als ‘Ik voel me zo alleen’, ‘Ik voel me niet verbonden.’ Later vertelde hij ons dat hij zich wel eens zo eenzaam had gevoeld, dat hij zelfmoord had overwogen.

Robert: *Gevoelsmatig ben ik dood. Dat het me niet lukt om met vrouwen een intieme band te hebben geldt ook voor mijn andere relaties. Niemand laat ik dichtbij komen, familie noch vrienden.*

Voor Robert is het leven kaal en doods. Alleen als hij verliefd is in het allereerste begin van een relatie voelt hij zich wat beter. Maar dat is gauw voorbij.

Sommige mensen met deze valkuil hebben de neiging om hoge eisen te stellen aan relaties. Het heeft iets onverzadigbaars. Wat mensen je ook te bieden hebben, hoeveel je ook krijgt, het is nooit genoeg. Vraag je af of ze steeds tegen je zeggen dat je te veel wilt of dat je te veeleisend bent.

Robert is een goed voorbeeld. Elise had kosten noch moeite had gespaard om zijn verjaardag te vieren. Maar toen hij haar cadeautje uitpakte voelde hij een knauw van teleurstelling. 'Wat ik haar gaf was veel duurder.' Dit voortdurende gevoel van tekortkomen, terwijl het duidelijk niet klopt, kenmerkt mensen die emotioneel verwaarloosd zijn.

De manier waarop Kiki's valkuil zich manifesteerde, was door werk te kiezen waarin ze zich kon wijden aan de behoeften van anderen. Ze werd maatschappelijk werkster. Jij werkt misschien ook in een verzorgend beroep. Het kan zijn dat je je eigen onvervulde behoeften vervult door voor anderen te zorgen. Of je richt je helemaal op de behoeften van je vrienden.

Kiki: *Ik ben altijd degene die luistert. Andere mensen vertellen mij hun problemen en ik probeer ze te helpen. Ik vertel aan niemand iets. Misschien kom ik daarom wel in therapie. Ik begrijp anderen beter dan zij mij.*

Als je je chronisch teleurgesteld voelt in andere mensen is dat een teken dat emotionele verwaarlozing jouw valkuil is. Mensen laten je steeds vallen. We hebben het niet over een incident, maar het gaat over een hele reeks ervaringen gedurende een lange periode. Als jouw conclusie uit die ervaringen is dat je niet op mensen kunt rekenen, dan is dit jouw valkuil.

WAAR KOMT EMOTIONELE VERWAARLOZING VANDAAN?

De bronnen van emotionele verwaarlozing zijn verbonden met de primaire verzorger van het kind, degene die ervoor moet zorgen dat het kind genoeg wordt gekoesterd. Soms is dat een man, maar in onze cultuur is dat meestal de moeder. De vader is ook belangrijk maar in de eerste levensjaren staat meestal de moeder centraal. Die eerste relatie wordt het voorbeeld van alle volgende relaties. De meeste intieme relaties zullen voor de rest van je leven het stempel dragen van die eerste ervaring met je moeder.

Emotionele verwaarlozing is het gevolg van onvoldoende koestering. De term koestering heeft verschillende dimensies. Je kunt ze zien in de tabel hieronder. We gebruiken het woord moeder als we de primaire verzorger bedoelen.

DE BRONNEN VAN EMOTIONELE VERWAARLOZING

1. DE MOEDER IS KOUD EN AFSTANDELIJK. ZE GEEFT TE WEINIG LICHAMELIJKE KOESTERING. ZE HOUDT HET KIND NIET GENOEG VAST EN KNUFFELT HET NIET GENOEG.
2. HET KIND KRIJGT NIET HET GEVOEL GELIEFD TE ZIJN, DAT HET BELANGRIJK IS EN SPECIAAL.
3. HET KIND KRIJGT NIET GENOEG TIJD EN AANDACHT.
4. DE MOEDER KAN DE BEHOEFTEN VAN HET KIND NIET GOED AANVOELEN. ZE KAN ZICH NIET GOED INLEVEN IN ZIJN WERELD. ZE HEEFT GEEN ECHT CONTACT MET HEM.
5. DE MOEDER TROOST HET KIND NIET. ZO KAN HET NIET LEREN OM ZICHZELF TE TROOSTEN OF GETROOST TE WORDEN.
6. DE OUDERS GEVEN HET KIND GEEN LEIDING, GEEN HOUVAST. HET KAN VAN NIEMAND OP AAN.

Robert was veel tekortgekomen. Hij werd ernstig verwaarloosd. Zij moeder was zeventien toen ze zwanger werd. Zijn vader was een stuk ouder en al getrouwd. Hij wilde Robert niet erkennen. Zijn moeder had gehoopt dat zijn vader zich zou laten vermurwen als Robert eenmaal geboren was, en dat hij dan met haar verder zou gaan. Maar dat was niet het geval.

Robert: *Nadat ik was geboren veranderde er niets. Toen mijn moeder zich realiseerde dat ik niet in staat was om hem van gedachten te veranderen, verloor ze alle belangstelling voor mij. Ze wilde zo gauw mogelijk weer haar oude leventje terug, zodat ze weer rijke oudere mannen kon ontmoeten. Het was beter geweest als ze me nooit had gekregen.*

Dit horen we vaak van mensen die emotioneel verwaarloosd zijn. 'Ik weet niet waarom ze me heeft gekregen' of 'Ze had me nooit moeten krijgen.' Zolang Robert zich kon herinneren was er nooit iemand die voor hem zorgde.

Robert: *Meestal was ze niet thuis. En als ze er was maakte het niet uit. Als ik iets van haar wilde, zei ze: 'Hou je mond, ga slapen, je moet naar bed' en dan ging ze door met wat ze aan het doen was, alsof ik niet bestond.*

Bij Kiki ging het wat subtieler. Haar moeder was een verantwoordelijke vrouw, ze zou haar kind nooit verwaarlozen. Maar, net als Roberts moeder was ze op zichzelf gericht. Ze zag haar kind niet als iemand op zich, maar als verlengstuk van zichzelf. Ze zag Kiki als een ding, iets dat ze naar eigen believen kon gebruiken.

Kiki's moeder wilde dat haar dochter zou bereiken wat haar niet was gelukt, namelijk rijk worden. Ze wilde dat Kiki met een rijke man zou trouwen.

Kiki: *Ze leerde me om charmant en aantrekkelijk te zijn. Dan hield ze wel van me. Ze leerde me optreden als er bezoek was. Ze nam me mee de stad in. Ze kleedde me aan als een pop. Maar als we uitgewinkeld waren en het bezoek was weg, dan had ze geen belangstelling meer voor me. Dan was ik niet meer belangrijk.*

Kiki voldeed aan haar moeders wensen. Ze trouwde met een rijke man. Nu is ze de vrouw van een topmanager. Ze is charmant en mooi in gezelschap. Maar zodra het bezoek weg is, dan kijkt haar man niet meer naar haar om.

Sam, de man die steeds op onbereikbare vrouwen viel, had best een goede moeder. Ze deed haar best. Ze gaf Sam het mooiste speelgoed, de allerbeste kleren, de beste scholen en vakanties. Toch ontbrak er iets. Sams moeder was een succesvolle advocate. Ze had haar carrière opgebouwd in een tijd dat er nog maar weinig vrouwen op zo'n positie te vinden waren. Ze richtte haar aandacht uitsluitend op haar werk. Thuis was ze afwezig en in zichzelf gekeerd.

Hoewel ze dat nooit zou toegeven had ze diep in haar hart het gevoel dat Sam haar in de weg stond. Hij eiste zoveel op, terwijl zij veel belangrijkere zaken te doen had. Ze was ook geen warme vrouw. Ze toonde haar gevoelens nooit, zelfs niet aan mensen die ze meer waardeerde dan Sam. Heimelijk gaf ze Sam de schuld ervan dat ze niet genoeg van hem hield. Het was zijn fout, dat hij zo weinig liefde in haar opwekte.

Sam groeide op met veel verdriet over het gemis aan een liefhebbende moeder. Dat verdriet bedekte hij met een hard pantser van woede. Dat is een voorbeeld van de strategie van het bestrijden. Op het eerste gezicht leek hij een lastig en verwend kind.

Nu Sam volwassen is manifesteert zijn emotionele verwaarlozing zich in de talloze liefdesrelaties met onbereikbare vrouwen. Hij jaagt de ene na de andere relatie na, en ze zijn allemaal tot mislukken gedoemd. Iedere vrouw stelt hem onverbiddelijk teleur. Hij wordt steeds veeleisender en blijft altijd met een gebroken hart achter.

Sam: *Voor ik in therapie ging had ik er geen idee van dat ik deze valkuil had. Ik dacht dat het toeval was dat ik steeds verliefd werd op een vrouw die ik niet kon krijgen.*

Hoewel hij bij zijn moeder tekortkwam, had Sam één geluk. Hij had een aardige vader. Aan hem had hij te danken dat hij zich niet voor eeuwig had afgesloten voor intimiteit. De liefde van zijn vader repareerde deels de schade die door zijn moeder was toegebracht, zodat zijn valkuil minder ernstig was. Zijn andere relaties waren wél gezond.

Sams valkuil heeft een beperkt bereik nu hij volwassen is. Hij bekijkt niet iedereen met dezelfde blik. Alleen bij de vrouwen op wie hij verliefd wordt voelt hij zich misdeeld. Hij heeft met veel mensen een prima relatie. Hij heeft genoeg goede vrienden, zowel vrouwen als mannen, bij wie hij zijn hart uitstort over de ellende van zijn stormachtige affaires.

Sams geschiedenis laat zien hoe belangrijk vaders zijn voor kleine kinderen. Als een kind bij zijn moeder tekortkomt, maar een vader heeft die dat compenseert, dan kan de vader het lichtpunt zijn in de donkere binnenwereld van het kind. De liefde van de vader kan de tekorten van het kind gedeeltelijk aanvullen. Als het kind geluk heeft, voelt zijn vader de tekortkomingen van de moeder goed aan en geeft hij het kind automatisch wat extra. Sam: 'Mijn vader maakte dat ik hoop bleef houden.' Hetzelfde geldt ook andersom. Kinderen die bij hun vader tekortkomen, maar die wel bij hun moeder terecht kunnen, leven hun emotionele verwaarlozing niet in alle relaties uit. Meisjes met een vader die hen verwaarloost kunnen de valkuil in liefdesrelaties met mannen tegenkomen, maar niet in andere relaties.

Het duurt soms een tijdje voordat we in de gaten hebben dat een patiënt emotioneel verwaarloosd is. Het is anders dan met de andere valkuilen. Er is geen sprake van actieve beschadiging door een van de ouders. Emotionele verwaarlozing ontstaat door het ontbreken van moederlijke zorg. Ouderlijk gedrag, zoals overmatig kritiek leveren, dat minderwaardigheid teweegbrengt, of overheersend gedrag, dat extreme aanpassing oproept, is heel goed zichtbaar. Het kind kan het zich herinneren. Maar emotionele verwaarlozing is anders. Dan ontbreekt er iets, waarvan je het bestaan niet kende.

De valkuil van emotionele verwaarlozing kan moeilijk te herkennen zijn. Tenzij je extreem verwaarloosd bent kost het je veel moeite om te ontdekken of je als kind tekort bent gekomen.

Je kunt de valkuil soms pas herkennen nadat je jezelf bepaalde dingen hebt afgevraagd. Zoals: 'Voelde ik me dicht bij mijn moeder staan, begreep ze me, hield ze van me, was ze warm en liefdevol, kon ik iets bij haar kwijt, kon ze me genoeg geven?'

In therapie zeggen de meeste mensen die emotioneel verwaarloosd zijn eerst: 'Ik had een normale jeugd, mijn moeder was er altijd.' Sam zei: 'Mijn moeder gaf me alles. Ik had alles wat mijn hartje begeerde.' Toch ontbreekt er iets als mensen met deze valkuil hun leven beschrijven. Er lijkt iets zorgwekkends aan de hand te zijn, een gevoel van niet verbonden zijn. Misschien is de persoon in kwestie hypergevoelig voor ontbering of hij is chronisch kwaad. Pas met terugwerkende kracht begrijpen we de oorsprong van de valkuil. Hoewel de valkuil van de emotionele verwaarlozing een van de meest voorkomende is, is hij het moeilijkst te bespeuren.

LIEFDESRELATIES

In onze cultuur zijn liefdesrelaties het meest intiem. Daarom gaan mensen die emotioneel verwaarloosd zijn die het meest uit de weg, of wagen ze zich maar kort aan dat avontuur. Dat is typisch de strategie van de ontsnapping. Maar als je wel een relatie wilt en niet alleen wilt blijven, dan zie je waarschijnlijk in deze relaties je valkuil het meest duidelijk.

Misschien heb je net als Robert een geschiedenis met relaties die afgebroken worden als de ander te dichtbij komt. Je vindt altijd gemakkelijk redenen om de relatie te verbreken. Of je beschermt jezelf net als Sam tegen de nabijheid van anderen door partners te kiezen die onbereikbaar zijn. Of je kiest iemand, denk aan Kiki, die er wel is maar die afstandelijk is en die je niets te bieden heeft. Het maakt niet zoveel uit welke oplossing je kiest, het eindresultaat is hetzelfde. Uiteindelijk kom je emotioneel tekort, net als in je kindertijd.

De volgende tabel vermeldt enkele van de waarschuwingssignalen in het begin van relaties.

WAAR JE OP MOET LETTEN IN HET BEGIN VAN EEN RELATIE

1. HIJ/ZIJ LUISTERT NIET NAAR ME.
2. HIJ/ZIJ IS VOORTDUREND AAN HET WOORD.
3. HIJ/ZIJ VOELT ZICH NIET OP ZIJN GEMAK ALS HIJ ME AANRAAKT OF KUST.
4. HIJ/ZIJ IS ER VAAK NIET.
5. HIJ/ZIJ IS KOUD EN AFSTANDELIJK.
6. JIJ WILT MEER NABIJHEID DAN DE ANDER.
7. JUIST ALS JE JE KWETSBAAR VOELT IS DE ANDER NIET THUIS.
8. HOE MEER DE ANDER ZICH TERUGTREKT HOE MEER JE HEM/HAAR WILT.
9. HIJ/ZIJ VOELT JE NIET GOED AAN.
10. JE GEEFT MEER DAN JE KRIJGT.

Als er meer van deze signalen aanwezig zijn, hou er dan mee op, juist als er sprake is van een erg verliefd gevoel. Dan kun je er namelijk zeker van zijn dat je in je valkuil zit.

Het is heel moeilijk om dit advies op te volgen. Je wilt deze relatie met hart en ziel. Met Sam ging het zo. Sam begon een relatie met Ella tijdens de therapie. Ella was een mooie vrouw, ze was een succesvol model in New York. Sam was een van al haar aanbidders. Hoewel hij wist dat de relatie op niets uit zou lopen, moest hij het doen. Zijn valkuil dwong hem om de relatie door te zetten. Ik kon niet anders dan toekijken hoe het zich ontspon. Vanaf het hoogtepunt, toen Ella het weekend bij hem kwam in zijn buitenhuis, tot aan de ondergang toen Ella hem niet meer wilde zien en zijn toenemend wanhopige telefoontjes niet meer beantwoordde.

Zelfs bij een goede partner, die je emotioneel wel wat te bieden heeft, moet je goed letten op de valkuilen.

WAAR JE OP MOET LETTEN IN EEN RELATIE ALS JE DE VALKUIL VAN DE EMOTIONELE VERWAARLOZING HEBT

1. JE VERTELT JE PARTNER NIET WAT JE NODIG HEBT, EN VERVOLGENS VOEL JE JE TEKORTGEDAAN ALS JE NIET KRIJGT WAT JE NODIG HEBT.
2. JE LAAT NIET MERKEN HOE JE JE VOELT, EN VERVOLGENS VOEL JE JE ONBEGREPEN EN TELEURGESTELD.
3. JE STAAT JEZELF NIET TOE KWETSBAAR TE ZIJN, ZODAT JE PARTNER JE GEEN LEIDING KAN GEVEN OF BESCHERMING KAN BIEDEN.
4. JE VOELT JE TEKORT GEDAAN, MAAR JE LAAT NIETS MERKEN. JE KOESTERT JE GEVOEL VAN WROK.
5. JE WORDT BOOS EN VEELEISEND.
6. JE VERWIJT JE PARTNER DAT HIJ NIET GENOEG OM JE GEEFT.
7. JE STELT JE AFSTANDELIJK EN ONBEREIKBAAR OP.

Je stelt je valkuil in werking door de relatie te ondermijnen. Je bent hypergevoelig voor alles wat aan verwaarlozing doet denken. Je verwacht dat je geliefde je gedachten kan lezen en dat hij op magische wijze aan al je verlangens zal voldoen. Hoewel sommigen de valkuil bestrijden door veeleisend te worden in relaties, vragen de meesten geen aandacht voor hun behoeften. Dit zullen we in het volgende hoofdstuk bespreken. Naar alle waarschijnlijkheid vraag je te weinig aandacht voor je behoeften. En vervolgens voel je je gekwetst, je trekt je terug of je bent boos als je niet krijgt wat je nodig hebt.

VEELEISENDHEID IN RELATIES

Sommige mensen met deze valkuil hebben als strategie bestrijden. Vijandigheid en veeleisendheid dienen vaak ter compensatie van het gevoel van tekortkomen. Deze mensen zijn narcistisch (op zichzelf gericht). Ze doen alsof ze speciale rechten hebben op de vervulling van hun wensen. Ze vragen en krijgen vaak veel van hun partners.

Robert is zo. Hij voelt zich tekortgedaan, hoeveel een vrouw hem ook geeft. In plaats van gekwetst te reageren of zich afgewezen te voelen, als hij voor zijn gevoel te weinig krijgt, wordt hij boos. Dit is heel anders dan bij Kiki. Zij is overgevoelig voor alles wat naar verwaarlozing ruikt, maar ze rept met geen woord over haar eigen behoeften. Robert en Kiki zijn voorbeelden van twee strategieën om emotionele verwaarlozing aan te kunnen. Robert verweert de valkuil met zijn boosheid en veeleisendheid. Kiki's stilzwijgen is kenmerkend voor overgave aan de valkuil.

Waarom reageren sommigen op emotionele verwaarlozing met zelfzuchtigheid? Het antwoord op deze vraag is gelegen in de combinatie van emotionele verwaarlozing en veeleisendheid.

Narcistische mensen, die in hun eigen kindertijd veel tekort zijn gekomen, hebben geleerd om hun gevoel van gemis te boven te komen door extreem veeleisend te worden op andere, vaak minder belangrijke gebieden.

Het kan dan bijvoorbeeld erg belangrijk zijn wat je eet, wat je aan hebt, met wie je bent of waar je naartoe gaat. Je bent veeleisend met alles, behalve met waar het om draait (je echte gemis), namelijk je gevoelsmatige behoeften. Ongelukkigerwijs zijn deze materiële eisen een armzalige vervanging voor liefde en begrip en word je dus nooit tevredengesteld. Je gaat maar door met tastbare zaken na te streven. Maar dat is nooit bevredigend omdat het daar niet om gaat.

Als kind mocht je niet laten merken wat je wilde. Je moeder reageerde er niet op. Maar als ze je de gelegenheid gaf op andere gebieden, dan kreeg je tenminste nog iets. Zo ging het bij Sam. Zijn moeder was geen warme vrouw, maar op andere terreinen was ze geweldig gul. In materieel opzicht bijvoorbeeld, zodat Sam later meende daar speciale rechten op te hebben. Anders dan bij Sam worden sommige kinderen emotioneel en materieel verwaarloosd. Zij ervaren op ieder gebied een tekort. Deze kinderen geven het vaak op, ze verwachten niets meer (overgave).

In de omgang met een narcistisch iemand voel je vaak iets onechts. Zelfs bij mensen waar ze het dichtst bij staan blijven ze aan de oppervlakte. Als dit over jou gaat voel je je wanhopig over de oppervlakkigheid van je relaties. Er is iets onechts aan je contacten, omdat je zo weinig laat merken van je echte behoeften, je primaire emotionele behoeften.

De lijst hieronder geeft de stappen weer die je moet nemen om emotionele verwaarlozing te veranderen.

Het veranderen van de valkuil van de emotionele verwaarlozing

1. Begrijp wat je gevoelsmatig tekortgekomen bent in je kindertijd. Voel het verwaarloosde kind in je.
2. Schrijf op wat je in je huidige relaties mist. Leer je eigen behoeften aan koestering, begrip en veiligheid kennen.
3. Onderzoek de patronen in vroegere relaties en maak duidelijk welke patronen zich herhalen. Maak een lijst van valkuilen die je vanaf nu uit de weg gaat.
4. Ga afstandelijke partners uit de weg, juist wanneer je je sterk tot ze voelt aangetrokken.
5. Als je een partner vindt die emotioneel veel te bieden heeft geef de relatie dan een kans. Maak duidelijk wat je wilt. Stel je kwetsbaar op bij je partner.
6. Hou op met je partner verwijten te maken en te eisen dat hij aan je wensen voldoet.

Laten we iedere stap eens nader bekijken.

1. Begrijp wat je emotioneel tekortgekomen bent in je kindertijd. Voel het verwaarloosde kind in je. Begrijpen is altijd de eerste stap. Je moet de waarheid onder ogen gaan zien over je kindertijd. Zoals we al hebben opgemerkt, kan dit met de valkuil van de emotionele verwaarlozing moeilijker zijn dan bij sommige andere valkuilen. Het kan zijn dat je niet eens weet dat je verwaarloosd bent.

Robert wist het wel toen hij in therapie kwam. Bij hem was het overduidelijk. Al snel was Robert in staat om zich situaties voor de geest te halen waarin hij werd verwaarloosd. Al die keren dat hij de enige was zonder moeder. Toen hij zijn zwemdiploma haalde, zijn middelbare schooldiploma, tot zijn afstuderen aan toe. Hij kon zich herinneren dat hij de handtekening van zijn moeder namaakte, omdat zij niet de moeite nam om hem te zetten. Robert kon gemakkelijk zijn kwaadheid voelen over het tekortkomen, maar hij had moeite om het verdriet erover toe te laten. Dat is typisch voor bestrijden.

Kiki daarentegen voelde wél verdriet over hoe alleen ze was geweest als kind (typerend voor overgave). Zij kon minder goed kwaadheid voelen. Het is gewoon om zowel woede als verdriet te voelen over je gemis. Zoals we zullen zien, is het belangrijk om te proberen beide gevoelens te beleven.

Voor Sam en Kiki was het lastiger om te begrijpen wat er was gebeurd. Het was een veel subtieler proces dat zij moesten blootleggen. Wij denken dat er drie soorten van emotionele verwaarlozing zijn. Door ze te onderscheiden kun je misschien gemakkelijker duidelijk krijgen wat jou als kind is overkomen.

DRIE SOORTEN EMOTIONELE VERWAARLOZING

1. GEBREK AAN KOESTERING;
2. GEBREK AAN BEGRIP;
3. GEBREK AAN VEILIGHEID.

Deze drie soorten van gemis hebben te maken met drie verschillende aspecten van liefde.

Koestering heeft te maken met warmte, aandacht en fysieke koestering. Werd je genoeg geknuffeld en gewiegd? Hebben ze je getroost en gerustgesteld? Gaven ze je genoeg tijd? En nu? Zijn ze nu hartelijk als je ze ziet, omarmen ze je?

Begrip heeft te maken met het begrijpen van je belevingswereld en het erkennen van je gevoelens. Begrepen je ouders je? Voelden ze je goed aan? Kon je je problemen bij ze kwijt? Waren ze in je geïnteresseerd en luisterden ze naar je? Konden ze iets over hun eigen gevoelens zeggen als je er naar vroeg? Kon je met ze praten?

Veiligheid, ten slotte, heeft van doen met steun, richting en leiding krijgen. Had je als kind iemand aan wie je advies kon vragen? Had je iemand bij wie je toevlucht kon zoeken en van wie je steun kreeg? Was er iemand die zich om je bekommerde, bij wie je je veilig voelde?

Sam voelde zich veilig bij zijn moeder, ze was iemand naar wie hij kon gaan voor een verstandig en zakelijk advies. Sam had een heilig geloof dat zijn familie en hun rijkdom hem zouden beschermen tegen alle narigheid. Maar zijn moeder was niet warm en meevoelend. Zijn vader wel. Daardoor werd iets van de schade die hij bij zijn moeder opliep vergoed en was zijn valkuil minder ernstig.

Kiki kreeg als kind veel liefde en tederheid. Ze kon zich herinneren dat ze vaak door haar moeder werd geknuffeld. Bijvoorbeeld: 'Ik zit bij mijn moeder op schoot. Op een feestje. Ik heb een mooie jurk aan. Ik voel me op mijn gemak en bijzonder.' De oppervlakkigheid van het beeld suggereert dat haar moeders liefde niet echt was. Het was er alleen als er mensen bij waren. Kiki voelde zich in wezen onbemind. Maar net als Sam, voelde ze zich wel beschermd – misschien leunde ze zelfs wel te veel op haar moeder. Deze herinnering kwam in de therapie naar boven.

Therapeut: *Wat gebeurt er?*
Kiki: *(met haar ogen dicht) Ik ben met mijn moeder op een verjaardag. Ze zegt dat ik een ander meisje een kusje moet geven. Ik zeg dat ik haar niet aardig vind. Maar ik móet haar aardig vinden. Ze zegt: 'Wat een onzin, natuurlijk vind je haar wel aardig.'*
Therapeut: *Hoe voel je je?*
Kiki: *Alsof ik niet besta.*

Haar moeder voelde Kiki niet goed aan. Ze wist niet hoe Kiki zich voelde, en het leek haar ook niet te kunnen schelen.

Wat je eerst moet doen, is dat je terug gaat denken aan wat er is gebeurd. Zo kun je beter gaan begrijpen wat jouw gemis is. Ga rustig zitten, op een plek waar je niet gestoord kunt worden en laat herinneringen aan je kindertijd in je opkomen. Laat de beelden goed tot je doordringen. Probeer alles te voelen wat je toen hebt gevoeld. Voel eerst wat ze betekenen en bekijk ze dan nauwkeurig. Kijk eens goed naar allebei je ouders. De ene ouder kan compenseren wat de andere tekortkomt. Vul het beeld aan met alle anderen gezinsleden.

2. Schrijf op wat je in je huidige relatie mist. Leer je eigen behoeften aan koestering, begrip en veiligheid kennen. Word je bewust van je huidige gevoelens van gemis. Train jezelf om te herkennen wanneer je in je valkuil terechtkomt. Je voelt je misschien gekleineerd, alleen, leeg of je hebt het idee dat niemand begrijpt hoe je je voelt. Je geliefde is er misschien niet of hij is afstandelijk en geeft je te weinig, wat je verdrietig maakt. Je voelt je boos omdat jij altijd de sterke moet zijn, dat jij altijd voor de ander moet zorgen en dat dat nooit eens andersom gebeurt. Ieder sterk gevoel van tekortkomen kan ertoe leiden dat je in je valkuil terechtkomt. En dan moet je goed opletten wat er gebeurt.

Sta jezelf toe om alle emoties te voelen die bij je valkuil horen. Probeer om je gevoelens niet tegen te houden. Exploreer ze allemaal zo goed als je kunt.

Je kunt ook beelden gebruiken om je gevoelens intenser te beleven. Als een bepaalde gebeurtenis in je leven van nu sterke gevoelens van tekortkomen oproepen, probeer dan om je de gebeurtenis opnieuw voor te stellen. Maak er een beeld bij. Laat je gevoelens erover toe. Maak contact met je behoefte aan koestering, begrip en veiligheid. Verbind dit beeld met de herinnering uit je kindertijd, waarin je je hetzelfde voelde. Wat vaker tussen heden en verleden heen en weer te gaan kan je helpen inzien hoe je je valkuil in je huidige relaties herhaalt.

Sam deed dat tijdens de therapie. Hij beschreef een gebeurtenis met Ella waar hij erg overstuur van was geraakt. Ze waren al uit elkaar, en ze waren elkaar op een feestje tegen het lijf gelopen. Ik vroeg Sam om Ella in gedachten te nemen.

Therapeut: *Wat zie je?*
Sam: *Ik zie Ella. Ze staat in het midden, helemaal in het wit, net zoals in dat tijdschrift. Ze ziet er kil en perfect uit. Zit staat in een glazen stolp.*
Therapeut: *Waar ben jij?*

Sam: *Ik sta erbuiten. Ik probeer haar iets te vertellen, maar ze kan me niet horen door het glas heen. Ik kan haar niet ertoe brengen naar me te kijken. Ik zwaai en ik schreeuw, maar ze hoort me niet.*
Therapeut: *Wat voel je?*
Sam: *Ik voel me alleen.*

Ik vroeg Sam of hij als kind datzelfde gevoel had gekend. Hij herinnerde zich dat zijn moeder op de bank zat te lezen. 'Ik loop heel stilletjes naar de andere kant van de kamer omdat ik weet dat ze niet gestoord wil worden als ze zit te lezen.'

3. *Onderzoek de patronen in vroegere relaties en maak duidelijk welke patronen zich herhalen. Maak een lijst van valkuilen die je vanaf nu uit de weg gaat.* Maak een lijst van de relaties die het belangrijkst voor je zijn. Je kunt je liefdesrelaties onder de loep nemen, maar ook je vriendschappen of familierelaties. Bedenk wat er mis ging in elk van die relaties. Was de persoon in kwestie niet in staat of onwillig om je te geven wat je nodig had? Heb je hem of haar weggeduwd met je niet-aflatende eisen, die als ze werden ingewilligd toch niet uitmaakten? Ging iemand die jou goed behandelde je vervelen? Kreeg je in feite meer dan je toen dacht?

Toen Sam deze lijst opstelde werd het overduidelijk wat zijn patroon was. Hij zag heel duidelijk dat het er vanaf het begin af aan al inzat dat iedere vrouw tot wie hij zich aangetrokken voelde niet beschikbaar zou zijn. Natuurlijk had hij iedere keer weer deze signalen genegeerd. Het deed hem pijn zich te realiseren dat zijn liefdesrelaties van het begin af aan gedoemd waren geweest te mislukken.

Kiki kwam erachter dat haar patroon was dat ze veel aan mensen gaf, maar dat ze weinig terugkreeg.

Robert ontdekte dat iedere vrouw hem opnieuw teleurstelde, ongeacht wat ze aan hem gaf. Op zijn typisch beschuldigende manier zei hij: 'Een hele rij vrouwen die de ene teleurstelling na de andere waren.'

Wat is bij jou de rode draad? Welke valkuilen moet jij vermijden?

4. *Ga afstandelijke partners uit de weg, juist wanneer je je sterk tot ze voelt aangetrokken.* Deze simpele regel is juist moeilijk na te volgen. *Begin geen relatie met een partner die je tekortdoet.* Het is zo moeilijk je aan deze regel te houden omdat je die nu juist zo aantrekkelijk vindt. We geven vaak deze vuistregel: als je iemand tegenkomt die je erg aantrekkelijk vindt, stel dan vast op een schaal van 1 tot 10 hoeveel. Als je 9 of 10 scoort bedenk dan twee keer of je er wel aan zult beginnen. Soms wordt het wat, na een hoop herrie en gedonder. Maar meestal is de aantrekkingskracht juist gebaseerd op je valkuil. En juist niet op de kenmerken die een relatie in stand houden.

Niet dat we willen dat je de rest van je leven moet delen met een partner die maar 0 tot 5 scoort. Er moet echt wel wat erotiek zijn wil een relatie werken. Maar als dat het alleen is, dan wordt het op den duur niets. Er zijn genoeg zessen, zevens en achten. Met één ervan zou je een liefdevolle, intieme relatie kunnen krijgen, misschien wel voor het eerst.

5. Als je een partner vindt die emotioneel veel te bieden heeft geef de relatie dan een kans. Maak duidelijk wat je wilt. Stel je kwetsbaar op bij je partner. Als je een goede relatie hebt, geeft die dan een kans. Vaak raken mensen met deze valkuil verveeld en teleurgesteld in een normale relatie, en dan willen ze weg.

Loop niet zo snel weg, zelfs als de relatie niet opwindend genoeg is. Misschien moet je eraan wennen dat je krijgt wat je nodig hebt.

Na het fiasco met Ella, ontmoette Sam Leonoor, een warme, lieve vrouw. Sam voelde zich in het begin erg tot haar aangetrokken, maar dat veranderde. Haar aantrekkelijkheid voor hem verbleekte hoe langer de relatie duurde. Hij begon in de therapie te vertellen dat hij haar niet meer zag zitten, dat ze saai was en dat het misschien een vergissing was geweest. Ik bleef hoopvol. Er gebeurden ook goede dingen tussen hen. Sam liet toe dat Leonoor voor hem zorgde. Ik dacht dat het toch nog wel wat kon worden tussen die twee, ondanks het feit dat Sam de relatie wilde beëindigen.

Er waren tekenen die me hoopvol stemden. In de eerste plaats had hij haar aantrekkelijk gevonden. Ik geloof er niet in dat dat wel zal komen, als het er nooit was. Maar als er in het begin seksuele aantrekkingskracht is geweest, dan is er hoop. Het is de moeite waard om dan je problemen in de relatie aan te pakken, om de erotiek weer een kans te geven. Het gaat erom dat je jezelf toestaat om contact te hebben, om jezelf kwetsbaar op te stellen en te vragen om wat je nodig hebt.

Tijdens onze gesprekken met Sam realiseerde hij zich dat het er niet om ging dat hij haar saai vond. Hij ergerde zich aan haar. Hij was kwaad dat ze hem niet gaf wat hij wilde. Hij zei haar natuurlijk niet wat hij dan wilde. Dat komt vaak voor in het geval van emotionele verwaarlozing. Je houdt je mond over wat je wilt en vervolgens word je boos dat je het niet krijgt. Je mond erover houden is een soort van *overgave* aan je valkuil. Je kunt er dan van op aan dat je niet krijgt wat je nodig hebt, hoe liefhebbend je partner ook is. Als je een liefhebbende partner hebt, laat dan horen wat je wil. Sta hem of haar toe om voor je te zorgen, je veiligheid te bieden en je te begrijpen.

We weten dat dat beangstigend kan zijn. Het betekent namelijk dat je je kwetsbaar moet opstellen. Je hebt je er juist zo op toegelegd om het tegenovergestelde te doen. Om jezelf onkwetsbaar te maken als bescherming. Als kind had je hier alle reden toe. Je had er waarschijnlijk ook alle reden toe om deze muur in stand te houden in je relaties vanaf je kindertijd. Stel jezelf de vraag 'Is het deze keer anders?' 'Kan ik hem of haar vertrouwen?' Als je hier ja op zegt moet je een kansje wagen.

6. *Hou op met je partner verwijten te maken en te eisen dat hij aan je wensen voldoet.* Sam zei: 'Ik word steeds bozer. Tot het moment dat ik alleen maar kwaadheid voel, en Leonoor wegstuur.' Koester je boosheid niet. Laat je partner merken wat je wilt. Als je boos bent vertel het dan. Doe het rustig, zonder de schuld op de ander te schuiven. Onder de boosheid zitten verdriet en kwetsbaarheid. Deel dat met je partner. Als je alleen je boze buitenkant laat zien, drijf je hem of haar van je weg en maak je het onwaarschijnlijker dat hij of zij je iets kan geven. Het is zelfdestructief om boos en veeleisend te worden. Dat werkt zelden. Je wordt er bijna nooit beter van, het wordt alleen maar erger. Je moet iets van jezelf geven, investeren. Je moet contact maken.

UITZICHT OP VERANDERING

Veranderen is niet gemakkelijk. Maar het is aan jou om het te doen. Het ligt er grotendeels aan hoe je je inzet en hoe hard je doorzet. Je emotionele verwaarlozing zal niet opeens weg zijn. Het gaat erom je langzaam uit het gevaarlijke gebied terug te trekken en om je valkuil iedere keer weer aan te pakken. Je moet je ertegen verzetten met alles wat je in je hebt, gedachten, gevoelens en gedrag.

Het trieste en oneerlijke is dat hoe meer je als kind werd beschadigd, hoe harder je moet werken. Dat komt er nog eens bij. Als je ernstig werd beschadigd, heb je meestal professionele hulp nodig. In het laatste hoofdstuk van het boek staat waar je die kunt vinden.

Het kostte Robert veel tijd om te veranderen. Hij had er veel moeite mee om zichzelf kwetsbaar en klein op te stellen, bij vrienden en in de therapie. Liever zette hij alles op het spel dan dat risico te lopen. Zijn vroegere bescherming was nu een harnas, dat contact en intimiteit buitensloot.

Robert was heel goed in staat om boosheid te voelen, maar verdriet had hij niet. Hij was liever boos, en dat was wat hij liet zien. Robert deed er nooit moeite voor om een relatie op te bouwen. Hij was er vooral mee bezig hoe de ander hem teleurstelde en in de kou liet staan.

Dat was de eerste tijd het thema in de therapie. Ook bij ons voelde hij zich vaak in de kou staan. En daar ging het veel over, dat hij zich niet geholpen voelde, dat andere therapieën misschien beter waren. Maar er was iets dat maakte dat hij bleef komen. Ergens wist hij wel dat hij opnieuw met lege handen zou komen te staan als hij weg zou gaan. Toen pas begon hij te vertellen over zijn eenzaamheid.

Robert: *Ik dronk een kopje koffie op een terras, en er liep een stel voorbij. Die man had zijn arm om haar heen geslagen en keek naar haar. Het is moeilijk te beschrijven, maar opeens herinnerde ik me mijn moeder. Die keer dat ze me oppakte en knuffelde. Ik kon wel huilen.*

Robert ging ook met anderen praten over zijn verdriet en kwetsbaarheid. Onlangs had hij voor het eerst een relatie die langer dan een half jaar duurde. En nu trouwt hij binnenkort met Nicole.

Kiki ging bij haar man Bart weg, tijdens de therapie. Het was haar eigen beslissing, maar die hebben we wel ondersteund. Naar ons idee moeten mensen hopeloze, niet-bevredigende relaties los kunnen laten. Kiki heeft lange tijd geprobeerd de relatie met Bart te verbeteren, maar zonder succes. Als ze bij hem was gebleven was ze vast haar levenlang gefrustreerd en ontevreden gebleven. Bart hield niet genoeg van haar om te veranderen.

Toen ze eenmaal was gescheiden, begon Kiki onmiddellijk tot twee keer toe, hetzelfde patroon te herhalen. Met twee afstandelijke mannen. 'Het was alsof dat moest. Alsof ik het nog twee keer moest meemaken, voordat ik het echt begreep.' En nog steeds voelt ze zich aangetrokken tot narcistische mannen, maar ze trapt er niet meer in. Niet zo lang geleden heeft ze Mark ontmoet. Voor het eerst is zij niet de enige die veel geeft, maar wordt ze ook bemind. Ze zegt: 'Mark mag van me houden, ik laat het toe. Het is wel gek dat ik moet leren om iets te krijgen, maar zo is het wel. Ik leer te ontvangen.'

Sam bleef bij Leonoor. Ze trouwden en kregen een kind. In een van onze laatste zittingen beschreef hij hoe het met hem ging.

Sam: *Ik ben soms nog steeds ontevreden, alsof het niet genoeg is. Maar het merendeel van de tijd voel ik me goed. Dan zie ik Leonoor met de baby, en dan weet ik weer dat ik niet meer alleen ben.*

HOOFDSTUK 9

'IK HOOR ER NIET BIJ' DE VALKUIL VAN HET SOCIAAL ISOLEMENT

FEMKE IS 25 JAAR. ZE IS ANGSTIG EN ZE VOELT ZICH IN GEZELSCHAP MINDERWAARDIG.

In de eerste zitting vertelt Femke dat ze niet tevreden is over haar sociale leven. Sinds ze klaar is met haar studie ontmoet ze nauwelijks meer andere mensen.

Femke: *Ik ben al zeven maanden niet uit geweest. Ik ken niemand die met me uit zou willen.*
Therapeut: *Waar kom je mensen tegen?*
Femke: *Dat is het nu juist. Ik hou er niet van om ergens naartoe te gaan waar veel mensen zijn. Ik ben te verlegen. Ik denk dat ze me niet leuk vinden.*

Het verbaast me een beetje, ik vind Femke erg leuk. Opnieuw word ik eraan herinnerd dat mensen zich in de therapiesituatie soms anders gaan gedragen dan in gezelschap. Mensen kunnen in gezelschap zo verlegen en onhandig zijn.

Als ik verder vraag blijkt dat Femke de meeste openbare gelegenheden mijdt: 'Ik word er te bang van.' Als ze bang is 'weet ze geen woord uit te brengen' en zegt ze 'stomme dingen'. Ze vindt zichzelf onaantrekkelijk en verwacht niet dat mannen haar leuk zullen vinden. (Ik ben weer erg verbaasd, omdat ze erg aantrekkelijk is.) Met ogen vol tranen vertelt Femke dat ze zich op dit gebied echt een mislukkeling voelt.

EELCO IS 35 JAAR EN VOELT ZICH VAAK EENZAAM.

Van meet af aan merken we iets speciaals aan Eelco. Het lijkt wel alsof hij er niet helemaal bij is. Hij kan niet zo goed als Femke verwoorden wat er aan de hand is, maar ook hij is eenzaam.

Eelco voelt zich anders dan anderen. 'Ik pas nergens bij', zegt hij. Hij heeft een paar goede vrienden die hij geregeld ziet. Maar minder dan vroeger.

Eelco: *Ik ben bang dat ik uiteindelijk niemand overhoud. Op mijn werk hoor ik er niet echt bij en ook daarbuiten wordt het steeds minder. Ik heb het gevoel dat ik nergens bij hoor. Ik sta altijd aan de zijlijn, ik ben een buitenstaander.*

Eelco kan wel contact maken. Hij heeft relaties gehad met vrienden en met vrouwen. Maar hij is ermee opgehouden om in mensen te investeren. Naast zijn werk neemt hij ook nergens aan deel. Net als Femke vermijdt hij het uitgaansleven zoveel mogelijk.

DE SOCIAAL ISOLEMENT-VRAGENLIJST

Deze vragenlijst meet jouw valkuil van het sociaal isolement. Beantwoord de vragen als volgt.

SCORINGSWIJZE

1. HELEMAAL NIET BIJ ME PASSEND
2. VRIJWEL NIET BIJ ME PASSEND
3. EEN BEETJE BIJ ME PASSEND
4. MEER WEL DAN NIET BIJ ME PASSEND
5. VOOR HET GROOTSTE DEEL BIJ ME PASSEND
6. BESCHRIJFT ME PERFECT

Ook als je maar een enkele keer een 5 of een 6 scoort kan het zijn dat de valkuil op jou van toepassing is, zelfs als je totale score laag is.

Score	Beschrijving
	1. Ik ben erg verlegen in gezelschap.
	2. Ik ben saai en ongezellig op feestjes en dat soort dingen. Ik weet nooit wat ik zeggen moet.
	3. De mensen met wie ik bevriend zou willen zijn staan in een aantal opzichten vaak wat boven me (wat betreft maatschappelijke status, populariteit, ze zien er beter uit, ze zijn beter opgeleid, ze verdienen meer, enzovoort).

Score	Beschrijving
	4. Ik zou de meeste sociale gelegenheden liever mijden.
	5. Ik ben onaantrekkelijk – te dik, te dun, te lang, te kort, lelijk.
	6. Ik ben echt heel anders dan anderen.
	7. Ik hoor nergens bij. Ik ben echt een ‘einzelgänger’.
	8. Ik voel me altijd een buitenstaander.
	9. Het was bij ons thuis heel anders dan in andere gezinnen.
	10. Ik voel me niet verbonden met de samenleving als geheel
	Je totale sociaal isolement-score (Tel je scores bij vraag 1 tot en met 10 bij elkaar op.)

Het interpreteren van je sociaal isolement-score

10 – 19	Zeer laag, deze valkuil is niet van toepassing.
20 – 29	Tamelijk laag, deze valkuil is soms van toepassing.
30 – 39	Gemiddeld, deze valkuil is een thema voor je.
40 – 49	Hoog, dit is voor jou een belangrijke valkuil.
50 – 60	Zeer hoog, dit is zeker een van je centrale valkuilen.

HOE HET IS OM IN EEN SOCIAAL ISOLEMENT TE LEVEN

Het gevoel van eenzaamheid is primair. Je voelt je buitengesloten omdat je je *ongewenst* of *anders* voelt. Dit zijn de twee typen sociaal isolement. Ze komen natuurlijk ook samen voor, je kunt ze best allebei hebben.

Femke behoort tot het eerste type. Ze voelt zich minderwaardig in gezelschap en als gevolg daarvan lijdt ze sterk aan *sociale angst.*

Femke: *Vorige week zaterdag had ik een uitnodiging voor een feestje, en ik heb de hele week lopen aarzelen. Ik begrijp er niets van. Anderen kijken ernaar uit, maar ik was de hele week van slag. Ik voelde me erg gespannen, en was de hele tijd bijna in tranen.*

Therapeut: *Waar was je bang voor?*

Femke: *Ja, gewoon, dat ik ernaartoe zou gaan, en dat ik dan niet zou weten wat ik moest zeggen. Ik zou me als een idioot gedragen. Ik zou tegen iedereen opkijken. Ik denk dan dat ze er beter uitzien, dat ze slimmer of succesvoller zijn. Ik denk dat ik niets te bieden heb. En dat gebeurde ook. Het was een nachtmerrie. Ik ben zo snel mogelijk weggegaan, en toen ik thuiskwam, ben ik in huilen uitgebarsten.*

Femke voelt zich buitengesloten op grond van uiterlijkheden. De manier waarop ze zichzelf laat zien is niet goed genoeg in haar ogen. Maar Femke heeft niet de valkuil van de minderwaardigheid. Als ze doorzet, en als ze contact maakt en mensen leert kennen, gaat het prima. In intieme relaties voelt ze zich wel op haar gemak. Ze heeft geen vriend, maar ze heeft genoeg vrienden. Haar vriendschappen zijn haar redding, daardoor voelt ze zich niet zo minderwaardig en eenzaam. Sociaal isolement gaat over uiterlijke kenmerken. Minderwaardigheid betreft innerlijke kwaliteiten.

Mogelijk heb je ze allebei, sociaal isolement en minderwaardigheid, met minderwaardigheid als belangrijkste valkuil. Als dat zo is, dan is het veel moeilijker. Dan heb je misschien wel helemaal geen contacten. Dan ben je echt helemaal alleen. Hoe moeilijk sociaal isolement ook is, sociaal isolement met minderwaardigheid is nog veel erger.

Femke's angst maakt dat ze zich minderwaardig voelt, het is een vicieuze cirkel.

Femke: *Ik weet best wanneer ik weer bang zal zijn. Het is vreselijk om zo angstig te zijn. Ik voel me helemaal niet op mijn gemak. Ook andere mensen beïnvloed ik daarmee. Zodra ik binnenkom, weet ik al dat ik het ga verpesten. Ik zeg de verkeerde dingen of ik doe iets stoms. Ik zou wel weg willen kruipen.*

Femke vergelijkt zich voortdurend met anderen. De één ziet er beter uit en de ander is slimmer en interessanter. Ze is vooral bang dat ze niet in staat is een gesprek te voeren. Ze wil goed reageren, vrijuit spreken, kunnen lachen en vragen stellen. Maar ze voelt zich geremd.

Femke: *Het is zo frustrerend, zodra ik iemand ken, lukt het prima om een gewoon gesprek te voeren. Maar met een vreemde gaat het niet. Ik verstijf.*

Therapeut: *Het lijkt wel plankenkoorts.*

Deze vorm van plankenkoorts komt bij jou veel voor. Jij bent bang dat je wordt gewogen en te licht wordt bevonden. Wat anderen van je denken is voor jou overmatig belangrijk. Je bent bang om af te gaan op het terrein waarop je je het meest kwetsbaar voelt, hoe je eruit ziet, je loopbaan, je status, je intelligentie, je conversatietalent.

Femke wordt onhandig door haar angst. Ze kan geen gebruik maken van haar vaardigheden omdat ze te nerveus is in gezelschap, hoewel ze dat prima kan als ze zich op haar gemak voelt. Ze raakt uit haar evenwicht. Ze wordt schuw en trekt zich terug. Ze voelt zich niet speciaal anders dan anderen. Ze voelt zich onbeholpen in gezelschap.

Eelco's problemen hebben niets met sociale vaardigheden te maken. Dat is prima in orde. Het punt is dat hij zich anders voelt dan anderen. Hij voelt zich geïsoleerd. Hij komt afstandelijk over, niet zozeer angstig. Hij lijkt 'onbereikbaar'.

Eelco: *Het is alsof ik me alleen voel temidden van de mensen. Juist temidden van de mensen.*
Therapeut: *Je eenzaamheid valt meer op.*

Voor Eelco is het leven alsof hij in den vreemde verkeert. Hij hoort nergens thuis.

Je 'anders' voelen is voor de meeste mensen pijnlijk. Hoewel ze zich ook wel eens beter voelen of het anders zijn als prettig ervaren, is het voor de meesten een bron van ellende. We willen er meestal wel bij horen, en het is pijnlijk, kwetsend en eenzaam als dat niet zo is.

Femke voelt afwijzing in gezelschap, maar Eelco voelt niets, hij voelt zich niet verbonden. In gezelschap voelt hij zich geïsoleerd.

Therapeut: *Je praatte niet echt met mensen op het feestje. Wat deed je dan?*
Eelco: *Ik droomde een beetje weg.*

Eelco verwijt het niemand dat hij erbuiten staat. Hij voelt zich een buitenstaander. Hij ís anders, hij hoort er niet bij.

Sociaal isolement heeft vele gezichten. Het kan zijn dat je een bullebak bent en iedereen koeioneert en sart. Of je bent een buitenstaander, een verschoppeling, een eenling. Je staat aan de zijlijn, je bent niet echt lid van een club en hoort niet bij een groep. Of je valkuil is grotendeels onzichtbaar. Hij is moeilijk te ontdekken. Je hebt wel contact, maar je voelt er niets bij, je voelt je innerlijk alleen.

Je hebt, welk type je ook bent, naar alle waarschijnlijkheid veel lichamelijke (psychosomatische) klachten. Eenzaamheid geeft vaak hart- en maagklachten, slaapproblemen, hoofdpijn en depressieve gevoelens.

Hier zijn enkele redenen waarom je je als kind niet gewenst of anders hebt gevoeld.

BRONNEN VAN SOCIAAL ISOLEMENT

1. JE VOELDE JE MINDER DAN ANDERE KINDEREN DOOR JE UITERLIJK (HOE JE ERUITZAG, JE LENGTE, STOTTEREN). JE WERD DOOR ANDERE KINDEREN GEPEST, AFGEWEZEN OF GEKLEINEERD.
2. BIJ JOU THUIS WAS HET ANDERS DAN BIJ DE BUREN OF BIJ VRIENDEN.
3. JE VOELDE JE ANDERS, ZELFS ANDERS DAN DE ANDERE KINDEREN IN JULLIE GEZIN.
4. JE WAS PASSIEF, DEED WAT ER VAN JE WERD VERWACHT. JE ONTWIKKELDE GEEN EIGEN WENSEN EN VOORKEUREN. NU HEB JE HET GEVOEL NIETS TE BIEDEN TE HEBBEN ALS JE MET MENSEN PRAAT.

Een van de bronnen is dat je opgroeit in een gezin dat anders is dan andere. Dat kan van alles zijn, ras, etnische achtergrond, religie, sociale status, opleidingsniveau of rijkdom. Misschien deden jullie de dingen anders of waren er andere gewoonten en gebruiken. Of was er een taalbarrière. Misschien was er iemand bij jullie thuis psychisch niet in orde en was er sprake van alcoholmisbruik of schizofrenie. Misschien zijn jullie vaak verhuisd, en heb je nooit ergens lang genoeg gewoond om ergens te kunnen aarden, zoals 'Shell-kinderen' bijvoorbeeld.

Het kan ook zijn dat een bepaalde eigenschap ervoor heeft gezorgd dat je apart kwam te staan. Waardoor je je zelfs anders voelde dan de andere kinderen in jullie gezin. Begaafde kinderen overkomt dit soms. Zij hebben andere belangen dan andere kinderen. Zij lezen of luisteren naar muziek, liever dan met andere kinderen te spelen. Het kan ook zijn dat je andere interesses had dan je seksegenoten. Zoals jongens die graag met poppen spelen of meisjes die liever ruwe jongensspelletjes spelen. Misschien heeft je seksuele identiteit je geïsoleerd. Homoseksuele mannen of vrouwen hebben vaak sociaal isolement als valkuil. Je persoonlijkheid speelt misschien een rol, je was verlegen, gevoelig, introspectief, slim of geremd. Of je ontwikkeling verliep anders dan bij andere kinderen. Je ontwikkelde je langzamer of sneller in fysiek of seksueel opzicht, of wat betreft autonomie, intelligentie of sociale vaardigheden.

Iets heeft gemaakt dat je je minder voelde dan andere kinderen. Je werd geplaagd of vernederd. Patiënten hebben ons heel veel redenen genoemd voor die pesterijen:

REDENEN VOOR ONGEWENST ZIJN IN DE KINDERTIJD EN DE PUBERTEIT

FYSIEK:
DIK ZIJN, MAGER ZIJN, LANG OF KLEIN ZIJN, ZWAK ZIJN, LELIJK ZIJN, EEN LICHAMELIJKE HANDICAP HEBBEN, KLEINE BORSTEN, GROTE BORSTEN, LATE PUBERTEIT, SLECHT IN SPORT, GEEN COÖRDINATIEVERMOGEN, SEKSUEEL NIET AANTREKKELIJK.

MENTAAL:
TRAAG OP SCHOOL, LEERPROBLEMEN, BOEKENWURM, STOTTEREN, EMOTIONELE PROBLEMEN.

SOCIAAL:
ONHANDIG, SOCIAAL NIET ADEQUAAT, ONRIJP (ONVOLWASSEN), GEEN GESPREKSVAARDIGHEDEN, VREEMD, SAAI, NIET COOL.

Als gevolg van het anders of ongewenst lijken, sloten andere kinderen je buiten. Ze speelden niet met je. Ze pestten en vernederden je. Je trok je terug om jezelf ertegen te beschermen. Je voelde je in gezelschap altijd ongemakkelijk. Je bent ermee opgehouden om te proberen vrienden te krijgen, om niet weer je neus te stoten. Je hebt je misschien aangesloten bij kinderen die ook anders waren en ernaar verlangden erbij te horen. Je viel er steeds meer buiten en je werd steeds eenzamer. Je ging dingen in je eentje doen, computerspelletjes of lezen. Misschien ben je heel goed geworden in solitaire bezigheden om je minderwaardigheidsgevoel te compenseren.

Dat kan jou zijn overkomen. Het overkwam in ieder geval Femke.

Femke: *Als kind was ik te dik. Ik zag er niet uit. Op het schoolplein lachten de andere kinderen me uit. Ze zaten me achterna en probeerden me omver te lopen. Toen ik ouder was wilden de jongens nooit met me uit. Pas toen ik was afgevallen voordat ik naar de universiteit ging, had ik mijn eerste afspraakje.*

Femkes isolement bracht veel schaamte met zich mee. Ze schaamde zich over haar dik zijn en dat hield haar bij de andere kinderen vandaan. Ze dacht dat ze direct buitengesloten zou worden als ze zagen dat ze dik was.

Als compensatie voor haar falen op sociaal gebied blonk ze uit op school. Ze ontwikkelde extreem hoge eisen als het ging om haar schoolprestaties. Het komt veel voor dat kinderen die zich sociaal ongewenst voelen, extreem hoge eisen ontwikkelen als compensatie. Voor Femke is het probleem er deels in gelegen dat ze zulke overdreven hoge eisen stelt aan hoe ze overkomt. Ze moet zo vreselijk evenwichtig, intelligent en aantrekkelijk zijn, minder kan echt niet in haar ogen. Ze gaat er van tevoren al van uit dat ze kritiek zal krijgen. Dát maakt haar zo bang.

Zoals we hierboven al zeiden, heb je misschien sociaal isolement ontwikkeld als onderdeel van minderwaardigheid. Je algehele gevoel van niet geliefd zijn heeft zich vertaald naar je sociale leven. Je voelt je ongemakkelijk, zowel in je liefdesrelaties als in je sociale leven. Iedere keer dat je met iemand omgaat verwacht je dat zal blijken dat je echt niet goed genoeg bent. Je bent angstig of je gaat het helemaal uit de weg. Je verwacht dat niemand van je zal houden of je zal waarderen. Je valkuil is onderdeel van een fundamenteler gevoel van minderwaardigheid.

Eelco groeide op in een alcoholistisch gezin. Beide ouders dronken. Als oudste bestierde hij het huishouden. Als twaalfjarige vervulde hij moeiteloos zowel de vader- als de moederrol voor zijn vier jongere broers en zusters.

Eelco: *Door wat er thuis speelde leek het op school zo onwerkelijk. Andere kinderen maakten zich zorgen om wat ze aan zouden doen naar een feestje, of over de samenstelling van het voetbalteam of wie ze mee moesten vragen naar het schoolfeest. Ik maakte me er zorgen over of de rekeningen wel betaald konden worden en of we in ons huis konden blijven wonen.*

Hoewel Eelco zich op school gewoon gedroeg, voelde hij zich van binnen helemaal niet zo. 'Ik voelde me als van een andere planeet.' Hij nam nooit vriendjes mee naar huis en werd erg angstig als een van zijn vrienden contact had met zijn ouders. Hij hield zijn leven thuis en op school strikt gescheiden. Hij hield zijn thuis geheim voor andere kinderen.

Terwijl Eelco opgroeide gleed het gezin steeds verder af. Dit maakte het voor hem nog moeilijker. Niet alleen verhuisden ze vaak, maar ze woonden ook in slechte buurten, waar ze volgens zijn ouders niet thuishoorden.

Eelco: *Mijn ouders voelden zich boven iedereen verheven. Ze deden alsof wij heel anders waren, alsof we nog in een mooi huis woonden in een goede buurt. Onze buren vonden ze te min, die zouden een slechte invloed hebben. Dus moedigden ze me aan om anders te zijn en niet met de andere kinderen om te gaan.*

Eelco's ouders maakten dat hij niet graag met andere mensen omging. Zeer kritische ouders bevorderen soms actief het sociale isolement van hun kinderen. Een van onze patiënten werd voortdurend door zijn ouders bekritiseerd op zijn onvolmaaktheden, hoe hij eruitzag, hoe hij praatte, hoe hij zich gedroeg. Ze maakten dat hij een geremd persoon werd. Hij was erg bang voor kritiek en vermeed daarom contact.

Een andere bron van sociaal isolement is gerelateerd aan afhankelijkheid *en* extreme aanpassing. Je kunt alleen maar goed sociaal leren functioneren als je jezelf kunt beleven als een actief individu. We kunnen pas beschikken over een unieke persoonlijkheid als we door onze ouders worden gestimuleerd om onze unieke persoonlijkheid, onze belangstelling en voorkeuren te ontplooien. Die geeft ons de energie en de ideeën om met mensen in gesprek te komen.

Sommige kinderen zijn van nature passief, of hun ouders ontmoedigen de ontwikkeling van hun individualiteit. Als jouw uniciteit tot zwijgen wordt gebracht, doe je wat van je wordt verwacht. Je volgt anderen en wordt conventioneel. Maar je ontwikkelt niet je eigen ideeën, belangstelling of voorkeuren. Als je met iemand praat, dan weet je niets te zeggen. Je passiviteit maakt dat je denkt dat je anderen niets te bieden hebt. Een gesprek wordt een opgave. Luisteren gaat je goed af, maar zelf iets entameren, dat lukt niet. Je hebt geen eigen mening die je in kan brengen. Je hebt geen suggesties over wat te doen en waarheen te gaan. Na een poosje kan je er de voorkeur aan gaan geven om contact te vermijden. Liever dan erbij te staan en niets te melden te hebben.

Bijna iedereen heeft iets van sociaal isolement. Ergens voelen we ons allemaal onzeker en zijn we bang niet geaccepteerd te worden. Wie heeft er nou nog nooit uitstoting meegemaakt, in welke vorm dan ook? Het gaat erom hoe erg het was en hoe traumatisch. En, hoe vroeger het gebeurde, des te ernstiger de valkuil.

Veel mensen krijgen de valkuil in hun adolescentie. In de adolescentie is de druk van leeftijdgenoten het sterkst. Je loopt dan gemakkelijk de kans er niet bij te horen. Veel pubers voelen zich anders, geïsoleerd, vervreemd. Het is bijna normaal, zo vaak komt het voor. Maar meestal komen we er weer uit als we gaan studeren of werken. We krijgen een relatie of vrienden die bij ons passen, of het maakt ons niet meer zoveel uit of we wel tot de meest populaire club horen.

Maar voor sommigen blijft het gevoel van sociaal isolement *in hun verdere leven bestaan.* Meestal bij mensen bij wie de valkuil eerder ontstaan is, in de kinderjaren. Dan kan iemand zich niet heugen dat het anders was. Dan was het gevoel van buitengesloten zijn er altijd, zolang hij zich kan herinneren.

VALKUILEN IN LEVEN EN WERK

Dit zijn de manieren waarop je sociaal isolement in stand houdt.

De valkuilen van het sociaal isolement

1. Je voelt je anders of minder dan de mensen om je heen. Je overdrijft de verschillen en negeert de overeenkomsten. Je voelt je alleen, zelfs als er iemand bij je is.
2. Op je werk sta je langs de kant. Je blijft op jezelf. Je pakt geen projecten aan of je doet er niet aan mee omdat ze niet bij je passen.
3. Je bent zenuwachtig en verlegen in gezelschap. Je kunt niet gewoon jezelf zijn. Je bent altijd bang om iets verkeerd te doen of te zeggen. Je bedenkt van tevoren al wat je zal gaan zeggen. Je bent erg bang voor mensen die je niet kent. Je hebt voor je gevoel niets speciaals te bieden.
4. Je wordt geen lid van clubs en je neemt geen deel aan sociale activiteiten. Je brengt je tijd alleen door met je gezin of met goede vrienden.
5. Je voelt je niet op je gemak als mensen je familie ontmoeten of veel over je familie weten. Je houdt dingen geheim voor anderen.
6. Je doet net alsof je net zo bent als anderen, om niet op te vallen. Je laat mensen je onconventionele kanten niet zien. Je hebt een geheim leven of gevoelens, waarvan je verwacht dat anderen die zullen afwijzen.
7. Je hebt nadrukkelijk geprobeerd de tekortkomingen van je familie te boven te komen. Je probeert status te krijgen of materieel bezit, een goede opleiding of je probeert etnische verschillen te verbloemen.
8. Je hebt bepaalde kanten van je persoonlijkheid nooit kunnen accepteren, omdat je ervan overtuigd bent dat anderen je erom zullen afwijzen (bijvoorbeeld dat je verlegen bent, intelligent, gevoelig, te vrouwelijk, zwak, afhankelijk).
9. Je schaamt je voor je lichaam. Je voelt jezelf minder aantrekkelijk dan anderen je vinden. Je doet er extreem veel moeite voor om aantrekkelijk te lijken, en je bent erg gevoelig voor je zwakke punten (zoals je gewicht, bouw, figuur, lengte, huid, gelaatstrekken).
10. Je gaat situaties uit de weg, waarin je dom, saai of onhandig kan overkomen (college volgen, een toespraakje houden, enzovoort).
11. Je vergelijkt jezelf vaak met anderen die de ware tekenen van populariteit dragen en die jij mist (ze zijn mooi, hebben geld, ze zijn sportief, succesvol en goed gekleed).
12. Je hecht een te groot belang aan het compenseren van jouw zogenaamde zwakheden op sociaal gebied. Door te willen bewijzen dat je populair bent en goede sociale vaardigheden hebt. Je probeert mensen voor je te winnen. Je probeert bij de juiste club te horen, je moet succesvol zijn, of je kinderen moeten populair zijn.

Mogelijk voel je je aangetrokken tot allerlei typen mensen. Juist de mensen die alles hebben wat jij mist, trekken je aan. Afhankelijk van wat precies je valkuil inhoudt, val je op partners die er goed uitzien, met een hoge status, die populair zijn of deel uitmaken van de incrowd, die zich gemakkelijk bewegen, of die juist gewoon en conventioneel zijn. Zo kun je het gevoel krijgen alsof je erbij hoort via je partner.

Daar kleven voor- en nadelen aan. Het kan je stimuleren om je best ervoor te blijven doen. En zo kun je je uiteindelijk beter op je gemak en meer verbonden gaan voelen. Aan de andere kant dreigt het gevaar dat je steeds afhankelijker wordt van zo'n partner die de deuren voor je opent. Je kunt er zelfs nog verlegener van worden doordat je er volledig op vertrouwt dat hij het woord wel voor je zal doen en de dingen zal regelen. Met zo'n partnerkeuze kun je je gevoel van eigenwaarde nog verder verzwakken.

Het kan ook zijn dat je je juist aangetrokken voelt tot andere buitenstaanders en een speciale band voelt met lotgenoten. Je kunt elkaar voeden in het anderszijn.

Eelco: *Mijn vriendin Susan was ook een verschoppeling. Ze was zo'n artistiek type, met zwarte kleding. Ze maakte van die vreemde schilderijen. Als wij met zijn tweeën waren hadden we de grootste lol over anderen. We hadden medelijden met alle anderen, omdat ze zich zo aanstelden en omdat ze zo verschrikkelijk normaal waren.*

Zo'n soort partner kan je troost geven in je anders zijn en kan jouw eenzaamheid kleur geven. In plaats van je alleen of anders te voelen, voel je je samen en apart (speciaal), beter dan de gewone mensen.

Mensen die zich anders voelen zoeken elkaar vaak op: de artistiekelingen, de nerds, de punkers, de schrijvers.

Eenheid maakt kracht. Een groep verschoppelingen kan op die manier zijn status verhogen en zich tamelijk superieur en speciaal voelen.

Het is net als bij een sekte. De leden ervan menen een geheim te delen. Daardoor verheffen ze zich boven de anderen. Zij zijn de insiders en de anderen staan erbuiten.

Maar sommige mensen met een sociaal isolement *behoren* niet eens tot een subcultuur. Die zijn van iedereen vervreemd.

Eelco: *Ik hoor er niet bij. Ik ben sportief, maar geen atleet. Ik ben ook geen intellectueel. Ik ben geen bohémien, geen yup. Ik pas nergens bij.*

Zelfs wanneer je als volwassene de valkuil van het sociaal isolement overwint, kun je je nog steeds ongewenst of anders voelen. De oude gevoelens blijven bestaan. Je vergroot de verschillen tussen jezelf en anderen, waardoor het lastiger wordt om contact te maken. De verschillen werpen een barrière op. Zodra je dichterbij komt, word je heel gevoelig voor de verschillen.

De valkuil kan een groot effect hebben op je loopbaanontwikkeling. Je doet graag dingen in je eentje. Vaak is het zo dat je goed wordt in iets solitairs als gevolg van je valkuil. Bijvoorbeeld kunstenaars, wetenschappers of freelance schrijvers. Of radioreporters. Misschien kies je een baan waarbij je veel moet reizen of die je in staat stelt veel thuis te werken. Op het gebied van de datatechnologie werken bijvoorbeeld veel mensen met deze valkuil. Of je begint een eigen bedrijf, zodat je op je eigen termen relaties kunt onderhouden. Je hoeft je er geen zorgen over te maken of je wel wordt geaccepteerd. Je bent geen groepsmens die zich met diplomatieke slimheid naar boven werkt.

Als je al in een bedrijf of in een organisatie werkt, dan voel je je vast minder of heb je het gevoel dat de organisatie niet bij je past. Je kunt nog zo goed zijn in je werk, maar je valkuil belemmert je.

Femke: *In mijn werk is het de bedoeling dat ik de cliënten bezighoud, dat ik ze mee uit eten neem of wat met ze ga drinken. Maar ik ga het zoveel mogelijk uit de weg. Dat is echt een groot nadeel voor me. Ik raak er klanten door kwijt.*

Je kunt je zelfs excentriek, raar of afstandelijk gaan gedragen.

Vermijden is je primaire manier van omgaan met je valkuil. Het is de rots waarop je sociaal isolement is gebouwd. Het vermijden van situaties maakt het ondenkbaar dat er iets zal veranderen. Jij gaat er niet mee vooruit. Je gaat niet anders denken. Je sociale vaardigheden blijven even beroerd. Je bent minder bang, maar je zit vast. Om te kunnen veranderen is het nodig om van ontsnapping over te gaan op confrontatie. Je moet ervoor gaan oefenen.

Op de volgende pagina's beschrijven we welke stappen je moet nemen om het sociaal isolement onder de duim te krijgen.

Het veranderen van de valkuil van het sociaal isolement

1. Probeer te begrijpen hoe jij in je kindertijd buitengesloten was. Voel het buitengesloten of minderwaardige kind in je.
2. Maak een lijst van dagelijkse gebeurtenissen waarin je je angstig of ongemakkelijk voelt.
3. Schrijf op welke situaties je uit de weg gaat.
4. Maak een lijst van manieren waarop je je verweert of waarin je je gevoelens van minderwaardigheid of anderszijn compenseert.

5. SCHRIJF OP WELKE EIGENSCHAPPEN MAKEN DAT JE JE VERVREEMD, KWETSBAAR OF MINDERWAARDIG VOELT, UITGAANDE VAN WAT JE HEBT OPGESCHREVEN BIJ DE STAPPEN 1 TOT EN MET 4.
6. ALS JE ERVAN OVERTUIGD BENT DAT JE ECHT ERGENS MINDER GOED IN BENT, SCHRIJF DAN OP WAT JE MOET DOEN OM DAT TE VERANDEREN. VOER JE PLAN UIT, DOE HET RUSTIG AAN.
7. BEOORDEEL JE MINDER GOEDE KWALITEITEN OPNIEUW. HOE BELANGRIJK ZIJN ZE?
8. MAAK EEN KAART VOOR ELK VAN DIE EIGENSCHAPPEN.
9. BRENG EEN VOLGORDE AAN VAN DE SOCIALE SITUATIES IN JE WERK OF JE PRIVÉLEVEN DIE JE HEBT VERMEDEN. BEGIN ONDERAAN MET TE VERANDEREN.
10. ALS JE ERGENS HEEN GAAT DOE DAN BEWUST MOEITE OM MET MENSEN TE GAAN PRATEN.
11. WEES JEZELF IN GEZELSCHAP.
12. HOU ERMEE OP OM STEEDS MAAR WEER TE JE VERMEENDE MINDER GOEDE KANTEN TE VERBLOEMEN.

---

1. Probeer te begrijpen hoe jij in je kindertijd buitengesloten was. Voel het buitengesloten of minderwaardige kind in je. Wat je eerst moet doen is herinneringen toelaten. Laat de herinneringen over hoe je als kind was maar naar boven komen. Voelde je je anders of buitengesloten door andere kinderen? Als je eens even alleen bent, ga dan rustig zitten en doe het licht uit. Je moet je er niet in forceren. Doe je ogen maar dicht en laat de beelden maar komen. Wanneer voelde je je minder of anders dan anderen? Je kunt beginnen met iets wat er nu speelt, een situatie waarin je je nu een buitenstaander voelt. De herinneringen betreffen vaak situaties waarin je wordt uitgelachen, vernederd, gepest of gekoeioneerd. Of waarin je het gevoel hebt afzijdig te zijn of er niet bij te passen. Als voorbeeld geven we de herinneringen van Femke. Ze vertelde ons weer over een verschrikkelijk feestje. We vroegen haar haar ogen dicht te doen, en het zich voor de geest te halen.

Femke: *Ik sta naast die man. Hij praat met me. Ik ben opgelucht dat er iemand is die met me wil praten. Dan sta ik daar tenminste niet in mijn eentje. Maar ik ben zo zenuwachtig dat ik niet weet wat ik moet zeggen. Ik praat veel te snel en ik weet dat ik angstig kijk. Ik voel me erg onder druk staan. Hij begint zich ook al ongemakkelijk te voelen, en dan beëindigt hij het gesprek en loopt weg. Vlak daarna ben ik ook weggegaan. En dat was mijn laatste feestje.*

Therapeut: *Hou dit even vast en herinner je nu of je als kind iets dergelijks hebt gevoeld.*

Femke: *Ik ben bij Fleur thuis, mijn vriendin. Er zijn een heleboel kinderen. We zijn bezig een partijtje te kiezen voor slagbal. Niemand kiest mij.*

Ik word als laatste gekozen en als ik erbij kom beginnen ze allemaal te zuchten en te kermen.

Eelco herinnert zich meer dat hij erbuiten stond. Hij vertelde ons in de therapie over een schoolreisje naar een tropisch zwembad.

Eelco: *We waren met zijn vijven aan het zwemmen bij de waterval. Ik dook erin en stond onder het neerstromende water. Ik zag de anderen door een waas. Ik hoorde ze door het geruis van het water heen. Plotseling voelde ik me zo vreselijk alleen. En ik dacht opeens dat het eigenlijk altijd zo was, voor mijn gevoel. Dat anderen ver weg zijn, alsof ik door een raam naar buiten kijk. Iedereen is gewoon aan het spelen en ik sta erbij en kijk ernaar.*

De herinneringen aan sociaal isolement doen pijn. Je moet dat buitengesloten kind troosten. Stel je voor dat je nu als volwassene dat kind troost. Het voelt zich koud en eenzaam, een buitenstaander. Laat dat kind niet daar achter. Steun het met alles wat je nu als volwassene te geven hebt, voordat je het beeld laat gaan.

Eelco: *Ik duik in de waterval, waar dat kleine jochie staat. Ik zeg hem dat hij niet meer alleen is. Dat ik bij hem ben en dat ik hem zal helpen om contact te maken.*

2. *Maak een lijst van dagelijkse gebeurtenissen waarin je je angstig of ongemakkelijk voelt.* Schrijf eerst de situaties op waarin je je ongemakkelijk voelt, maar die je niet kunt vermijden. Zoals feestjes, vergaderingen, uit eten gaan, een toespraakje houden, een afspraakje maken, praten met autoriteiten, assertief zijn of gewoon een gesprek voeren.

Hieronder zie je de lijst van Femke.

SITUATIES WAAR IK BANG VOOR BEN, MAAR WAAR IK NIET ONDERUIT KAN

1. MIJN BUURMAN GOEDENDAG ZEGGEN.
2. POTENTIËLE KLANTEN OPBELLEN.
3. LUNCH IN HET PERSONEELSCENTRUM.
4. HET KOFFIE-UURTJE NA HET KOOR.
5. MET COLLEGA'S OMGAAN.
6. MET MENSEN PRATEN DIE IK NIET GOED KEN.
7. MENSEN LEREN KENNEN BIJ MIJ IN DE BUURT.

Maak er nu twee kolommen bij. Schrijf in de tweede kolom voor iedere situatie op, op welke manier je je ongewenst, anders of inferieur voelt. Femke schreef bijvoorbeeld bij 'met collega's omgaan' op: 'stomme dingen zeggen, als ik in het middelpunt sta, niet ontspannen kunnen praten, niet zo'n professionele indruk maken als de rest.' En bij de volgende lijst bij feestjes schreef ze: 'niet knap, geen goede gesprekspartner, een angstige indruk maken.'

In de derde kolom schrijf je op wat het ergste is dat er kan gebeuren. Probeer er een goed beeld van te krijgen. Welke ramp vrees je? Ben je bang om uitgelachen of afgewezen te worden? Zullen ze je kleineren? Of ben je bang er weer niet bij te horen?

3. *Schrijf op welke situaties je uit de weg gaat.* Maak nu een lijst van dingen die je vermijdt. De dingen die je daadwerkelijk niet doet. Hier is de lijst van Femke.

SOCIALE SITUATIES DIE IK VERMIJD

1. DE MEESTE FEESTJES.
2. CLIËNTEN MEE UIT ETEN NEMEN.
3. AFSPRAAKJES.
4. MIJN BAAS OM EEN DIENST VRAGEN.
5. MENSEN BIJ MIJ THUIS UITNODIGEN DIE IK NIET GOED KEN.
6. NA HET WERK MET COLLEGA'S IETS GAAN DRINKEN.
7. EEN PRESENTATIE HOUDEN OP MIJN WERK.

Als je de lijst hebt gemaakt, doe dan net als de vorige keer. Maak twee kolommen ernaast. Zet in de tweede kolom de manier waarop je je anders of minder voelt en in de derde het ergste scenario.

4. *Maak een lijst van manieren waarop je je verweert of waarin je je gevoelens van minderwaardigheid of anderszijn compenseert.* Dit gaat over de manieren waarop je probeert aan te tonen dat je valkuil niet bestaat, integendeel. Het is een vorm van verweer. Je probeert je valkuil te bestrijden door al het mogelijke te doen om aan te tonen dat je *niet* anders bent, *niet* ongewenst. Hier is de lijst van Eelco.

DE MANIEREN WAAROP IK MIJN GEVOELENS VAN ANDERSZIJN BESTRIJD

1. MET WIE IK OOK BEN, IK DOE NET ALSOF IK ER VOLLEDIG BIJ HOOR. IK HOU MIJN GEDACHTEN VOOR MEZELF.
2. IK HOU VOOR MENSEN MIJN ONGEWENSTE KANTEN VERBORGEN (ZOALS DAT IK VAN FILMHUISFILMS HOU, MIJN KORTE VERHALEN, MIJN FAMILIE).
3. ALS IK EEN VRIENDINNETJE HEB, DAN HOU IK MIJN FAMILIE EN VRIENDEN ERBUITEN. IK PROBEER MIJN WERELDEN GESCHEIDEN TE HOUDEN.
4. IK KLEED ME CONVENTIONELER DAN IK ZOU WILLEN.
5. IK PROBEER OP MENSEN INDRUK TE MAKEN MET MIJN POPULARITEIT.
6. IK PROBEER VRIENDEN TE HEBBEN DIE POPULAIR ZIJN.

Tegelijkertijd kan het zijn dat je je gevoel van minderwaardigheid bestrijdt door erg te gaan letten op hoe je eruitziet, door een succesvolle loopbaan of pogingen daartoe, en door je zwakke punten te camoufleren.

Dit soort compensaties zijn kwetsbaar. Ze storten snel in. Wij willen graag een meer solide basis. We willen dat je nieuwe sociale situaties open tegemoet kunt treden. Je zult merken dat het echt anders is dan de verschrikkingen van je kindertijd. Volwassenen zijn gewoonlijk geneigd meer te accepteren dan kinderen en adolescenten. Ze zullen minder snel geneigd zijn je te vernederen of af te wijzen.

5. Schrijf op welke eigenschappen maken dat je je vervreemd, kwetsbaar of minderwaardig voelt, uitgaande van wat je hebt opgeschreven bij de stappen 1 tot en met 4. Neem voor iedere eigenschap een apart vel. Verzin een titel voor ieder vel (bijvoorbeeld 'Het dikke kind' of 'Het domme kind'). En ga dan als volgt verder:

1. Definieer de eigenschap duidelijk, bijvoorbeeld dik = meer dan 80 kilo.
2. Maak een lijst van alle bewijzen die in je volwassen leven het gevoel staven dat het gaat om een echte negatieve eigenschap.
3. Maak een lijst van bewijzen dat dit niet het geval is.
4. Vraag familie en vrienden om hun mening over iedere eigenschap.
5. Schrijf een stukje waarin je al het aangeleverde materiaal op objectieve wijze samenvat. Hoe valide is je zelfkritiek?

De lijst van eigenschappen die Femke opstelde bevatte onder andere 'er niet goed uitzien', 'niet in staat zijn om een goed gesprek te voeren op een feestje', 'niet succesvol genoeg zijn', 'grapjes maken en stomme dingen zeggen', 'de eerste indruk die ik geef is verschrikkelijk'.

Dit is het blad dat zij maakte voor 'De eerste indruk is verschrikkelijk'.

DE EERSTE INDRUK IS VERSCHRIKKELIJK

1. *DEFINITIE*
   MENSEN VINDEN ME BIJ DE EERSTE ONTMOETING AL DIRECT NIET AARDIG.
2. *BEWIJSMATERIAAL UIT MIJN LEVEN VAN NU DAT DIT ECHT EEN ZWAKKE KANT VAN ME IS*
   IK KOM OP FEESTJES GEEN LEUKE MANNEN TEGEN. MENSEN DIE ME NIET KENNEN, HAKEN SNEL AF ALS WE OP EEN FEESTJE AAN DE PRAAT RAKEN. MENSEN LACHEN OM DE MANIER WAAROP IK ME PRESENTEER (ZOALS ELLIE EN BEN). IK LEER NIET GEMAKKELIJK NIEUWE MENSEN KENNEN. DE MENSEN BIJ MIJ IN DE BUURT ZIEN GELOOF IK NIETS IN ME. ZE ZIJN VEEL AARDIGER TEGEN ANDEREN.
3. *BEWIJS VANUIT MIJN VOLWASSEN LEVEN DAT HET GEVOEL TEGENSPREEKT*
   IK HEB WEL NIEUWE VRIENDEN GEKREGEN. IK HEB EIGENLIJK VRIJ VEEL GOEDE VRIENDEN. TOEN IK STUDEERDE VONDEN DE MOEDERS VAN MIJN VRIENDJES ME WEL AARDIG.
4. *NAAR DE MENING VAN VRIENDEN EN FAMILIE*
   IK VROEG HET AAN MIJN ZUSTER, MIJN MOEDER EN TWEE VRIENDEN. ZE HEBBEN HET ALLEMAAL WEL BEVESTIGD, BEHALVE MIJN MOEDER. MIJN ZUS ZEI DAT IK EERST WAT GESPANNEN OVERKOM. MIJN VRIENDEN ZEIDEN OOK IETS DERGELIJKS.
5. *SAMENVATTING VAN DE OBJECTIEVE BEWIJSLAST*
   HOEWEL IK SOMS EEN GOEDE EERSTE INDRUK MAAK, WIJST ALLES EROP DAT DIT TOCH EEN ECHT ZWAK PUNT IS.

Toen Femke dit voor al haar eigenschappen had gedaan, gaf ze toe dat ze er waarschijnlijk best goed uitzag, en dat ze ook wel succesvol was, maar dat haar andere gebreken wel waarschijnlijk waren.
Eelco maakte de volgende lijst:

MANIEREN WAAROP IK ANDERS BEN DAN ANDEREN

1. IK PRAAT OVER ANDERE ONDERWERPEN DAN ANDEREN.
2. IK BEN VREEMD.
3. MENSEN LEREN ME NIET GRAAG KENNEN.
4. IK BEN TE SERIEUS. IK KAN NIET VROLIJK ZIJN.
5. IK KLEED ME ANDERS DAN ANDEREN.
6. IK HEB EEN ONGEWONE BELANGSTELLING, DIE ANDEREN NIET DELEN.
7. IK STEL ME ZO AFZIJDIG OP DAT HET ANDERE MENSEN AFSCHRIKT.

Nadat hij ze had uitgewerkt kwam hij tot de conclusie dat zijn echte zwakke punten de volgende waren: 'Ik praat over andere dingen dan de meeste anderen', 'Ik ben te serieus, ik kan niet vrolijk zijn' en 'Ik stel me zo afzijdig op dat het anderen afschrikt.'

Er was nog iets dat erg duidelijk werd toen we onderzochten of Eelco's zwaktes echt waren of verzonnen. Dat Eelco de verschillen tussen hemzelf en anderen sterk overdreef. Dat was een erg duidelijke manier waarop hij zijn valkuil in stand hield. Hij maakte voortdurend de verschillen groter en de overeenkomsten kleiner.

Therapeut: *Waarom dacht je nou dat je met die nieuwe leidinggevende niet zou kunnen praten?*
Eelco: *Ik voelde gewoon dat we niets gemeen hadden.*
Therapeut: *Maar jullie werk ligt op hetzelfde terrein. Dat is al iets.*
Eelco: *Maar we zijn op veel gebieden zo verschillend.*
Therapeut: *Zoals wat dan?*
Eelco: *Hij kleedt zich anders en rijdt in een dure auto.*
Therapeut: *Maar hij hield toch ook van filmhuisfilms?*
Eelco: *Maar die auto van hem vind ik echt helemaal fout. Hij is echt een patser. En dat ben ik niet.*

De manier waarop hij naar de buitenwereld keek, meer in termen van verschillen dan van overeenkomsten, hield zijn valkuil in stand.

6. Als je ervan overtuigd bent dat je echt ergens minder goed in bent, schrijf dan op wat je moet doen om dat te veranderen. Voer je plan uit, doe het rustig aan. Je zou dingen kunnen opschrijven als het verbeteren van je sociale vaardigheden, anderen warmer en vriendelijker tegemoet treden, aankomen of afvallen, een cursus spreken in het openbaar gaan volgen, je studie afmaken, leren jezelf zo goed mogelijk te presenteren, of welke andere strategie dan ook. Doe die dingen rustig aan. Soms schrikken we ervoor terug om iets te veranderen. We schamen ons er gewoonweg zo voor dat we er niet eens aan willen denken. Probeer hier niet in te trappen. Treed je gebreken fier tegemoet.

Femke maakte een plan om haar 'slechte eerste indruk' te verbeteren. Allereerst probeerde ze om feedback te krijgen over haar probleemgedrag. Ze observeerde zichzelf als ze mensen ontmoette, ze vroeg vrienden en familie om commentaar en ze oefende met rollenspelen in de therapie.

Therapeut: *Wat kunnen we uit dit alles concluderen?*
Femke: *Ik denk dat ik twee problemen heb, als het gaat om een goede indruk. Ten eerste dat ik zo bang ben. Ik maak gekscherende opmerkingen, waarvan anderen niet weten dat ze als grapjes bedoeld zijn. En ten tweede, als mensen aan me vragen hoe het met me gaat weet ik niet wat ik moet zeggen.*

Toen Femke eenmaal haar neiging om een beetje gek te doen had ontdekt, was het gemakkelijker voor haar ermee op te houden. Ze hield op met grapjes maken totdat ze iemand beter kende. Het tweede probleem oefenden we. We oefenden met Femke om over verschillende levensgebieden te praten, over haar werk, haar familie en haar belangstelling. Veel vaardigheden kunnen worden geleerd door oefening en voorbereiding. Je angst wordt minder door van tevoren een plan te maken en verschillende scenario's door te nemen.

Ook kun je je fantasie gebruiken in de voorbereiding. Je kunt fantaseren over hoe je het er bij een bepaalde gelegenheid goed af zal brengen, in plaats van je alsmaar in te leven in rampzalige scenario's. Stel je voor dat je handelt zoals je zou willen. Maak er een goede generale repetitie van, in plaats van een slechte.

Femke: *Voordat ik naar het kerstfeest van de zaak ging, ben ik rustig en ontspannen gaan liggen. Ik stelde me voor dat het prima zou verlopen. Dat ik binnen zou lopen en rond zou kijken. Ik zou op iemand toestappen en met hem gaan praten. Ik stelde me voor dat ik op hem afstapte en hallo zou zeggen en dat ik me daarbij op mijn gemak voelde. Vervolgens zouden we aan de praat raken en ik oefende wat ik zou zeggen.*

7. Beoordeel je minder goede kwaliteiten opnieuw. Hoe belangrijk zijn ze? Bij de AA (Alcoholics Anonymous) hanteren ze de uitspraak: 'God heeft me de kalmte gegeven om te accepteren wat ik niet kan veranderen, de moed om te veranderen wat wel mogelijk is en de wijsheid om het verschil daartussen te kennen.' Sommige dingen zijn wél, andere niet te veranderen. Om jezelf te kunnen veranderen moet je eerst jezelf accepteren.

Er kunnen gebreken zijn die niet te veranderen zijn, of maar in geringe mate. Je zult altijd te lang of te klein blijven, te dik of te dun, niet succesvol genoeg, of nooit in staat om op feestjes het middelpunt te zijn. Maar mensen met deze valkuil overdrijven altijd hun gebreken. Overweeg dit. Hoe belangrijk is eigenlijk hetgeen je mist in vergelijking tot wat je hebt?

Maak een lijst van je kwaliteiten en je gebreken. Doe dat ook voor bekenden. Ben je echt zoveel minder, zo anders, op de keper beschouwd? Probeer je gebreken in perspectief te zien. Femke kan dan verlegen zijn in gezelschap, maar ze is ook een intelligent, sensitief en lief iemand. Hetzelfde geldt voor Eelco. Hij is grappig en interessant en zijn anderszijn is vaak inspirerend. Wij hebben de ervaring dat de gebreken van cliënten met deze valkuil in het niet vallen tegen hun kwaliteiten als persoon (totaal).

Je denkt waarschijnlijk dat andere volwassenen je gebreken net zo bekijken als de kinderen die je vroeger treiterden. Maar dat is niet zo. Volwassenen zijn veel toleranter dan kinderen. Volwassenen waarderen verschillen. Het zijn juist kinderen of jonge volwassenen die onder druk staan om alles hetzelfde te doen.

Femke: *Op een feestje voel ik me net als vroeger op het schoolplein. Het is alsof het weer pauze is en dat iedereen me uitlacht. Ik verwacht half en half dat hele groepen mensen me zullen belagen en dat ze liedjes scanderen over hoe dik ik ben.*

Tot slot kan het zo zijn dat je gebreken hebt die je niet wilt veranderen. Sommige gebreken kunnen een deel van jezelf zijn waar je erg op gesteld bent. Zoals Eelco over zijn kleren. Hij vond het heerlijk om kleren te kopen of ze zelf te maken. Dat wilde hij niet opgeven. Hij kleedde zich apart maar niet extravagant. Femke had ook zoiets met make-up. Dat wilde ze gewoon niet opdoen, ook al zou dat haar kansen op een partner vergroten.

Hoeveel je aan jezelf wilt sleutelen, is uiteindelijk je eigen keuze. Maar je moet je bewust zijn van de gevolgen. Als je erbij wilt horen, dan helpt het niet om je eigenheid *overboord te gooien*. Een van de uitdagingen in het leven is om evenwicht te vinden in het aanpassen, aan de normen voldoen, jezelf blijven en trouw zijn aan je eigen unieke persoonlijkheid. Als we ons te veel aanpassen, dan verliezen we het contact met wie we eigenlijk zijn. Als we al te zeer de nadruk leggen op ons unieke zelf dan passen we niet in de samenleving.

8. Maak een kaart voor elk van die eigenschappen. Stop die kaarten in je zak of je tas. Lees ze door zodra je in je valkuil terecht dreigt te komen. Op die manier kun je hem leren omzeilen.

Als je een kaartje schrijft onderstreep dan dat je je tekortkomingen overdrijft. Maak melding van je kwaliteiten. Vermeld de manieren waarop je verbetering kunt aanbrengen. Hier zijn wat voorbeelden. Dit is de kaart die Femke schreef voor haar tekortkoming 'ik ben bang in gezelschap.'

SOCIAAL ISOLEMENT SYSTEEMKAART 1

IK WEET DAT IK BANG BEN ALS IEDEREEN NAAR ME KIJKT. IK HEB HET GEVOEL DAT IK MET NIEMAND KAN PRATEN. IK VOEL DAT IK IN MIJN VALKUIL DREIG TE STAPPEN. ALS IK OM ME HEEN KIJK, ZIE IK WEL DAT MENSEN NIET NAAR ME KIJKEN. EN ZELFS AL KIJKT ER WEL IEMAND, DAN IS DAT WAARSCHIJNLIJK GOEDKEUREND. ALS IK AAN DE PRAAT RAAK MET MENSEN, DAN WORDT MIJN ANGST SNEL MINDER. MENSEN ZIEN NIET ECHT HOE BANG IK BEN. BOVENDIEN ZIJN ANDEREN OOK BANG. IEDEREEN IS EEN BEETJE BANG IN GEZELSCHAP. IK KAN ERMEE BEGINNEN ME EEN BEETJE TE ONTSPANNEN, IK KAN RONDKIJKEN EN IEMAND ZOEKEN OM MEE TE PRATEN.

Deze kaart schreef Eelco over zijn tekortkoming: 'Ik gedraag me zo teruggetrokken dat ik mensen afschrik.'

SOCIAAL ISOLEMENT SYSTEEMKAART 2

ALS IK BIJ ANDERE MENSEN BEN BEGINT HET ERMEE DAT IK HET GEVOEL KRIJG DAT IK ANDERS BEN. IK VOEL ME EEN BUITENSTAANDER EEN 'LONER'. IK TREK ME TERUG, IK WORD AFSTANDELIJK. MAAR DIT IS MIJN VALKUIL. IK TRAP ER WEER IN. IN FEITE OVERDRIJF IK MIJN ANDERSZIJN. ALS IK WAT TOESCHIETELIJKER BEN, MERK IK DAT WE BEST DINGEN GEMEEN HEBBEN. IK MOET MEZELF GEWOON DE KANS GEVEN OM CONTACT TE MAKEN.

Een systeemkaart kan je helpen de betovering van je valkuil te doorbreken en je weer op het goede spoor te brengen.

9. *Breng een volgorde aan van de sociale situaties in je werk of je privé-leven die je hebt vermeden. Begin onderaan met te veranderen.* Dit is de cruciale stap. Hou op met vluchten. Vermijden is de belangrijkste factor in hoe je je valkuil in stand houdt. Zolang je wegloopt, kun je je valkuil niet veranderen.

Tegen de tijd dat we volwassen worden wordt het onwaarschijnlijker dat mensen ons zullen afwijzen dan in onze kindertijd. Mensen worden toleranter en accepteren meer naarmate ze ouder worden. Maar jij hebt dit niet in de gaten. Je zit vast in je kindertijd en merkt niet dat de wereld om je heen is veranderd. Je denkt dat de mensen om je heen zo zijn als de kinderen van vroeger. Je vermijdt situaties waarvan je zou kunnen leren dat het nu anders is. Op die manier kom je er nooit achter dat je wel wordt geaccepteerd.

We realiseren ons dat dit een moeilijke stap is. We zullen het zo gemakkelijk mogelijk voor je maken. De reden waarom je vermijdt is dat je zo veel angst ervaart in sociale situaties. Je zou er alles voor over hebben om dit niet te voelen. En bovendien stelt deze valkuil je in staat om vrijwel *alle sociale situaties te vermijden.* Je kunt ermee leven, ook al mis je een zekere voldoening.

Neem de lijst voor je die je bij stap 3 hebt gemaakt van groepssituaties die je vermijdt. Scoor de moeilijkheidsgraad van ieder item, met behulp van de volgende schaal

Moeilijkheidsgraad
0 Erg gemakkelijk
2 Niet zo moeilijk
4 Moeilijk
6 Erg moeilijk
8 Bijna onmogelijk

Femke bijvoorbeeld scoorde haar items als volgt.

Sociale situaties die ik vermijd	Moeilijkheidsgraad
1. De meeste feestjes	8
2. Cliënten mee uit eten nemen	5
3. Afspraakjes	6
4. Mijn baas om een dienst vragen	4
5. Mensen bij mij thuis uitnodigen die ik niet goed ken	7
6. Na het werk met collega's iets gaan drinken	3
7. Een presentatie houden op het werk	8

Begin met de gemakkelijkste situatie. (Er moeten echt een paar gemakkelijke items bij zitten, een paar 1-en, 2-en en 3-en.) Doe het gemakkelijke item een paar keer, net zolang tot je het gevoel hebt dat je het kunt. Voor Femke was het het gemakkelijkste om 'met haar collega's na het werk iets te gaan drinken'. Dat deed ze een paar keer per maand, vijf maanden lang, voordat ze verder ging met het volgende punt op de hiërarchische ladder.

Femke deed eerst de andere items van moeilijkheidsgraad 3. Ze praatte met mensen die ze vagelijk kende, de portiers en de magazijnmeesters. Ze praatte met mannen die ze matig aantrekkelijk vond. Toen ze met niveau 4 begon was ze er klaar voor. Jij moet hetzelfde doen. Maak bij elke moeilijkheidsgraad een paar items erbij en oefen die. Maak een goed plan hoe je ieder item gaat oefenen. Bedenk alles van tevoren. Verzin oplossingen voor mogelijke problemen. Gebruik je fantasie om iets goed ten uitvoer te brengen.

Ga geleidelijk naar boven op de ladder. Je succes zal je helpen. Het moeilijkste is om ermee te beginnen. Neem je kans waar en neem weer deel aan het sociale leven. Misschien vind je het zelfs wel leuk.

10. Als je ergens heen gaat doe dan bewust moeite om met mensen te gaan praten. Als je ergens aan deelneemt stel jezelf dan bewust ten doel om een bepaald aantal mensen aan te spreken. Probeer dat dan uit te voeren. Richt jezelf naar buiten. Mensen met deze valkuil blijven te veel naar binnen gericht. Ze maken geen contact. Zelfs als ze ergens aan deelnemen mijden ze nog contact. Je moet deze wat subtielere vorm van vermijding ook zien te overwinnen.

Eelco en Femke spraken met zichzelf af dat ze met een bepaald aantal mensen zouden praten, toen ze hiermee aan het oefenen waren. Als ze naar een feestje gingen, zeiden ze bijvoorbeeld: 'Ik praat ten minste met twee mensen die ik niet ken.' Doe dat ook. Je zult verbaasd staan hoe zo'n opdracht maakt dat je je minder angstig voelt. Als je eenmaal je angst om te beginnen hebt overwonnen, zul je waarschijnlijk ontdekken dat je angst afneemt zodra je op mensen afstapt. Vermijding werkt zo. Je denkt dat je banger bent dan je in werkelijkheid bent.

Femke: *Het ging eigenlijk prima. Ik heb met twee mensen gepraat in de lunchpauze, dat viel me mee. En de volgende keer gaat het vast beter, omdat ik nu al een paar mensen ken.*

Probeer om eerst met één persoon kennis te maken en ga dan verder met de rest van de groep. Dit werkt volgens ons het beste. Het is te veel als je je in één keer op de hele groep gaat richten. Dan zijn de ogen van de hele groep op je gericht, dat denk je althans. Verdeel de groep in voor jou hanteerbare delen. En verover hem met een of twee mensen tegelijk.

11. Wees jezelf in gezelschap. Er is nog een andere, meer subtiele vorm van vermijden. Dat doe je als je jezelf niet laat zien. Je praat met mensen, maar je bent erg voorzichtig en gaat bepaalde onderwerpen uit de weg, zodat jouw gebreken of je anderszijn niet zichtbaar wordt. Misschien ben je homoseksueel, heb je weinig succes in je werk of schaam je je voor je achtergrond. Misschien gaat het over een lichamelijk kenmerk of een bepaald aspect van je status, zoals je opleiding of je inkomen.

Je betaalt een hoge prijs voor deze geheimen. Je voelt je eenzaam en gespannen als je met andere mensen omgaat. Een van onze patiënten zei eens: 'Een geheim isoleert je.' Probeer zoveel mogelijk om je gebreken of vermeende verschillen te verbloemen. Niet dat je nu overdreven verschillend moet zijn. Je moet gewoon jezelf zijn. Laat mensen weten dat je homo bent of wat je achtergrond is. Verberg dat niet langer. Deel wat van je kwetsbaarheden en onzekerheden als je mensen beter leert kennen. Dat is toch de enige manier om erachter te komen of ze je accepteren.

12. Hou ermee op om steeds maar weer je vermeende minder goede kanten te compenseren. Sta jezelf toe te merken dat de meeste anderen je zullen accepteren zoals je bent, en niet vanwege je prestaties of je bezit. Probeer dat te weerstaan. Je zult merken dat het een opluchting is om onder die druk uit te komen.

Eelco: *Het was zwaar om steeds maar te moeten bewijzen dat ik populair was. Ik was altijd aan het liegen. Dat wil ik niet meer.*

Femke had ook zoiets. Bij haar ging het over haar gebrek aan succes. Omdat ze zich schaamde over haar werksituatie, probeerde ze alsmaar te bewijzen hoe slim ze was. Als het over haar werk ging klonk ze gespannen en onecht.

Femke: *Ik begon altijd meteen op te scheppen. Waar het ook over ging, altijd moest ik ter sprake brengen dat ik de een of andere prijs had gewonnen op de universiteit. Of ik bracht een ingewikkelde theorie ter sprake. Of ik was opeens heel neerbuigend. Het klonk heel hol en het was zo doorzichtig.*

Niet alleen is de strategie van het bestrijden een zware klus, maar het is ook doorzichtig. Anderen doorzien je. Ze weten dat je je eigenlijk schaamt. Dat het een show is. Jij weet het en zij weten het. Vervang degene die je wilt zijn maar door degene die je bent. Mensen zullen je aardiger vinden en bovendien zul je jezelf aardiger vinden.

Niet dat je jezelf naar beneden moet praten. Maar hou er eens mee op zo'n indruk te willen maken.

ENKELE WOORDEN TOT SLOT

Sociaal isolement achter je laten is van eenzaamheid naar verbondenheid gaan. Probeer het positief te zien. Als je de veranderingsstrategieën wilt toepassen, krijg je daar veel voor terug. Femke heeft nu een vriend, ze gaat naar feestjes en ze gaat een paar keer per week uit. Ze maakt op de therapeut een gelukkige indruk. Eelco heeft een paar goede nieuwe vrienden, met wie hij eerlijk kan zijn over zichzelf. Wat je ervoor terugkrijgt is een bevredigend sociaal leven. Je kunt je deel voelen van een groep of van de gemeenschap. Dat is een vitaal onderdeel van het leven dat je miste. Waarom zou je dat niet zien te krijgen?

HOOFDSTUK 10

'IK KAN HET NIET ALLEEN' DE VALKUIL VAN DE AFHANKELIJKHEID

ELS IS 28 JAAR EN ZE VOELT ZICH VASTZITTEN IN EEN HUWELIJK MET EEN MAN DIE MISBRUIK VAN HAAR MAAKT.

Als Els voor het eerst de spreekkamer binnenkomt kijkt ze angstig. Als therapeut voel ik me direct geneigd om haar in bescherming te nemen en voor haar te gaan zorgen. Als ik dit zeg, reageert ze geschrokken. Ze zegt dat ze niet eens aan haar problemen durft te denken, laat staan erover praten.

Els voelt zich opgesloten in een relatie die ze niet durft te verbreken. Ze is bang om alleen te zijn. Anton, haar man, is verbaal erg agressief. Hij zit al twee jaar zonder werk en hij wijst haar als de schuldige aan. Zij is de oorzaak van al zijn problemen, vindt hij. Els heeft agorafobie: ze heeft paniekaanvallen en gaat veel dingen uit de weg uit angst voor zo'n paniekaanval. De trein, restaurants, supermarkten, warenhuizen, drukke menigten, de bioscoop. Soms is ze zo bang dat ze helemaal de deur niet meer uitkomt. Ze heeft zich voor therapie aangemeld omdat haar huwelijksproblemen en haar angsten haar te veel zijn geworden.

Je kunt je voorstellen dat de fobie Els belemmert, in haar vrije tijd en nog meer in de dagelijkse dingen. Wat anderen leuk vinden, is voor haar een regelrechte ramp.

Els: *Anton is kwaad. Hij wil dat ik morgenavond zelf naar het restaurant kom. Hij wil me niet thuis komen halen. Maar ik kán gewoon niet met de trein.*

Therapeut: *Waar ben je bang voor?*

Els: *Stel je voor dat er iets met me gebeurt en er is niemand om me te helpen.*

Therapeut: *Wat zou er kunnen gebeuren?*

Els: *Wat er zou kunnen gebeuren? Een paniekaanval natuurlijk, ik val soms gewoon op de grond van angst.*

Als ze thuis is en Anton moet weg, dan gaat zij ook direct het huis uit. Of ze begint onmiddellijk iedereen te bellen. 'Mijn telefoon is mijn verbinding met de wereld.' Hoewel Anton erover klaagt en kwaad is dat hij altijd maar op haar moet passen, ontmoedigt hij haar als ze eropuit wil. Els heeft het merkwaardige gevoel dat hij haar afhankelijk houdt.

MAARTEN IS 34 JAAR EN HIJ WOONT NOG STEEDS BIJ ZIJN OUDERS.

Ook Maarten kijkt angstig als hij de praktijk binnenkomt. Hij lijkt verlegen en rustig. Een beetje timide. Ook hij roept gevoelens van zorg op. Ik heb de neiging om voor hem te gaan zorgen en het gemakkelijk voor hem te maken. Ik ben voorzichtig met hem.

Maarten woont nog bij zijn ouders. Hij woonde een poosje op kamers tijdens zijn studie. Na een jaar ging hij dichter bij huis studeren, zodat hij weer thuis kon gaan wonen. Maarten werd accountant, net als zijn vader, en hij werkt bij zijn vader op de zaak. Zijn werk maakt hem erg nerveus. Hij heeft een tijd een relatie gehad met Louise, maar hij durft zich niet te binden. Hij weet maar steeds niet of ze de ware is.

Maarten: *Ik denk steeds: 'Stel je voor dat het een vergissing is. Misschien is er wel iemand die veel beter is, hoe kom ik erachter of zij wel de juiste is of dat ik me maar met een fooi laat afschepen? We kunnen het best goed samen vinden, maar vuurwerk, nee dat is er niet bij. Stel je voor dat ik niet genoeg verdien. Ze wil graag kinderen. Hoe weet ik of ik wel een vrouw en kinderen kan onderhouden? Ik kan niet eens op eigen benen staan. Soms denk ik dat ik er maar mee moet ophouden en de relatie moet beëindigen.'*

Maarten twijfelt al twee jaar over Louise. Hij meldde zich aan voor therapie toen zij hem voor de keus stelde: trouwen of ermee ophouden. Maarten was verlamd van angst.

KIKI IS 24 JAAR. ZE IS ZO ONAFHANKELIJK DAT ZE VAN NIEMAND HULP KAN AANVAARDEN, OOK NIET ALS ZE HET ECHT NODIG HEEFT.

Kiki maakt helemaal geen bange indruk als ze de praktijk binnenkomt. Ze maakt eerder de indruk dat ze erg goed voor zichzelf kan zorgen. Ze is zelfverzekerd en kan op eigen benen staan.

Kiki is trots op haar onafhankelijkheid. Ze kan alles zelf: 'Ik heb niemand nodig', zegt ze. Sinds ze is gaan studeren, woont ze op zichzelf en verdient ze haar eigen brood. Het afgelopen jaar heeft ze als hulpverlener in een drugsopvangcentrum gewerkt. Ze loopt in haar eentje door de gevaarlijkste buurten en ze is niet bang.

Acht maanden geleden meldde ze zich aan voor therapie, nadat ze haar been had gebroken met skiën. Ze loopt nog met krukken. Na het ongeluk moest ze enige tijd bij haar ouders intrekken. Haar ouders en twee jongere zussen moesten haar helpen met wassen en aankleden en kookten voor haar. Ze moesten alles voor haar doen. Het idee dat mensen voor haar moesten zorgen, vooral haar familie, gaf Kiki zo'n ellendig gevoel dat ze in therapie ging.

Kiki: *Ik vind het niet prettig als anderen voor me zorgen. Ik hou er gewoon niet van. Het past niet bij me. Ik word er helemaal depressief en ellendig van. Ik denk dat ik me realiseerde dat het eigenlijk onnodig was me daar zo druk over te maken. Nu ik weer thuis ben vind ik het moeilijk dat mijn vrienden van alles voor me moeten doen. Ik zou het eigenlijk zelf moeten doen. Het gekke is, ik zou het ook voor hen doen, zonder daar ook maar een moment over te piekeren. Waarom kan ik geen hulp van anderen accepteren?*

DE AFHANKELIJKHEIDSVRAGENLIJST

Vul de vragenlijst in en maak daarbij gebruik van de schaal hieronder.

SCORINGSWIJZE

1. Helemaal niet bij me passend
2. Vrijwel niet bij me passend
3. Een beetje bij me passend
4. Meer wel dan niet bij me passend
5. Voor het grootste deel bij me passend
6. Beschrijft me perfect

Ook als je maar een enkele keer een 5 of een 6 scoort kan het zijn dat de valkuil op jou van toepassing is, zelfs als je totale score laag is.

Score	Beschrijving
	1. Ik voel me meer een kind dan een volwassene als het gaat om de dagelijkse verantwoordelijkheden.
	2. Ik kan niet goed op eigen benen staan.
	3. Ik kan het niet goed aan.
	4. Andere mensen kunnen beter voor me zorgen dan ikzelf.
	5. Nieuwe taken gaan me niet goed af, tenzij iemand me begeleidt.
	6. Ik kan niets goed doen.
	7. Ik ben niet competent.
	8. Wat ik mis is gezond verstand.
	9. Ik kan niet op mijn eigen oordeel afgaan.
	10. Het dagelijks leven is me vaak te veel.
	Je totale afhankelijkheidsscore (Tel je scores bij vraag 1 tot en met 10 bij elkaar op.)

Het interpreteren van je afhankelijkheidsscore

10 – 19	Zeer laag, deze valkuil is niet van toepassing.
20 – 29	Tamelijk laag, deze valkuil is soms van toepassing.
30 – 39	Gemiddeld, deze valkuil is een thema voor je.
40 – 49	Hoog, dit is voor jou een belangrijke valkuil.
50 – 60	Zeer hoog, dit is zeker een van je centrale valkuilen.

HOE HET IS OM AFHANKELIJK TE ZIJN

Als je deze valkuil hebt, kun je het leven niet aan. Het overweldigt je. Je gelooft dat je niet in staat bent om voor jezelf te zorgen. Anderen moeten je helpen, anders overleef je het niet. De kern van afhankelijkheid is het gevoel dat je de verantwoordelijkheden van het volwassen leven nauwelijks aankunt. Je hebt gewoonweg niet de mogelijkheden daartoe. Je mist iets, je voelt je tekortschieten. Het is het beeld van een klein kind dat plotseling wordt overvallen door paniek en dat om mama begint te huilen. De wereld om hem heen is te beangstigend. Dat is de essentie van afhankelijkheid. Het is alsof je een kind bent in een wereld van volwassenen. Zonder iemand die voor je zorgt voel je je verloren.

Je denkt steeds dat je het niet kunt. 'Het is te veel voor me', 'Ik kan het niet aan', 'Ik stort in', 'Ik kan mijn verantwoordelijkheden niet waarmaken.' Andere kenmerkende gedachten weerspiegelen je verlatingsangst. Je bent bang dat je de mensen van wie je het meest afhankelijk bent, zult kwijtraken: 'Ik kan niet zonder hem', 'Hoe zou ik alleen verder moeten?' Die gedachten gaan meestal gepaard met een gevoel van wanhoop en paniek. Els: 'Ik kan zoveel dingen niet. Ik moet iemand hebben, die dat voor me doet.' Je bent er niet vanaf te brengen. Het kost je veel energie. Je bent voortdurend bezig alles te plannen en te regelen om maar niet alleen te zijn. In je eentje heb je het gevoel het allemaal niet aan te kunnen.

Je hebt vaak geen enkel vertrouwen in je eigen oordeel. Je hebt een lage dunk van je eigen beoordelingsvermogen. Dat is de kern van je afhankelijkheid. Je bent *besluiteloos.*

Maarten: *Ik wilde dat ik wist wat ik met Louise wil. Dan weer wil ik wel en dan weer niet een relatie. Ik begrijp het ook niet. Misschien ben ik bang om niet de juiste keuze te kunnen maken.*

Als je moet kiezen vraag je steeds aan anderen wat zij vinden. In feite ga je steeds van de een naar de ander om advies. Je verandert honderd keer van mening. En dat is uitputtend en verwarrend voor je. En als je dan eindelijk beslist, blijf je maar steeds vragen of je wel de goede keus hebt gemaakt.

Of je vraagt advies bij één persoon, in wie je veel vertrouwen hebt. Je gaat alleen daarop af. Dat is vaak een therapeut. In het begin van de therapie proberen afhankelijke cliënten vaak beslissingen door de therapeut te laten nemen. Dat is niet altijd gemakkelijk te weerstaan. Het kan heel pijnlijk zijn om een patiënt eindeloos te zien worstelen. Het vraagt om ingrijpen en de beslissing voor hem nemen. We doen erg ons best om hier niet aan toe te geven, omdat het deze cliënten niet helpt. Het maakt alleen maar hun afhankelijkheid van de therapeut groter, en dat is nu juist niet het doel van de therapie. Integendeel.

Afhankelijke mensen houden niet van verandering. Ze willen dat alles hetzelfde blijft.

Els: *Toen ik Anton op school ontmoette, zei ik altijd dat ik wilde dat we*

	eeuwig op school bleven, dat het nooit voorbij zou gaan. Hij kon niet wachten tot hij eindelijk van school was. Maar voor mij kon het niet lang genoeg duren.
Therapeut:	*Wat zou je kwijtraken?*
Els:	*Ik denk het gevoel van veiligheid. Ik wist wat ik kon verwachten.*

Je gebrek aan vertrouwen in je eigen oordeel maakt dat je bang bent voor verandering. In nieuwe situaties heb je weinig zelfvertrouwen, omdat je dan op je eigen oordeel moet afgaan. In vertrouwde situaties ben je al op de hoogte van wat anderen vinden en weet je de beste aanpak. Maar in een nieuwe situatie moet je afgaan op je eigen oordeel, tenzij je een adviseur hebt. Maar je eigen oordeel vertrouw je niet zo.

Het gevoel van onvermogen zit meer in je eigen hoofd dan dat het werkelijk zo is. Vaak missen afhankelijke mensen de benodigde vaardigheden juist omdat ze met veel succes de volwassen taken hebben vermeden. Ze laten het aan anderen over. Die vermijding lijdt tot echte beperkingen in vaardigheden en in beoordelingsvermogen. Maar het is ook waar dat afhankelijke cliënten hun gebrek aan vaardigheden *overdrijven*. Ze twijfelen meer aan zichzelf dan strikt nodig is.

Als je steeds bezig bent om mensen dingen voor je te laten doen, *geef je je over* aan je valkuil. Doordat mensen dingen voor je doen krijg je nog meer het idee dat je zelf niet in staat bent het te doen en verminder je je gevoel van competentie. Het is vrijwel zeker dat je, als je wel op eigen benen zou gaan staan, zou leren wat er nodig is om je staande te houden. Je afhankelijkheid is één grote onbewezen stelling. Je hebt nog nooit uitgeprobeerd of je het wel of niet kunt. *Vermijden* is een andere manier om je valkuil in stand te houden. Je gaat dingen die te moeilijk voor je zijn uit de weg. Bepaalde taken worden door veel afhankelijke mensen vermeden, zoals autorijden, voor je financiën zorgen, beslissingen nemen, jezelf nieuwe dingen aanleren. Je gaat niet weg bij je ouders of je partner. Je woont vaak niet alleen en je reist zelden alleen. Je gaat niet vaak alleen naar de film of uit eten. Door hier steeds voor weg te lopen, bevestig je het idee dat je dat niet alleen kunt. Els zegt: 'Anton doet onze financiën. Als ik het zou doen zou er niets van terechtkomen. Maarten zegt: 'Ik zou nooit ergens anders kunnen werken. Stel je voor dat het een vreselijke vergissing is. Bij een andere baas zou ik nooit zoveel gedaan krijgen als bij mijn vader.'

AFHANKELIJKHEID EN BOOSHEID

Hoewel je bang bent voor verandering en probeert het tegen te houden, voel je je ook vaak vastzitten, zelfs als je je zeker voelt. Dit is de negatieve kant van afhankelijkheid. Dat is de prijs die je betaalt. Afhankelijke mensen laten zich vaak gebruiken en ze doen alles wat anderen willen om afhankelijk te blijven. Ze gaan heel ver om de ander niet kwijt te raken.

Je accepteert waarschijnlijk een ondergeschikte plaats in de relatie met familie, partners en vrienden. Ongetwijfeld maakt dat je ook boos (hoewel je het misschien niet eens weet). Je stelt veel prijs op de zekerheid van deze relaties, maar je bent boos op de mensen die die zekerheid verschaffen. Maar meestal uit je je boosheid niet direct. Dat zou mensen weg kunnen jagen en je hebt ze te veel nodig. De donkere kant van je valkuil is dat je je gevangen voelt in je afhankelijke rol.

Therapeut: *Doe je ogen dicht en geef me een beeld van je huwelijk.*
Els: *Ik zit ergens opgesloten, het is donker en er is geen lucht, ik kan bijna geen adem krijgen. Het lijkt wel claustrofobie. Anton schreeuwt iets naar me. Ik hoor hem maar doorgaan en ik ben zo razend dat ik bijna uit elkaar klap.*
Therapeut: *Wat doe je dan?*
Els: *Ik maak mijn excuses en ik beloof het nooit meer te doen.*

Els heeft vaak een paniekaanval als ze boos is op Anton en dat probeert binnen te houden. Je betaalt een hoge prijs voor afhankelijkheid in termen van vrijheid en zelfexpressie. Sommige mensen uiten hun boosheid meer. Zij zijn mensen die veeleisend zijn en afhankelijk. Sommige mensen denken dat ze er recht op hebben om door anderen te worden geholpen. Louise zei dat over Maarten in een van de therapiezittingen. (Op verzoek van Maarten kwam Louise een paar maal mee.)

Louise: *Gisteren was Maarten vreselijk vervelend en zat hij maar te vitten. Soms is hij zo. Ik was aan het koken, en dan loopt hij maar om me heen te draaien. Dan maakt hij de ene opmerking na de andere. Alsof ik niets goed kan doen.*
Therapeut: *(tegen Maarten) Wat was er aan de hand?*
Maarten: *Het begon al toen ik thuiskwam van de dokter. Ik was echt kwaad dat ze niet met me mee naar de dokter was gegaan voor mijn injecties voor mijn allergie. Ik moest van haar alleen gaan.*
Louise: *Ik moest tentamen doen!*
Maarten: *Dat had je best een andere keer kunnen doen.*

Mogelijk heb je een combinatie van veeleisendheid en afhankelijkheid. In dat geval word je boos op mensen die je behoeften niet vervullen. Je straft hen door te schelden, geïrriteerd te doen of door openlijk boos te worden.

AFHANKELIJKHEID EN ANGST

Paniekaanvallen en agorafobie komen veel voor. Agorafobie is op veel manieren een uiting van afhankelijkheid. Het vermogen om eropuit te gaan, dingen te ondernemen en om zelfstandig te functioneren is het centrale kenmerk van autonomie. Agorafobie is precies het omgekeerde. Els voelt zich hulpeloos. Als zij iets onderneemt, heeft ze er helemaal geen vertrouwen in dat ze de problemen wel kan oplossen. Ze zou liever thuisblijven en de hele buitenwereld laten voor wat het is. Dan voelt ze zich pas veilig.

Els voelt zich als een kind in een grotemensenwereld, als een kind dat niet in staat is te overleven. Haar enige hoop is dat ze zich aan iemand kan vastklampen die voor haar zorgt. Uiteindelijk is ze bang voor de dood, voor armoede, ze is bang om gek te worden en om op straat te komen staan – een extreme mate van hulpeloosheid. Iedere keer dat ze een paniekaanval heeft is ze bang voor een hartaanval of om gek te worden. Net als de meeste mensen met agorafobie is ze ook kwetsbaar, de andere valkuil op het gebied van autonomie.

Ook als je geen paniekaanvallen hebt, ben je erg angstig. Alle gewone veranderingen lijken overweldigend, zelf de positieve. Een promotie op het werk, de geboorte van een kind, afstuderen, trouwen. Iedere nieuwe verantwoordelijkheid maakt je erg bang. Wat voor anderen aanleiding is voor een feestje, verstoort jouw evenwicht volledig. Behalve angstig, ben je ook somber. Maarten zegt hierover: ‘Ik voel me niet compleet.’ Weinig gevoel van eigenwaarde hebben is een integraal en pijnlijk onderdeel van afhankelijkheid.

SCHIJNONAFHANKELIJKHEID

Kiki, de maatschappelijk werkster die haar been brak, is een goed voorbeeld van iemand met de strategie van het bestrijden. Zij stopt al haar energie in prestaties en in het streven naar *volledige* onafhankelijkheid, als manier van omgaan met haar afhankelijkheid. Door haar eigenlijke gevoelens van onbekwaamheid te bestrijden, doet ze precies het omgekeerde. Ze moet zichzelf *aan één stuk door* bewijzen dat ze op eigen benen kan staan. Ze lijdt aan verborgen afhankelijkheid.

Kiki functioneert goed. Haar competentie is een van haar meest opvallende eigenschappen. Maar in haar hart voelt ze zich vreselijk angstig. Ze is steeds bang dat ze het niet goed zal doen. Iedere keer dat ze op haar werk een stap vooruit gaat, en dat gebeurt nogal vaak, is ze bang het werk niet aan te kunnen. Als haar vrienden haar in een leidinggevende rol plaatsen, wat vaak gebeurt, dan doet ze het prima, maar met angst en beven. Haar angsten drijven haar voort, naar steeds hogere prestatie-eisen, omdat ze alles wil kunnen. Maar het is nooit goed genoeg. Ze denkt dat ze mensen voor de gek houdt. Ze haalt zichzelf altijd naar beneden als het gaat om haar prestaties, en ze overdrijft haar fouten en onvolkomenheden.

Kiki compenseert haar gevoel van afhankelijkheid door zich te gedragen alsof ze niemand nodig heeft. Kiki is *te onafhankelijk*. Hoe bang ze ook is, ze dwingt zichzelf ertoe om de dingen alleen op te lossen. De neiging om het andere uiterste op te zoeken, te doen alsof je niemand nodig hebt, noemen we schijnonafhankelijkheid. Naar alle waarschijnlijkheid heb je dan de valkuil. Mensen met een *schijnonafhankelijkheid* wijzen alle hulp van de hand, zelfs als dat heel onredelijk is. Ze staan zichzelf niet toe om hulp te krijgen van anderen. Het maakt ze te kwetsbaar.

Kiki: *Ik ben bang dat ik dan helemaal afhankelijk word. Direct na het ongeluk, toen ik thuiskwam, was ik erg bang om weer afhankelijk te worden van mijn ouders.*

Als je *schijnonafhankelijk* bent voel je je in wezen net zoals andere afhankelijke mensen, ook al erken je die gevoelens niet. Je kunt schijnbaar goed functioneren, maar dat gaat gepaard met extreme angst. Dat onderliggende gevoel verraadt je.

DE BRONNEN VAN AFHANKELIJKHEID

Afhankelijkheid kun je krijgen door ouders die overbeschermend zijn of als ze juist te weinig bescherming bieden. Overbeschermende ouders houden hun kinderen afhankelijk. Ze moedigen afhankelijk gedrag aan en ze ontmoedigen onafhankelijk gedrag. Ze 'smoren' hun kinderen en ze geven ze niet de vrijheid of de steun om te leren op eigen benen te staan.

Ouders die te weinig bescherming bieden, zorgen niet goed voor hun kinderen. Van jongs af aan staan hun kinderen er alleen voor en moeten ze op hun tenen lopen. Zulke kinderen *lijken* soms heel autonoom, maar hebben daaronder sterke behoefte aan afhankelijkheid.

Als we worden geboren zijn we totaal afhankelijk van onze ouders. Door voor ons te zorgen, ons te voeden, ons te kleden en ons warm te houden, zorgen ze voor een stevige basis van waaruit we dingen kunnen gaan ondernemen. Ons eigen leven leiden, eropuit trekken. Het gaat om een duidelijk ontwikkelingsproces met twee fasen.

De fasen in het verkrijgen van onafhankelijkheid

1. het verkrijgen van een stabiele basis;
2. het verlaten van de basis om autonoom te kunnen worden.

Als een van deze fasen ontbreekt, dan kan iemand afhankelijkheid ontwikkelen.

Als er nooit een veilig basis was, als je nooit eens gewoon afhankelijk mocht zijn, dan is het moeilijk om onafhankelijk te worden. Je blijft altijd verlangen naar die eerste afhankelijkheid. Kiki zegt hierover: 'Ik voel me een kind dat net doet alsof zij volwassen is.' Je competentie en je onafhankelijkheid zijn niet echt, je wacht op het moment dat de basis instort.

Behalve dat je ouders je een veilige basis moeten geven, moeten ze je ook de gelegenheid geven om je los te maken. Ze moeten je genoeg steun geven. Het luistert nauw, het is gauw te veel of te weinig. Gelukkig komen de meeste ouders ergens in het midden terecht, en ontwikkelen de meeste kinderen een normale autonomie. Maar ouders die aan een van beide uitersten staan krijgen vaak kinderen die afhankelijk zijn.

In het beste geval geven ouders ons de vrijheid om eropuit te trekken, de wereld in te gaan, ze maken kenbaar dat ze er zijn als je ze nodig hebt, ze helpen je als je het echt nodig hebt en ze vertrouwen op ons vermogen om onszelf te redden. Ze geven je de veiligheid en bescherming die nodig is om je zeker te voelen, en ze geven je de vrijheid en de stimulans om op eigen benen te staan.

Afhankelijkheid wordt vroeg gevormd. Ouders die de behoefte aan afhankelijkheid van hun kinderen niet goed hanteren of die hun onafhankelijkheid onderdrukken, doen dat naar alle waarschijnlijkheid van meet af aan, meestal vanaf het moment dat het kind gaat lopen. Tegen de tijd dat het naar school gaat, is de valkuil al zo goed als gevormd. Wat we later zien, in de puberteit, is eenvoudigweg het vervolg van een proces dat al lang geleden was begonnen.

DE BRONNEN VAN OVERBESCHERMING

Afhankelijkheid komt het meest voor bij overbeschermende ouders. Dat was bij Kiki en bij Maarten het geval.

DE BRONNEN VAN AFHANKELIJKHEID DOOR OVERBESCHERMING

1. JE OUDERS BESCHERMEN JE TE VEEL EN BEHANDELEN JE JONGER DAN JE BENT.
2. JE OUDERS NEMEN BESLUITEN VOOR JE.
3. JE OUDERS ZORGEN VOOR ALLES, ZODAT JE NIET WEET HOE JE DAT ZELF MOET DOEN.
4. JE OUDERS DOEN JE HUISWERK VOOR JE.
5. JE KRIJGT GEEN ENKELE VERANTWOORDELIJKHEID.
6. JE BENT HAAST NOOIT ZONDER JE OUDERS EN VOELT JE NIET EEN ZELFSTANDIG PERSOON.
7. JE OUDERS HEBBEN VEEL KRITIEK OP JE OPVATTINGEN EN OP DE MANIER WAAROP JE DE ALLEDAAGSE DINGEN DOET.

8. ALS JE NIEUWE DINGEN ONDERNEEMT, BEMOEIEN JE OUDERS ZICH ER OVERMATIG MEE DOOR UITGEBREIDE ADVIEZEN EN INSTRUCTIES TE GEVEN.
9. JE OUDERS GEVEN JE ZO'N VEILIG GEVOEL DAT JE NOG NOOIT EEN GEVOEL VAN FALEN OF AFWIJZING HEBT MEEGEMAAKT VOORDAT JE HET HUIS UIT GAAT.
10. JE OUDERS ZIJN ERG BANG EN WAARSCHUWEN ALTIJD VOOR ALLE MOGELIJKE GEVAREN.

Overbescherming heeft meestal twee kanten. De eerste is inbreuk maken op je privacy. Je ouders doen de dingen al voor je voordat je zelf een kans hebt gehad het uit te proberen. Je ouders hebben daar vaak goede bedoelingen mee. Ze willen het gemakkelijker voor je maken of je het verdriet van het maken van fouten besparen. Maar als ouders alles doen dan heeft een kind nooit de kans om het zelf te leren. Als we proberen, fouten maken en het opnieuw proberen, leren we bepaalde dingen onder de knie te krijgen. Dat is leren, en zonder ervaring leren we weinig. Wat we leren is dat we onze ouders echt nodig hebben.

Maarten maakte dat mee in zijn jeugd. Zijn vader was te sterk betrokken.

Maarten: *Voor mijn vader was het erg belangrijk dat ik goed presteerde op school. Als ik moeite had met een opdracht of mijn huiswerk dan deed hij het voor me. Hij schreef al mijn werkstukken en deed mijn natuurkunde. Ik kan me niet herinneren dat ik ooit iets van mijn schoolwerk alleen deed. Mijn vader deed het grotendeels.*

Ondanks al deze vaderlijke aandacht was Maarten een middelmatige leerling toen hij naar de middelbare school ging. Wat hij thuis moest doen ging goed, maar voor zijn proefwerken haalde hij onvoldoendes.

Hij had een geweldige faalangst. Proefwerken waren het enige wat hij alleen moest doen. Hoewel zijn vader de avond tevoren hem urenlang overhoorde, haalde hij ze niet, terwijl hij wel slim genoeg was. Dat het niet lukte was waarschijnlijk te wijten aan zijn faalangst. Maarten ging zichzelf, naarmate zijn cijfers kelderden en de resultaten minder werden, steeds meer zien als een slechte student. Hij schreef zijn prestaties helemaal toe aan zijn vaders hulp.

Maarten: *Heimelijk vond ik mezelf lui. Waarom zou ik mijn vader anders mijn huiswerk laten doen?*

Er waren meer dingen waar zijn vader te zeer betrokken bij was. Hij bemoeide zich met Maartens vrienden, zijn atletiek, zijn vrije tijd en zijn dagelijkse bezigheden. Zijn vader was niet weg te denken uit Maartens leven. Hij nam de beslissingen, hij gaf de richting aan. En Maarten zelf functioneerde op geen enkel terrein.

De tweede vorm van overbezorgdheid zien we als ouders de pogingen tot zelfstandig functioneren van het kind ondermijnen. De ouders hebben steeds kritiek op de eigen mening van het kind en uiten zich denigrerend over zijn beslissingen.

Els: *Wat ik mijn moeder altijd maar hoorde zeggen, was 'Had nou maar naar mij geluisterd', 'Ik heb het je toch gezegd', dat was haar lijfspreuk. Tot aan de dag van vandaag heb ik het gevoel dat ik het niet zal redden als ik niet doe wat zij zegt.*

Maarten herinnert zich dat hij een keer een geschiedeniswerkstuk alleen wilde maken. De reactie van zijn vader was dat hij opeens opstond en zei: 'Prima, maar kom niet huilend bij me aanzetten als je niets zinnigs weet op te schrijven.'

De vader van Maarten ondermijnde hem schaamteloos. Dat was erg pijnlijk voor hem. En nog steeds is Maarten erg gevoelig voor kritiek, vooral van autoriteiten. Maar de meeste ouders, die afhankelijkheid kweken doen dat minder zichtbaar. De moeder van Els had weinig kritiek. Ze was ondersteunend en lief. Maar zij was een bange vrouw. Ze was bang als Els niet bij haar was. Els voelde dat goed aan en werd zelf bang. En net als haar moeder zag ze de buitenwereld als beangstigend.

Veel van onze afhankelijke cliënten voelen zich onveilig, omdat een van hun ouders extreem bang was. Els' moeder maakte haar dochter afhankelijk door de valkuil van de kwetsbaarheid door te geven. 'Doe maar niet', zei ze. 'Ga niet naar buiten, het is te koud. Straks word je ziek. Blijf maar thuis, het is te gevaarlijk. Het is te donker.'

Het voorbeeld van Els' moeder laat zien dat ouders die afhankelijkheid kweken, hun kinderen meestal niet verwaarlozen. Het probleem is niet dat ze te weinig liefde en tederheid geven. Maar juist het tegenovergestelde. Ouders die te veel bescherming bieden zijn juist heel liefhebbend en warm. Maar meestal zijn ze wat angstig, gespannen of agorafobisch. Ze houden het kind vast als bescherming voor hun eigen angst. En zo ondermijnen ze de autonomie van hun kind. Ze zijn vaak te onzeker om hun kind een gevoel van zekerheid te geven. Ze geven liefde, maar niet de mengeling van steun en vrijheid die een kind nodig heeft om onafhankelijk te worden.

We hebben ontdekt dat afhankelijkheid op een interessante manier van andere valkuilen verschilt, als die voortkomt uit overbescherming. Over het algemeen hebben kinderen die te veel beschermd zijn geen pijnlijke herinneringen. Zij herinneren zich een erg veilige en beschutte jeugd. Veel afhankelijke mensen hadden weinig problemen als kind, totdat zij het veilige nest moesten verlaten. En tot ze te maken kregen met tegenwerking, afwijzing en eenzaamheid in het echte leven.

Soms herinnerden deze cliënten zich dat ze werden tegengehouden, vooral als afhankelijkheid en kwetsbaarheid bij hen samengaan.

Els: *Ik herinner me nog goed dat we een keer naar het strand gingen. Ik wilde de zee in, en ik zwom een stukje verder weg, waar ik niet meer kon staan, en daar kwam mijn moeder. Je kon zien dat ze echt bang was, ze zei: 'Kom eruit, het is veel te diep.' Ik weet nog goed dat ik tegen haar zei: 'Nee, ik wil blijven zwemmen, ik vind het zo leuk', maar ze bleef maar aandringen. 'Je verdrinkt, het is te diep', totdat ik ook bang werd en terugzwom. Daarna voelde ik me verslagen, dat herinner ik me nog goed.*

Deze herinnering onthult hoe Els zich als kind moet hebben gevoeld. Ze voelde zich ingeperkt, met haar moeder altijd op de achtergrond om haar te beschermen. 'Ik wilde zo graag zelf dingen doen, maar het mocht gewoon niet. Dan gaf ik het op en voelde ik me daarna verslagen.'

Cliënten die te veel beschermd zijn, herinneren zichzelf vaak als klein kind in een wereld van volwassenen. Els zag zichzelf als kleintje, met alleen maar grote mensen, alleen maar volwassenen om zich heen. Maarten had het beeld van zichzelf als kind op een klein stoeltje, met zijn vader die ongeduldig heen en weer liep met grote passen.

De beelden laten dikwijls passiviteit zien. In Maartens beeld van zichzelf, zittend in het stoeltje schrijft hij op wat zijn vader zegt. Een ander veel voorkomend thema is de angst voor nieuwe dingen. Deze beelden zijn pijnlijker, omdat ze laten zien dat iedere keer dat iemand iets nieuws begint, hij zich afhankelijk en niet opgewassen voelt tegen de situatie.

Afhankelijkheid en extreme aanpassing gaan vaak samen. Extreme aanpassing is een heel effectieve manier om iemand afhankelijk te maken. De te veel beschermende ouder is vaak ook sterk controlerend.

Maarten: *Soms denk ik dat ik nooit accountant had moeten worden. Mijn vader wilde dat, ik niet. Hij wilde dat ik was zoals hij.*

Maartens vader legde zijn mal over zijn zoon, en dwong hem zo te worden. Maartens eigen aanleg deed er niet toe. Wat hij wilde deed er evenmin toe. En zo verloor hij geleidelijk aan zijn zelfgevoel. Hij beschreef zichzelf eens als iemand met een leegte van binnen, een gat. Als je geen zelfgevoel hebt, ben je totaal afhankelijk. Dan ben je van binnen leeg, en dan blijft er niets anders over dan je te verlaten op een ander, die dat wel heeft.

Gebrek aan grenzen gaat vaak samen met te veel bescherming. Gebrek aan grenzen en de term fusie of versmelting hebben betrekking op het feit dat jij en iemand anders één zijn geworden. Je weet niet goed waar jij begint en de ander eindigt. Dat was voor Maarten en Els beiden het geval met hun familie. Bij Maarten was het nog het ergst. Hij denkt echt dat hij niet op eigen benen kan staan. Daarom denkt hij dat hij geen moment zonder ze kan. Hij kan niet volwassen worden en op eigen benen gaan staan.

Veel mensen zijn afhankelijk, vooral als ze rond de twintig zijn, tussen de twintig en de dertig. Dan staan ze op het punt om van huis weg te gaan, maar zijn ze nog te verstrikt met hun ouders of te afhankelijk om weg te gaan. Hun vrienden zijn allang zelfstandig, en zíj zitten nog steeds thuis. Hun situatie is vaak lastig omdat hun ouders maar doorgaan ze afhankelijk te houden. Ze blijven zich met alles bemoeien, adviezen geven en ondergraven hun eigen oordeel. Je zou verwachten dat meer vrouwen dan mannen dit probleem hebben. Vrouwen worden in onze cultuur meer beschermd dan mannen. Maar onze ervaring is anders. We zien evenveel mannen als vrouwen met dit probleem.

AFHANKELIJKHEID VOORTKOMEND UIT TE WEINIG BESCHERMING

Te weinig bescherming is de andere bron van afhankelijkheid. Hier zien we vaak het tegenovergestelde, namelijk schijnonafhankelijkheid. Deze ouders zijn zo zwak, ineffectief en zo in beslag genomen door hun eigen problemen of eenvoudigweg niet thuis en verwaarlozend, dat ze hun kinderen onvoldoende bescherming en leiding kunnen bieden.

Deze cliënten hebben vaak een combinatie van afhankelijkheid en emotionele verwaarlozing. Vanaf dat ze heel klein zijn hebben deze kinderen een onveilig gevoel. Het kind blijft ernaar verlangen afhankelijk te mogen zijn.

AFHANKELIJKHEID VOORTKOMEND UIT TE WEINIG BESCHERMING

1. JE KRIJGT TE WEINIG PRAKTISCHE STEUN EN BEGELEIDING VAN JE OUDERS.
2. JE MOET TE GROTE BESLISSINGEN NEMEN VOOR JE LEEFTIJD.
3. JE MOET JE ALS VOLWASSENE GEDRAGEN TERWIJL JE JE VAN BINNEN NOG EEN KIND VOELT.
4. ER WORDT VAN JE VERWACHT DAT JE DINGEN DOET EN WEET DAT DIE VEEL TE HOOG GEGREPEN ZIJN.

Dit was bij Kiki de achtergrond.

Kiki: *Mijn moeder dronk en was verslaafd aan pillen. Ze kon niet voor zichzelf zorgen, laat staan voor mij. Mijn vader was er nooit. Hij had zijn vrienden en zijn sport.*

Niemand gaf Kiki het gevoel van veiligheid en steun dat zij nodig had. Haar moeder was niet in staat voor haar te zorgen en haar vader liet het koud.

De moeder van Kiki was een angstige vrouw, met weinig zelfvertrouwen, ze was zelf ook afhankelijk. Ze plaatste haar kind in de ouderrol. Kiki was een 'geparentificeerd' kind. Ze moest zelfstandig zijn om voor zichzelf en haar moeder te kunnen zorgen. Zo werd ze sterk en onafhankelijk. Maar daaronder voelde ze zich onzeker en had ze net als ieder kind gewoon behoefte aan afhankelijkheid.

Kiki nam als kind al beslissingen die ver boven haar leeftijd uitgingen. Ze had niet de kennis en ervaring om die goed te kunnen beoordelen.

Kiki: *Ik had altijd het gevoel dat ik in het diepe zwom, dat mijn beslissingen niet de juiste waren. Ik wilde dat ik iemand om raad kon vragen.*

Kinderen zoals Kiki verlangen ernaar om op iemand te kunnen leunen, die ze kan verlossen van het gewicht van de verantwoordelijkheid. Ze tobben over hun beslissingen en denken dat ze het niet goed doen. En ze moeten er toch mee doorgaan.

Ze zijn zich vaak helemaal niet bewust van dit verlangen. Het kind weet wel dat het steeds maar bang is, altijd onder druk staat of moe is – als de verantwoordelijkheid te veel gaat drukken of als het zich een bedrieger voelt, als het weer iets nieuws en moeilijks doet.

AFHANKELIJKHEID EN INTIEME RELATIES

De mensen van wie je afhankelijk bent kunnen je ouders zijn, broers en zusters, vrienden, geliefden, mentoren, bazen of anderen.

Degene van wie je afhankelijk bent kan zelfs een kind zijn. Je kan een ouder zijn die zijn kind tot vader of moeder maakt. Els doet dat met haar vijfjarige dochter Eva.

Els: *Ik weet dat het gek klinkt, maar bij mijn dochter voel ik me veilig. Ik kan veel met haar doen wat ik anders niet durf, zoals naar de supermarkt gaan. Ik weet niet wat Eva zou kunnen doen om te helpen, maar ik voel me toch veiliger als zij bij me is.*

Een van de redenen dat Els met therapie begon, was dat Eva naar de peuterspeelzaal ging en Els alleen thuis achterliet.

ALARMSIGNALEN IN HET BEGIN VAN EEN RELATIE

Je afhankelijkheid komt in ieder geval in intieme relaties naar voren. Mensen die je afhankelijk houden trekken je aan. Dat zorgt voor voortzetting van je kindertijd. Hier zijn enkele van de waarschuwingssignalen dat je partner je valkuil oproept.

ALARMSIGNALEN BIJ POTENTIËLE PARTNERS

1. JE PARTNER IS EEN MOEDER- OF VADERFIGUUR, DIE STERK LIJKT EN BESCHERMING BIEDT.
2. HIJ OF ZIJ VINDT HET PRETTIG JE TE BESCHERMEN EN BEHANDELT JE ALS EEN KIND.
3. JE VERTROUWT MEER OP ZIJN OORDEEL DAN OP DAT VAN JEZELF. HIJ OF ZIJ NEEMT DE BESLISSINGEN.
4. JE HEBT HET GEVOEL DAT JE JEZELF KWIJTRAAKT BIJ HEM OF HAAR – EN DAT JE LEVEN OPHOUDT ALS HIJ OF ZIJ ER NIET IS.
5. HIJ OF ZIJ BETAALT BIJNA ALLES EN HOUDT DE FINANCIËN BIJ.
6. HIJ OF ZIJ BEKRITISEERT JE OPINIES, JE SMAAK EN DE MANIER WAAROP JE DE DINGEN DOET.
7. ALS JE IETS NIEUWS GAAT DOEN, DAN VRAAG JE ZIJN OF HAAR ADVIES, OOK AL HEEFT HIJ OF ZIJ ER GEEN VERSTAND VAN.
8. HIJ OF ZIJ DOET BIJNA ALLES VOOR JE – JE HEBT BIJNA GEEN ENKELE VERANTWOORDELIJKHEID.
9. HIJ OF ZIJ LIJKT BIJNA NOOIT BANG, ONZEKER OF KWETSBAAR.

Als deze opsomming jouw relatie beschrijft, dan heb je de afhankelijkheid uit je kindertijd voortgezet. Opvallend kan zijn dat je partner in bepaalde opzichten op een van je ouders lijkt. Er is niets voor je veranderd. Je hebt je afhankelijkheid in de volwassenheid voortgezet. Je hebt weinig verantwoordelijkheden, weinig zorgen en nog minder uitdagingen. Hoewel dit een comfortabele afspraak lijkt, moet je je wel afvragen wat de prijs is die je daarvoor betaalt. Het kost je je eigen wil, je vrijheid en je trots. Het kost je het enige wat van jou is, je eigen ik.

TOEGEVEN AAN DE VALKUIL VAN DE AFHANKELIJKHEID

Zelfs als je een partner vindt die je autonomie wil ondersteunen, moet je oppassen. Je kunt een gezonde partner best zover krijgen dat hij in jouw afhankelijkheidsvalkuil trapt.

Dat doe je bij zo ongeveer al je relaties. Heb je niet de neiging je afhankelijk op te stellen van je vrienden, in mindere mate weliswaar, maar toch? Maak je jezelf niet afhankelijk van vreemden in bepaalde situaties, als je niets beter kunt krijgen?

Therapeut: *Vertel eens wat er gebeurde in de supermarkt.*
Els: *Het eerste wat ik deed is opletten of er iemand was aan wie ik hulp zou kunnen vragen, als dat nodig was. Er was een vrouw daar die er aardig uitzag en die zich misschien om me zou bekommeren als het echt slecht met me zou gaan.*
Therapeut: *Is dat vaak het eerste wat je doet, uitkijken naar iemand die voor je kan zorgen?*
Els: *Ja, ik wil zeker weten dat iemand me helpt.*
Therapeut: *Was dat ooit nodig?*
Els: *Nee, nooit. Tot nu toe niet, maar je weet het nooit zeker.*

De valkuil van de afhankelijkheid kan ook je werk beïnvloeden. Je gaat verantwoordelijkheid uit de weg en neemt geen initiatieven om vooruit te komen. Dit zijn de manieren waarop je afhankelijkheid in je werk en je liefdesleven in stand houdt.

VALKUILEN VAN AFHANKELIJKHEID

1. JE GAAT VOORTDUREND BIJ WIJZERE EN STERKERE MENSEN TE RADE.
2. JE BAGATELLISEERT JE SUCCESSEN EN JE BENADRUKT JE TEKORTKOMINGEN.
3. JE GAAT NIEUWE UITDAGINGEN IN JE EENTJE UIT DE WEG.
4. JE NEEMT GEEN EIGEN BESLISSINGEN.
5. JE ZORGT NIET VOOR JE EIGEN FINANCIËN OF BESLISSINGEN.
6. JE LEEFT VIA JE PARTNER OF JE OUDERS.
7. JE BENT VEEL AFHANKELIJKER VAN JE OUDERS DAN DE MEESTE MENSEN VAN JOUW LEEFTIJD.
8. JE BENT NIET VAAK ALLEEN EN JE REIST NIET ALLEEN.
9. JE HEBT ANGSTEN EN FOBIEËN DIE JE UIT DE WEG GAAT.
10. JE WEET NIET ZOVEEL VAN PRAKTISCHE ZAKEN EN HOE JE DE DAGELIJKSE DINGEN MOET AANPAKKEN.
11. JE HEBT AL LANG NIET OP JEZELF GEWOOND.

Als je net als Kiki schijnonafhankelijk bent, dan houd je je valkuil op andere manieren in stand. Je zet de dingen zo naar je hand dat je niet het diepe in hoeft.

TEKENEN VAN SCHIJNONAFHANKELIJKHEID

1. JE BENT NIET IN STAAT OM IEMAND OM HULP OF ADVIES TE VRAGEN. JE DOET ALLES ALLEEN.
2. JE ONDERNEEMT VEEL NIEUWE DINGEN EN NEEMT UITDAGINGEN AAN, MAAR JE VOELT JE ONDERTUSSEN VOORTDUREND ONDER DRUK STAAN.
3. JE HEBT EEN ERG AFHANKELIJKE PARTNER EN UITEINDELIJK BEN JIJ DEGENE DIE ALLES DOET EN ALLE BESLISSINGEN NEEMT.

Je ontkent je eigen gezonde verlangen naar afhankelijkheid en geborgenheid – dat stukje van je dat eens even uit wil rusten. Kiki had een voorstelling van dit verlangen naar afhankelijkheid.

Therapeut: *Wat zie je voor je?*
Kiki: *Ik zie mezelf als kind. Mijn moeder zit op de bank, ik wil zo graag naar haar toe gaan en mijn hoofd in haar schoot leggen.*

HET VERANDEREN VAN DE VALKUIL VAN DE AFHANKELIJKHEID

Dit zijn de stappen die je moet maken om je valkuil te veranderen.

HET VERANDEREN VAN DE VALKUIL VAN DE AFHANKELIJKHEID

1. PROBEER TE ACHTERHALEN HOE JE AFHANKELIJKHEID IN JE KINDERTIJD IS ONTSTAAN. VOEL HET AFHANKELIJKE EN INCOMPETENTE KIND IN JE.
2. SCHRIJF OP IN WELKE DAGELIJKSE SITUATIES, EN BIJ WELKE VERANTWOORDELIJKHEDEN, TAKEN EN BESLISSINGEN JE VAN ANDEREN AFHANKELIJK BENT.
3. SCHRIJF OP WELKE VERANTWOORDELIJKHEDEN, TAKEN EN BESLISSINGEN JE STEEDS UIT DE WEG GAAT, OMDAT JE ER BANG VOOR BENT.
4. DWING JEZELF ER STEEVAST TOE OM ALLEDAAGSE TAKEN EN BESLISSINGEN OP JE TE NEMEN ZONDER HULP. GEEF JEZELF OPDRACHTEN OM DINGEN TE DOEN EN BRENG VERANDERINGEN AAN DIE JE GEWOONLIJK VERMEED. BEGIN MET DE GEMAKKELIJKE DINGEN.
5. ALS JE EEN BEPAALDE TAAK ZELF UITVOERT EN TOT EEN GOED EINDE BRENGT, GEEF JEZELF DAN EEN COMPLIMENT. BAGATELLISEER HET NIET. EN ALS HET NIET LUKT, GEEF DAN NIET OP. BLIJF HET PROBEREN TOTDAT HET LUKT.
6. LAAT VROEGERE RELATIES DE REVUE PASSEREN EN LET GOED OP DE AFHANKELIJKHEIDSPATRONEN DIE STEEDS TERUGKOMEN.
7. GA STERKE EN TE BESCHERMENDE PARTNERS, TOT WIE JE JE JUIST ERG AANGETROKKEN VOELT, UIT DE WEG.

8. Als je een partner vindt die je gelijkwaardig behandelt, geef de relatie dan een kans. Neem eigen verantwoordelijkheid en neem beslissingen.
9. Klaag niet als je partner of je baas je niet genoeg helpt. Vraag niet steeds om geruststelling en advies.
10. Neem nieuwe taken en verantwoordelijkheden in je werk op je, maar doe dat geleidelijk.
11. Als je schijnonafhankelijk bent, erken dan je behoefte aan steun en begeleiding. Vraag anderen om hulp. Neem niet meer verantwoordelijkheid dan je aankunt. Gebruik je angst als graadmeter voor wat je aankunt.

---

1. *Probeer te achterhalen hoe je afhankelijkheid in je kindertijd is ontstaan. Voel het afhankelijke en incompetente kind in je.* Eerst moet je begrijpen hoe je zo bent geworden. Wie heeft je afhankelijk leren zijn, toen je klein was? Was het je moeder, die bang was om je dingen alleen te laten doen? Was het je vader, die kritiek had op alles wat je zonder hem deed? Was je misschien de jongste en behandelden de anderen in het gezin je als een baby? Wat is er gebeurd?

Ga je herinneringen na. Denk eraan dat het goed is om te beginnen met hoe afhankelijkheid voelt. Iedere keer dat je in je huidige leven afhankelijkheid voelt, kun je aangrijpen om een oefening te doen. Ga rustig zitten en probeer dat gevoel naar boven te halen.

Els: *Ik ging met Anton naar het warenhuis om te oefenen niet in paniek te raken. En hij liet me alleen. We zaten op een bankje en ik wilde uitproberen hoe het was om alleen rond te lopen. Hij zou daar op me wachten. Ik liep rond op de boekenafdeling en toen ik terugkwam was hij er niet. Ik was meteen doodsbang. Ik begon rond te rennen en naar hem te zoeken. Toen ik hem vond stond hij achter een pilaar naar me te lachen. Hij had de hele tijd naar me gekeken en had staan lachen. Hij dacht dat het leuk was, een geintje. Maar ik kon hem wel villen.*

Therapeut: *Doe je ogen dicht en ga weer terug naar die situatie.*

Els: *Goed. (doet haar ogen dicht) Ik zie hem, hij staat achter die pilaar naar me te kijken.*

Therapeut: *Wat voel je?*

Els: *Zoals altijd, ik haat hem en tegelijkertijd ben ik erg blij dat hij er is.*

Therapeut: *Denk nu terug aan een situatie waarin je dat gevoel ook had, als kind.*

Els: *(denkt even na) Goed. Ik herinner me dat ik bij de deur van ons huis stond. Mijn vader en moeder stonden op het punt om uit te gaan. Ik bleef bij Lisa, de oppas. Als ik ze zie weggaan ga ik huilen. Ik smeek ze om thuis te blijven. Lisa trekt me naar binnen en mijn ouders gaan door de voordeur naar buiten. Dan kijkt mijn moeder om en kijkt me heel bezorgd aan.*

Dit beeld laat zien hoe afhankelijkheid en verlatingsangst samen kunnen gaan.

Ook andere gebeurtenissen kun je gebruiken voor de oefeningen. Maarten vertelde ons een droom, die heel goed het gevoel van afhankelijkheid in zijn kindertijd uitdrukte. Hij was zijn therapeut aan het vertellen hoe bang hij was om de relatie met Louise te verbreken, toen zijn droom hem te binnen schoot.

Maarten: *Ik liep de trap op met mijn ouders. Mijn ouders liepen allebei aan een kant naast me, ze hielden mijn hand vast. Ik was een klein jochie. Toen lieten ze mijn hand los en liepen weg en de trap werd steeds steiler en ik kon niet meer alleen omhoog komen.*

Als je zo'n soort beeld hebt, probeer dan het gevoel te herinneren, dat je er als kind bij had. Dat kind is er nog, ergens binnen in je. Het is een bang kind. Probeer het eens te troosten. Moedig het aan. Ondersteun zijn pogingen om dingen alleen te ondernemen.

Het afhankelijke kind in jou heeft hulp nodig die jij hem kunt geven. Leer om je eigen pogingen tot onafhankelijkheid te ondersteunen.

2. Schrijf op in welke dagelijkse situaties, en bij welke verantwoordelijkheden, taken en beslissingen je van anderen afhankelijk bent. Maak duidelijk in welke mate je afhankelijk bent. Dan kun je er objectiever naar kijken. Hier is bijvoorbeeld de lijst die Maarten maakte van de afhankelijkheid van zijn ouders.

MANIEREN WAAROP IK AFHANKELIJK BEN VAN MIJN OUDERS

1. ZE BIEDEN ME EEN THUIS.
2. ZE GEVEN ME WERK.
3. ZE REPAREREN MIJN AUTO.
4. ZE KOKEN VOOR ME.
5. ZE INVESTEREN MIJN GELD.
6. MIJN VRIJE TIJD WORDT DOOR ZE GEPLAND.
7. ZE BEDENKEN MIJN VAKANTIES.

Deze lijst is een blauwdruk van wat je moet zien te bereiken. Dit zijn de levenstaken en bijna iedereen kan ze aan.

3. Schrijf op welke verantwoordelijkheden, taken en beslissingen je steeds uit de weg gaat, omdat je er bang voor bent. Maak een lijst van de taken die je hebt vermeden. Sommigen zullen eenvoudig zijn, maar andere moeilijk. Dit is de lijst van Els.

TAKEN DIE IK HEB VERMEDEN
1. ME ASSERTIEVER OPSTELLEN TEN OPZICHTE VAN ANTON.
2. DE METRO NEMEN.
3. ALLEEN BOODSCHAPPEN DOEN.
4. ALLEEN THUIS ZIJN.
5. DE SNELWEG NEMEN.
6. MET ANTON NAAR DE FILM.
7. MET ANTON UITGAAN.
8. MET VRIENDINNEN GAAN LUNCHEN.
9. EEN ADVOCAAT BEZOEKEN OM TE BESPREKEN WAT HET BETEKENT OM MIJN HUWELIJK TE BEËINDIGEN.
10. MET ANTON PRATEN OVER RELATIETHERAPIE.

Probeer uit alle gebieden in je leven dingen op te schrijven. Els had geen baan toen ze in therapie ging – dat durfde ze pas veel later. Maar jouw lijst moet ook over je werk gaan. Een aspect van het werk van Maarten waar we in de therapie aandacht aan besteedden was dat hij de neiging had om naar zijn vader te lopen als hij maar even ergens over twijfelde of zich afvroeg hoe hij iets aan moest pakken. (Zoals je nog wel weet is de vader van Maarten de baas van het accountantskantoor.) Maarten moest leren zijn angst te verdragen en problemen zelf op te lossen. Na ongeveer een jaar vertrok hij uit de zaak van zijn vader en nam hij ergens anders een baan. Het nemen van deze moeilijke beslissing en de inspanning die dat van zijn kant vergde droeg bij aan zijn groeiende zelfvertrouwen.

4. *Dwing jezelf er steevast toe om alledaagse taken en beslissingen op je te nemen zonder hulp. Geef jezelf opdrachten om dingen te doen en breng veranderingen aan die je gewoonlijk vermeed. Begin met de gemakkelijke dingen.* Gebruik de twee lijsten die je zojuist hebt gemaakt, om een plan voor jezelf te maken. Ga zitten en schrijf op hoe moeilijk het voor je zou zijn om iedere taak te doen. Gebruik daarbij de volgende schaal.

Moeilijkheidsgraad
0 Erg gemakkelijk
2 Niet zo moeilijk
4 Moeilijk
6 Erg moeilijk
8 Bijna onmogelijk

Taken die ik uit de weg ga	Moeilijkheidsgraad
1. Me assertiever opstellen ten opzichte van Anton.	6
2. Met de metro gaan.	5
3. Alleen boodschappen doen.	3
4. Alleen thuis zijn.	6
5. De grote weg nemen.	4
6. Met Anton naar de film.	5
7. Met Anton gaan dansen.	7
8. Met vriendinnen gaan lunchen.	3
9. Een advocaat bezoeken om te bespreken wat het betekent om mijn huwelijk te beëindigen.	7
10. Met Anton praten over relatietherapie.	8

Begin met de gemakkelijke dingen. Schrijf in ieder geval genoeg gemakkelijke opdrachten op. Het is belangrijk om je goed voor te bereiden voordat je met een opdracht begint, zelfs als het een gemakkelijke opdracht is. Je moet er klaar voor zijn.

Allereerst nam Els zich voor om alleen boodschappen te gaan doen. Ze besloot om naar de supermarkt te gaan. We hebben uitvoerig besproken wat ze in verschillende situaties zou doen. Als ze in paniek zou raken, zou ze ademhalingsoefeningen doen om haar lichamelijke symptomen onder controle te krijgen. Als ze zou denken dat er een ramp zou kunnen gebeuren, dan zou ze die gedachten toetsen en corrigeren. Als ze de neiging kreeg om weg te lopen, dan zou ze tegen zichzelf zeggen dat ze de situatie best aankan zonder weg te hoeven lopen, en dan zou ze blijven. Bekijk iedere mogelijkheid aandachtig en maak een plan voor wat je zal doen als het zich voordoet.

Het is beter om verschillende, ongeveer even moeilijke opdrachten te doen, voordat je verder gaat met een moeilijker opdracht. Vul je lijst aan als dat nodig is.

Els voegde een aantal items toe aan niveau drie, voordat ze verder ging met niveau vier, alleen naar een rustig winkelcentrum gaan, om te oefenen. We willen dat je het gevoel hebt dat je het onder de knie hebt voordat je verder gaat met moeilijker opdrachten. Je moet het gevoel krijgen dat je systematisch steeds meer greep krijgt op de situatie. Je moet het gevoel krijgen dat je het in de vingers hebt.

5. Als je een bepaalde taak zelf uitvoert en tot een goed einde brengt, geef jezelf dan een compliment. Bagatelliseer het niet. En als het niet lukt, geef dan niet op. Blijf het proberen totdat het lukt. Het is belangrijk dat je jezelf een compliment geeft als je dat verdient. Misschien heb je de neiging te denken dat je dat niet verdient omdat je het eigenlijk al had moeten kunnen. Toen Els haar eerste opdracht met succes had volbracht zei ze het volgende.

Els: *Ik was er echt niet trots op. Iedereen doet toch boodschappen. Wat is daar nou zo bijzonder aan?*

Therapeut: *Maar voor iemand met paniekaanvallen is het wel heel bijzonder om boodschappen te gaan doen.*

Je moet reëel zijn als je vaststelt hoe goed je een opdracht hebt gedaan. Sommige dingen deed je goed, andere niet. Probeer te erkennen wat je goed deed en leer van je fouten.

Misschien heb je de neiging om snel erg kritisch te zijn als je ouders veel kritiek op je hadden. Als je de neiging krijgt jezelf te kleineren, hou er dan mee op en moedig jezelf aan. Dan leer je meteen een beetje hoe je voor jezelf kunt zorgen. Dat maakt dat je verder kunt, ook al gaat het niet perfect, dat je jezelf sterker maakt en competentie opbouwt.

6. Laat vroegere relaties de revue passeren en let goed op de afhankelijkheidspatronen die steeds terugkomen. Maak een lijst van de valkuilen, waar je niet meer in wilt trappen. Maak een lijst van mensen die het meest belangrijk voor je zijn geweest. Vergeet niet je familie, vrienden, geliefden, docenten en collega's. Bekijk iedere relatie apart en let op je afhankelijkheid. Wat maakte dat deze persoon of jouw manier van doen je afhankelijkheid vergrootte? Welke valkuilen moet je vermijden? Els maakte de volgende lijst.

VALKUILEN VAN AFHANKELIJKHEID

1. KINDERLIJK GEDRAG VERTONEN IN PLAATS VAN VOLWASSEN.
2. BIJ MENSEN BLIJVEN OOK AL BEHANDELEN ZE ME SLECHT.
3. ME VASTKLAMPEN AAN ANDEREN.
4. MENSEN UITZOEKEN DIE MIJN LEVEN TER HAND WILLEN NEMEN EN DIE VOOR ME GAAN ZORGEN.

5. Mijn eigen leven opgeven, om maar bij iemand te zijn. Hun leven leiden in plaats van het mijne.
6. Niet mijn eigen beslissingen nemen.
7. Niet mijn eigen geld verdienen.
8. Mezelf niet genoeg aansporen tot prestaties.

Deze lijst laat zien wat er misschien verkeerd is gegaan in relaties. Door je bewust te zijn van je valkuilen kun je ze gaan veranderen.

Els deed dat in de relatie met haar therapeut. Met zijn steun was ze in staat om sterker te worden in de relatie en om assertiever te zijn. Het maakte opnieuw duidelijk dat één enkele relatie kan helpen om iemand beter te maken. Door assertiever te zijn ten opzichte van haar therapeut leerde Els dat ook bij Anton. Vanaf het moment dat ze ging beseffen wat het betekent om in een relatie autonoom te zijn, wilde ze niet meer terug. En dat zal bij jou ook zo zijn. Het is opluchtend en prettig om de wanhopige afhankelijkheid in te ruilen voor het rustige en stevige onafhankelijke functioneren. Els zei: 'Het is een goed gevoel dat ik hem niet meer zo vreselijk nodig heb.'

7. Ga sterke en te beschermende partners, tot wie je je juist erg aangetrokken voelt, uit de weg. Hier heb je weer dat lastige principe dat je juist de partners tot wie je je het meest voelt aangetrokken moet vermijden. Bedenk goed dat de aantrekkingskracht het grootst is bij partners die je valkuil oproepen. Het is duidelijk dat je valt op partners die je aansporen om in je afhankelijke rol terug te vallen.

Net als bij Els en Anton. Ze pasten precies bij elkaar wat betreft hun valkuilen. Door middel van de therapie durfde Els het aan om assertiever te worden in haar relatie. Ze kon beter op eigen benen staan en was daarom niet langer zo bang om Anton te verliezen.

Els: *Ik blijf alleen bij Anton als hij verandert. Ik kan niet langer verdragen dat hij me slecht behandelt. Liever alleen dan me door hem te laten misbruiken.*

Toen Anton doorkreeg dat hij echt de kans liep haar kwijt te raken, wilde hij wel in therapie. Zoals dat wel vaker voorkomt bij narcistische mensen, wilde hij pas veranderen toen hij dreigde verlaten te worden. Nu zijn ze in therapie om hun relatie zo te veranderen dat het voor allebei bevredigend is. Els heeft ervoor gekozen om haar afhankelijkheid op te geven ook al slagen ze er als paar niet in tot een oplossing te komen.

8. *Als je een partner vindt die je gelijkwaardig behandelt, geef de relatie dan een kans. Neem eigen verantwoordelijkheid en neem beslissingen.* Misschien vind je partners die onafhankelijkheid en autonomie stimuleren niet aantrekkelijk. Of misschien gaat het na een tijdje over. Voor mij was het duidelijk dat Maarten zo weinig hartstocht voelde in de relatie met Louise, omdat ze niet inging op zijn afhankelijkheid. Misschien vind je het de moeite waard om te proberen zo'n relatie een kans te geven. Als je je ooit tot die partner aangetrokken voelde in het begin, dan kan dat terugkomen als je meer zelfvertrouwen krijgt.

Als je een partner vindt die wil dat je op eigen benen staat, geef de relatie dan een kans. Ondermijn hem niet. In het begin vond Maarten Louise aantrekkelijk. Maar al snel werd duidelijk dat zij niet inging op zijn pogingen om zichzelf in de kindsrol te plaatsen en haar in de ouderrol. Ze wilde dat hij sterk was. Ze wilde een gelijkwaardige partner, een maat. Ze weigerde zijn leven over te nemen. En langzaam aan verdween zijn hartstocht. Hij ging zeggen dat ze niet de juiste was, dat hij niet verliefd op haar was en meer zag in andere vrouwen.

Hij bleef bij Louise omdat ik hem daartoe aanmoedigde. Hij nam steeds meer de verantwoordelijkheid voor zijn eigen leven. Hij ging op zichzelf wonen, nam een baan bij een ander bedrijf, zorgde voor zijn eigen inkomen, kookte voor zichzelf en deelde zelf zijn tijd in. Toen hij meer en meer vertrouwd raakte met deze nieuwe rol, kwam zijn hartstocht voor Louise terug. Hij kon grotendeels herstellen wat hij verloren leek te hebben.

9. *Klaag niet als je partner of je baas je niet genoeg helpen. Vraag niet steeds om geruststelling en advies.* Dit advies geldt voor mensen die afhankelijk en veeleisend zijn. Je moet je realiseren dat mensen niet voor je *hoeven* te zorgen. Ze hebben het volste recht van je te verwachten dat je voor jezelf zorgt. Jij bent geneigd om direct om hulp te gaan vragen als er een probleem is. Waarschijnlijk probeer je het niet eens zelf op te lossen. Het is beter als je het eerst zelf probeert. Vraag pas om hulp nadat je het echt hebt geprobeerd en het dan nog niet lukt.

Maarten: *Toen ik het accountancyprogramma op de computer aan het leren was, liep ik steeds naar mijn vader als ik het niet begreep. Hij werd kwaad, maar gaf toch antwoord. Ik keek niet eens in de handleiding. Maar toen ik het zelf ging proberen met de handleiding, merkte ik dat ik het best kon. Nu vraag ik hem nog maar zelden om hulp. En als ik het doe, dan weet hij vaak het antwoord ook niet.*

Als je zelf dingen gaat proberen te doen, heb je vaak veel geruststelling nodig. Geruststelling zoeken is voor jou een soort van drug. Het moet je angst om alleen te functioneren dempen. Wat je moet doen is leren je angst om alleen te functioneren te kunnen verdragen. Het gaat zeker over. De angst wordt zeker minder. Heb er maar vertrouwen in dat je op een dag alleen kunt leven met heel weinig angst.

10. Neem nieuwe taken en verantwoordelijkheden in je werk op je, maar doe dat geleidelijk. Werk er op een systematische manier aan vaardiger te worden in je werksituatie. Provoceer geen mislukking, neem niet te veel hooi tegelijk op je vork. Blijf de baas over je veranderingsproces.

Je kunt de manier van Els gebruiken om je angst te overwinnen. Die hebben we hierboven beschreven. Maak een lijstje van de taken en verantwoordelijkheden in je werk die je meestal uit de weg bent gegaan. Zet er taken bij die je alleen moet uitvoeren, maar ook dingen die je samen moet doen, begin bij de gemakkelijke. Geef iedere taak een score op een schaal van 0 tot en met 8, waarbij 0 helemaal niet moeilijk is en 8 het allermoeilijkste is dat je kunt bedenken. Begin met de gemakkelijkste taak. Doe deze steeds opnieuw, net zolang totdat je vertrouwd bent met die moeilijkheidsgraad. Wacht tot je het gevoel hebt dat je die taak onder de knie hebt, voordat je iets moeilijkers van je lijst aanpakt.

Als zelfs de minst moeilijke taken niet lukken, dan zijn ze te moeilijk. Schrijf dan gemakkelijker taken op. We hebben gemerkt dat zelfs de meest afhankelijke mensen iets kunnen bedenken dat ze gemakkelijk kunnen uitvoeren.

11. Als je schijnonafhankelijk bent, erken dan je behoefte aan steun en begeleiding. Vraag anderen om hulp. Neem niet meer verantwoordelijkheid dan je aankunt. Gebruik je angst als graadmeter voor wat je aankunt. Psychotherapeuten zeggen vaak 'Het is de relatie die helend werkt.' Dit leek het geval te zijn bij Kiki. De relatie met mij, haar therapeut, was helend voor haar. Ik was de eerste die haar mocht helpen. Ze durfde zich kwetsbaar op te stellen in de therapie. Ze liet haar zwakke en onzekere kant zien en toonde het beschadigde en zwaarbeproefde (overschatte) kind. Eerst maakte dat haar erg bang. Maar toen ze merkte dat ik te vertrouwen was, nam ze het risico en stelde ze zich afhankelijk op. In de therapie besteedden we veel aandacht aan haar gezonde afhankelijk kant. Ze leerde ook om dat zelf te doen met behulp van imaginatie-oefeningen.

Therapeut: *Welk beeld zie je voor je?*

Kiki: *Ik zie mezelf als kind van acht, denk ik. Ik ben in de huiskamer bij ons thuis. Mijn moeder ligt half bewusteloos op de bank naar soaps te kijken. Ik probeer wat kleren te strijken die ik aan moet naar school. Een paar kinderen hadden me uitgelachen omdat mijn kleren gekreukt waren.*

Therapeut: *Ik wil dat je nu als volwassene naar haar toe gaat. Grijp in en ga dat kind helpen.*

Kiki: *Dat is moeilijk voor me. Ik weet niet wat ik moet zeggen. Ik denk dat ik zou zeggen: 'Hier, ik zal je laten zien hoe je moet strijken. Het is niet moeilijk. Wat naar dat je alles alleen moet doen. Ik weet dat dat te veel voor je is. Maar ik zal je helpen als het te moeilijk wordt. Je kan bij me komen als je hulp nodig hebt.'*

Kiki mocht van zichzelf steeds vaker andere mensen om hulp vragen. Als er iemand is in wie je je vertrouwen zou willen stellen, zoek dan eerst uit of die wel echt te vertrouwen is. Neem niet zomaar een partner. Zoek mensen uit waar je van op aan kunt, die je zullen steunen als dat nodig is. Kiki moest op zoek naar een ander type man dan waar ze gewoonlijk op af ging. Voorheen waren het altijd de wat zwakkere, kwetsbare mannen, vaak ook drugsgebruikers. Je afhankelijkheid loslaten vereist vaak een ingrijpende verandering in de manier waarop je je partners kiest.

Een ander aspect van verandering van je valkuil is dat je minder hooi op je vork moet leren nemen. We willen graag dat je de hoeveelheid taken thuis, op je werk, in de gemeenschap, met vrienden in de hand houdt. Gebruik je angstniveau als maatstaf. Als je angst te groot wordt, dan heb je jezelf te zwaar belast, te veel op je genomen en dan moet je enkele verantwoordelijkheden laten vallen. Als Kiki zich bijvoorbeeld te veel zorgen maakt over een vriend of collega, dan vat ze dat op als signaal dat ze te betrokken is geraakt bij het helpen of adviseren van die persoon. Dan doet ze een stap terug en richt ze zich weer meer op haar eigen leven. Kiki drukte als volgt uit wat ze van de therapie had geleerd.

Kiki: *Voor mij is het zo dat de therapie de dingen meer in evenwicht heeft gebracht. Ik zorg voor anderen en zij zorgen voor mij. Dat kende ik daarvoor niet. Ik voel me rustiger, niet meer alsof ik me steeds eruit moet worstelen.*

ENKELE WOORDEN TOT SLOT

Wil je je afhankelijkheid achter je laten, dan moet je bij je kindertijd beginnen en van daaruit naar je volwassenheid gaan. Je moet angst en vermijding inruilen voor het gevoel iets te kunnen, het gevoel dat je onafhankelijk in de wereld kunt staan. Laat anderen niet meer voor je zorgen. Leer voor jezelf te zorgen. Leer te geloven in je eigen mogelijkheden om het leven aan te kunnen.

HOOFDSTUK 11

'ER KAN IEDER MOMENT EEN RAMP GEBEUREN' DE VALKUIL VAN DE KWETSBAARHEID

AB IS 31 JAAR. HIJ HEEFT LAST VAN PANIEKAANVALLEN.

Ab is zichtbaar in de war als hij de praktijk binnenkomt. Hij kan nauwelijks stilzitten om me te vertellen wat er aan de hand is.

Ab: *Ik weet echt niet of ik hier wel op de goede plaats ben, maar ze hebben me gezegd dat ik hierheen moest. Ik ben van de ene naar de andere dokter gegaan. Maar ze weten geen van allen wat er met me aan de hand is. Ze zeggen steeds dat het angst is en dat ik een therapeut moet raadplegen.*
Therapeut: *Wat denk je zelf?*
Ab: *Ik denk dat ik lichamelijk niet helemaal in orde ben. Maar tot nu toe hebben ze niet kunnen vinden wat het is.*

Ab heeft steeds paniekaanvallen.

Ab: *Meestal komt het ineens, zomaar uit het niets. Het lijkt wel een soort van noodlot. Ik word duizelig en licht in mijn hoofd en ik heb het gevoel dat ik niet meer kan ademen. Mijn hart gaat bonzen. Alles voelt onwerkelijk.*
Therapeut: *Waar lijkt het op? Wat denk je dat er gebeurt?*
Ab: *Het is alsof ik instort, alsof ik ter plekke gek word.*

Vaak denkt Ab dat hij een hersentumor heeft of problemen met zijn hart.

Ab: *Vroeger rende ik steeds naar de Eerste Hulp als het weer gebeurde. Ik dacht dat ik een hartaanval kreeg of een hersenbloeding of zoiets. Dat was de ergste tijd. Ik dacht echt dat ik dood ging.*
Therapeut: *Denk je dat nu niet meer?*

Ab: *Soms nog wel. Soms krijg ik zo'n vreemd drukkend gevoel in mijn hoofd. Dan ben ik bang voor een hersenbloeding. Maar ik heb inmiddels geleerd dat het wel weer goed komt, dat ik niet dood ga. Ik bedoel, het is al zo vaak gebeurd. Nu moet het wel heel erg zijn wil ik weer denken dat ik dood ga. Nu ben ik meestal bang dat ik gek word.*

Therapeut: *Wat bedoel je daarmee?*

Ab: *Dat ik plotseling zou gaan schreeuwen of raaskallen, of dat ik stemmen hoor, en dat het maar niet ophoudt.*

Als ik Ab vraag of dat wel eens is gebeurd, zegt hij van niet. Hij is er alleen bang voor dat het misschien zou kunnen gebeuren.

ESTHER IS 42 JAAR. DOOR HAAR ANGSTEN HEEFT ZE HUWELIJKSPROBLEMEN.

Esther komt samen met haar man Walter naar de therapie. Ik vraag wat het probleem is. Ze vertellen dat Esther fobieën heeft.

Walter: *We doen helemaal niets meer. We kunnen niet eens op vakantie omdat ze niet met het vliegtuig wil. Ze wil ook niet in het water en ze wil niet in de lift. We kunnen in het weekend 's avonds niet de stad in, want dat is te gevaarlijk. Verder mogen we geen geld uitgeven, omdat we iedere cent moeten sparen. Het leven met haar is net een gevangenis. Ik word er gek van.*

Esther geeft toe dat haar angsten een grote beperking zijn voor hun activiteiten. Maar ze vindt het vreselijk om gedwongen te worden om dingen te doen.

Esther: *Ik ben graag thuis. Voor mij zou het helemaal niet leuk zijn om te doen wat hij wil. Het zou voor mij al helemaal geen vakantie zijn als ik me druk moet maken over de terugreis of over de lift. Of als ik in de stad de hele avond bang zou moeten zijn om beroofd te worden. Dan ga ik net zo lief niet.*

Met de jaren zijn Esthers angsten toegenomen. Ze zijn een steeds grotere bron van conflicten in haar huwelijk.

DE KWETSBAARHEIDSVRAGENLIJST

Deze vragenlijst meet de kracht van jouw valkuil van de kwetsbaarheid. Beantwoord de items als volgt.

SCORINGSWIJZE

1. HELEMAAL NIET BIJ ME PASSEND
2. VRIJWEL NIET BIJ ME PASSEND
3. EEN BEETJE BIJ ME PASSEND
4. MEER WEL DAN NIET BIJ ME PASSEND
5. VOOR HET GROOTSTE DEEL BIJ ME PASSEND
6. BESCHRIJFT ME PERFECT

Ook als je maar een enkele keer een 5 of een 6 scoort kan het zijn dat de valkuil op jou van toepassing is, zelfs als je totale score laag is.

Score	Beschrijving
	1. Ik kan me niet aan het gevoel onttrekken dat er iets verschrikkelijks zal gebeuren.
	2. Ik heb het gevoel dat het lot ieder moment kan toeslaan.
	3. Ik ben bang dat ik op straat kom te staan en ga zwerven.
	4. Ik ben steeds bang dat ik door een crimineel of een dief in de rug wordt aangevallen.
	5. Ik ben bang dat ik een ernstige ziekte zal krijgen, ook al heeft de dokter nog geen enkele diagnose gesteld.
	6. Ik ben zo bang dat ik niet alleen met het vliegtuig, de trein of de bus en dergelijke durf te reizen.
	7. Ik heb paniekaanvallen.
	8. Ik ben me sterk bewust van allerlei signalen in mijn lichaam en ik maak me steeds zorgen over wat ze betekenen.
	9. Ik maak me er zorgen over dat ik in het openbaar mezelf ineens laat gaan of dat ik gek word.
	10. Ik pieker erover dat ik al mijn geld zal kwijtraken of dat ik failliet zal gaan.
	Je totale kwetsbaarheidsscore (Tel je scores bij vraag 1 tot en met 10 bij elkaar op.)

Het interpreteren van je kwetsbaarheidsscore	
10 – 19	Zeer laag, deze valkuil is niet van toepassing.
20 – 29	Tamelijk laag, deze valkuil is soms van toepassing.
30 – 39	Gemiddeld, deze valkuil is een thema voor je.
40 – 49	Hoog, dit is voor jou een belangrijke valkuil.
50 – 60	Zeer hoog, dit is zeker een van je centrale valkuilen.

HOE HET IS OM JE KWETSBAAR TE VOELEN

Angst is het primaire gevoel dat bij kwetsbaarheid hoort. Er gaat een ramp gebeuren en jou ontbreken de mogelijkheden om die te overleven. Deze valkuil is tweeledig: je overdrijft de kans op gevaar en je verkleint je eigen vermogen om je te kunnen redden.

Waarvoor je bang bent verschilt. Het is afhankelijk van jouw type valkuil. Er zijn vier typen kwetsbaarheid. Je kunt tot verschillende typen behoren.

TYPEN KWETSBAARHEID

1 GEZONDHEID EN ZIEKTE;
2 GEVAAR;
3 ANGST;
4 CONTROLEVERLIES.

GEZONDHEID EN ZIEKTE

Als je behoort tot het gezondheid en ziekte type van kwetsbaarheid dan kan het zijn dat je een hypochonder bent. Je piekert dwangmatig over je gezondheid. Ook als de artsen je steeds vertellen dat er niets ernstigs is, ben je ervan overtuigd ziek te zijn. Je vreest kanker te hebben, multipele sclerose of een andere vreselijke ziekte.

De meeste mensen met paniekaanvallen behoren tot dit type. Je bent voortdurend bezig met opletten of er signalen zijn dat er iets lichamelijks niet in orde is. Je bent overgevoelig ten opzichte van je lichaam. Iedere vreemde gewaarwording, ook al heeft die een volstrekt natuurlijke oorzaak, kan paniek geven. Hitte, kou, sport, boosheid, opwinding, cafeïne, alcohol, medicijnen, seks, hoogte, beweging – ze kunnen allemaal aanleiding zijn voor een paniekaanval.

Ab: *Gisteren was ik erg in paniek, zomaar ineens. Ik zat in de trein een tijdschrift te lezen.*
Therapeut: *Wat was je aan het lezen?*
Ab: *Een artikel, ik weet het niet meer.*
Therapeut: *Waar dacht je aan toen je in paniek raakte?*
Ab: *Ik dacht aan de ziekte van Parkinson. Mijn hand waarmee ik het tijdschrift vasthield trilde, en ik dacht: 'Stel je voor dat ik Parkinson heb.'*

Dat zijn de bekende woorden van iemand die snel in paniek is: 'Stel je voor.' Je let vreselijk op alles wat maar enigszins op een ziekte zou kunnen wijzen. Je leest alles wat je maar kunt vinden over dat onderwerp of je vermijdt volledig erover te praten. Je rent voortdurend naar dokters, of je gaat ze helemaal uit de weg, omdat je bang bent dat je erachter zult komen dat er iets ernstigs aan de hand is. Hoe dan ook ben je in je denken sterk gericht op ziekte.

Mogelijk vermijd je bezigheden die aanleiding kunnen geven tot paniek. Toen Ab met de therapie begon, vermeed hij elke vorm van lichamelijke inspanning, seks inbegrepen. Hij werd te angstig van al die sensaties – ze leken te veel op paniek. Hij tenniste niet meer, terwijl hij er gek op was. Ab beperkte zijn leven in sterke mate om maar niet met zijn kwetsbaarheid in aanraking te komen.

Misschien heb je deze valkuil omdat je daadwerkelijk lichamelijk kwetsbaar bent. Misschien was je als kind veel ziek, waardoor je nu overdreven bang bent voor ziekte. Misschien was een van je ouders veel ziek. In ieder geval moeten je angsten meer dan gewoon zijn wil je deze valkuil hebben. Je angsten moeten overdreven zijn, niet reëel.

GEVAAR

Als gevaar jouw type kwetsbaarheid is dan ben je erg bezig met je eigen veiligheid en die van je naasten. Voor jou dreigt op iedere hoek van de straat gevaar.

Walter: *Ze leest iedere avond in de krant over de misdaden. Ze loopt niet eens onze eigen oprit op als het donker is.*
Esther: *Het is echt heel erg donker op onze oprit. Ik vind het niet prettig om 's avonds de deur uit te gaan.*
Walter: *We hebben zo'n duur alarmsysteem aangeschaft. Dat moest per se van haar. En nog is ze bang voor inbrekers.*
Esther: *Als mensen er verstand van hebben, trekken ze zich toch niets aan van een alarm. Ik zeg steeds dat we tralies moeten maken voor alle ramen op de begane grond. Maar hij luistert niet naar me.*

Walter: *Het is belachelijk. We wonen in een ongevaarlijke buurt. We hebben geen tralies nodig.*

Je voelt je altijd onveilig als je op straat komt. Het is niet reëel. Je let op iedereen die er maar een beetje verdacht of gevaarlijk uitziet. Je bent bang dat je aangevallen zult worden.

Je bent ook bang voor ongelukken, met de auto of het vliegtuig.

Walter: *Tijdens de golfoorlog ging ze niet eens overdag de stad in omdat ze bang was voor een terroristische aanval.*
Esther: *Ze zeiden dat grote steden het belangrijkste doelwit vormden.*
Walter: *Precies ja, dus van alle miljoenen plekken zouden ze uitgerekend ons raken.*

Deze valkuil is erg uitputtend. Je bent steeds gespannen en op je hoede. Je gelooft dat er iets verschrikkelijks zal gebeuren, als je even ontspant.

ARMOEDE

Dit noemen we de jaren-dertig-mentaliteit. Die komt veel voor bij mensen die als kind de crisis hebben meegemaakt. Je maakt je altijd zorgen over geld. Je bent op een niet-realistische manier bang dat je failliet zult gaan en als zwerver zult eindigen.

Esther: *Ik weet dat ik me erg druk maak over geld. Ik ben gewoon bang dat als we ouder worden, we alles kwijtraken. Ik ben soms bang dat ik als zwerfster zal eindigen.*

Hoe sterk je er ook financieel voor staat, toch lijkt het alsof je in één klap opeens totaal geruïneerd kunt zijn.

Je denkt vaak aan een buffer. Je hebt het gevoel dat je pas veilig bent als je een bepaald bedrag bezit. Dat geeft je de zekerheid dat je niet onder een bepaalde grens kunt zakken. Je spaart en bent vervolgens erg bang, als je onder dat bedrag komt.

Je geeft niet gemakkelijk geld uit en je hebt er veel voor over om een paar gulden goedkoper uit te zijn.

Esther: *Ik moet soms wel om mezelf lachen. Gisteren ging ik helemaal naar Amsterdam-Noord om kousen te kopen, omdat ik een bon had waarmee ik een tientje korting kreeg. Natuurlijk hadden ze mijn maat niet. Maar het had me inmiddels wel vijf gulden gekost om er te komen.*

Je maakt je er voortdurend zorgen over dat je je rekeningen niet kunt betalen (zelfs als je meer dan genoeg geld hebt). Je pluist de nieuwsberichten uit op tekenen van een economische recessie (ook als het economisch klimaat goed is). Je gebruikt alle signalen als bewijs dat je gelijk hebt. Je maakt je zorgen dat familieleden hun baan zullen verliezen (ook al is daar geen aanleiding toe). Misschien betaal je je blauw aan een invaliditeitsuitkering en andere verzekeringen.

Je moet je geld voortdurend in de gaten houden. Als je de greep zou verliezen, dan weet je zeker dat je de controle kwijtraakt en dat je dan alles in één klap zou uitgeven. Je koopt liever geen dingen waar je geld voor moet lenen. Je neemt geen enkel risico met geld uit angst het te verliezen.

Je hebt het geld absoluut nodig voor het geval er iets gebeurt. Je zou alles wat je hebt kwijt kunnen raken bij een ramp. En dan heb je niets meer. Je moet op die dingen voorbereid zijn.

CONTROLEVERLIES

Mensen met dit type kwetsbaarheid zijn bang voor een psychologische ramp. Ze vrezen in te storten, gek te worden of de controle over zichzelf kwijt te raken. Ook paniekaanvallen horen daarbij.

Ab: *Als ik dat onwerkelijke gevoel krijg dan ben ik bang dat ik daar steeds meer in terecht kom. Dat het niet meer weg gaat en dat ik net zo word als die mensen die in zichzelf lopen te praten en die stemmen horen. Ik vind het heel erg beangstigend. En ik raak helemaal de controle kwijt. Dan ben ik tot alles in staat. Ik kan gaan rennen en schreeuwen op straat. Of iets dergelijks.*

Het kan zijn dat je bang bent om op de een of andere manier de controle over je lichaam kwijt te raken. Dat je misselijk wordt of flauw valt. Het basismechanisme is hetzelfde, waar je ook bang voor bent, het zijn paniekaanvallen. Je gaat af op een gevoel van binnenuit en je interpreteert het op een zeer negatieve manier.

Catastrofaal denken is de kern van de valkuil van de kwetsbaarheid. Je denkt meteen aan het allerergste. Je voelt je erg machteloos, als een hulpeloos en kwetsbaar kind.

Mensen met paniekaanvallen moeten weten dat dat komt doordat je catastrofaal denkt. Een paniekaanval duurt op zich maar een of twee minuten. Doordat je catastrofaal denkt duurt het veel langer. 'Stel je voor dat ik doodga of dat ik gek word of de controle verlies?' Iedereen die zo denkt krijgt een paniekaanval.

Vermijden hoort bij deze valkuil. Bijna iedereen met kwetsbaarheid gaat veel situaties uit de weg. Het is heel waarschijnlijk dat veel van de dagelijkse bezigheden onmogelijk worden omdat je probeert je kwetsbaarheid te vermijden. Dit zijn vermoedelijk de achtergronden van je valkuil.

BRONNEN VAN KWETSBAARHEID

1. JE LEERDE JE KWETSBAAR TE VOELEN ALS JE OPGEVOED WERD DOOR OUDERS MET DEZELFDE VALKUIL. DOOR JE OUDERS GOED TE OBSERVEREN. EEN VAN JE OUDERS HAD EEN FOBIE OF WAS BANG OP BEPAALDE GEBIEDEN (ZOALS ANGST OM CONTROLE TE VERLIEZEN, BANG OM ZIEK TE WORDEN, BANG OM FAILLIET TE GAAN).
2. JE OUDERS BESCHERMDEN JE TE VEEL, VOORAL TEGEN GEVAAR OF ZIEKTE. ZE WAARSCHUWDEN JE STEEDS VOOR BEPAALDE GEVAREN. JE KREEG DAARDOOR HET GEVOEL DAT JE TE KWETSBAAR WAS OF NIET IN STAAT HET DAGELIJKS LEVEN HET HOOFD TE BIEDEN. (DIT GAAT VAAK SAMEN MET AFHANKELIJKHEID.)
3. JE OUDERS BESCHERMDEN JE JUIST NIET GENOEG. JE VOELDE JE ALS KIND LICHAMELIJK, EMOTIONEEL OF FINANCIEEL NIET VEILIG. (DIT GAAT VAAK SAMEN MET WANTROUWEN EN MISBRUIK.)
4. JE WAS ALS KIND VEEL ZIEK OF JE HEBT WERKELIJK EEN TRAUMATISCHE GEBEURTENIS MEEGEMAAKT (ZOALS BIJVOORBEELD EEN AUTO-ONGELUK) WAARDOOR JE JE KWETSBAAR BENT GAAN VOELEN.
5. EEN VAN JE OUDERS HEEFT EEN TRAUMATISCHE GEBEURTENIS MEEGEMAAKT OF IS GESTORVEN. HIERDOOR BEN JE DE WERELD ALS IETS GEVAARLIJKS GAAN ZIEN.

Vaak is het zo dat een van je ouders dezelfde valkuil had. Ze gaven het voorbeeld.

Ab: *Mijn moeder was zelf een hypochonder. Ze liep van de ene naar de andere dokter met alle mogelijke klachten. Ze had ook pijnaanvallen. Vaak wilde ze opeens ergens weg, of juist blijven. Ik weet dat ze niet van mensenmassa's hield. Ze waarschuwde me altijd voor alles. Het is koud, doe een trui aan, ga niet naar buiten, het wordt nog je dood. Ze lette altijd op of ik geen koorts had of keelpijn, en ze wilde altijd dat ik naar de dokter ging.*

Therapeut: *En dat gedoe over gek worden dan? Leerde je dat ook van je moeder?*

Ab: *Ik denk het wel. Ze was erg bijgelovig. Ze geloofde in het boze oog en zo. Ik herinner me dat ik als puber naar het planetarium zou gaan. Je weet wel, naar de lichtshow. Ze zei dat ik beter niet kon gaan, ze vertelde over een meisje dat in trance was geraakt en dat er nooit meer uit was gekomen. Ik weet nog goed dat ik uiteindelijk niet ben gegaan. Ze maakte me echt bang.*

Dit is een vorm van directe overname van een valkuil. Je leert je kwetsbaar te voelen door een van je ouders die zichzelf kwetsbaar voelt. Je neemt het over.

Een andere bron is overbescherming door ouders. Ouders die kwetsbaarheid als valkuil hebben, zijn waarschijnlijk ook overbeschermend. Ze zien overal gevaren. Ze brengen op het kind over dat de wereld erg onveilig is.

Ab: *Mijn moeder dacht dat er overal bacteriën waren. Dus was ze altijd aan het schoonmaken en het desinfecteren. Ze waarschuwde altijd dat ik met mijn vrienden niet van hetzelfde bord mocht eten. Op een dag ontdekte ze dat mijn vriend Jasper en ik een geheime club hadden. Ze raakte echt over haar toeren. Je zou denken dat ze dacht dat Jasper het boze oog had.*

Ab kreeg de boodschap dat hij niet opgewassen zou zijn tegen gevaar. Hij was te kwetsbaar en zijn moeder moest hem beschermen.

Zonder haar zou er iets vreselijks gebeuren, althans dat dacht hij. Hij zou een verschrikkelijke ziekte kunnen krijgen of zomaar in trance kunnen raken en er nooit meer uit kunnen komen.

Bij Esther was er sprake van een andere, minder gebruikelijke achtergrond. Haar ouders hadden het concentratiekamp overleefd. Als pubers hadden ze samen in het kamp gezeten.

Esther: *In de wereld waarin ik opgroeide was het een reële mogelijkheid dat het opnieuw zou gebeuren, snap je? Ik lag vaak wakker en dan was ik bang dat de nazi's ons huis zouden binnendringen.*
Bijna iedereen in beide families was vermoord. Ze hadden een fotoalbum, en bijna iedereen was dood. Allemaal kinderen van mijn leeftijd.

Zoals je zult begrijpen waren Esthers ouders heel voorzichtig. Ze leerden haar om bang te zijn voor andere mensen, vooral niet-joden.

Esther: *Ze zeiden altijd dat ik niet-joodse mensen beter niet kon vertrouwen. Zelfs onze buren en vrienden niet. Toen ik in de zesde klas van de lagere school zat was mijn beste vriendinnetje niet-joods. Mijn moeder zei altijd dat ik haar niet al te veel moest gaan vertrouwen en haar niet te dichtbij moest laten komen. Ze vertelde dat ze als meisje in Duitsland had meegemaakt dat de buren zich ineens van haar familie afkeerden. Dat ze opeens vijanden werden.*

Esther kon zich nooit helemaal veilig voelen. Het leven is te gevaarlijk, mensen zijn te gevaarlijk. Ze gaat door het leven als door een mijnenveld.

Kwetsbaarheid kan samengaan met een aantal andere valkuilen. Als je ouders je hebben misbruikt, verwaarloosd of verlaten, dan voelde je je ongetwijfeld kwetsbaar. Deze gebeurtenissen hebben je basisveiligheid aangetast. Ergens ben je er altijd bang voor dat er weer zoiets gaat gebeuren.

WAARSCHUWINGSSIGNALEN IN RELATIES

Je voelt je vooral tot mensen aangetrokken die voor je kunnen zorgen. Door een partner te kiezen die je beschermt *geef je toe* aan je kwetsbaarheid en daarmee maak je de ander sterker. Hieronder vind je de signalen die erop wijzen dat je partnerkeuze te maken heeft met je valkuil.

WAARSCHUWINGSSIGNALEN IN RELATIES

1. JE HEBT DE NEIGING OM PARTNERS TE KIEZEN DIE JE HET LIEFST TEGEN ALLES WILLEN BESCHERMEN, TEGEN GEVAAR OF ZIEKTE. HIJ OF ZIJ IS STERK EN JIJ BENT ZWAK EN HEBT BESCHERMING NODIG.
2. JE PARTNER MOET VOORAL NIET BANG ZIJN, LICHAMELIJK STERK, SUCCESVOL, EEN DOKTER OF IN IEDER GEVAL IEMAND ZIJN DIE IETS SPECIAALS HEEFT OM JE TE BESCHERMEN TEGEN JE ANGSTEN.
3. JE ZOEKT MENSEN UIT DIE GRAAG WILLEN LUISTEREN NAAR JE ANGSTEN EN DIE JE GERUSTSTELLEN.

Je wilt een sterk persoon die aandacht heeft voor jouw problemen. Je wilt iemand die je in de watten legt, iemand bij wie je je helemaal veilig kunt voelen.

DE VALKUILEN VAN KWETSBAARHEID

1. JE VOELT JE IN HET DAGELIJKS LEVEN VAAK BANG DOOR OVERDREVEN ANGSTEN. JE HEBT MOGELIJK EEN ANGSTSTOORNIS.
2. JE BENT VAAK BANG DAT JE EEN ZIEKTE ONDER DE LEDEN HEBT, ZODAT JE A) JE ONNODIG MEDISCH LAAT ONDERZOEKEN, B) JE FAMILIE TOT LAST BENT VANWEGE DE VOORTDURENDE GERUSTSTELLING DIE JE ZOEKT, EN C) NIET VAN HET LEVEN KUNT GENIETEN.
3. JE HEBT LAST VAN PANIEKAANVALLEN OMDAT JE STEEDS MOET LETTEN OP SIGNALEN VAN MOGELIJKE ZIEKTEN.
4. JE BENT OVERDREVEN EN TEN ONRECHTE BANG OM FAILLIET TE GAAN. DIT LEIDT ERTOE DAT JE VEEL TE VOORZICHTIG BENT MET GELD EN DAT JE NIET VAN BAAN DURFT TE VERANDEREN OF DAT JE GEEN ENKEL RISICO DURFT TE NEMEN OP FINANCIEEL VLAK. JE BENT EROP GERICHT TE HOUDEN WAT JE HEBT IN PLAATS VAN IETS NIEUWS TE ONDERNEMEN. JE DURFT GEEN ENKEL RISICO TE NEMEN.

5. JE GAAT VEEL TE VER IN JE POGINGEN OM GEEN SLACHTOFFER TE WORDEN VAN CRIMINALITEIT. JE GAAT BIJVOORBEELD 'S AVONDS DE DEUR NIET MEER UIT, JE VERMIJDT GROTE STEDEN OF HET OPENBAAR VERVOER. JE LEVEN IS DAARDOOR ERG BEPERKT.
6. JE GAAT IN HET LEVEN VAN ALLEDAG IEDER RISICO UIT DE WEG, JE GAAT BIJVOORBEELD NOOIT IN EEN LIFT, MET DE METRO, JE GAAT NIET IN EEN STAD WONEN WAAR IETS ZOU KUNNEN GEBEUREN.
7. JE LAAT JE DOOR JE PARTNER BESCHERMEN. JE HEBT VEEL GERUSTSTELLING NODIG. JE PARTNER HELPT JE BIJ HET VERMIJDEN VAN DE DINGEN WAAR JE BANG VOOR BENT. JE WORDT ERG AFHANKELIJK VAN JE PARTNER. DIE AFHANKELIJKHEID VIND JE TEGELIJK VAAK VERSCHRIKKELIJK.
8. JE CHRONISCHE ANGST KAN JE KWETSBAARDER MAKEN VOOR SOMMIGE ZIEKTEN (BIJVOORBEELD ECZEEM, ASTMA, DARMPROBLEMEN, GRIEP, KANKER, ENZOVOORT).
9. JE BEPERKT JE SOCIALE LEVEN OMDAT JE DOOR JE ANGSTEN NIET KUNT DOEN WAT ANDEREN DOEN.
10. JE BEPERKT HET LEVEN VAN JE PARTNER EN JE GEZINSLEDEN, DIE ZICH MOETEN AANPASSEN AAN JOUW ANGSTEN.
11. JE BRENGT DE ANGSTEN WAARSCHIJNLIJK OVER OP JE KINDEREN.
12. JE HAALT WAARSCHIJNLIJK ALLERLEI INGEWIKKELDE TOEREN UIT OM GEVAAR TE VERMIJDEN. JE HEBT DWANGMATIGE TREKKEN OF JE BENT BIJGELOVIG.
13. JE BENT MISSCHIEN TE AFHANKELIJK VAN MEDICIJNEN, ALCOHOL OF ETEN OM JE CHRONISCHE ANGST TE VERMINDEREN.

Vermijding is waarschijnlijk een van de grootste valkuilen. Je vermijdt zoveel dat het de kwaliteit van jouw leven en dat van je partner en gezinsleden aantast. De valkuil perkt je in.

Esther: *Soms denk ik dat ik in een donkere wolk leef en dat de wereld om me heen licht en zonnig is. Ik mis dat allemaal.*

Je bent zo bang dat je weinig anders meer kunt voelen.

Esther: *Ik was bij het optreden van Rob, mijn zoon op het schoolconcert. Opeens voelde ik me zo gelukkig dat ik daar met Walter zat te luisteren naar Rob. Ik dacht bij mezelf dat ik me zelden zo gelukkig voel. Het was zo'n zeldzaam moment dat ik godzijdank even niet bang was.*

Je kunt zoveel bescherming om je heen bouwen dat je je afsluit voor het leven. Ab voelde zich opgesloten in een baan die hij niet leuk vond, omdat hij geen enkel risico durfde te nemen. Hij werkte als computerprogrammeur.

Ab: *Mijn werk is saai en vervelend, ver beneden mijn niveau. Ik zou analist kunnen zijn. Ik ga niet met plezier naar mijn werk. Ik zit daar maar de hele dag en doe steeds hetzelfde.*
Therapeut: *Waarom zoek je geen andere baan?*
Ab: *Dat denk ik ook heel vaak. Het is alleen dat het een vaste baan is, het betaalt goed en ze zullen me niet gauw ontslaan.*

Als je de kosten en de baten van een risico tegen elkaar afweegt, dan let je eigenlijk alleen op zekerheid en veiligheid. Dat is voor jou veel belangrijker dan een mogelijke verbetering. Leven is voor jou niet het zoeken naar bevrediging en plezier. Leven bestaat voor jou vooral uit het vermijden van gevaar.

Kwetsbaarheid tast ook je sociale leven aan. Je voortdurende behoefte aan geruststelling put de mensen waar je van houdt uit. Er komt geen einde aan. (Ik weet dat uit eigen ervaring. Voor ik beter wist, heb ik heel wat cliënten met kwetsbaarheid proberen gerust te stellen.) Het is nooit genoeg. Je kunt iemand nooit helemaal geruststellen. Het is een bodemloze put.

Kwetsbaarheid berooft je ook van energie en tijd die je anders in sociale bezigheden zou steken. In plaats van met mensen om te gaan, ga je naar de dokter of ben je bezig met het alarmsysteem. Je bent in beslag genomen door symptomen, paniekaanvallen of ziekten, die je nog verder afleiden en ondermijnen. Er zijn veel plaatsen waar je niet heen kunt gaan. Je zou beroofd kunnen worden of je geeft te veel geld uit. Je eist van de mensen van wie je houdt dat ze zich net zo beperken als jij.

Afhankelijkheid gaat vaak samen met kwetsbaarheid. Als je met deze valkuil een sterke partner kiest en steeds om geruststelling vraagt, dan leer je nooit dat je het zelf kunt. Als je alleen bent, dan voel je je helemaal overgeleverd aan dat gevoel van kwetsbaarheid. Je hebt je partner voortdurend nodig. Dit roept natuurlijk vaak boosheid op, aan beide kanten.

Walter: *Ze wordt boos als ik niet overal met haar mee naartoe ga. Boos op mij. Dat gaat mijn verstand te boven. Alsof ik haar overal achterna zou moeten lopen.*

Je bent vaak bijgelovig. Je gebruikt magische rituelen om mogelijk gevaar af te wenden.

Esther: *Voordat ik ga slapen moet ik het huis doorlopen en alles vijf keer controleren. Het strijkijzer, de kachel, de magnetron, de oven, de föhn, de kinderkamer, de auto en de garage.*
Therapeut: *Dat lijkt me nogal vermoeiend. Waarom vijf keer?*
Esther: *Anders kan ik niet ontspannen en val ik niet in slaap.*
Therapeut: *Wat gebeurt er als je het niet doet?*

Esther: *Dan lig ik in bed te piekeren. Ik kan gewoon niet slapen als ik het niet vijf keer heb gedaan.*

Tellen, controleren, wassen, schoonmaken – allemaal voorbeelden van dwangmatige rituelen die je gebruikt om op een magische manier het leven veiliger te maken. Deze rituelen trekken een wissel op je energie.

Al deze patronen versterken het gevoel van onveiligheid, het gevoel dat het leven gevaarlijk is. Je leert daardoor nooit dat het leven redelijk veilig is, als je gewoon een beetje oplet.

Je moet de volgende stappen nemen om je valkuil te veranderen:

HET VERANDEREN VAN DE VALKUIL VAN DE KWETSBAARHEID

1. PROBEER DE OORSPRONG VAN JE VALKUIL TE BEGRIJPEN.
2. MAAK EEN LIJST VAN SPECIFIEKE ANGSTEN.
3. MAAK EEN HIËRARCHIE VAN GEVREESDE SITUATIES.
4. PRAAT MET DE MENSEN VAN WIE JE HOUDT – JE PARTNER, JE GELIEFDE, FAMILIE, VRIENDEN – EN MAAK EEN LIJST VAN DE MANIEREN WAAROP ZE JE ONDERSTEUNEN MET BETREKKING TOT JE ANGSTEN.
5. GA NA OF JE ANGSTEN VOOR BEPAALDE GEBEURTENISSEN REËEL ZIJN.
6. SCHRIJF IEDERE SITUATIE WAAR JE BANG VOOR BENT OP EEN APARTE KAART.
7. PRAAT TEGEN HET KIND IN JE. WEES EEN STERKE EN MOEDIGE OUDER VOOR DAT KIND.
8. DOE ONTSPANNINGSOEFENINGEN.
9. PAK IN JE VERBEELDING JE ANGSTEN AAN.
10. PAK JE ANGSTEN AAN IN HET LEVEN VAN ALLEDAG.
11. BELOON JEZELF VOOR IEDERE STAP DIE JE ONDERNEEMT.

---

1. *Probeer de oorsprong van je valkuil te begrijpen.* Had een van je ouders een fobie? Waren ze te beschermend? Boden ze te weinig bescherming? Op welke terreinen leerde je je kwetsbaar te voelen? Ziekte? Reizen? Geld? Gevaar in de omgeving? Controleverlies?

Vaak is de oorsprong van een valkuil wel duidelijk. Misschien weet je het al. Het is belangrijk te begrijpen waar het vandaan komt. Maar bij deze valkuil maakt het niet zoveel uit als bij sommige andere. Het begrijpen van je valkuil is een goede start maar helpt je niet veel als het gaat om verandering.

2. *Maak een lijst van je specifieke angsten.* We willen dat je objectief naar je angsten kijkt. Kijk naar de wijze waarop je aan je kwetsbaarheid toegeeft (door jezelf te veel te beschermen) en de manieren waarop je het omzeilt (door te situaties uit de weg te gaan).

Gebruik een kaart. Schrijf daarop een lijst van situaties waar je bang voor bent – de metro, 's nachts op straat, geld uitgeven, plekken met veel bacteriën, enzovoort.

Scoor iedere angst op een aantal dimensies. Gebruik een schaal van 0 tot 100, waarbij 0 helemaal niets is en 100 'zoveel als je je kunt voorstellen'. Hoe sterk is je angst? Hoe vaak vermijd je een situatie, of 'ontsnap' je? Ten slotte, hoe heb je geleerd jezelf te beschermen, hoe ging dat bij jullie thuis?

Hier is de kaart die Ab invulde voor 's nachts alleen thuis zijn.

Gevreesde situatie	Niveau van angst	Mate van vermijding	Hoe ik mezelf te veel bescherm	Hoe ik mijn familie toesta me te veel te beschermen
's Nachts alleen thuis zijn.	75%	80%	Vrienden uitnodigen, de hele nacht weg-gaan, laat doorwerken, vriendinnen overhalen om te blijven slapen.	Ze bellen me voortdurend.

Doe dit voor alle situaties waar je bang voor bent.

3. *Maak een hiërarchie van gevreesde situaties.* We willen dat je een hiërarchie aanbrengt in alle situaties die op je kaart staan. Verdeel iedere situatie onder in stappen die je zou kunnen zetten om eroverheen te komen. Geef de stappen dan een score van 1 tot 100 in termen van hoe bang je bent voor elk ervan. Breng dan volgorde aan in welke stappen je het eerst gaat zetten, de gemakkelijkste eerst en zo steeds verder op de ladder. Hier is als voorbeeld de lijst van Esther.

Gevreesde situatie	Angstscore
1. Zwemmen	
1. zwemmen in ondiep water	20
2. zwemmen met mijn hoofd onder water	65
2. Lift	
1. met de lift vijf verdiepingen omhoog gaan met iemand erbij	25
2. vijf verdiepingen met de lift alleen	40
3. meer dan vijf verdiepingen met iemand	60
4. meer dan vijf verdiepingen alleen	80
3. De stad ingaan	
1. overdag naar de stad gaan, met iemand	30
2. overdag alleen de stad in gaan	50
3. 's avonds de stad in gaan met iemand	75
4. 's avonds alleen de stad ingaan	100
4. Alleen thuis zijn	
1. alleen thuis zijn overdag, met telefoneren	30
2. alleen thuis zijn overdag, zonder telefoneren	45
3. 's nachts alleen de oprit op lopen	50
4. alleen in huis zijn in het begin van de avond	55
5. 's nachts alleen thuis zijn, met telefoneren	80
6. 's nachts alleen thuis zijn, zonder telefoneren	95
5. Geld uitgeven	
1. gespaard geld uitgeven voor iets plezierigs	35
2. naar een groter huis zoeken	55
3. verzekeringspolissen verkopen	75
4. geld uitgeven aan een dure familievakantie	85
6. Alleen ergens naartoe gaan	
1. naar de supermarkt zonder Walter of de kinderen	40
2. alleen met de auto naar vrienden rijden	60
3. alleen naar een groot winkelcentrum gaan	85
7. Reizen	
1. een reisje plannen	30
2. met het gezin een uitstapje maken	50
3. alleen met de trein een dagje weggaan	85
4. met het gezin ergens overnachten	95
5. met het vliegtuig reizen	100

Maak voor iedere situatie zoveel stappen als je nodig vindt. Het gaat erom dat je de hiërarchie kunt doorlopen. Er moet altijd iets boven aan je lijst staan dat gemakkelijk genoeg is.

De hiërarchie houdt in dat je ophoudt met vermijden (dat wil zeggen dat je op dingen afgaat die je normaal vermijdt) en dat je overbescherming opgeeft (dat houdt in dat je meer risico gaat lopen in je eentje). Let er goed op dat je beide doet. Gebruik de eerste lijst om dat na te gaan.

4. *Praat met de mensen van wie je houdt – je partner, je geliefde, familie, vrienden – en maak een lijst van de manieren waarop ze je ondersteunen met betrekking tot je angsten.* Laat de mensen om je heen weten waar je mee bezig bent. Vertel ze dat je probeert om je gevoelens van kwetsbaarheid te overwinnen. Vraag ze om je minder bescherming te gaan bieden en je minder gerust te stellen. Je kunt ze vragen om dat stukje bij beetje te doen.

Moedig ze aan om hun eigen kwetsbaarheid aan jou te laten zien. Waarschijnlijk lucht ze dat op.

Walter: *Het is erg prettig om niet altijd de sterkste te hoeven zijn. Het drukte op me. Ik heb zelf ook problemen en ik zou ze graag met Esther bespreken zonder dat ze van streek raakt. Ik heb problemen op mijn werk die ik graag eens met haar zou willen bespreken.*

De meeste partners springen een gat in de lucht als ze de kans krijgen om op te houden met het bieden van overbescherming. Meestal zijn partners er doodmoe van. Ze hoeven trouwens hun rol niet helemaal op te geven. Ze moeten het alleen minder doen, gewoon zoals iedereen elkaar steunt.

Je hebt veel mensen om je heen gekozen vanuit je valkuil. Ze houden je valkuil in stand. Als je je valkuil wilt overwinnen dan moet je hen daarmee op laten houden.

5. *Ga na of je angsten voor bepaalde gebeurtenissen reëel zijn.* Veel mensen met kwetsbaarheid overdrijven de mogelijkheid dat er echt iets gevaarlijks zal gebeuren.

Therapeut: *Wat denk je dat de kans is dat een vliegtuig neerstort?*
Esther: *Ik weet het niet, misschien één op duizend.*
Therapeut: *En als je erin zit, wat denk je dan dat de kans is?*
Esther: *Als ik erin zit lijkt de kans veel groter. Misschien wel zestig procent.*
Therapeut: *Weet je dat de kans eerder één op een miljoen is?*

Je gebruikt je intuïtie om de kans op gevaar in te schatten. Je hebt het gevoel dat de kans op een ramp heel groot is. Het probleem is dat je intuïtie niet klopt omdat die beïnvloed wordt door je valkuil.

We willen dat je objectiever gaat kijken naar gevaar. Verzamel informatie. Vraag de mening van anderen. Lees erover. Stel je op de hoogte. Meer accurate kennis zal je angst verminderen. Schrijf voor iedere gevreesde situatie de kans dat het zal gebeuren op. Eerst waar je bang voor bent in de situatie en vervolgens de realistische kans volgens de mensen om je heen zonder de valkuil van de kwetsbaarheid.

Gebruik de volgende tabel. Dit is de tabel van Ab.

Gevreesde situatie	Kans op gevaar volgens mijn gevoel	Meer realistische kans op gevaar (gebaseerd op de mening van anderen)
Dat ik gek word tijdens een paniekaanval	99%	25%

De 25 procent die Ab aangaf is in feite veel te hoog. De kans dat iemand gek wordt tijdens een paniekaanval is praktisch nul – omdat het, voorzover ons bekend, nog nooit is voorgekomen. Er is veel onderzoek gedaan naar angststoornissen. Er zijn geen gevallen bekend van mensen die gek werden tijdens een paniekaanval. Hetzelfde geldt voor overlijden en controleverlies. Dat gebeurt gewoonweg niet tijdens een paniekaanval. Je bent er alleen maar bang voor.

Of, anders gezegd, de kans dat je dood gaat, gek wordt of de controle verliest is even groot als op andere momenten, als je geen paniekaanval hebt. De paniekaanval heeft er geen invloed op.

Het overdrijven van de kans op gevaar is onderdeel van je neiging om onheil te verwachten. Je denkt altijd het ergste en dat lijkt je het meest waarschijnlijke. In feite is het zeer onwaarschijnlijk dat er iets catastrofaals met je zal gebeuren.

6. *Schrijf iedere situatie waar je bang voor bent op een aparte kaart.* Maak een aparte kaart voor elk van je angsten. Denk er goed aan dat je valkuil je ertoe brengt om overal onheil te zien. Moedig jezelf aan om onder ogen te zien wat je uit de weg gaat en geef het teveel aan bescherming op.

Dit is de kaart die Esther maakte over haar angst om met de lift te gaan.

EEN KWETSBAARHEIDSKAART

IK WEET DAT IK BANG BEN OM MET DE LIFT TE GAAN. IK BEN BANG VOOR EEN ONGELUK. DAT ER BRAND UITBREEKT, DAT DE LIFT VAST BLIJFT ZITTEN. VOOR MIJN GEVOEL KAN DAT IEDER MOMENT GEBEUREN.

WAT ER IN WERKELIJKHEID GEBEURT, IS DAT MIJN KWETSBAARHEID OPSPEELT. IK OVERDRIJF ZEER WAARSCHIJNLIJK HET RISICO. DAAROM GA IK MEZELF ERTOE BRENGEN OM HET TOCH MAAR TE GAAN DOEN. ONDANKS MIJN ANGST. OM MEZELF ERVAN TE OVERTUIGEN DAT HET IN WERKELIJKHEID NIET GEVAARLIJK IS.

IK WEET DAT IK VIJF KEER DE VERDIEPINGEN WIL TELLEN VOORDAT IK IN DE LIFT STAP. IK HEB HET GEVOEL DAT HET DAN VEILIGER IS. MAAR IK HOEF HET NIET TE DOEN. HET IS VEILIG GENOEG, ZONDER TELLEN. TELLEN IS ALLEEN MAAR BIJGELOOF. HET IS ALLEEN MAAR LASTIG, IK WIL ERVAN AF.

Gebruik de kaarten als je valkuil opspeelt. Het kan je neiging om gevaar te zien tegengaan. Denk steeds aan de werkelijke kans op rampen. Doe het. Uiteindelijk zal je angst overgaan en ga je je prettig voelen.

7. Praat tegen het kind in je. Wees een sterke en moedige ouder voor dat kind. De gevoelens die met je valkuil verbonden zijn, zijn kindergevoelens. Het zijn de gevoelens van het kwetsbare kind in je. Je hebt een innerlijke ouder nodig om dat kind in je te helpen. Hiervoor kun je je fantasie gebruiken.

Therapeut: *Denk terug aan een moment waarop je je als kind kwetsbaar voelde. Forceer jezelf niet. Vertel gewoon maar het eerste dat in je opkomt.*

Esther: *Ik ben in de keuken met mijn moeder en onze nieuwe buurvrouw, Andrea. Ze is heel aardig. Ik ben zes. Toen ik bijna zes was kwam Andrea bij ons in de buurt wonen. Ik zit aan de keukentafel een boterham te eten. Ik hoor Andrea aan mijn moeder vragen wat die cijfers op haar arm betekenen. Ze heeft net gezien dat mijn moeder een tatoeage op haar arm heeft. Mijn moeder begint aan Andrea te vertellen dat ze in een concentratiekamp heeft gezeten. 'Lang geleden, toen ik een kind was.' Dat hoor ik voor het eerst. Ik bedoel, ik weet allang dat er iets vreselijks is gebeurd. Maar dit is de eerste keer dat ik begrijp wat het was.*

Therapeut: *Hoe voel je je nu?*

Esther: *Ik krijg kippenvel. Ik ben bang, heel erg bang.*

Zodra je een beeld hebt dat verbonden is met het gevoel van kwetsbaarheid, ga dan als volwassene het beeld in om het bange kind te troosten. Geef het een veiliger gevoel.

Esther: *Ik ga het beeld binnen als volwassene. Ik ga aan tafel zitten met het kind Esther. Ik zeg: 'Je hoeft niet bang te zijn. Het is veilig. Je bent thuis, ik ben er en je bent veilig. Niemand zal je pijn doen. Hier zijn geen nazi's. Als je buiten wilt gaan spelen ga ik wel met je mee. Ik zal je beschermen. Ik help je wel je angst te overwinnen.'*

We willen graag dat je altijd deze volwassene erbij haalt wanneer je valkuil opspeelt. Zeg tegen jezelf dat je niets te vrezen hebt. Dat je nergens bang voor hoeft te zijn. Help het kind in je zich veilig genoeg te voelen om de confrontatie aan te gaan.

8. *Doe ontspanningsoefeningen.* Onspanningsoefeningen kunnen je helpen de fysieke symptomen van angst in bedwang te houden. Dan kun je je lichaam en je geest beter richten en voorkomen dat je terecht komt in ramp-denken.

Dit is een eenvoudige meditatie. Het bestaat uit twee delen: ademhalingstechnieken en een meditatie. Adem diep vanuit je buik. Je moet niet meer dan acht keer ademhalen per minuut. En als je inademt, mag alleen je buik bewegen. Je borst moet je helemaal stil houden. Door zo te ademen voorkom je dat je gaat hyperventileren. Dat is de belangrijkste oorzaak van fysieke symptomen van angst en in het bijzonder paniekaanvallen.

De meditatie volgt het ritme van je ademhaling. Als je inademt, zeg dan zachtjes het woord *ontspan* tegen jezelf. Als je uitademt, zeg dan het woord *adem* tegen jezelf. Blijf deze woorden voor jezelf herhalen, langzaam op het ritme van je ademhaling.

Gebruik deze ontspanningstechniek als je kwetsbaarheid weer toeslaat. Je zult merken dat het geweldig kan helpen.

Ab: *Toen ik net begon met de ademmeditatie werd ik er zenuwachtig van. Het duurde een poosje voordat ik er echt mee om kon gaan. Ik vond het niet prettig om me op mijn ademhaling te richten.*

Therapeut: *Je moet erdoorheen, dat weet ik.*

Ab: *Dat is zo, maar nu helpt het echt. Steeds als het paniekgevoel dreigt toe te slaan dan gebruik ik het. Het kalmeert me en helpt me mijn hoofd koel te houden.*

9. *Pak in je verbeelding je angsten aan.* Je fantasie speelt een belangrijke rol in het in werking stellen van je valkuil. Als je erop gaat letten dan zul je merken dat je niet alleen zwartgallige *gedachten* hebt, maar ook *beelden*. Je stelt jezelf het ergste voor. En natuurlijk maakt dat je bang.

We willen graag dat je begint met verbeeldingsoefeningen om je de dingen beter en niet slechter voor te stellen. We willen graag dat je een goede afloop oefent, waarin je de overmaat aan bescherming opgeeft, iets onderneemt en er goed mee omgaat.

Gebruik de hiërarchie die je hebt gemaakt. Begin met de gemakkelijke stappen. Ga in een lekkere stoel zitten en ontspan jezelf met behulp van de ademmeditatie. Als je je ontspannen voelt stel je dan de gevreesde situatie voor. Stel je voor dat je je precies gedraagt zoals je dat wil.

Therapeut: *Welk beeld heb je in je hoofd?*
Esther: *Ik sta bij de lift. Walter is erbij. En ook de grote Esther. Het geeft een veilig gevoel dat ze erbij zijn. Ik wil alle verdiepingen vijf keer tellen, maar ik doe het niet. Zodra ik die beslissing neem, voel ik een golf van angst, maar het gaat weer over. Ik voel me goed, sterk en vol vertrouwen. De lift komt eraan en de deuren gaan open. We gaan erin. Ik ga rustig staan en doe mijn ontspanningsoefening. Voordat ik het weet stopt de lift en gaan we eruit. We hebben vijf verdiepingen gedaan en ik voel me prima.*

Ga in je fantasie geleidelijk door de situaties in je hiërarchie. Gebruik je verbeelding om er greep op te krijgen. Je hebt al vele malen geoefend met een slechte afloop. Nu is de tijd gekomen om een goede, veilige en succesvolle afloop te oefenen.

10. Pak je angsten aan in het leven van alledag. Het veranderen van je gedrag is het eindresultaat van alles wat je tot nu toe hebt gedaan. Het is de meest krachtige manier om je valkuil te veranderen. Zodra je echt je vermijding gaat opgeven en als je jezelf gaat bewijzen dat je de dingen verkeerd hebt gezien, wordt het een spiraal. Hoe meer je onderneemt en merkt dat er niet gebeurt wat je vreest, hoe veiliger je je gaat voelen en hoe vaker je het gaat doen.

Nogmaals, gebruik je hiërarchie en begin met de gemakkelijke stappen. Blijf iedere stap net zolang oefenen totdat je er vertrouwd mee bent. Eerst moet je het gevoel hebben dat je het echt in de vingers hebt voordat je verder gaat. Werk rustig door totdat je alles hebt gedaan. Gebruik de kaarten, de ademhalingsmeditatie en de reparenting-technieken om je te helpen om iedere situatie goed meester te worden.

11. Beloon jezelf voor iedere stap die je onderneemt. Jezelf belonen is het cement tussen de reeds behaalde resultaten. Als je een bepaalde stap van je hiërarchie hebt gedaan, neem dan een moment om jezelf te feliciteren. Geef het kind in je complimenten omdat hij zijn angsten heeft overwonnen. Je verdient lof – er was moed voor nodig. Het is niet gemakkelijk om je angst te overwinnen.

Laat jezelf zien dat niet iedere angst bewaarheid wordt. Dit zal je helpen ervaren dat je gevoel van kwetsbaarheid sterk overdreven is.

ENKELE WOORDEN TOT SLOT

De echte beloning voor het overwinnen van je valkuil is dat je leven rijker wordt. Je mist zoveel door je angsten. Zowel Ab als Esther vonden hun leven een stuk verbeterd nadat ze de hierboven beschreven stappen hadden genomen.

Ab: *Ik denk dat wat me echt aan het werk heeft gezet is dat ik me realiseerde hoeveel ik miste. Ik onthield mezelf zoveel. Mijn leven werd beheerst door angst.*

Als je merkt dat je de valkuil niet alleen onder de knie kunt krijgen, overweeg dan om in therapie te gaan. Waarom zou je je activiteiten zo beperken en jezelf ontkennen? De weg uit de valkuil van de kwetsbaarheid is een weg terug naar het leven.

HOOFDSTUK 12

'IK BEN NIETS WAARD' DE VALKUIL VAN DE MINDERWAARDIGHEID

SOFIE IS 30 JAAR. ZE HEEFT HET GEVOEL DAT ZE HET NIET WAARD IS DAT MENSEN VAN HAAR HOUDEN.

Sofie kijkt angstig als ze de praktijk binnenkomt. Ze heeft er duidelijk moeite mee om over zichzelf te praten. De therapeut probeert haar op haar gemak te stellen. Na een poosje vraagt hij haar naar de reden van haar komst. Ze zegt dat ze depressief is.

Sofie: *Ik geloof dat ik vaak op mezelf zit af te geven. Ik denk altijd: 'Waarom zou iemand met me om willen gaan?' Zoals bijvoorbeeld die man, met wie ik een paar maanden uit ben gegaan. Bijna een jaar was het. Thijs heet hij. Gisteren belde ik hem en ik heb een boodschap op zijn voice-mail ingesproken. Terwijl ik zat te wachten tot hij terugbelde, dacht ik: 'Hij belt vast niet terug, hij wil me niet meer zien.' Alsof ik door de mand ben gevallen. Ik wacht tot het moment dat ik door de mand val. Zelfs toen hij belde, bleef ik maar denken: 'Hij wil niet met me praten, hij wil ophangen.'*

Therapeut: *Het is moeilijk te geloven dat hij echt om je geeft.*

Naarmate het gesprek vorderde bleek dat Sofie erover dacht om met Thijs te trouwen: 'Hij vroeg me een paar weken geleden ten huwelijk. Hij is echt heel goed voor me. Ik zou gek zijn als ik het niet deed.' Maar om een onbegrijpelijke reden maakt het idee van trouwen haar bang.

Sofie: *Misschien heb ik niet zulke beste relaties gehad tot nu toe. De laatste man bij wie ik aan trouwen dacht was nou niet bepaald de leukste. Hij maakte eigenlijk misbruik van mijn gevoelens. Hij had altijd wel wat op me aan te merken.*

Therapeut: *Maar bij Thijs is het anders, zo te horen.*

Sofie: *Ja, dat weet ik. Het is nu anders. Ik denk dat ik bang ben om mensen dichtbij te laten komen. En Thijs probeert dat.*

Daarom is Sofie in therapie gegaan. Ze heeft een ‘intimiteitscrisis’.

FRANS IS 43 JAAR. HIJ KOMT SAMEN MET ZIJN VROUW IN THERAPIE OMDAT ZE HUWELIJKSPROBLEMEN HEBBEN.

Frans maakt op ons allereerst een heel gespannen en gecontroleerde indruk. In de loop van het gesprek zien we ook wat onderliggende woede en afstandelijkheid. Frans is met zijn vrouw Eva in therapie gegaan vanwege huwelijksproblemen.

Frans en Eva zijn nu zeven jaar getrouwd en ze hebben één kind. Eva is er onlangs achtergekomen dat Frans al een poosje een verhouding heeft. Ze heeft gedreigd met een scheiding als hij niet in therapie gaat. In die eerste zitting zei hij: ‘Ik denk echt niet dat ik degene ben die hier moet zitten’, en ‘Als je het mij vraagt heeft zíj een probleem.’ Alsof hij verwachtte dat we met hem zouden samenwerken om haar problemen op te lossen.

In de zitting heeft Frans veel kritiek op Eva en ook op de therapeuten. Het is moeilijk om contact met hem te krijgen. Hij blijft op een afstand. Nadat we de valkuiltherapie aan hen hebben uitgelegd, zegt hij: ‘Het klinkt ongelofelijk eenvoudig.’ En ‘Is dat alles?’ Ik denk dat hij mij aan het uittesten is, en ik zeg dat ook. ‘Je wilt er zeker van zijn dat ik je aankan?’ Hij wil kijken of hij me eronder kan krijgen – of hij me in de verdediging kan krijgen. Als hij ziet dat dat niet lukt, krijgt hij wat meer respect voor me.

Hoewel het me ergert, blijf ik met hem meedenken. Ik weet dat hij eigenlijk bang voor me is. Hij is bang dat ik hem zal doorzien.

DE MINDERWAARDIGHEIDSVRAGENLIJST

Deze vragenlijst meet de kracht van de valkuil van de minderwaardigheid. Beantwoord alle vragen op de schaal.

SCORINGSWIJZE

1. HELEMAAL NIET BIJ ME PASSEND
2. VRIJWEL NIET BIJ ME PASSEND
3. EEN BEETJE BIJ ME PASSEND
4. MEER WEL DAN NIET BIJ ME PASSEND
5. VOOR HET GROOTSTE DEEL BIJ ME PASSEND
6. BESCHRIJFT ME PERFECT

De valkuil kan op jou van toepassing zijn, ook als je maar een enkele keer een 5 of een 6 scoort en als je totale score laag is.

Score	Beschrijving
	1. Als ze me echt zouden leren kennen zou niemand van me houden.
	2. Ik heb allerlei fouten en ben een echte mislukkeling. Ik ben de liefde van anderen niet waard.
	3. Ik heb geheimen die ik niet met anderen zou willen delen, zelfs niet met mijn naasten.
	4. Het was mijn schuld dat mijn ouders niet van me konden houden.
	5. Ik verberg mijn echte zelf. Mijn werkelijke zelf is onacceptabel. Wat ik laat zien is alleen maar show.
	6. Ik voel me vaak aangetrokken tot mensen – ouders, vrienden en geliefden – die veel kritiek op me hebben en die me afwijzen.
	7. Ik heb zelf ook veel kritiek op anderen en ik wijs anderen af, vooral mensen die om me geven.
	8. Ik haal mijn positieve eigenschappen naar beneden.
	9. Ik schaam me meestal voor mezelf.
	10. Een van mijn grootste angsten is dat mijn fouten aan het licht zullen komen.
	Je totale minderwaardigheidsscore (Tel je scores bij vraag 1 tot en met 10 bij elkaar op.)

Het interpreteren van je score

10 – 19	Zeer laag, deze valkuil is niet van toepassing.
20 – 29	Tamelijk laag, deze valkuil is soms van toepassing.
30 – 39	Gemiddeld, deze valkuil is een thema voor je.
40 – 49	Hoog, dit is voor jou een belangrijke valkuil.
50 – 60	Zeer hoog, dit is zeker een van je centrale valkuilen.

HOE HET IS OM JE MINDERWAARDIG TE VOELEN

Het gevoel dat het meest verbonden is met de valkuil van de minderwaardigheid is schaamte. Je voelt schaamte als je tekortkomingen aan het licht komen. Je zou er alles voor over hebben om dit gevoel te vermijden. Je gaat daarom heel ver in het verbergen van je minderwaardigheidsgevoel.

Je hebt het gevoel dat je minderwaardigheid in je zit. Het is niet zichtbaar. Het is onlosmakelijk met jou verbonden – je voelt echt dat je de liefde van anderen niet waard bent. In tegenstelling tot de valkuil van het sociaal isolement, die meer betrekking heeft op uiterlijke of zichtbare gebreken, is de valkuil van de minderwaardigheid meer een innerlijke toestand. Terwijl we meestal direct weten of iemand de valkuil van het sociaal isolement heeft is dat bij minderwaardigheid niet zo duidelijk. Het is zeker een van de meest voorkomende valkuilen, maar hij is vaak moeilijk vast te stellen. Omdat je zogenaamde tekortkoming binnen in je zit – onzichtbaar is – lijd je nog erger onder de angst dat het aan het licht komt.

Bijna de helft van onze cliënten heeft minderwaardigheid als hun primaire valkuil. Oppervlakkig gezien lijken ze helemaal niet op elkaar. Iedereen heeft op zijn eigen manier last van schaamte. Sommigen hebben gebrek aan zelfvertrouwen en maken een onzekere indruk (overgave). Anderen maken een normale indruk (vermijden). Weer anderen zien er zo perfect uit dat je helemaal niet op de gedachte zou komen dat ze de valkuil hebben (bestrijden).

Sofie is bijvoorbeeld iemand die toegeeft aan haar gevoel van minderwaardigheid. Ze heeft voortdurend het gevoel dat er echt iets niet goed aan haar is.

Sofie: *Ik heb altijd al het gevoel gehad dat er iets verkeerds is aan me, ergens van binnen, voor niemand zichtbaar. Dat niemand van me zou houden, mijn leven lang.*

Therapeut: *Wat voel je als je eraan denkt dat iemand wel van je houdt?*

Sofie: *Ik kruip in elkaar van angst.*

Sofie heeft het gevoel dat er iets is, een soort geheim. Iets, dat als het bekend zou zijn, haar volstrekt onacceptabel zou maken. Ze weet niet wat dat geheim is.

Ze heeft ook het gevoel dat wat haar geheim ook is, ze het niet kan veranderen. Zij is het zelf, het is haar eigen ik. Alles wat ze kan doen is het verbergen en het onvermijdelijke moment van ontdekking uitstellen.

Sofie gelooft stellig dat echt niemand van haar kan houden. Alle bewijzen dat mensen wel om haar geven en graag met haar omgaan schuift ze steeds opzij.

Sofie: *Ik zei tegen Thijs dat ik niet naar de bruiloft van zijn broer wilde gaan.*
Therapeut: *Waarom niet? Ik dacht dat je graag wilde.*
Sofie: *Jawel, maar ik had het gevoel dat Thijs liever niet wilde dat ik meeging.*
Therapeut: *Had hij gevraagd of je meeging?*
Sofie: *Jawel, maar ik had toch het gevoel dat mij me daar liever niet bij wilde hebben.*

Als er aanwijzingen zijn dat mensen haar niet mogen of afwijzen dan legt ze daar extra nadruk op, ook bij haar therapeut. Ze verdraait mijn woorden op zo'n manier dat het erop neerkomt dat ik niet om haar geef.

Therapeut: *Ik wilde je vragen om volgende week op een ander tijdstip te komen, een uur eerder.*
Sofie: *Betekent dat dat je liever de afspraak wilt afzeggen? Als dat zo is dan is dat ook goed hoor. Als je iets anders te doen hebt...*
Therapeut: *Helemaal niet. Natuurlijk wil ik dat de afspraak doorgaat. Ik wil alleen weten of een uur eerder ook schikt.*

Sofie is erg streng voor zichzelf. Verschillende keren heb ik haar horen zeggen: 'Ik ben niet goed genoeg', 'ik ben een trut', 'ik deug nergens voor', 'ik heb niets te bieden.' Aan het begin van de therapie dacht ze bijna alleen maar neerbuigend over zichzelf. Op sommige momenten was het zelfs heel pijnlijk, want dan haatte ze zichzelf. Dan zag ze zichzelf als een verachtelijk en weerzinwekkend iemand.

De valkuil van de minderwaardigheid maakt Sofie heel kwetsbaar in relaties. De ander krijgt zóveel ruimte om haar pijn te doen. Ze doet niets om zich te beschermen of te verdedigen.

Frans is precies het tegenovergestelde. Hij is juist onkwetsbaar. Niemand kan hem raken. Door in de tegenaanval te gaan, heeft hij zo'n effectieve manier ontwikkeld om met zijn valkuil om te gaan dat de meeste mensen het niet eens in de gaten hebben. Frans is zichzelf niet eens bewust van zijn diepe gevoelens van schaamte. Frans is een voorbeeld van een kwetsbare, narcistische man. Een narcistisch persoon kan zich niet goed in een ander inleven, hij geeft de anderen de schuld van problemen en heeft vaak het gevoel *speciale rechten* te hebben. Mensen als Frans hebben dit narcisme ontwikkeld om zich te verdedigen tegen hun onderliggende gevoel dat niemand hen ooit echt zal respecteren of van hen zal houden. Het is alsof ze tegen de wereld zeggen: 'Ik zal zo veeleisend zijn, me zo superieur gedragen en zo bijzonder zijn dat niemand me ooit weer zal negeren of bekritiseren.' (Dit is een voorbeeld van het bestrijden als manier van omgaan met valkuilen die we in hoofdstuk 4 beschreven. Je kunt meer lezen over narcisme en hoe het te veranderen in het hoofdstuk over veeleisendheid.)

Narcisten blijven ten koste van bijna alles op zichzelf gericht. Frans keek werkloos toe hoe zijn huwelijk met de vrouw van wie hij zoveel hield te gronde ging. Toch was hij er niet toe in staat toe te geven dat hij problemen had. Hij zou liever alles kwijtraken dan het risico lopen zichzelf kwetsbaar op te stellen. Dat is vaak zo. Een narcist verandert pas als hij met zijn rug tegen de muur staat. De dreiging verlaten te worden kan soms, net als bij Frans, iemand motiveren tot verandering.

Eva: *Hoe hij me ook kwetste, hoe pijnlijk het ook voor me was, het maakte niets uit. Ik kon tranen met tuiten huilen maar hij ging toch gewoon door met die andere vrouw. Pas toen hij doorkreeg dat ik hem echt zou verlaten, wilde hij met haar stoppen.*

Frans en Eva hebben allebei sterke minderwaardigheidsgevoelens, dat is hun valkuil. Hij heeft als strategie bestrijden en zij geeft zich over aan haar gevoel van waardeloosheid. Hij wijst haar af en zij is de afgewezene, het slachtoffer. Samen voeren ze het oorspronkelijke drama van hun jeugd opnieuw op, het verworpen worden door hun ouders.

Als jij deze valkuil hebt, bevind je je waarschijnlijk ergens tussen de twee extremen van Frans en Eva. Misschien stel je je op sommige terreinen wel kwetsbaar op, maar op andere niet. Er zijn veel van zulke cliënten in behandeling. In het begin willen ze graag praten over hun leven, maar bij bepaalde onderwerpen zijn ze ontwijkend. Dan voelen ze zich opeens beschaamd of minderwaardig.

Het komt niet vaak voor dat cliënten aan het begin van de therapie al weten dat ze zich minderwaardig voelen. De meeste mensen verbergen of vermijden dat op de een of andere manier. Het is te pijnblijk om de gevoelens van geweldige zelfhaat en schaamte die bij deze valkuil horen, toe te laten. Zonder dat ze het zich bewust zijn, proberen ze om de schaamtegevoelens voor zichzelf verborgen te houden. Zij gaan in therapie met andere klachten, met relatieproblemen of depressieve gevoelens.

Het kan zijn dat je een vaag gevoel hebt van onbehagen, terwijl je niet goed kunt uitleggen waar het vandaan komt. Je realiseert je niet dat je depressie voortkomt uit de negatieve kijk op jezelf. Depressie houdt in dat je je onwaardig voelt en kwaad bent op jezelf. Je hebt je misschien wel je hele leven depressief gevoeld – zo'n vaag gevoel van depressie dat steeds op de achtergrond aanwezig is.

Als vermijden je meest gebruikte strategie is, dan ben je misschien verslaafd of heb je last van dwangmatigheid. Drinken, drugsgebruik, te veel werken, te veel eten, het zijn allemaal manieren om jezelf te verdoven, om de pijnlijke gevoelens van waardeloosheid te ontlopen.

DE BRONNEN VAN DE VALKUIL VAN DE MINDERWAARDIGHEID

1. IEMAND IN JE FAMILIE WAS ERG KRITISCH TEGEN JE, VERNEDERDE OF STRAFTE JE. JE WERD STEEDS BEKRITISEERD OF BESTRAFT VANWEGE JE UITERLIJK, JE GEDRAG, OF WAT JE ZEI.
2. JE OUDERS GAVEN JE HET GEVOEL DAT JE HEN ERG TELEURSTELDE.
3. EEN VAN JE OUDERS (OF ALLEBEI) HIELD NIET VAN JE OF WEES JE AF.
4. JE WERD SEKSUEEL MISBRUIKT OF LICHAMELIJK OF GEESTELIJK MISHANDELD DOOR EEN FAMILIELID.
5. JE KREEG DE SCHULD VAN ALLES WAT BIJ JULLIE THUIS FOUT GING.
6. JE OUDERS VERTELDEN JE HERHAALDELIJK DAT JE SLECHT WAS, DAT JE NERGENS VOOR DEUGDE OF WAARDELOOS WAS.
7. JE BROERS OF ZUSSEN WERDEN VOORGETROKKEN OF DE VERGELIJKING MET HEN VIEL STEEDS NEGATIEF UIT.
8. EEN VAN JE OUDERS VERLIET HET GEZIN, EN JIJ DACHT DAT DAT JOUW SCHULD WAS.

De valkuil van de minderwaardigheid komt voort uit het gevoel als kind niet bemind of niet gerespecteerd te worden. Je werd steeds afgewezen of bekritiseerd door een van je ouders of door allebei.

Sofie: *Ik heb wel eens ergens gelezen dat het doel van het leven van een vrouw is om liefde op te roepen. Wat me daarin raakte was dat mij dat nog nooit is gelukt, liefde bij anderen oproepen.*

Minderwaardigheid is een allesomvattend gevoel. Het is het gevoel dat je het niet waard bent dat mensen van je houden. Je voelt je zo besmet of onbeholpen dat je dacht dat je ouders echt niet van je konden houden of je waarderen om wie je bent.

Je was er bijna zeker van dat je ouders het recht hadden je te bekritiseren, je naar beneden te halen, je af te wijzen of je geen liefde te geven. Als kind gaf je jezelf de schuld. Alles kwam doordat jíj zo waardeloos, onbeholpen, slecht van karakter en minderwaardig was. Daarom was je ook niet boos over de manier waarop je werd behandeld. Je voelde je beschaamd en verdrietig, maar niet boos.

De valkuil van Sofie is vooral het gevolg van de voortdurende kritiek van haar vader. Hij maakte haar al heel vroeg duidelijk dat ze hem teleurstelde.

Sofie: *Ik was niet zoals hij wilde, echt niet. Ik had het gevoel dat alles verkeerd aan me was. Als we aan tafel zaten en ik mijn mond hield dan had hij kritiek dat ik niet praatte. Als ik wel praatte dan zei hij dat het niet interessant was wat ik te vertellen had.*

Ze nam de kritiek van haar vader in zich op. Ze ging zichzelf bezien met haar vaders ogen.

Sofie: *Ik denk steeds, waarom zou Thijs nou met me willen trouwen? Ik heb niets te bieden. Ik ben zo onvolwassen. Ik ben niet in staat om een man blijvend te interesseren. Ik heb niet iets speciaals. Ik zie er middelmatig uit, ik ben ook niet bijzonder intelligent en ik heb geen uitgesproken persoonlijkheid.*
Therapeut: *Als je goed naar jezelf luistert, kun je dan zeggen wiens stem dit is, wie zei dat altijd tegen je?*
Sofie: *Het is Erik, mijn vroegere vriendje.*
Therapeut: *Misschien nog iemand anders?*
Sofie: *(pauze) Het is mijn vaders stem.*

Net als Sofie heb je de stem van de ouder die altijd kritiek op je had in je opgenomen en werd het een deel van jezelf. Op een bepaalde manier is die stem je valkuil – die stem in je eigen hoofd die je maar steeds bekritiseert, straft en afwijst.

Mogelijk heb je je als kind altijd geschaamd. Iedere keer dat je minderwaardigheid zichtbaar werd, schaamde je je. Dat zat heel diep. Dat ging niet over dingen aan de buitenkant. Dat ging echt over wie je bent.

Sofie: *Ik herinner me nog goed dat ik eens, toen ik een puber was, een hele middag heb zitten studeren op een politieke gebeurtenis, Watergate was het. Om aan tafel iets te vertellen te hebben. En toen ik erover begon zei hij: 'Is dat alles wat je erover te berde kunt brengen?*
Therapeut: *Hoe voelde je je toen?*
Sofie: *Ik schaamde me verschrikkelijk dat ik geprobeerd had om interessant te zijn, maar dat dat absoluut niet lukte.*
Therapeut: *Ja, alsof duidelijk werd dat je iets probeerde te krijgen wat volstrekt onmogelijk was.*

Sofie: *Wat was dat dan?*
Therapeut: *Je vaders liefde.*

We zouden ons af kunnen vragen waarom de vader van Sofie zo kil en afwijzend was. Het is heel goed mogelijk dat hij zelf de valkuil van de minderwaardigheid had. Maar dat hij de strategie van de tegenaanval gebruikte. Door Sofie naar beneden te halen en haar een gevoel van minderwaardigheid te geven, voelde hij zich beter. Hij maakte haar tot zondebok. Misschien zag hij in Sofie zijn eigen minderwaardigheid weerspiegeld. Dat is vaak het geval, denk ik. Vaak lijkt het erop dat ouders zelf problemen hebben met hun gevoel van eigenwaarde en dat ze dat doorgeven aan hun kinderen. Zo wordt de valkuil van generatie op generatie doorgegeven.

Het zijn meestal de kritische bestraffende ouders die de valkuil van de minderwaardigheid veroorzaken. Er kan ook sprake zijn van seksueel misbruik of geestelijke of lichamelijke mishandeling. De valkuilen minderwaardigheid en wantrouwen en misbruik gaan vaak hand in hand. Het gebeurt zelden dat een kind dat wordt misbruikt, voelt dat het niet eerlijk is wat hem wordt aangedaan en er boos over is zonder zich minderwaardig te voelen. Hoewel ieder kind heel goed *in staat is* dat te voelen. Het komt veel vaker voor dat kinderen zelf de verantwoordelijkheid op zich nemen. Ze schamen zich en voelen zich schuldig.

Veel kinderen zoeken naar een manier om met hun gevoelens van minderwaardigheid om te gaan. En dat is dan vaak het begin van de vermenging met de andere valkuilen, veeleisendheid en extreem hoge eisen. Veel mensen die in hun jeugd bekritiseerd werden en die een gevoel van minderwaardigheid kregen, compenseren dat door op bepaalde gebieden uit te blinken. Zij stellen zich hoge doelen en streven onophoudelijk naar succes en status. Ze gedragen zich vaak arrogant, alsof ze speciale rechten hebben. Geld en erkenning moeten dat innerlijke minderwaardigheidsgevoel sussen.

Dat was het geval met Frans. Oppervlakkig gezien lijkt hij erg succesvol. Hij is de eigenaar van een bekende nachtclub waar veel beroemdheden komen. Hij loopt daar iedere nacht rond en strooit met gunsten voor al die speciale gasten. Hij beslist wie welke tafel krijgt, wie een drankje van de zaak krijgt, wie uitgenodigd wordt in de VIP-room. Met merkbaar plezier vertelt hij hoe hij sommige beroemdheden juist speciale gunsten verleent. Maar het gevoel van minderwaardigheid is altijd onderhuids aanwezig.

Frans: *Het is maar één keer gebeurd dat iemand mij in mijn nachtclub in verlegenheid heeft gebracht. En dat was een bekende filmster. Hij kwam binnen alsof het zijn club was en ik wilde hem op zijn plaats zetten. Ik bracht hem naar een heel gewone tafel. Toen ik wegliep, zag ik dat hij naar me keek. Op een manier, dat was gewoon huiveringwekkend.*

Therapeut: *Wat ging er toen door je heen?*
Frans: *Ik had het gevoel dat hij dwars door me heen keek. Alsof hij zich echt niet voor de gek liet houden. Alsof ik een bedrieger was.*

Frans loopt altijd met het gevoel rond dat alles als een kaartenhuis in zou kunnen storten. Dat is de kwetsbaarheid van zijn narcisme. Zijn hele persoonlijkheid kan instorten en dan komt opeens de waardeloze persoon aan het licht die hij eigenlijk denkt te zijn. Frans' ouders hadden beiden altijd veel kritiek en ze vernederenden hem. Wat het nog moeilijker maakte, was dat zijn ouders zijn oudere broer aanbaden.

Frans: *Mijn probleem was dat ik niet tegen mijn broer op kon. Hij zag er beter uit, hij was slimmer, grappiger. En hij behandelde mij als oud vuil. Net als mijn ouders. Hij zat me te pesten, en mijn ouders lachten erom. Hij kreeg altijd het allerbeste en ik kreeg de afdankertjes. Enfin, nu heb ik het beste van het beste en heeft hij niets. Nu zijn de rollen omgedraaid.*

Minderwaardigheid komt vaak voort uit de vergelijking met beter bedeelde broers en zusjes. Oudere kinderen hebben het vaak op hun geweten. Voor hen is het veel gemakkelijker om alles beter te kunnen, omdat ze ouder zijn. Oudere kinderen hebben vaak veel kritiek op hun jongere, minder getalenteerde broertjes en zusjes.

Frans stond in zijn jeugd voortdurend bloot aan vernedering. Steeds weer waren zijn tekortkomingen het mikpunt van spot.

Frans: *Ik herinner me bijvoorbeeld dat mijn vader, mijn broer en mij mee zou nemen naar een voetbalwedstrijd. Maar mijn broer werd ziek en kon niet mee. Op de bewuste dag stond ik aangekleed en wel bij de deur te wachten, toen mijn vader de trap afkwam. Ik had er heel veel zin in. Mijn vader keek me aan en vroeg me wat ik dacht te gaan doen. Ik zei, we gaan toch naar de wedstrijd? En toen zei hij, dat ik toch niet moest denken dat hij zo gek was om daar helemaal alleen voor mij naar toe te gaan. Daarna heb ik hem nooit meer gezegd wat ik graag wilde.*

Frans leerde daarmee om zijn echte gedachten en gevoelens te verbergen. Zijn ware ik werd een geheim, dat alleen hij kende. Op die manier voelde hij zich minder kwetsbaar en kon hij zijn gevoel van eigenwaarde behouden. Het was te gevaarlijk zich bloot te geven. Alles wat hij liet zien werd onderworpen aan scherpe kritiek. Als hij zijn gevoel liet zien, nam hij een groot risico. De grootste vernedering zou voor hem zijn als mensen zagen dat hij liefde nodig had.

Als we net als Frans onze ware ik verbergen betalen we een hoge prijs. Je verliest veel, net alsof je een beetje dood gaat. Spontaniteit, plezier, vertrouwen en intimiteit gaan allemaal verloren. In plaats daarvan komt er een hard, ontoegankelijk schild. Je construeert een 'vals zelf', een 'zogenaamde' persoonlijkheid, die harder is en minder snel gekwetst kan worden. Maar hoe hard je ook van buiten lijkt te zijn, van binnen is er de pijn van het verlies van het eigen zelf.

Het voordeel van het harde schild is dat je je in het leven van alledag wat beter voelt. Oppervlakkig gezien lijkt het goed met je te gaan. Van binnen voel je je minderwaardig en onbemind. Het probleem is dat je door het schild nooit verder komt. Je echte zelf kan niet genezen omdat het verborgen is. Je moet geen energie meer steken in de illusie van je zogenaamde persoonlijkheid. Begin maar met het echte werk.

Het is heel belangrijk je te realiseren dat de valkuil van de minderwaardigheid meestal *niet gebaseerd is op een echte handicap.* Mensen met echte lichamelijke of geestelijke handicaps hebben lang niet altijd deze valkuil. Doorslaggevend is niet of er een handicap is, maar eerder hoe je ouders of andere familieleden je hebben geleerd over jezelf te denken. Als je werd bemind, gewaardeerd en gerespecteerd door je familie, los van je sterke en zwakke kanten, dan voel je je naar alle waarschijnlijkheid niet waardeloos, beschaamd of minderwaardig.

Waarschuwingssignalen in het begin van een relatie

1. Je gaat relaties uit de weg.
2. Je hebt achter elkaar korte, intense relaties of verschillende relaties tegelijk.
3. Je voelt je aangetrokken tot partners die je voortdurend bekritiseren en die je vernederen.
4. Je voelt je aangetrokken tot partners die je mishandelen of emotioneel misbruik van je maken.
5. Je voelt je het meest aangetrokken tot partners die weinig belangstelling voor je hebben, in de hoop dat je hun liefde kunt winnen.
6. Je voelt je alleen aangetrokken tot de meest begerenswaardige en aantrekkelijke partners, zelfs als het erg duidelijk is dat je ze niet zult kunnen krijgen.
7. Je voelt je het meest op je gemak met partners die je niet echt willen leren kennen.
8. Je vrijt alleen met mensen die ver beneden je staan en om wie je niet echt geeft.
9. Je voelt je aangetrokken tot partners die niet echt voor je kunnen kiezen of die niet in staat zijn om regelmatig bij je te zijn. Ze zijn getrouwd, ze houden er nog een ander op na of ze wonen in een andere stad.
10. Je komt in relaties terecht waarin je je partner vernedert, misbruikt of verwaarloost.

Het kan zijn dat je je minderwaardigheid uit de weg gaat door helemaal geen intieme relaties aan te gaan. Je hébt helemaal geen relaties, alleen korte relaties of verschillende relaties. Doordat je een echte verbintenis uit de weg gaat ben je ervan verzekerd dat niemand dicht genoeg bij je komt om je innerlijke tekortkomingen te zien.

De andere manier waarop je intimiteit kunt vermijden is door een relatie met iemand te krijgen die zelf geen intimiteit wil. Hoewel jullie een relatie hebben, leiden jullie aparte levens, waardoor je nooit te dichtbij komt.

Frans had tijdens zijn huwelijk steeds andere relaties. Hij was altijd met ten minste één andere vrouw bezig, soms wel twee.

Eén keer kwam hij een vrouw tegen, van wie hij dacht dat hij echt zou kunnen houden, maar gek genoeg heeft hij haar juist *niet* benaderd. Misschien gedraag je je net als Frans en ga je de mensen die je echt iets doen uit de weg. Je richt je alleen op mensen van wie je weet dat het nooit wat zal worden.

Je hebt een relatie met iemand die ver weg woont of die altijd op reis is. Je kunt hem of haar alleen in de weekends zien. Er zijn veel soorten relaties waarin je intimiteit uit de weg kunt gaan.

Sofie wil meer dan Frans; ze krijgt relaties met mannen en wordt verliefd. Maar ze voelt zich het meest aangetrokken tot mannen die veel kritiek op haar hebben en haar afwijzen. Haar vorige vriend was zo. Ze bleef jarenlang bij hem, hoewel hij de hele tijd iets over haar te zeggen had en haar beledigde.

Veel mensen die relaties aangaan waarin ze zich slecht laten behandelen – masochistische relaties – hebben minderwaardigheid als valkuil. Dit is wat ze eigenlijk verdienen, dat is wat hun gevoel hen zegt. Toen we Sofie vroegen waarom ze zo lang bij haar vriend was gebleven, zei ze: 'Ik was al blij dat er iemand was die wat met me wilde.'

Als je de valkuil van de minderwaardigheid hebt, let dan goed op als je je erg tot iemand voelt aangetrokken. Je voelt je waarschijnlijk het meest aangetrokken tot partners die veel kritiek hebben en je afwijzen. Ze versterken je gevoel van minderwaardigheid. Dat soort partners geven je een vertrouwd gevoel, ze doen je denken aan wat je als kind hebt meegemaakt. We raden je aan om geen partners meer uit te kiezen die je niet goed behandelen, in plaats van te proberen ze te veranderen.

VALKUIL VAN DE MINDERWAARDIGHEID

1. JE KRIJGT HEEL VEEL KRITIEK OP JE PARTNER OP HET MOMENT DAT JIJ JE GEACCEPTEERD VOELT EN JE ROMANTISCHE GEVOELENS VERDWIJNEN. DAN VERANDERT JE GEDRAG EN WORD JE HEEL KRITISCH OF VERNEDEREND.
2. JE VERBERGT JE INNERLIJK, ZODAT JE NOOIT HET GEVOEL HEBT DAT JE PARTNER JE KENT.
3. JE BENT JALOERS EN BEZITTERIG TEN OPZICHTE VAN JE PARTNER.
4. DE VERGELIJKING MET ANDEREN VALT VOORTDUREND SLECHT VOOR JE UIT. JE VOELT JE JALOERS EN INCOMPETENT.
5. JE PARTNER MOET JE STEEDS GERUSTSTELLEN DAT HIJ OF ZIJ NOG STEEDS OM JE GEEFT.
6. ALS JE PARTNER ERBIJ IS HAAL JE JEZELF STEEDS NAAR BENEDEN.
7. JE STAAT JE PARTNER TOE JE TE BEKRITISEREN EN NAAR BENEDEN TE HALEN.
8. JE KUNT SLECHT OMGAAN MET EERLIJKE KRITIEK. DAN SCHIET JE IN DE VERDEDIGING OF WORD JE KWAAD.
9. JE HEBT VEEL KRITIEK OP JE KINDEREN.
10. ALS JE SUCCES HEBT DAN VOEL JE JE EEN BEDRIEGER. JE BENT ERG BANG DAT JE HET SUCCES NIET KUNT CONTINUEREN.
11. JE REAGEERT WANHOPIG OF ERG DEPRESSIEF OP TEGENSLAGEN IN JE CARRIÈRE OF AFWIJZINGEN IN RELATIES.
12. JE BENT EXTREEM BANG OM IN HET OPENBAAR TE SPREKEN.

Ook als je een wederzijdse liefdevolle relatie hebt, zijn er veel manieren waarop je de valkuil van de minderwaardigheid kunt versterken.

Het probleem kan zijn dat je op alles wat aan te merken hebt. Als je narcistisch bent voel je je vaak wel op je gemak met een partner die je goed aankunt. Dan hoef je er niet zo bang voor te zijn dat je fouten aan het licht komen, dat je wordt beoordeeld of afgewezen. Bij Frans kwam dat goed naar voren in zijn huwelijk met Eva.

Eva: *Frans heeft op alles wat aan te merken. Als we samen zijn heb ik het gevoel niets goed te kunnen doen.*

Als ik Frans alleen spreek, wijdt hij uit over zijn veroveringen met vrouwen. En uit de beschrijving van al die vrouwen bleek dan steeds dat ze niet helemaal deugden. De een had de verkeerde kleur haar, de ander te korte benen, de derde een baantje van niks. Frans wist precies hoe een vrouw eigenlijk zou moeten zijn.

Therapeut: *Wat verwacht je eigenlijk van een relatie?*
Frans: *Het liefste wil ik een blonde vrouw, lang maar niet té, niet langer dan 1.75, en gebruind. Slank en atletisch. Niet al te grote borsten.*

	Goed gekleed, je weet wel, verzorgd, maar ook een beetje artistiek. Ze moet succesvol zijn, maar ook weer niet té. Niet succesvoller dan ikzelf. (hij lacht)
Therapeut:	*Heb je haar ooit gevonden?*
Frans:	*Bij lange na niet.*

Frans neemt het zijn partners kwalijk dat ze niet aan zijn maatstaven voldoen. Zo hoeft hij er niet zo bij stil te staan wat ze eigenlijk van hem vinden. Als je de valkuil van de minderwaardigheid hebt, probeer je vaak je partner te devalueren. Diep in je hart vrees je dat een echt goede partner je zal doorzien en je zal laten vallen.

Frans heeft de meeste kritiek op degene van wie hij het meest houdt, en dat is Eva, zijn vrouw. In feite zegt de hevigheid van zijn kritiek veel over zijn gevoelens. Als Frans voelt dat hij van haar houdt, dan voelt hij ook hoeveel zij voor hem betekent en bijna automatisch moet hij dan naar haar uithalen.

Je hebt het gevoel dat iemand die van jou houdt, daarmee eigenlijk zichzelf verlaagt. De bekende uitspraak van Groucho Marx luidt: 'Ik zou nooit bij een club willen horen die mij als lid wil.' Alsof je partner iets verkeerd doet door van jou te houden.

Frans:	*Iedere relatie betekent voor mij een nieuwe verovering. Het veroveren zelf, dat vind ik heerlijk, maar als ik haar dan heb veroverd, dan verlies ik mijn belangstelling.*
Therapeut:	*Wanneer heb je het gevoel dat je haar hebt veroverd?*
Frans:	*(pauze) Ik denk als ze om me begint te geven.*

Liefdesrelaties zijn het meest intiem, zodat je 'valse zelf' op volle toeren moet draaien. Sofie zei daarover: 'Ik heb altijd het gevoel dat ik een toneelstukje opvoer met Thijs.' Het komt vaak voor dat je niet 'echt' bent als je deze valkuil hebt. Je denkt dat alleen je 'valse zelf' liefde waard is. Door je echte ik te verbergen, geloof je nooit dat je partner echt van je houdt. Door niet echt open te zijn, versterk je het gevoel dat je je moet schamen voor je echte ik en dat niemand van je kan houden zoals je echt bent. Je bent er het meest bang voor om doorzien te worden en dat dan uitkomt hoe je vreselijk je eigenlijk bent.

Sofie:	*Ik heb het gevoel dat als ik met hem trouw, hij dan op een dag tegen me zegt dat het allemaal een vergissing is geweest, dat hij niet echt van me houdt. Ik snap eigenlijk niet waarom dat nog niet is gebeurd. Maar hij gaat het een keer zeggen.*
Therapeut:	*Je zit er gewoon op te wachten.*
Sofie:	*Ja, het is alleen een kwestie van tijd.*

Het kan zelfs zo zijn dat je net als Sofie eraan denkt om de relatie zelf te beëindigen. De situatie is zo met angst beladen dat je het niet meer volhoudt.

Afgunst en jaloezie zijn bijna altijd facetten van minderwaardigheid. Je vergelijkt jezelf steeds met anderen. Je vindt anderen altijd beter dan jezelf.

Sofie: *Als we uitgaan, naar een feestje ofzo, denk ik altijd dat hij liever met een andere vrouw zou willen zijn, niet met mij. Hij zegt dat ik gek ben, en dat is in zekere zin ook zo. Hij flirt niet ofzo. Het komt doordat ik begin te denken dat andere vrouwen leuker zijn om te zien, aantrekkelijker of interessanter. Als ik hem was zou ik liever met hen uitgaan. Als hij maar even met een andere vrouw praat, dan ben ik er al ondersteboven van.*

Sofie idealiseert andere vrouwen en ze overdrijft haar eigen tekortkomingen. Als ze zich vergelijkt met anderen kan ze bijna niet winnen. Het houdt haar erg bezig dat andere vrouwen aantrekkelijker zijn dan zijzelf.

Om zichzelf gerust te stellen dat Thijs nog steeds van haar houdt, bestookt ze hem met vragen: 'Je wil zeker liever met haar uit?', 'Vind je niet dat die vrouw mooier is dan ik?' Ze hangt erg aan Thijs en is bang om hem alleen te laten. Haar pogingen om hem te isoleren en weg te houden van haar rivalen werken averechts. Zij is onzeker en claimend en daarmee jaagt ze Thijs weg. Dat maakt haar in zijn ogen minder aantrekkelijk. Thijs beschreef dat toen hij met haar meekwam naar de therapie.

Thijs: *Gisteren gingen we dansen met mijn vriend Erik en zijn vriendin Froukje. Sofie werd erg chagrijnig en zei dat ik vast liever Froukje had. Zomaar, om niets. Het was verschrikkelijk vervelend. Ik hou echt van Sofie, maar ik wil niet iemand bij wie ik niet eens vijf minuten naar de wc kan zonder beschuldigd te worden van overspel.*

Bij jou is het misschien minder erg dan bij Sofie. Net als Frans heb je misschien geleerd om je jaloezie te verbergen, maar van binnen voel je je misschien wel net zo: alsof de wereld vol zit met veel aantrekkelijker rivalen.

Misschien kun je ook niet goed tegen kritiek. Je bent waarschijnlijk erg lichtgeraakt. De kleinste opmerking kan jou al een sterk gevoel van schaamte geven. Misschien ontken je met klem iets fout te hebben gedaan of richt je je tegen degene die kritiek heeft. Dat komt omdat je, als je je fouten zou erkennen, overspoeld zou worden door pijnlijke gevoelens, als gevolg van je gevoel van minderwaardigheid. Je beschermt jezelf, door iedere fout, vergissing of minder goede kant te ontkennen. Je defensieve opstelling en je onvermogen om naar kritiek te luisteren kan een groot probleem zijn.

Zoals we al eerder zeiden, voel je je waarschijnlijk het meest aangetrokken tot partners die je minderwaardigheid raken. De keerzijde daarvan is dat je je meestal snel verveelt bij mensen die je goed behandelen. Dat is jouw paradox: je wilt zo graag geliefd zijn, maar hoe meer de ander je geeft, des minder geef jij om hem of haar. Dat was precies wat er gebeurde met Frans en Eva.

Frans: *Toen we elkaar voor het eerst ontmoetten, was ik waanzinnig verliefd. Ik dacht dat ze echt de ware voor me was, dat ik nooit meer behoefte zou hebben aan een ander. Maar na ons huwelijk ging het over. Ik had geen zin meer om te vrijen. Dat hebben we nu al meer dan een jaar niet meer gedaan.*

Je bent het meest verliefd in situaties waarin je je minderwaardig voelt. Het past bij het beeld dat je van jezelf hebt. Het voelt vreemd om iemand te hebben die je respecteert.

Dat zijn de twee kanten van de medaille. Aan de ene kant zoek je een partner waar je helemaal weg van bent, en dan voel je je minderwaardig. Je bent erg verliefd en erg angstig. Aan de andere kant wil je iemand die van je houdt en die je respecteert. Je bent minder bang, maar al gauw verlies je je belangstelling en gaat de verliefdheid over.

Minderwaardigheid speelt ook een rol in andere intieme relaties. Een van de gevaren die we al noemden is dat je je eigen schaamtegevoelens overwint door erg streng te worden en dat uit te leven op je kinderen. Je doet met hen wat jou is aangedaan. Je maakt ze tot zwart schaap. Ze zijn kwetsbaar en onschuldig, zij kunnen niets terug doen.

Eva: *Frans heeft voortdurend wat op de kinderen aan te merken. Bij het minste of geringste springt hij er boven op. Hij zanikt werkelijk over alles. Hij snapt niet dat hij ze daarmee erg veel pijn doet.*

Door je kinderen naar beneden te trappen voel je jezelf wat beter, althans tijdelijk.

Veel mensen die in korte tijd grote successen behalen en die daarna zichzelf te gronde richten, door alcohol- of drugsmisbruik bijvoorbeeld, hebben valkuilen van de minderwaardigheid. Dat zie je vaak bij beroemdheden, filmsterren of ondernemers: het succes rijmt zo slecht met het gevoel dat ze echt over zichzelf hebben dat ze niet in staat zijn om het vast te houden. Velen kunnen het niet aan om het succes vast te houden terwijl ze zich zo slecht voelen over zichzelf. Ze bezwijken onder de druk.

Als je succes gebruikt om je te ontdoen van je gevoel van minderwaardigheid, dan is de voldoening die je eraan beleeft vaak erg kwetsbaar. Je gevoel van eigenwaarde is volledig gebaseerd op je prestaties. Ieder kleine fout of mislukking maakt je al van streek. Als er echt iets ergs gebeurt – als je wordt ontslagen of als je failliet gaat, als het opeens slecht gaat met je bedrijf of als je door een meerdere wordt terechtgewezen – dan val je onmiddellijk terug in het minderwaardige gevoel. Het kan zijn dat je van het ene uiterste in het andere vervalt: of je bent heel succesvol en je voelt je heel erg goed over jezelf, of je faalt en dan verval je in extreme gevoelens van waardeloosheid.

Als je voor je werk in het openbaar moet spreken, dan levert dat vaak ook problemen op. Je voelt je bekeken. Angst voor spreken in het openbaar komt veel voor bij mensen die deze valkuil hebben of minderwaardigheidsgevoelens hebben. Je hebt het gevoel dat mensen op de een of andere manier door je heen kunnen kijken. Misschien dat ze je minderwaardigheid kunnen voelen doordat je van angst gaat zweten of trillen of dat je stem hapert.

HET VERANDEREN VAN DE VALKUIL VAN DE MINDERWAARDIGHEID

1. PROBEER DE OORSPRONG VAN JE GEVOEL VAN MINDERWAARDIGHEID EN SCHAAMTE TE BEGRIJPEN VANUIT JE JEUGD. VOEL HET GEWONDE KIND BINNEN IN JE.
2. MAAK EEN LIJST VAN AANWIJZINGEN DAT JE JE MINDERWAARDIGHEID AAN HET WEGWERKEN BENT DOOR VERMIJDEN OF DOOR BESTRIJDEN.
3. PROBEER OP TE HOUDEN MET HET GEDRAG DAT HOORT BIJ VERMIJDEN OF BESTRIJDEN.
4. HOU OP PAPIER BIJ WANNEER JE JE MINDERWAARDIG VOELT OF WANNEER JE JE SCHAAMT.
5. MAAK EEN LIJST VAN MENSEN TOT WIE JE JE HET MEEST EN TOT WIE JE JE HET MINST VOELDE AANGETROKKEN.
6. MAAK EEN LIJST VAN AL JE FOUTEN, ALS KIND EN ALS PUBER. MAAK VERVOLGENS EEN LIJST VAN JE HUIDIGE TEKORTKOMINGEN.
7. BEOORDEEL DE ERNST VAN JE HUIDIGE TEKORTKOMINGEN.
8. MAAK EEN PROGRAMMA OM DE FOUTEN AAN TE PAKKEN DIE JE KUNT VERBETEREN.
9. SCHRIJF EEN BRIEF AAN JE KRITISCHE OUDER(S).
10. SCHRIJF EEN KAART VOOR JEZELF.
11. PROBEER OPRECHTER TE ZIJN IN RELATIES.
12. NEEM DE LIEFDE VAN JE NAASTEN MET BEIDE HANDEN AAN.
13. ACCEPTEER HET NIET MEER DAT ANDEREN JE SLECHT BEHANDELEN.
14. ALS JE EEN RELATIE HEBT WAARIN JIJ ERG STRENG BENT, HAAL JE PARTNER DAN NIET MEER NAAR BENEDEN. DOE HETZELFDE IN ANDERE INTIEME RELATIES.

---

1. Probeer de oorsprong van je gevoel van minderwaardigheid en schaamte te begrijpen vanuit je jeugd. Voel het gewonde kind binnen in je. De eerste stap is om je vroege gevoelens van minderwaardigheid en schaamte opnieuw te gaan beleven. Waar komt de valkuil vandaan? Wie bekritiseerde je en wie maakte dat je je schaamde? Wie maakte dat je je onwaardig en onbemind voelde? Was het je moeder? Je vader? Je broer? Of je zus? Het antwoord is bijna zeker te vinden in je vroege jeugd.

Probeer je zoveel mogelijk te herinneren van wat er vroeger thuis precies is gebeurd. Je kunt er ook foto's bij gebruiken. Of je kunt teruggaan naar bepaalde plaatsen uit je jeugd. Je kunt ook je verbeelding gebruiken.

Als je wat tijd voor jezelf hebt, ga dan zitten in een halfdonkere kamer in een gemakkelijke stoel. Doe je ogen dicht en laat beelden uit je jeugd naar boven komen. Forceer jezelf niet. Laat het maar komen. Als het niet zo goed lukt, begin dan met iets uit je huidige leven dat een gevoel van minderwaardigheid oproept.

Sofie: *Ik herinner me dat ik klein was, misschien een jaar of zeven, en mijn oom zette een groot bedrag op mijn spaarrekening. Hij deed dat eigenlijk voor mijn moeder. Maar ik dacht toentertijd dat het voor mij was. Omdat hij me graag mocht ofzo. Ik herinner me dat ik echt in de war was toen ik hem weer zag, nadat ik erachter was gekomen dat dat niet zo was.*

Therapeut: *Heb je een beeld van die situatie?*

Sofie: *(doet haar ogen dicht) Ik zie mezelf in mijn kamer. Ik ben me aan het aankleden. Mijn moeder heeft net gezegd dat we naar mijn oom gaan. Ik besteed er speciale aandacht aan. Ik wil er voor mijn oom goed uitzien. Als ik beneden kom vraag ik aan mijn vader hoe ik eruitzie. Hij zegt dat ik het wel weer uit kan doen. Zij gaan samen naar mijn oom, mijn vader en moeder, zonder mij. Hij zegt dat mijn oom dat liever wil, dan met zo'n jengelend kind erbij. Ik word boos en ik zeg hem dat mijn oom me wel wil zien. Waarom zou hij me anders zoveel geld geven? Mijn vader barst in lachen uit en vraagt of ik nou echt dacht dat dat voor mij was bedoeld.*

Therapeut: *Hoe voel je je?*

Sofie: *Ik voel me weer precies als toen. Ik sta voor gek. Ik realiseer me opeens dat het niet voor mij bedoeld was. Dat ik me helemaal heb opgetut, en dat het niet voor mij was. Ik sta in de hal en ik voel me echt voor gek staan. Ik probeer mijn tranen in te houden.*

Stel je voor hoe je je voelde, toen je als kind geliefd wilde zijn, maar dat je in plaats daarvan afgewezen en veroordeeld werd. Stel je voor hoe je als kind die dingen wilde. En herinner je hoe de mensen deden die jou dat niet gaven. Laat die pijn opnieuw toe.

Ga er dan als volwassene naartoe en troost het kind. Troost, liefde, complimenten en steun kunnen het gevoel van schaamte wegnemen.

Sofie: *Ik ga naar dat meisje toe en ik neem haar bij de hand. Ik neem haar mee, weg van haar vader. We gaan naar buiten, ver weg. Ik neem haar op schoot, sla mijn armen om haar heen en ik wieg haar. Ik zeg dat ik van haar hou, dat het weer goed komt en dat ze best mag huilen.*

Breng deze gevoelens in verband met je valkuil van de minderwaardigheid die je nu hebt. Kun je het gewonde kind voelen dat zo graag waardering en goedkeuring wilde?

2. Maak een lijst van aanwijzingen dat je je minderwaardigheid aan het wegwerken bent door vermijden of door bestrijden. Ben je overdreven kritisch ten opzichte van andere mensen? Of kun je niet goed tegen kritiek? Haal je de mensen die van je houden naar beneden? Leg je te veel nadruk op status of succes? Probeer je indruk op mensen te maken? Vraag je voortdurend om geruststelling? Dit wijst allemaal op de strategie van de tegenaanval.

Gebruik je alcohol of drugs? Eet of werk je te veel? Ga je nabijheid uit de weg? Praat je nooit met anderen over je gevoelens? Ben je erg beducht voor afwijzing? Dat zijn de manieren waarop je bestrijdt of vermijdt.

Maak de manieren waarop jij deze strategieën gebruikt om met je gevoel van minderwaardigheid om te gaan concreet. Kijk goed naar jezelf en schrijf ze op.

3. Probeer op te houden met het gedrag dat hoort bij vermijden of bestrijden. Dit heeft tot doel dat je meer gaat voelen van je valkuil van de minderwaardigheid. Je kunt niet met je valkuil leren omgaan als je er geen contact mee hebt.

Misschien benadruk je het belang van succes te veel om je gevoel van waardeloosheid te compenseren. Je probeert je van je minderwaardigheid te ontdoen door te bewijzen dat je wel waarde hebt. Het probleem is dat je overdrijft. Het wordt je enige focus, je leven draait om succes. Dat was het geval bij Frans.

Frans: *Ik blijf zeggen dat ik niet meer thuis kan zijn omdat ik er geen tijd voor heb. Ik ben van elf uur 's morgens tot een uurtje of drie of vier 's nachts in de club, vijf nachten per week.*

Eva: *En thuis moet hij daarvan bijkomen. Dan wil hij alleen nog maar in bed liggen of tv-kijken.*

Therapeut: *Je werkt en je rust daarvan uit, dat is je hele leven.*

Het leven van Frans is er volledig op gericht om succes en status te krijgen. Dat doet hij om indruk te maken op anderen. In gezelschap van een vrouw praat hij over niets anders. Dit is de manier waarop hij voor zichzelf moet bewijzen de moeite waard te zijn. Het eind van het liedje is dat hij status heeft en succes, maar dat hij nog steeds alleen is zonder liefde. Hij wil graag liefde, maar stelt zich tevreden met bewondering. Zijn succes verandert niet het basale gevoel van minderwaardigheid. Het geeft maar even iets van opluchting.

Succes en status zijn verslavend. Je probeert er steeds meer van te krijgen, maar je krijgt nooit genoeg om je een goed gevoel te geven. Succes is maar een flauw surrogaat van een relatie waarin je met iemand samen bent die je kent en die echt om je geeft.

Tegelijkertijd is het zo dat je de valkuil niet kunt veranderen als je altijd blijft wegrennen voor je gevoel van minderwaardigheid – als je maar doorgaat met te veel drinken, intieme relaties uit de weg gaan en je werkelijke gevoelens en gedachten niet te laten zien. Je gevoel van minderwaardigheid blijft bevroren.

Frans ontliep op allerlei manieren echt contact met zijn gezin. Als hij thuis was zat hij joints te roken en bier te drinken. Meestal zat hij alleen op de slaapkamer tv te kijken. Aan tafel zat hij maar te brallen over zijn successen of op- en aanmerkingen te maken over zijn kinderen. Soms verzon hij een smoes om 's avonds weg te gaan naar een van zijn vriendinnen.

We spraken met hem af dat hij zou proberen een maand lang uit dit patroon te stappen. Jij moet dat ook doen. We willen graag dat je ophoudt met patronen die je ervan weerhouden je gevoel van minderwaardigheid onder ogen te zien. We willen dat je het gaat voelen, zodat je er verandering in kunt gaan brengen.

4. Hou op papier bij wanneer je je minderwaardig voelt of wanneer je je schaamt. Let goed op situaties die de valkuil oproepen. Wees je ervan bewust. Maak een lijst van situaties waarin je je minderwaardig voelt of schaamt. Die gevoelens zijn de aanwijzingen dat je in je valkuil bent beland. Dit is de lijst van Sofie.

SITUATIES DIE MIJN MINDERWAARDIGHEIDSGEVOEL OPROEPEN

1. ALS IK OP ZATERDAGAVOND ALLEEN BEN. THIJS IS ER NIET. IK HEB HET GEVOEL DAT ER NIEMAND IS DIE BIJ ME ZOU WILLEN ZIJN.
2. ALS IK GA LUNCHEN MET MIJN VRIENDIN SARA. IK HEB HET GEVOEL DAT ZE BETER IS DAN IK, SLIMMER, MOOIER EN INTERESSANTER. IK VOEL ME VERDWIJNEN, IN PLAATS VAN DAT IK MEZELF PONEER.
3. ALS IK MET MIJN MOEDER TELEFONEER. ZE VALT ME AAN OMDAT IK NIET IN STAAT BEN OM TE BESLISSEN OM TE TROUWEN. ZE KLINKT WANHOPIG, ALSOF ALS IK NOOIT MEER EEN KANS ZOU KRIJGEN, ALS IK NU GEEN JA ZEG.

Maak een lijst van alle manieren waarop de valkuil zich manifesteert: als je onzeker bent, inadequaat of bang voor afwijzing, als je je met anderen vergelijkt of jaloers bent, als je je gekleineerd voelt of als je kritiek krijgt, als je toelaat dat mensen je slecht behandelen omdat je denkt dat je niet beter verdient. Maak een lijst van alle situaties die bij jou minderwaardigheid veroorzaken.

We realiseren ons dat dat moeilijk zal zijn. We doen allemaal ons best om pijnlijke gevoelens in ons leven zoveel mogelijk uit de weg te gaan. Probeer gaandeweg hoop te houden door eraan te denken dat de erkenning van deze gevoelens de eerste stap is in de oplossing van een probleem dat je veel ellende bezorgt.

Maak vervolgens een lijst van klachten die verschillende partners over je hebben. Kijk of er patronen zijn. Hebben ze herhaaldelijk gezegd dat je te jaloers bent, te onzeker of overgevoelig. Dat je te veel geruststelling nodig hebt of dat je te snel gekwetst bent? Deze klachten kunnen een belangrijke aanwijzing geven over hoe je je valkuil in stand houdt.

5. Maak een lijst van mensen tot wie je je het meest en tot wie je je het minst voelde aangetrokken. We willen dat je je partnerkeuze onder de loep neemt. Maak een lijst van al je geliefden. Deel ze in bij een groep die je seksueel het meest aantrekkelijk en die je het minst opwindend vond. Vergelijk de twee groepen. Voelde je het meest opgewonden bij partners die kritiek op je hadden? Die je afwezen? Die afstandelijker of ambivalent waren? Vind je hen het spannendst als je ze nog niet hebt veroverd? Verlies je je belangstelling daarna? Voelde je je verveeld bij partners die van je hielden?

6. Maak een lijst van al je fouten, als kind en als puber. Maak vervolgens een lijst van je huidige tekortkomingen. We willen dat je objectiever naar jezelf gaat kijken. Dat doe je nu niet. Je bent bevooroordeeld. Jouw manier van denken is dat je je fouten aandikt en dat je je goede eigenschappen onderwaardeert. Probeer eens een wat meer wetenschappelijke benadering. Maak een lijst van je kwaliteiten en tekortkomingen als kind, als puber en nu.

Dit is de lijst van Sofie.

KWALITEITEN ALS KIND OF TIENER

1. IK WAS SLIM.
2. IK WAS GEVOELIG.
3. IK WAS BEST AARDIG VOOR ANDEREN.
4. IK KON GOED ZINGEN.
5. IK KON GOED LEIDING GEVEN. (IK WAS AANVOERDER VAN HET TEAM EN KLASSENVERTEGENWOORDIGER IN DE ONDER- EN BOVENBOUW.)
6. IK ZORGDE GOED VOOR MIJN JONGERE BROERTJE EN ZUSJE.
7. IK WAS POPULAIR BIJ DE ANDERE MEISJES.

TEKORTKOMINGEN ALS KIND OF ALS TIENER

1. HET IS MOEILIJK TE ZEGGEN WAT MIJN FOUTEN WAREN. IK HAD GEWOON NIET ZOVEEL TE BIEDEN. NIEMAND WILDE GRAAG MET ME OMGAAN. IK HAD ALTIJD HET GEVOEL DAT ER IETS AAN ME WAS WAT VOOR ANDEREN NIET AANTREKKELIJK WAS. IK WEET NIET GOED WAT HET IS. HET IS IETS DAT ANDERE MENSEN NIET KUNNEN ZIEN. VOORAL JONGENS MOCHTEN ME NIET. ALS TIENER WERD IK NIET MEE UIT GEVRAAGD.

Het was leerzaam voor Sofie hoe moeilijk het voor haar was om deze lijst te maken.

Sofie: *Het is gek, maar het opschrijven van die positieve dingen maakt me in de war. Het was moeilijk om gewoon op te schrijven wat er goed aan me is.*

Therapeut: *Het is zo wezensvreemd voor je.*

Sofie: *En het negatieve opschrijven was ook niet gemakkelijk. Allereerst verbaasde het me dat ik geen fouten kon bedenken. Maar toen realiseerde ik me dat het niet iets specifieks was. Hoe ik ben, dat was het.*

Sofie had precies dezelfde ervaring toen ze voor zichzelf de lijst maakte in het heden. Hoewel het niet gemakkelijk was, was ze in staat om veel positieve eigenschappen op te noemen. Maar het was lastig om specifieke fouten te benoemen. Het enige was, dat ze *zelf* verkeerd was.

Deze lijst laat zien wat je positieve en negatieve eigenschappen zijn. Bestudeer de feiten. Door ze op te schrijven ging Sofie erkennen dat ze ook kwaliteiten heeft, die ze geneigd was niet te waarderen.

Je kunt ook je familie of goede vrienden vragen je erbij te helpen. (Vraag niet degenen in je familie die nu juist je een minderwaardigheidsgevoel hebben bezorgd.) Eerst lukte het Sofie helemaal niet om iets positiefs op te schrijven. Ze dacht gewoonweg nooit zo.

Sofie: *Weet je, altijd als mensen iets positiefs tegen me zeggen, dan is mijn reactie dat ik dat wel weet, maar dat het er niet zo toe doet. Ik bedoel, ik weet best dat ik aardig ben, ik weet dat niet alles verkeerd aan me is. Maar ik had nooit het gevoel dat dat ook maar iets bijdroeg aan wat ik waard ben.*

Therapeut: *Je devalueert automatisch alles wat je goed doet.*

Als je denkt aan positieve eigenschappen, maak ze dan niet kleiner, zet ze op de lijst. Als mensen je een compliment geven en je kunt nauwelijks geloven dat het gemeend is, zet het dan toch op de lijst. Zet alles erop zonder het te beoordelen.

Richt je niet op succes gerichte kwaliteiten. Die kunnen deel uitmaken van je valse zelf. En als je aan mensen vraagt wat ze in je waarderen, zorg er dan voor dat ze met concrete dingen komen. Neem geen genoegen met algemeenheden, als 'je bent geweldig' of 'ik vind je aardig.' Pas als ze duidelijk maken waarom ze je aardig vinden, kun je ermee ophouden te denken dat het niet echt over jou gaat, maar over je valse zelf.

Het zal je verbazen hoe graag mensen commentaar willen geven. We hebben meegemaakt hoe groot de verandering kan zijn in het zelfgevoel van cliënten, alleen maar doordat ze bereid waren om van vrienden of geliefden positieve feedback te vragen.

7. *Beoordeel de ernst van je huidige tekortkomingen.* Als je de lijst klaar hebt stel jezelf dan de vraag hoe jij zou denken over iemand met dezelfde kwaliteiten en fouten. Hou je daarbij voor ogen, dat iedereen gebreken heeft. Iedereen heeft goede en minder goede kanten.

Sofie: *Ik moet toegeven dat het een prima mens is. Misschien wel iemand met problemen met mannen, maar verder wel in orde. Maar ik ben voor mijn gevoel nog steeds niet 'in orde'. Ik bedoel dat ik* weet *dat het niet zo is, maar mijn gevoel zegt me iets anders.*

Misschien voel je je net als Sofie op dit punt nog niet veel beter. Maar probeer dan in ieder geval rationeel te erkennen dat er niets mis met je is. En dat je ook kunt zeggen waarom. Kijk dagelijks naar het lijstje van kwaliteiten. Probeer ze niet meer te devalueren. Dat zal je helpen om geleidelijk de overstap te maken van weten naar voelen.

8. *Maak een programma om de fouten aan te pakken die je kunt verbeteren.* Welke beperkingen zou je kunnen veranderen? Veel mensen komen erachter dat hun beperkingen met de situatie samenhangen of dat ze te veranderen zijn. Ze zijn niet intrinsiek of onveranderbaar. Maak een programma om je beperkingen aan te pakken die je kunt veranderen.

We merken ook vaak dat de fouten die cliënten opschrijven het gevolg zijn van hun valkuil, niet de oorzaak. Zo manifesteert de valkuil zich. Zowel Frans als Sofie hebben gemerkt dat veel van hun fouten eigenlijk mechanismen waren waarmee ze probeerden hun gevoel van minderwaardigheid te hanteren.

We probeerden bijvoorbeeld helderheid te krijgen over Sofie's fout 'Ik was niet aantrekkelijk voor jongens' (op haar volwassen lijst vertaald als: 'Mannen vinden me niet aantrekkelijk'). Ze vroeg het aan een paar van haar manlijke vrienden en zij zeiden dat er wel een paar dingen waren die niet zo aantrekkelijk zouden kunnen zijn voor mannen. Het ging erom dat ze te gretig en te onzeker was. Dit kon haar therapeut bevestigen. Ook in die relatie was dat zo. Maar, *al dat gedrag is een gevolg van de valkuil.* Sofie kon eigenlijk niets opnoemen dat niet door haar valkuil kwam. Het was duidelijk dat haar valkuil weerspiegelde hoe ze als kind behandeld was en niet hoe ze werkelijk was.

Zodra ze zich daarvan bewust werd, was het voor Sofie gemakkelijker om op de houden met dit door haar valkuil veroorzaakte gedrag.

Sofie: *Als ik bij Thijs ben, voel ik me heel erg afhankelijk en jaloers. Ik zeg tegen mezelf dat het niet helpt om hem ermee lastig te vallen. Ik ga me er alleen maar slechter van voelen.*
Therapeut: *Wat voel je dan?*
Sofie: *Zwak en waardeloos. En daarbij komt nog dat hij kwaad op me wordt. Het helpt gewoon niet. Ik doe hetzelfde op mijn werk. Dan moet ik hem opeens bellen om zeker te weten dat hij nog om me geeft. Ik weerhoud mezelf ervan. Ik zeg tegen mezelf dat het niet helpt. Ik voel me beter sinds ik ben opgehouden met dat soort wanhopige telefoontjes.*
Therapeut: *Dus, als je ophoudt met dat te doen, wat doe je dan in plaats ervan?*
Sofie: *Ik praat tegen mezelf. Ik zeg tegen mezelf dat het goed is, dat hij van me houdt. Ik zeg dat ik zijn liefde waard ben.*
Therapeut: *Prima. Je troost jezelf.*

Op dezelfde manier waren de fouten van Frans in feite vormen van bestrijden of manieren waarop hij een compensatie zocht: zijn strengheid, zijn behoefte om indruk te maken op anderen, zijn werkverslaving, zijn ontrouw. Zoals we al zeiden ging Frans ermee akkoord om hier een maand mee te stoppen.

Frans: *Het gekke is dat ik me meer ontspannen voel, dat ik meer controle heb. Vooral op mijn werk. Ze proberen me helemaal niet opzij te zetten.*
Therapeut: *Je bent meer jezelf.*

Het was moeilijk voor Frans om zo, zonder masker, meer tijd met zijn vrouw en kinderen door te brengen. Plotseling stond hij zo kaal tegenover ze.

Frans: *Ik voel me gespannen bij hen. Ik weet niet waar ik het over moet hebben. Ik schaam me over hoe ik ze heb behandeld. Vooral de kinderen.*
Therapeut: *Het belangrijkste is dat je ze nu wel goed behandelt.*
Frans: *Dat is waar, Eva en de kinderen zien er gelukkiger uit.*
Therapeut: *En jij?*

Frans: *Op een bepaalde manier ben ik ook gelukkiger. Zoals gisteren, toen mijn jongste dochter haar armen om me heen sloeg en me een zoen gaf. Ik was verrast. Dat had ze lang niet gedaan.*

9. Schrijf een brief aan je kritische ouder(s). We willen dat je brieven schrijft naar alle familieleden die je als kind bekritiseerden. *Je hoeft ze niet te versturen.* Waarschijnlijk wil je dat niet eens. Het is belangrijk dat je je volstrekt vrij voelt om precies op te schrijven wat je wilt. We willen dat je je boosheid en je verdriet tegenover de mensen uit die je niet goed hebben behandeld. We willen dat *je ze van katoen geeft.*

Zeg ze maar wat ze met je hebben gedaan als kind. Vertel ze maar hoe het voor je was om steeds bekritiseerd en gekleineerd te worden. Leg uit waarom je het niet verdiend hebt om zo behandeld te worden. Laat zien welke kwaliteiten jij had die ze niet hebben gezien of die ze hebben gebagatelliseerd.

Zeg ze hoe je het had gewild. Zeg ze welke steun en goedkeuring je nodig had, wat dat voor je betekend zou hebben en hoe het je leven veranderd zou hebben. Vertel ze wat je nu van ze wilt.

Hou je familie niet de hand boven het hoofd of probeer het niet goed te praten. Dat kun je later altijd nog doen, als je wilt. De weg naar herstel is lang. Aan het einde ervan kun je ze vergeven, als je je niet meer minderwaardig voelt. Maar eerst moet je voor jezelf opkomen en je gevoelens uiten die je zolang hebt weggestopt.

We begrijpen best dat je de neiging hebt om je ouders te verdedigen, ook al waren zij het die je hebben gekwetst. Je wilt je ouders zien als goede mensen. Dus zeg je dingen als: 'Ze wisten niet beter', 'ze hadden zelf problemen' of 'ze deden het voor mijn bestwil.' Probeer ze in de brief niet langer te verdedigen en probeer gewoon eerlijk te zijn over wat er gebeurde en wat voor gevoel je erbij kreeg.

Hier is de brief die Frans aan zijn vader schreef:

Beste vader,
Je was wreed tegen me toen ik klein was. Je deed alsof ik niets waard was, niet speciaal of belangrijk. Ik bestond gewoon niet voor je. Je hield geen rekening met mijn gevoelens, dat ik pijn had of gekwetst was. Het was je te veel moeite om van me te houden.

Wat het meeste zeer deed was dat je me altijd vergeleek met [mijn broer] Rik. Ik kreeg het gevoel dat ik niets was vergeleken bij hem. Met Rik was je gelukkig en vrolijk. Maar met mij was je gemeen en uit je humeur. Alsof ik je erg teleurstelde.

Niets was er goed aan me. Ik kon je niets van mezelf laten zien. Alles waar ik van hield, hield ik voor je verborgen. Als ik aan mijn jeugd terugdenk, dan voel ik vooral schaamte.

Ondanks de manier waarop je met me omging, waren er dingen waar ik als kind heel goed in was. Ik was slim en ik was een geweldige sjacheraar. Toen ik zestien was had ik al een eigen bedrijfje in de verkoop van voetbalkaarten. Ik had mijn eigen interesses (niet dat je daar een zier om gaf), anders dan die van Rik. Misschien was ik niet perfect, maar het was niet goed om me zo te behandelen als je hebt gedaan.

Ik haat je daarom. Mijn vrouw dreigt me te verlaten, mijn kinderen zijn ongelukkig, ik werk mezelf dood in een poging iets van eigenwaarde te krijgen. Ik heb de mensen van wie ik hou buitengesloten, en in plaats daarvan ben ik de hele tijd bezig om mijn ego op te poetsen door cocaïne te gebruiken of door vrouwen te versieren, om wie ik helemaal niet geef. Al die dingen doe ik omdat ik mezelf zo minderwaardig vind. En dat komt doordat jij en de rest van de familie zo beroerd met me omgingen.

Jullie lieten me allemaal vallen. Heb je er ooit over nagedacht wat het voor mij betekend zou hebben als ik had gemerkt dat je gelukkig met me was, dat je trots op me was, en blij met me was gewoon om wie ik was? Ik sloot me af. Het maakte dat ik niemand meer wilde laten zien wie ik werkelijk was.

Ik probeer nu mijn weg te vinden in de richting van een leven met meer zin. Dat betekent deels dat ik me niet meer op welke manier dan ook door jou wil laten beledigen. Als je een relatie met me wilt houden, dan zul je je ten opzichte van mij anders moeten gaan gedragen. Als dat niet kunt, dan is onze relatie ten einde.

Frans

Het was voor Frans niet gemakkelijk om zover te komen dat hij in staat was om deze brief te schrijven. Dat vereiste moed en kracht van zijn kant. Maar een ding was zeker. Hij voelde zich daarna stukken beter.

Dat zul jij ook merken. Een dergelijke brief schrijven kan genezend werken. Het is een verklaring over wat er is gebeurd. 'Jouw waarheid zal je vrij maken.'

10. *Schrijf een kaart voor jezelf.* Maak een kaart die je met je mee kunt nemen en die je steeds tevoorschijn kunt halen als je valkuil opspeelt, op ieder moment. Zoals Sofie zegt: 'wanneer de stem van mijn vader weer in mijn hoofd begint te mekkeren.' We willen dat je die kritische ouder gaat afbreken.

Sofie: *Ik wil beter zijn voor mezelf, maar het is moeilijk om de gewoonte om mezelf af te kraken te doorbreken. Ik neem steeds de beslissing dat ik het niet moet doen, maar een minuut later doe ik het toch weer.*

Therapeut: *Ja, zo gaat dat. Wil je een gewoonte doorbreken, dan moet je jezelf* steeds opnieuw *corrigeren.*

Met de kaart ben je gewapend tegen de lokkende roep van de valkuil. Je blijft erdoor bewust van beide kanten. De kritische en liefdeloze ouder, die je in jezelf hebt opgeslagen, en die je altijd vernedert, je negeert, die je een minderwaardigheids- en schaamtegevoel geeft. Maar je hebt ook het kwetsbare kind in je, dat liefde nodig heeft en acceptatie, waardering en goedkeuring.

De kaart helpt je om de kritische ouder opzij te zetten, zodat jouw gezonde kant het kind kan geven wat hij nodig heeft. Uiteindelijk gaat dit genezingsproces over liefde voor jezelf. De kaart herinnert je eraan dat je van jezelf moet en kunt houden.

Op de kaart moet al het positieve staan dat je in je hebt. Het moet de kritiek van je ouders ongedaan maken. Er moet staan waarom hetgeen ze zeiden niet waar was of minder belangrijk dan zij ervan maakten. Gebruik objectieve bewijzen. Praat op een constructieve toon tegen jezelf, niet op een straffende.

Hier is de kaart die Sofie schreef:

EEN MINDERWAARDIGHEIDSKAART

IK VOEL ME OP DIT MOMENT VERNEDERD EN INCAPABEL. IK VOEL ME OMRINGD DOOR MENSEN, VOORAL VROUWEN DIE IN IEDER OPZICHT BETER ZIJN DAN IKZELF, ZE ZIJN MOOIER, SLIMMER EN ZE HEBBEN MEER PERSOONLIJKHEID. IN HUN AANWEZIGHEID KRIMP IK HELEMAAL WEG.

MAAR DAT IS NIET DE REALITEIT. WAT ER AAN DE HAND IS, IS DAT MIJN VALKUIL OPSPEELT. IN WERKELIJKHEID BEN IK OOK IEMAND VAN WAARDE. IK BEN EEN GEVOELIG, LIEF EN GOED MENS. VEEL MENSEN HOUDEN VAN ME: (SCHRIJF HUN NAMEN OP). IK HEB ANDEREN MEESTAL NIET DE KANS GEGEVEN OM ZO DICHTBIJ TE KOMEN DAT ZE ME ECHT KONDEN LEREN KENNEN EN WAARDEREN. MAAR DOOR TE GELOVEN WAT HIER STAAT KAN HET WEL DIE KANT OP GAAN.

Draag de kaart bij je. Gebruik hem om je positieve kanten de revue te laten passeren. Ontzenuw de schampere opmerkingen die je voortdurend tegen jezelf maakt. Dat is ook een manier om het gevoel van schaamte en niet geliefd zijn tegen te gaan.

11. *Probeer oprechter te zijn in relaties.* Sofie en Frans zijn elkaars tegenpolen. Sofie is te kwetsbaar, Frans is het niet genoeg. Sofie moest leren om zichzelf beter te beschermen en Frans moest leren meer van zichzelf te laten zien. Als je meer op Frans lijkt, probeer dan echter te zijn in intieme relaties. Probeer niet langer de perfecte man of vrouw te spelen. Stel jezelf kwetsbaar op. Vertel je geheimen. Erken je fouten. Laat andere mensen dichterbij komen. Je zult merken dat je geheimen niet zo vernederend zijn als je zelf denkt. Iedereen heeft minpunten.

Frans: *Ik deed iets dat me verraste. Gisteravond gingen Eva en ik naar een feestje. Er was ook een vriend van haar van de universiteit, Richard. Ze stonden te praten en ik was jaloers. Ik ben altijd jaloers als ik ze samen zie, omdat ze zo intens met elkaar in gesprek zijn. Ze zien er gelukkig uit samen, gelukkiger dan Eva en ik er ooit uitzien. Gewoonlijk ga ik dan achter een of andere tante aan. Maar dit keer niet. Ik heb in plaats daarvan aan Eva gezegd hoe jaloers ik was.*

Therapeut: *Wat gebeurde er toen?*

Frans: *Haar reactie was 'Dus het kan je wel schelen? Ik dacht dat het je niets kon schelen?'*

Omdat hij zo bang was om onzeker te lijken, liet Frans nooit aan Eva zien dat hij om haar gaf. Hij was bang om haar te laten zien dat hij van haar hield. In zijn geval hielp het om wat van zijn jaloezie te laten zien.

Je kunt doseren hoeveel je van jezelf wilt laten zien. Doe het stukje bij beetje. Hou controle. Als je in het begin van een relatie te veel onzekerheid laat zien, dan kan dat je partner afschrikken. In de eerste paar maanden is het onvermijdelijk strategisch te zijn. Maar als de intimiteit groeit en je het gevoel hebt dat je partner echt om je geeft, dan kun je steeds meer laten zien. Het kan riskant zijn om het allemaal tegelijk eruit te gooien.

Soms zeggen cliënten: 'Maar ik weet niet wat het is om me op een normale manier kwetsbaar op te stellen.' Als dat het geval is, dan is de enige oplossing om je tempo aan te passen aan dat van je partner. Naarmate je partner meer van zichzelf laat zien, doe jij dat ook. Hou de relatie evenwichtig.

Als je geheimen hebt, vernederingen die je zijn aangedaan, vertel ze dan stukje bij beetje aan de mensen die dichtbij je staan. Er bestaat een uitdrukking: 'Je bent alleen maar zo ziek als je ergste geheim.' Veel van wat we voor anderen verborgen houden, is niet zo erg als we denken. Als we het eenmaal aan iemand hebben verteld, merken we dat het niet zo schaamtevol is als we dachten. Je merkt dat hij nog steeds van je houdt en je voelt je beter over jezelf.

Het kan zijn dat je je zo schaamt, dat je je altijd hebt verscholen. Je moet gaan ontdekken dat je jezelf kunt zijn en dat anderen van je kunnen houden om wie je bent.

12. Neem de liefde van je naasten met beide handen aan. Een van de moeilijkste dingen voor jou is om anderen toe te staan van je te houden. Als mensen je goed behandelen, voel je je erg ongemakkelijk. Het is zo vreemd voor je. Het is veel gemakkelijker voor je om slecht behandeld of genegeerd te worden. Het is voor jou niet goed te verdragen als mensen voor je zorgen, je prijzen of je ondersteuning geven. Je probeert het weg te schuiven of te bagatelliseren.

Sofie: *Het is gek, maar een van de moeilijkste dingen voor mij was om complimenten van Thijs te krijgen. Om ze gewoon aan te nemen zonder ze te ontkennen. Gisteren bijvoorbeeld. We gingen uit eten en hij zei dat ik prachtig uitzag. Ik wilde zeggen: 'Nee, dat is niet waar', en toen kon ik mezelf een halt toeroepen.*
Therapeut: *Wat zei je toen?*
Sofie: *'Dank je wel.'*

Zowel Sofie als Frans moesten beiden leren om genegenheid te aanvaarden. Die ervaring bracht verrassend veel verdriet met zich mee.

Eva: *Gisteravond gebeurde er iets vreemds. Frans kwam thuis van de sociëteit en hij was helemaal over de rooie. Hij had een slechte avond gehad. Ik ging bij hem liggen en hield hem vast en ik troostte hem alleen maar. Ik aaide zijn gezicht. Plotseling begon hij te huilen, met van die diepe snikken.*
Therapeut: *Het bracht hem in contact met wat hij als zo lang miste.*
Eva: *Ik heb me nog nooit zo dichtbij hem gevoeld en nog nooit zoveel van hem gehouden.*

We willen dat jij ook leert om liefde te accepteren. Duw mensen die van je houden niet meer weg.

13. Accepteer het niet meer dat anderen je slecht behandelen. Zoals we eerder hebben aangegeven, heb je de neiging om partners en goede vrienden uit te kiezen die erg veel kritiek op je hebben en die je afwijzen. Kijk eens goed naar je huidige relaties. Laat je het toe dat mensen je vernederen of je ten onrechte bekritiseren?

Sofie: *Ja, je weet dat Thijs dat niet doet. Maar er is wel iemand anders met dat probleem. Dat is mijn beste vriendin Mirjam. Ze is mijn vriendin sinds we klein waren. Ze woonde altijd naast me. Ze was altijd gemeen tegen me toen we klein waren. Ze zei dat ze niet met me wilde spelen of ze lachte me uit. Tot vandaag de dag vernedert ze me. Gisteren bijvoorbeeld zei ze tegen me: 'Je kunt beter zorgen dat Thijs snel die ring koopt, voordat hij van gedachten verandert.' Wat een rotopmerking.*
Therapeut: *Hoe reageerde je er op?*
Sofie: *Ik deed niets. Ik was van streek.*

Begin met voor jezelf op te komen. Kom op voor je rechten. Vertel de ander dat je niet langer neerbuigende kritiek over je heen wilt krijgen. Eis dat ze je accepteren zoals je bent. Onthoud de principes van assertiviteit.

Praat niet op een agressieve of boze manier. Het is effectiever als je kalm blijft. Ga rechtop staan en kijk de ander recht in de ogen. Wees direct. Wees specifiek. En, bovenal, ga niet in de verdediging. Herhaal alleen je punt op een kalme en gecontroleerde manier.

Sofie: *Ik vroeg Mirjam te eten, maar ze kwam twee uur te laat. We waren uiteindelijk maar begonnen. Dat betekende dat ik op moest staan om haar eten te halen. Al het eten was koud of te gaar geworden. Ik had echt de pest erover in. Op een bepaald moment zaten we samen aan tafel. Ik zei haar dat ik kwaad was dat ze zo laat was gekomen, dat ze het me moeilijk had gemaakt en dat mijn eten erdoor verpest was. Ik zei haar dat ik erg mijn best had gedaan om lekker eten te maken. Zij begon te zeggen hoe ik het hart had om tegen haar tekeer te gaan, net nu ze het zo moeilijk had met Lennart. Lennart is haar vriend. Ze hadden ruzie gehad en daarom was ze zo laat. Ik ben niet voor haar gezwicht. Ik begon mezelf te verdedigen, maar ik hield ermee op. Ik heb haar gewoon weer gezegd dat het niet goed was dat ze zo laat kwam met het eten.*

Kijk uit dat je niet naar de andere kant doorslaat. Probeer incidentele kritiek, die niet vernederend is, te accepteren. Leer onderscheid te maken tussen eerlijke kritiek en overdreven onredelijke kritiek.

Als je vriend of je partner na een poosje niet verandert, moet je overwegen om de relatie te beëindigen. Je kunt alles proberen, je kunt iemand alle kansen geven om te veranderen. Als het gaat om een liefdesrelatie kun je relatietherapie overwegen. Misschien kan dat helpen je problemen op te lossen. Maar uiteindelijk moet je voor jezelf opkomen en moet de ander veranderen of moet jij met de relatie ophouden. Het zal vrijwel onmogelijk zijn om je minderwaardigheid te genezen als de mensen waar je het meest mee omgaat daar steeds weer voeding aan geven.

We hebben gemerkt dat de meerderheid van de cliënten met deze valkuil relaties hebben die behouden kunnen blijven. Zij komen voor zichzelf op en krijgen het voor elkaar dat hun partners veranderen. Partners kunnen vaak best ophouden zo kritisch te zijn. Sommige partners zijn er blij mee. Ze hebben liever een partner met ruggengraat.

Soms komen we partners tegen die het niet kunnen verdragen een gelijkwaardige relatie te hebben. Meestal omdat minderwaardigheid ook voor deze partner een thema is. Ze vitten op anderen als een vorm van bestrijden, om hun eigen gevoel van waardeloosheid en schaamte af te weren. Zulke partners zijn niet gezond genoeg om hun onzekerheden aan te pakken en te veranderen.

Sommige cliënten leven of werken als volwassenen nog steeds met de kritische of niet-liefhebbende ouders die juist verantwoordelijk waren voor het ontstaan van de valkuil. We hebben gemerkt dat dit het veranderingsproces in de weg staat en we adviseren je met klem om het nauwe contact met een kritische ouder niet te continueren.

14. *Als je een relatie hebt waarin jij erg streng bent, haal je partner dan niet meer naar beneden. Doe hetzelfde in andere intieme relaties.* Hou ermee op je partner te bekritiseren. Je partner verdient het niet. Denk eraan dat je je *in wezen* niet beter gaat voelen door anderen te vernederen.

Dat geldt ook voor je kinderen. Ze zijn onschuldig en kwetsbaar, en je pleegt verraad tegenover ze. Doorbreek deze keten. Breng je valkuil niet op hen over.

Ergens voel je je schuldig ten opzichte van je partner of je kinderen. Laat je daar niet door overmannen. Het is belangrijk om er nu verandering in aan te brengen.

Frans: *Als ik mezelf toesta erover na te denken, dan vind ik het verschrikkelijk wat ik tegen de kinderen heb gezegd. Maar ik weet dat ik niet voor deze valkuil heb gekozen. Ik weet dat ik het mezelf niet heb aangedaan. Nu moet ik eruit zien te komen omwille van mijn kinderen.*

Therapeut: *Als je je verzet tegen je eigen minderwaardigheidsgevoelens, hoef je ze niet meer op je kinderen los te laten.*

Je moet onder ogen zien wat je hebt gedaan, je moet jezelf vergeven en veranderen, vanaf nu.

Probeer degenen die van je houden te prijzen. Je houdt niet voor niets van ze. Ze hebben kwaliteiten die waardevol zijn en die gewaardeerd mogen worden. Ga voor een gelijkwaardige relatie, in plaats van een zigzag-relatie waarin de één of de ander de beste is.

ENKELE WOORDEN TOT SLOT

Hoe snel je je valkuil kunt veranderen hangt voor een groot deel af van hoe streng je ouders waren. Hoe vaker ze je straften en hoe erger de afwijzing van je ouders was, en hoe meer haat en gewelddadigheid ermee was verbonden, hoe moeilijker de verandering. Het kan zijn dat je de hulp van een therapeut nodig hebt. Zoek hulp als je dat nodig hebt. Je hoeft je er niet voor te schamen.

Je valkuil veranderen houdt in dat je leert om geleidelijk beter met jezelf en anderen om te gaan. Je leert hoe je door anderen behandeld wilt worden. De veranderingen gaan meestal geleidelijk, met uitzondering van cliënten die vastzitten in relaties waarin ze daadwerkelijk mishandelend worden. Het is eerder een geleidelijk proces. Cliënten gaan zich langzaam maar zeker beter voelen. Ze worden minder defensief en zijn beter in staat om liefde te ontvangen. Ze voelen zich dichter bij anderen. Ze voelen zich meer gewaardeerd en geliefd.

Hou in gedachte dat dit niet iets is wat snel gaat. Je zult er jaren aan moeten werken, maar je zult steeds zien dat er vooruitgang is. Geleidelijk zul je gaan accepteren dat je minderwaardigheid iets aangeleerds was, en niet iets dat echt bij je hoort. Als je eenmaal jezelf kunt openstellen voor de gedachte dat je minderwaardigheid geen vaststaand feit is, kan het proces van herstel beginnen.

HOOFDSTUK 13

'IK VOEL ME ZO'N MISLUKKELING' DE VALKUIL VAN HET MISLUKKEN

EMMA IS 38 JAAR. ZE ZIET ZICHZELF ALS MISLUKKELING IN HAAR WERK.

Als Emma voor het eerst de praktijk binnen komt lopen, maakt ze een gespannen en terneergeslagen indruk. Ze vertelt dat ze al enige tijd overweegt om in therapie te gaan, maar dat ze het steeds uitstelt.

Emma: *Ik voel me de laatste tijd erg somber.*
Therapeut: *Hoe is dat begonnen?*
Emma: *Ja, dat is eigenlijk al heel lang zo. Soms denk ik dat het nooit anders is geweest. Maar een paar weken geleden gebeurde er iets dat me echt raakte. Ik was met mijn man uit eten en toen kwamen we Helga tegen. Ik heb met haar samen gestudeerd. We raakten aan de praat en ze vertelde dat ze net partner is geworden op het advocatenkantoor waar ze werkt.*
Therapeut: *En dat vond je erg?*
Emma: *Ja, ik vond het erg. Kijk nou eens naar mij. Ik ben 38 en alles waar ik op kan bogen is een baan als productie-assistent. Ik bedoel, ik ben eigenlijk maar een hulpje, al vijftien jaar.*

Emma werkt als productie-assistent bij de televisie. Het is eigenlijk een beginnersbaan die ze al heeft sinds haar afstuderen. Ze heeft bijna geen carrière gemaakt. 'Ik voel me zo'n mislukkeling', zei ze.

KARIM IS 50 JAAR. HIJ VOELT ZICH EEN MISLUKKELING, OOK AL IS HIJ SUCCESVOL.

Karim heeft altijd het gevoel een bedrieger te zijn. Mensen met dit probleem beleven hun eigen succes als niet verdiend. Ze geloven dat ze op slinkse wijze mensen doen geloven dat ze tot meer in staat zijn dan werkelijk het geval is. Hoewel Karim een goede baan heeft als voorlichter voor een prominent politicus, voelt hij zich een mislukkeling.

Karim: *Ik ben niet gek. Ik weet dat ik een fantastische baan heb, dat men denkt dat ik het geweldig doe. Mensen denken dat ik het gemaakt heb. Maar toch ben ik altijd ongerust. Ik lijk wel verslaafd aan complimenten. Als mijn baas me vertelt dat ik het goed heb gedaan, ben ik in de wolken, maar bij de minste kritiek ben ik al bang dat hij me niet meer mag en dat ik word ontslagen.*

Therapeut: *Alsof je ontmaskerd wordt.*

Karim: *Ja, alsof het allemaal nep was, en ze me eindelijk doorhebben.*

Karim is erg kwetsbaar in zijn beleving van succes. Hij is bang dat hij als bedrieger te kijk wordt gezet en dat zijn hele carrière dan in elkaar stort.

DE MISLUKKENVRAGENLIJST

Deze vragenlijst meet de ernst van jouw valkuil van het mislukken. Gebruik de volgende schaal om de items te scoren. Schrijf meer op wat je *voelt* als goede score, dan wat je *denkt*.

SCORINGSWIJZE

1. Helemaal niet bij me passend
2. Vrijwel niet bij me passend
3. Een beetje bij me passend
4. Meer wel dan niet bij me passend
5. Voor het grootste deel bij me passend
6. Beschrijft me perfect

Ook als je maar een enkele keer een 5 of een 6 scoort kan het zijn dat de valkuil op jou van toepassing is, zelfs als je totale score laag is.

Score	Beschrijving
	1. Ik heb het gevoel dat ik minder succesvol ben dan anderen.
	2. Ik heb het gevoel dat ik zal mislukken als het op presteren aankomt.
	3. De meeste mensen van mijn leeftijd zijn succesvoller in hun werk dan ik.
	4. Ik was een waardeloze student.

Score	Beschrijving
	5. Ik heb het gevoel dat ik minder intelligent ben dan de mensen met wie ik samenwerk.
	6. Ik voel me vernederd over de mislukkingen in mijn werk.
	7. Ik voel me niet op mijn gemak bij anderen omdat ik minder presteer dan zij.
	8. Ik heb vaak het gevoel dat mensen denken dat ik meer kan presteren dan ik doe.
	9. Ik heb het gevoel dat ik geen speciale talenten heb die meetellen in het leven.
	10. Ik werk onder mijn niveau.
	Je totale mislukken-score (Tel je scores bij vraag 1 tot en met 10 bij elkaar op.)

Het interpreteren van je score

10 – 19	Zeer laag, deze valkuil is niet van toepassing.
20 – 29	Tamelijk laag, deze valkuil is soms van toepassing.
30 – 39	Gemiddeld, deze valkuil is een thema voor je.
40 – 49	Hoog, dit is voor jou een belangrijke valkuil.
50 – 60	Zeer hoog, dit is zeker een van je centrale valkuilen.

HOE HET VOELT OM TE MISLUKKEN

Je hebt het gevoel dat je onderdoet voor mensen van je leeftijd. Meestal heb je veel last van je valkuil, en je gevoel van mislukken is dicht aan de oppervlakte.

Emma: *Ik ben gewoon stom. Ik doe niet de dingen die nodig zijn om vooruit te komen. Steeds maar weer zie ik jongere mensen die een baan krijgen op mijn niveau en die me vervolgens inhalen. Ik bedoel, ik ben 38 en mijn concurrenten zijn 22 en 23. Het is vernederend. Het kan niet erger.*

Net als voor Emma, is het gevoel dat je steeds faalt heel pijnlijk voor je.

De meeste mensen met deze valkuil lijken meer op Emma dan op Karim. Dat wil zeggen dat ze onder hun niveau presteren. Hun prestatieniveau weerspiegelt hun innerlijke gevoel van mislukken. Zo nu en dan zien we ook mensen als Karim, die wel veel bereiken maar die het gevoel hebben dat niet te verdienen.

Karim: *Ik voel me misplaatst op mijn werk. Iedereen om me heen behoort tot de top. Ik hoor er niet bij. Op de een of andere manier heb ik iedereen laten geloven dat ik intelligenter en competenter ben dan ik eigenlijk ben. Binnenkort komen ze er allemaal achter.*

Het maakt niet uit wat je bereikt hebt of wat je presteert, je voelt je hoe dan ook een mislukkeling. Of je nu wel of niet succesvol bent, je voelt je allebei hetzelfde. Zowel Emma als Karim hebben het gevoel dat ze wel moeten mislukken, omdat ze iets essentieels missen.

Je versterkt je valkuil hoofdzakelijk door vermijden. Dat is wat je belemmert. Je doet niet wat nodig is om je kennis te vergroten en om je loopbaan vooruit te brengen. Je laat kansen schieten. Je bent bang dat het niet lukt, als je het zou proberen.

Emma: *Een paar weken geleden ging ik met mijn baas praten waarom hij me geen opdracht gaf om een bepaald project te leiden. Dat komt zelden voor. Maar ik had het gevoel dat ik het doen moest. Mijn baas zei dat ik een voorstel op papier moest zetten. Gewoon een plan, je weet wel. Enfin, het is nu drie weken later en ik heb het nog niet gedaan. Morgen start het project en het is nu te laat.*

Met deze valkuil is het vermijden het lastigst uit te roeien. Mensen gaan het uit de weg om vaardigheden aan te leren, nieuwe taken onder de knie te krijgen en om verantwoordelijkheden op zich te nemen. Al deze uitdagingen zouden ertoe kunnen leiden dat ze succes hebben. Dikwijls denk je: 'Wat maakt het uit?' Je hebt het gevoel dat het geen zin heeft moeite te doen, als je toch gedoemd bent te mislukken.

Het vermijden kan heel subtiel zijn. Het kan lijken dat je je werk goed aanpakt, maar dat je toch dingen vermijdt. Je stelt dingen uit, je wordt afgeleid, je doet je werk net niet goed genoeg, of je pakt de taken niet goed aan. Dat zijn allemaal vormen van *zelf-sabotage.*

Karim: *Bij dit laatste project dat ik van de baas kreeg, ben ik zo bang geweest dat het niet zou lukken dat ik er pas deze week aan begonnen ben. Nu sta ik echt onder druk. Ik kan nu het werk niet doen zoals eigenlijk zou moeten. Het heeft me helemaal uitgeput.*

Je neiging om alles waarin je zou kunnen mislukken uit de weg te gaan, ondermijnt je capaciteit om het karwei te klaren. Het kan zijn dat je echt de consequenties moet dragen, dat je wordt weggepromoveerd of dat je wordt ontslagen.

Een andere manier waarop je je aan je valkuil onderwerpt, is dat je voortdurend gebeurtenissen en omstandigheden zo verdraait, dat je jezelf wel als mislukking moet blijven zien. Je overdrijft de negatieve en onderschat de positieve kanten.

Karim: *Ik weet dat ik dingen opblaas. Neem nou gisteren. Mijn baas gaf me echt een compliment over het persbericht dat ik had gemaakt. Maar hij had een klein puntje van kritiek. En natuurlijk heb ik daar thuis de hele nacht over liggen piekeren.*

Het kan zijn dat je depressief bent.

Emma: *Ik heb gewoon het gevoel dat ik op een bepaald punt gekomen ben in mijn leven en ik niet heb bereikt wat ik wilde. Ik heb het gevoel dat me dat nooit meer gaat lukken.*

Je voelt je depressief over je mislukkingen en je hebt geen hoop op verandering.

De valkuil van het mislukken is meestal gemakkelijk vast te stellen. Je bent je sterk bewust van je gevoel van mislukken.

De oorsprong van de valkuil ligt in je jeugd. Toen al had je een gevoel van mislukken. Dat kan verschillende achtergronden hebben.

Bronnen van mislukken

1. Een van je ouders (vaak je vader) had veel kritiek op je schoolprestaties of je prestaties op het gebied van sport en dergelijke. Hij of zij noemde je vaak stom, achterlijk, debiel, een oen, een mislukkeling, enzovoort. Hij of zij heeft je misschien misbruikt. (Je valkuil kan ook samengaan met minderwaardigheid of wantrouwen en misbruik.)
2. Een van je ouders (of allebei) was erg succesvol en je ging geloven dat je nooit zou kunnen voldoen aan zijn of haar normen. Je hebt het dus opgegeven. (Je valkuil kan gerelateerd zijn aan extreem hoge eisen.)
3. Je had het gevoel dat het een van je ouders (of beiden) niet kon schelen of je slaagde, of nog erger, dat deze zich erdoor bedreigd voelde. Het kan zijn dat hij of zij met je concurreerde, of dat hij of zij bang was dat hij of zij de band met je zouden kwijtraken als je té succesvol zou zijn. (Je valkuil kan verbonden zijn met emotionele verwaarlozing en afhankelijkheid.)

4. Je was minder goed dan andere kinderen op school en in sport en je voelde je inferieur. Je had misschien een leerprobleem, een slecht concentratie- of coördinatievermogen. Daarna ben je ermee opgehouden om verdere vernedering uit de weg te gaan. (Dit kan verbonden zijn met sociaal isolement.)
5. Je werd vergeleken met je broers en zussen. Die deden altijd alles beter. Je ging geloven dat je nooit hun niveau zou kunnen halen. Dus probeerde je het niet langer.
6. Je kwam uit een ander land, je ouders waren immigranten of je familie was armer of minder goed opgeleid dan die van je klasgenoten. Je voelde je minder dan je vrienden en je had het gevoel dat je nooit even goed zou kunnen worden.
7. Je ouders stelden onvoldoende grenzen. Je leerde geen zelfdiscipline of verantwoordelijkheid. Daarom deed je je huiswerk vaak niet en maakte je je geen studievaardigheden eigen. Dit leidde uiteindelijk tot mislukkingen. (Je valkuil kan verbonden zijn met veeleisendheid.)
8. Een van de ouders was zelf een mislukkeling.

Zoals je ziet kan de valkuil van het mislukken samengaan met andere valkuilen, zoals die van extreem hoge eisen, emotionele verwaarlozing, afhankelijkheid, minderwaardigheid, misbruik, of veeleisendheid.

Bij Emma speelden verschillende factoren een rol bij het ontstaan van het gevoel van mislukken als kind.

Emma: *Een van de dingen die me kwetsten was dat het mijn ouders niet kon schelen wat ik op school deed. Dat kwam omdat ik eigenlijk niet belangrijk voor ze was. Ik bedoel, andere kinderen waren doodsbenauwd om hun rapport mee naar huis te nemen. Ik niet, omdat het er niet toe deed. Mijn grootste zorg was dat ze er lang genoeg naar zouden kijken dat ze hun handtekening zouden zetten. Het is vreemd, maar ik was vaak jaloers op kinderen die bang waren om hun rapport mee te nemen. Ik herinner me dat ik op school op de wc was met Froukje, mijn vriendin. Ze zat maar te huilen en ze zei steeds 'Ik kan niet naar huis, mijn vader vermoordt me', en zo ging ze maar door. En hoewel ze enorm van streek was, was ik jaloers op haar. Gek hè?*

Therapeut: *Bij haar deed het er wel toe.*

Emma: *Ja, en wat er nog bij kwam, was dat ik vaak ziek was. Ik had astma. Ik ben in die eerste jaren vaak niet op school geweest. Ik raakte achter en ik heb het gewoon niet meer goed kunnen oppakken. Het is een wonder, echt waar, dat ik de universiteit heb gehaald.*

Niemand hielp Emma toen ze achterop raakte. Niemand stimuleerde haar om de boel weer op te pakken. En zo begon haar levenslange patroon van vermijden.

Emma: *Ik probeerde niet naar school te gaan, door net te doen alsof ik ziek was. Als er een proefwerk was of ik moest een opdracht doen, dan was ik gewoon ziek. Ik kon de vernedering van weer te moeten mislukken niet verdragen.*

Therapeut: *Deed je dan wel je huiswerk?*

Emma: *Nee, ik zat de hele tijd tv te kijken. Dat is alles wat ik deed, voor de buis zitten.*

Emma ontwikkelde op die manier niet de vaardigheden en de discipline die nodig zijn om vooruit te komen. Haar strategie was om zo min mogelijk te doen en dat zo goed mogelijk te verbergen.

Emma's valkuil kwam voort uit emotionele verwaarlozing. Bij Karim ging het meer om minderwaardigheid.

Karim: *Mijn vader had altijd kritiek op me, op alles wat ik deed. Presteren was iets waarvan ik het gevoel had dat ik dat wel een beetje kon. Maar ik was er nooit gerust op. Ik dacht altijd dat ik het niet helemaal onder controle had.*

Karim had al heel lang het gevoel dat hij de boel voor de gek hield met zijn succes. Als kind presteerde hij goed op school, maar hij voelde zich als persoon zo minderwaardig dat hij niet in zichzelf geloofde. Bij nader inzien leek het erop dat zijn vader met hem concurreerde. Hij bekritiseerde Karim om zichzelf beter te voelen.

Karim: *Vooral toen hij was ontslagen en we naar een kleiner huis moesten verhuizen – ik was toen acht – ging hij vreselijk tegen me tekeer. Hij pepte zichzelf op door mij te vernederen.*

Zijn vader voelde zich bedreigd door Karims schoolprestaties. Hij was bang dat Karim hem voorbij zou streven. En daarom strafte hij hem voor zijn succes. Hij ondermijnde zijn zelfvertrouwen en beschadigde zijn vermogen om op zichzelf te vertrouwen.

De valkuil van het mislukken houdt zichzelf op zo'n manier in stand dat werken een ramp voor je wordt. De verwachting dat je zult mislukken wordt een *self-fulfilling prophecy.* Hierna zie je al de manieren waarop je jezelf saboteert, en jezelf ervan verzekert een mislukkeling te blijven.

De valkuilen van het mislukken

1. Je neemt niet de stappen die nodig zijn om de juiste vaardigheden te krijgen waardoor je succesvol kunt worden (zoals opleidingen afmaken, de laatste ontwikkelingen in je vakgebied bijhouden, in de leer gaan bij een expert). Je laat alles versloffen of houdt mensen voor de gek.
2. Je kiest een loopbaan onder je niveau (je hebt bijvoorbeeld je studie aan de universiteit afgemaakt, je hebt een wiskundeknobbel en je bent nu taxichauffeur).
3. Je doet niet wat er nodig is om promotie te maken in het door jou gekozen vakgebied. Je gaat te weinig vooruit. (Je hebt bijvoorbeeld promotiemogelijkheden laten schieten, of je hebt er niet naar gevraagd; je promoot jezelf niet; je maakt jezelf niet bekend bij de mensen die van belang zijn; je blijft in een veilige, maar doodlopende baan vastzitten.)
4. Je kunt het niet verdragen voor anderen te werken of te werken op een beginnersniveau. Dus eindig je aan de zijlijn van je vakgebied, omdat je er niet in slaagt op te klimmen. (Denk aan de overlap met veeleisendheid en extreme aanpassing.)
5. Je neemt wel banen aan, maar je wordt steeds weer ontslagen omdat je te laat komt, dingen voor je uitschuift of omdat je het slecht doet, geen goede houding hebt, enzovoort.
6. Je kunt niet kiezen voor één loopbaan, je zwerft van de ene baan naar de andere, zodat je nooit ergens expertise in ontwikkelt. Je bent een generalist in een wereld waarin specialisten worden gevraagd. Daarom kom je op geen enkel gebied echt vooruit.
7. Je hebt een loopbaan gekozen waarin het heel moeilijk is om succes te hebben, en je weet niet op welk moment je het moet opgeven (zoals muziek, acteren, beroepssport).
8. Je bent zó bang om initiatief te ontplooien of om zelf beslissingen te nemen in je werk, dat je nooit een verantwoordelijker positie wordt aangeboden.
9. Je hebt het gevoel dat je in wezen stom bent of geen talent hebt, terwijl je wel degelijk anders hebt laten zien.
10. Je onderschat je capaciteiten en prestaties en je overdrijft je zwakheden en je fouten. Uiteindelijk voel je je een mislukkeling, hoewel je even succesvol bent als je leeftijdgenoten.
11. Je hebt succesvolle mensen gekozen als partner of als vrienden. Je leeft op hun succes, terwijl je zelf weinig presteert.
12. Je probeert je gebrek aan prestaties of competentie te compenseren door je te richten op andere kwaliteiten (zoals bijvoorbeeld je uiterlijk, je charmes, je jeugdigheid, je opofferingsgezindheid). Maar onderhuids voel je je nog steeds een mislukkeling.

13. JE GEEFT JEZELF OVER AAN FANTASIEËN EN DAGDROMEN OVER HOE GOED JE ZOU PRESTEREN IN EEN ANDERE WERELD OF EEN ANDER BEROEP.
14. JE VERWIJT JE MEERDEREN OF JE OUDERS VOORTDUREND DAT ZE JE NIET DE KANSEN GEVEN DIE JE VERDIENT, EN VERMIJDT DAARMEE ZELF DE NODIGE STAPPEN TE NEMEN.

Veel van deze patronen komen neer op vermijden: je vermijdt om de stappen te nemen die nodig zijn om vooruit te komen. Door te vermijden verdraai je voortdurend de feiten, om jezelf als dom, incompetent en ongetalenteerd te blijven zien.

Uitblinken op andere terreinen is een van de manieren om de valkuil te compenseren. Mannen kunnen uitblinken in sport of in vrouwen versieren; vrouwen kunnen zich toeleggen op hun uiterlijk of op het verzorgen van anderen. Maar vooral voor mannen is het moeilijk een compensatie te vinden. Want wat is maatschappelijk belangrijker dan succes? Een man die zich mislukt voelt in zijn carrière, voelt zich naar alle waarschijnlijkheid ook als persoon mislukt. Natuurlijk zal het verschil tussen mannen en vrouwen in dit opzicht veranderen naarmate de carrière voor vrouwen ook belangrijker wordt.

Als tiener compenseerde Karim zijn valkuil door zich het imago van rebel aan te meten. Hij kleedde zich uitzonderlijk en reed motor. Hij legde zich toe op het veroveren van meisjes. Op die manier voelde hij zich goed, zonder zijn primaire probleem aan te hoeven pakken. Hij compenseerde zijn gevoel van mislukken door op een ander terrein succes te hebben.

Emma compenseert door een partner te kiezen die wel succesvol is. Wouter, haar man, is de scenarioschrijver van een zeer populaire televisieserie. Als ze bijvoorbeeld met hem meegaat naar feestjes van zijn werk, dan verkeert ze in de jetset.

Het kan zijn dat je wordt aangetrokken tot andere rollen of tot partners die succesvol zijn om je gevoel van mislukking weg te werken. In feite is dit weer een manier van vermijden van het bereiken van succes.

Deze compensaties zijn kwetsbaar. Ze storten gemakkelijk in elkaar en maken dan weer plaats voor het gevoel van mislukking. Je moet het probleem van prestaties op een directere manier aanpakken.

Dit zijn de stappen die je moet nemen om je valkuil te veranderen:

Het veranderen van mislukken

1. Ga na of je gevoel van mislukken juist is of vertekend.
2. Maak contact met het kind in je dat zich altijd al mislukt voelde.
3. Help dat kind in te zien dat je vroeger niet eerlijk behandeld bent.
4. Wees je bewust van je talenten, je vaardigheden, je mogelijkheden en van wat je hebt gepresteerd.

Als je werkelijk in vergelijking met je leeftijdgenoten achter bent gebleven:

5. Probeer uit te vinden welk patroon er in je mislukkingen zit.
6. Als je het patroon hebt gevonden, maak dan een plan om het te veranderen.
7. Maak een kaart om jouw blauwdruk van mislukken de baas te worden. Volg je plan stap voor stap.
8. Betrek je naasten erbij.

1. Ga na of je gevoel van mislukken juist is of vertekend. Het allereerste wat je moet doen is nagaan of je gevoel van mislukken klopt. Meestal is het zo, net als bij Emma, dat je veel harde bewijzen hebt voor je mislukken. Je hebt in vergelijking met je leeftijdgenoten werkelijk gefaald. Maar soms, zoals bij Karim, klopt het niet en vind je weinig bewijzen voor je gevoel.

Maak een lijst van de mensen met wie je op de middelbare school zat, op de universiteit of je beroepsopleiding. Neem mensen die goed, gemiddeld en slecht presteerden. Schrijf op wat zij hebben gepresteerd op hun terrein. Hoe ver zijn ze gekomen? Hoeveel verdienen ze? Hoeveel verantwoordelijkheid dragen ze in hun werk? En waar sta jij in vergelijking met hen?

2. Maak contact met het kind in je dat zich altijd al mislukt voelde. Probeer je voorvallen te herinneren dat je werd bekritiseerd, vernederd, vergeleken met anderen of ontmoedigd door je familie of vrienden. Probeer te begrijpen waar jouw valkuil vandaan komt.

Als er iets in je leven gebeurt wat je valkuil in beweging zet, neem dan de tijd om de gebeurtenis met behulp van je fantasie te exploreren. Ga in een rustige, donkere kamer zitten en doe je ogen dicht. Probeer de gebeurtenis in een beeld te vatten. Maak dat beeld zo levendig en emotioneel als je kunt. Probeer dan in een beeld te vatten hoe je als kind datzelfde gevoel had. Forceer het niet. Laat het maar gewoon naar boven komen.

Hier is een voorbeeld van een sessie met Emma.

Emma: *Ik heb er weer een echte puinhoop van gemaakt. Ik voel me zo ellendig. Ik kan het niet geloven. Ik lichtte mijn baas verkeerd in over het tijdstip waarop de verhuizers zouden komen met de decorstukken. Hij huurde al die mensen in om te komen helpen met sjouwen. Op het verkeerde moment. Hij moest ze toch betalen. Hij was razend. Wat voel ik*

	me daar ellendig over. Ik kan aan niets anders meer denken. (begint te huilen)
Therapeut:	*Wil je dit in een beeld proberen te vatten?*
Emma:	*Goed.*
Therapeut:	*Doe dan je ogen dicht en stel je de situatie met je baas voor die je net beschreef.*
Emma:	*Goed, ik zie mezelf zitten in zijn kantoor. Hij komt zo binnen om er met me over te praten.*
Therapeut:	*Hoe voel je je nu?*
Emma:	*Ik voel me ten einde raad, helemaal in paniek. Ik loop maar heen en weer, ik weet niet wat ik met mezelf aan moet. Mijn hart bonst. Oh, God, wat ben ik bang.*
Therapeut:	*Goed, stel jezelf dan nu voor als kind, in een situatie waarin je je net zo voelde.*
Emma:	*Oké. Ik zit in groep acht. De juffrouw loopt rond en iedereen laat zijn boekverslag zien. We moesten allemaal een deel lezen van een boek over Afrika en er een kort verslag over schrijven. Alleen had ik het natuurlijk niet gedaan. Ik heb het niet gedaan en nu loopt ze rond en zo dadelijk komt ze naar me toe. En ik weet niets te zeggen.*

Dit soort beelden helpen je om beter te begrijpen waar je valkuil vandaan komt. Dat kind, dat zich een mislukking voelde is nog steeds heel levendig in je aanwezig.

3. Help dat kind in te zien dat je vroeger niet eerlijk behandeld bent. Als wij als kind mislukken komt dit vaak doordat we in een richting worden geduwd die van nature niet bij ons past. Sommige ouders houden er hun eigen agenda op na en willen dat een kind op bepaalde gebieden uitblinkt ongeacht de talenten en voorkeuren van het kind zelf.

De vader van Karim was als immigrant naar Nederland gekomen. Hij werkte er hard voor om zijn kinderen een goede opleiding te geven. Hij had graag gewild dat Karim dokter werd. Zelfs toen hij nog heel klein was vertelde zijn vader al aan anderen dat Karim dokter zou worden.

Karim:	*Het probleem was dat ik niet goed was in wis- en natuurkunde. Ik hield meer van creatieve dingen, zoals kunst en literatuur. Mijn vader keek altijd neer op mijn belangstelling voor die dingen. 'Daarmee zul je het niet ver schoppen', zei hij altijd. Ik heb me wel ingeschreven voor geneeskunde en ik werd zelfs ingeloot. Ik kon er gewoon niet onderuit. Maar het was een rottijd. Ik haalde alleen maar onvoldoendes. Ik stortte bijna in. Toen ik Letterkunde ging doen, was mijn vader razend, Hij stopte zijn studietoelage. Ik moest een lening afsluiten. Hij was echt kwaad. (doet zijn vaders stem na) 'Het slaat nergens op, je bereikt er niets mee.' Tot op de dag van van-*

daag heeft mijn vader geen goed woord over voor mijn baan. Terwijl ik een goede baan heb, met veel aanzien, ik sta in de krant, ik verdien een hoop. Maar hij blijft op mijn werk afgeven. Hij heeft het steeds maar over de zoon van de buren, die chirurg is en die tenminste echt *veel verdient.*

Wat waren jouw kwaliteiten als kind? Waren de verwachtingen die er ten opzichte van jou leefden reëel? Hoe ver zou je zijn gekomen als je was geprezen, gesteund en begeleid op de gebieden waar je sterkste kant lag?

Word boos op mensen die je het gevoel geven een mislukking te zijn. Spreek je valkuil tegen. Kom voor jezelf op. Dat kun je doen door brieven te schrijven, door rechtstreeks met mensen te praten of door fantasieoefeningen.

Therapeut: *Vertel je vader hoe je je voelt in dat beeld. Vertel hem hoe zijn houding jou beïnvloedt.*

Karim: *Vader, als je op mijn carrière afgeeft en steeds maar weer zegt hoe succesvol artsen zijn, dan trap je echt op mijn ziel. In de eerste plaats is het erg frustrerend dat iedereen me succesvol vindt behalve jij. Iedere keer dat we elkaar zien, voel ik me weer een mislukkeling. En dat is te gek voor woorden! Ik doe het heel goed. Kun je dat begrijpen?*

Neem een van je ouders of een leeftijdgenoot in gedachten en vertel hem hoe je je voelt.

Jij beslist of je die persoon ook in het echt rechtstreeks wilt aanspreken. Maar áls je beslist om iemand te confronteren, denk er dan goed over na. Ben je ertegen opgewassen dat de persoon in kwestie je beschuldigingen van de hand zal wijzen? Koester geen valse hoop dat die persoon opeens zal veranderen door de dingen die jij zegt. Als dat wel zo is, dan is dat geweldig, maar reken er niet op.

Het belangrijkste is voor jou dat je trots kunt zijn op jezelf vanwege de manier waarop je het hebt aangepakt. Gedraag je. Blijf kalm en hou jezelf in de hand. Zeg kort en eenvoudig waar het op staat. Als diegene met je in discussie gaat, herhaal dan gewoon wat je te zeggen had, net zolang tot je klaar bent. Vertel wat voor gevoel die ander je geeft en hoe je het liever ziet.

Therapeut: *Wat heb je tegen je vader gezegd?*

Karim: *Ik heb hem verteld dat zijn kritiek op mij niet terecht was. Dat ik veel meer talent had en veel meer kon dan dat ze van mij als kind verwachtten. Dat hij me beschadigd had door me het gevoel te geven dat ik een mislukking was. Hij probeerde maar steeds om ertussen te komen, maar ik vroeg hem beleefd of hij me wilde laten uitpraten. Ik vertelde hem dat ik graag wilde dat hij me van nu af aan zou steunen in mijn werk. En dat hij zou waarderen wat ik heb bereikt.*

Therapeut: *Hoe voelde dat?*
Karim: *Nou, het was wel moeilijk op dat moment. Maar later was ik erg tevreden. Dat is nog steeds zo.*

Je zult merken dat het goed voelt om mensen te confronteren als je dat op een kalme en beheerste manier kunt doen.

Het is belangrijk om mensen te confronteren in jezelf, of je het nu wel of niet uitvoert. Schrijf brieven die je al of niet verzendt of doe het in je verbeelding. Geef die sterke kant van je een stem. Die kan het etiket van mislukking uitwissen.

Wees je bewust van je talenten, je vaardigheden, je mogelijkheden en van wat je hebt gepresteerd. Vergeet niet het belangrijke principe dat er meer soorten intelligentie bestaan. De intelligentie die nodig is voor schoolprestaties is er maar één. Je hebt verbale intelligentie, wiskundige, visueel ruimtelijke, muzikale, fysieke, mechanische, interpersoonlijke en emotionele intelligentie. En alle soorten zijn evenveel waard.

Wat zijn jouw kwaliteiten? Kun je goed tekenen? Ben je goed in sport of in dansen? Ben je goed op het gebied van de mechanica of wiskunde? Ben je creatief? Kun je goed met andere mensen omgaan? Er is haast niemand die geen enkel talent heeft.

Ga na wat je hebt bereikt op de gebieden waar je aanleg voor hebt. We weten dat dit moeilijk voor je is, want je bent erg geneigd om je prestaties te onderwaarderen en je fouten te overschatten. Hou daar mee op. Verzet je ertegen. Hou op het negatieve te benadrukken. Kijk zo objectief mogelijk naar je eigen mogelijkheden.

We hebben een exact beeld nodig om te kunnen vaststellen of je je eigen talenten wel goed benut hebt. Wij geloven dat mensen het meest succesvol zijn als ze in staat zijn hun oorspronkelijke talenten te onderkennen en te benutten.

Maak een lijst van je talenten, vaardigheden, mogelijkheden en van wat je bereikt hebt. Leg de nadruk op je natuurlijke talenten. Bekijk die lijst iedere dag om jezelf te herinneren aan je mogelijkheden. Vraag hulp van vrienden of andere belangrijke mensen bij het maken van de lijst.

Hier is de lijst van Karim.

MIJN TALENTEN EN PRESTATIES

1. IK KAN GOED SCHRIJVEN.
2. IK HEB GOEDE IDEEËN, IK BEN CREATIEF.
3. IK KAN MENSEN GOED OVERTUIGEN.
4. IK HEB MEZELF GOED INGEWERKT IN POLITIEKE KWESTIES.
5. IK HEB GEVOEL VOOR HUMOR, VOORAL OP HET GEBIED VAN DE POLITIEK.
6. IK HEB EEN VOORAANSTAANDE ROL IN POLITIEKE KRINGEN.
7. ALS IK NIET AL TE BANG BEN, KAN IK VEEL WERK VERSTOUWEN.

Voor diegenen onder jullie die zich, net als Karim, ten onrechte mislukt voelen, zijn de eerste vier stappen voldoende. Daarmee moet je in staat zijn om verandering te brengen in de manier waarop je over jezelf denkt en voelt.

Maar dat geldt niet voor veel andere mensen. De meeste mensen voelen zich terecht mislukt. Als je de eerste stappen hebt gezet, dan kom je tot de conclusie dat je nog steeds een mislukkeling bent. Je bent in staat je talenten en mogelijkheden te onderkennen, je kunt de mensen die je kwetsen confronteren, je kunt leren compassie te hebben voor het kind in jezelf en je kunt redelijkerwijs aangeven wat je tot nu toe hebt gepresteerd. Maar je blijft tot de conclusie komen dat je je heel erg mislukt voelt.

De meeste mensen hebben dus meer nodig. Gedragsverandering. Je moet je primaire manier van bestrijden en vermijden om gaan zetten in confrontatie en beheersing.

Zelfs Karim had zichzelf op bepaalde gebieden niet goed ontwikkeld, hij hield er bijvoorbeeld van om proza te schrijven, maar hij deed het nooit vanwege de houding van zijn vader. En zelfs Karim vermeed dingen te doen die angst opriepen.

Als je in verhouding tot je leeftijdgenoten achter bent gebleven, ga dan door met de volgende stappen.

5. Probeer uit te vinden welk patroon er in je mislukkingen zit. Evalueer je levensgeschiedenis. Begin bij het begin, ga door met je school- en beroepsleven. Voelde je je van het begin af aan mislukt? Of waren er aanzetten tot prestaties die door gebrek aan ondersteuning verdwenen? Hoe gingen je ouders om met succes en mislukken? Waren ze kritisch, ondersteunden ze je, moedigden ze je aan? Vermeed je als kind te doen wat er gedaan moest worden of was je een doorzetter? Ging je uitdagingen uit de weg?

Probeer het patroon in jouw loopbaan te onderkennen. Heb je gekozen voor iets onmogelijks? Richt je je steeds op iets anders? Is je loopbaan onder je niveau? Ben je bang voor verantwoordelijkheid, durf je geen initiatieven te nemen of om promotie te vragen? Stel je de dingen uit, heb je niet de goede houding, doe je je werk niet goed? Heb je niet de discipline opgebracht die nodig is om bepaalde vaardigheden eigen te maken, om diploma's te halen of een goede opleiding te doen?

Waarschijnlijk komt je patroon neer op vermijden. Je zult merken dat jouw mislukken een direct gevolg is van je neiging om te vermijden, eerder dan dat het komt door een aangeboren tekort, gebrek aan talent of ongeschiktheid.

Emma kwam erachter dat haar geschiedenis bol stond van vermijden. Omdat ze veel ziek was, raakte ze achter op school en ze haalde het nooit meer in. Haar schoolervaringen waren vernederend voor haar.

Emma: *Ik herinner me zo vaak dat ik een beurt kreeg en dat ik het antwoord niet wist. Ik voelde me zo opgelaten. Ze lachten me uit en ze noemden me de 'domme', op het schoolplein.*

Hoe meer ze een hekel aan school kreeg, des te vaker ze deze ging vermijden. Haar ziekzijn en haar mislukkingen waren als de kip en de eieren. Het een veroorzaakte het ander en leverde een neerwaartse spiraal op.

Emma had een artistieke aanleg. Ze was visueel ingesteld en had gevoel voor schoonheid. Als kind richtte ze haar kamer steeds opnieuw in en schilderde en tekende ze. Op school kon ze deze vermogens niet ontwikkelen, daar was ze te bang voor.

Emma: *Ik herinner me een voorval op de middelbare school. De docent vroeg me om de decorstukken te ontwerpen voor het toneelstuk waar ze mee bezig waren. We hadden een ontwerpopdracht gehad, en hij vond wat ik had gemaakt erg mooi. Maar ik zei: 'Nee.' Ik wilde het wel, maar ik durfde het niet.*

Het is waar dat Emma niet in alles op school zo goed was. Maar ze had haar zwakke kanten wat kunnen omzeilen en haar sterke kanten ontwikkelen, maar dat deed ze niet. Het trauma van de mislukking op school maakte dat ze alles uit de weg ging.

6. *Als je het patroon hebt gevonden, maak dan een plan om het te veranderen.* Dat houdt primair in dat je stappen neemt om op te houden met vermijden. Neem uitdagingen aan in plaats van weg te hollen. Erken waar je echt goed in bent, aanvaard je beperkingen en ga het zoeken op die terreinen waar je kracht ligt.

Denk goed na over hoe je kunt beginnen met presteren op het gebied waar je sterk in bent. Het kan zijn dat je van baan moet veranderen of dat je in je huidige werk een ander accent moet gaan leggen.

Wat moet je doen om dit doel te bereiken? Schrijf op welke dingen je voortaan anders moet doen. Ontwikkel een tijdsperspectief voor de verandering. Wat is de eerste stap? Verzin geen smoezen meer en doe alles om op te houden met vermijden. Neem het risico dat je faalt. Dat is de enige manier om te slagen.

Begin met jezelf kleine opdrachten te geven. Wij geloven in het aloude cliché dat een lange weg begint met een enkele stap. Maak een hiërarchie van taken die te doen zijn. Doe het stap voor stap, zodat je steeds verder komt. Begin met iets dat je kunt. Als je met iets moeilijks begint lukt het waarschijnlijk niet.

Je hebt potentieel, maar je hebt dat niet ontwikkeld. Omdat je zoveel hebt vermeden, is het reëel dat er het een en ander aan je vaardigheden ontbreekt. Misschien moet je wel bij het begin van je vakgebied beginnen en een aantal basisvaardigheden ontwikkelen. Misschien moet je zelfs weer naar school.

Geef jezelf complimenten over de vorderingen die je maakt.

Omdat Emma goed is in ontwerpen en in beeldende kunst, heeft ze zich ten doel gesteld om ontwerper te worden voor de televisie. Dat heeft ze gek genoeg nooit geprobeerd, hoewel ze dat het liefst wilde.

In plaats daarvan deed ze administratieve taken, zoals planning en personeelszaken. Dat was nu juist haar zwakste kant. Ze maakte niets van haar eigen werk, terwijl ze jaloers toekeek hoe de ontwerpers hun werk deden.

Emma begon de decorontwerpers te observeren. Ze bleef hiervoor langer op haar werk. Ze maakte contact met de ontwerpstaf en werd vrijwilliger. Daarbij volgde ze ook enkele ontwerpcursussen om wat basisvaardigheden te leren. Op een moment werd ze aangesteld als leerling bij een ontwerper. Dat betekende dat ze een poosje minder ging verdienen, maar ze wist dat ze op weg was.

Ze deed bewust haar best om zich toe te leggen op visuele taken. Ze liet de administratieve taken aan anderen over. Ze zorgde ervoor dat ze niet meer haar eigen mislukkingen regisseerde.

We weten dat dit het lastigste stuk is van het veranderingsproces. Je moet jezelf ertoe brengen om het te doen. Zodra je beter gaat functioneren, helpen de positieve resultaten je verder. Dan gaat het meer vanzelf. Door je vermijden aan te pakken bewijs je jezelf al een goede dienst. Het is het moeilijkst om te beginnen. Daarna wordt het gemakkelijker.

7. Maak een kaart om jouw blauwdruk van mislukken de baas te worden. Volg je plan stap voor stap. Erken dat je de valkuil hebt en dat je veel hebt vermeden. Maak ook een lijst van je mogelijkheden om wél te slagen. Geef jezelf de opdracht om de eerste kleine stap te zetten in de richting van succes. Denk eraan wat de gevolgen zijn als je doorgaat met vermijden.

Hieronder zie je de kaart die we samen met Emma maakten.

MIJN MISLUKKEN-KAART

OP DIT MOMENT HEB IK ALLEEN MAAR EEN MISLUKT GEVOEL. DAT IS VERTROUWD VOOR ME. IK KEN HET AL MIJN HELE LEVEN. MIJN HELE LEVEN HEB IK KANSEN OP SUCCES LATEN SCHIETEN. IK HEB MIJN HELE LEVEN MIJN CREATIEVE TALENT VERWAARLOOSD, HOEWEL MIJN DOCENTEN ME EROP WEZEN, IK HET GOED DEED EN VAN DE LESSEN GENOOT. IN PLAATS DAARVAN JAAGDE IK DE ENE MISLUKKING NA DE ANDERE NA, DOOR DINGEN TE DOEN WAAR IK NIET GOED IN BEN.

IK BEGON MET VERMIJDEN TOEN IK ALS KIND VEEL ZIEK WAS EN IK ME EENZAAM VOELDE. TOEN IK ACHTEROP RAAKTE WAS ER NIEMAND DIE ME HIELP OM DE ACHTERSTAND IN TE HALEN. NIEMAND LETTE EROP. IK HIELD ALS KIND MIJN HOOFD BOVEN WATER DOOR WEG TE RENNEN, MAAR NU HELPT DAT NIET LANGER.
IK BEN NU OP DE GOEDE WEG. IK PROBEER DECORONTWERPER TE WORDEN. DIKKE KANS DAT DAT ME GAAT LUKKEN. IK HOU MEZELF GOED IN DAT SPOOR EN HET HELPT DAT IK STEEDS VERDER KOM.
GA NIET OPNIEUW DE MOEILIJKHEDEN UIT DE WEG. DAT LEIDT WEER TOT MISLUKKING. WAT IK MOET DOEN IS WERKEN AAN MIJN VOLGENDE STAP.

Beloon jezelf dan voor ieder klein succes als je begint te veranderen. Schrijf het op je kaart.

8. *Betrek je naasten erbij.* Zorg ervoor dat je omgeving meehelpt om de valkuil van het mislukken te dichten, in plaats van hem opnieuw te graven. Als een van je ouders of je partner je bekritiseert of ontmoedigt, laat het dan niet over je kant gaan. Vraag om steun en bemoediging als jij stappen zet om te veranderen. Als je partner erg succesvol is, benadruk dan het belang dat jijzélf succes hebt, zelfs als je dat voor het geld niet hoeft te doen.

ENKELE WOORDEN TOT SLOT

Zoals we al zeiden gaat mislukken vaak samen met andere valkuilen. Om deze valkuil te dichten zul je misschien ook andere valkuilen moeten aanpakken. Karim moest ook werken aan zijn valkuil van de minderwaardigheid en Emma aan haar emotionele verwaarlozing. Lees de hoofdstukken over alle valkuilen die ermee samenhangen. En pak die ook aan.

Het opruimen van mislukken is erg plezierig. Een heel gebied van je leven dat doordrenkt was met schaamte en spanning kan nu een bron worden van zelfwaardering. Maar je moet wel willen vechten. Je moet wel willen ophouden met het zoeken van uitvluchten en je moet je sterke kanten gaan uitbuiten.

HOOFDSTUK 14

'IK DOE HET ALTIJD OP JOUW MANIER' DE VALKUIL VAN DE EXTREME AANPASSING

PAUL IS 30 JAAR. HIJ LAAT DE WENSEN VAN ANDEREN ALTIJD ZWAARDER WEGEN DAN DIE VAN HEMZELF.

Het allereerste dat me aan Paul opviel was dat hij zo zijn best deed om in de smaak te vallen. Hij was het direct met alles eens wat ik te berde bracht. Veel patiënten hebben in ieder geval een deel van het eerste gesprek nodig om me te taxeren – ondertussen nadenkend over de vraag of ik de therapeut ben die ze willen. Paul niet: hij leek meer in beslag genomen door de vraag wat ik van hém vond – of hij wel een goede patiënt zou zijn voor míj.

Paul is getrouwd en heeft twee kleine kinderen. Hij zit zogezegd onder de plak. Hij heeft een veeleisende vrouw, Ellen. Hij probeert het haar naar de zin te maken, maar dat lukt hem zelden. Zij neemt alle beslissingen over het gezin. Hij kan niet goed grenzen stellen ten opzichte van de kinderen. Als hij straf uitdeelt, dan voelt hij zich altijd schuldig. Hij werkt in het textielbedrijf dat door zijn vader is begonnen. Hoewel hij nooit bij zijn vader in de zaak wilde, berust hij erin dat hij het nu toch doet. Hij heeft geen plezier in zijn werk.

Paul voelt zich in de val zitten. Hij is in therapie gegaan omdat hij somber is. Soms droomt hij erover om weg te lopen en ergens anders te gaan doen wat hij echt wil.

FLEUR IS 24 JAAR. ZE VOELT ZICH OPGESLOTEN IN HAAR HUWELIJK MET EEN DOMINANTE ECHTGENOOT.

Mijn eerste indruk van Fleur was dat ze wrokkig leek onder haar vrolijkheid. Ze was direct in het defensief en het leek wel of ze verwachtte dat ik zou proberen de baas over haar te spelen.

Therapeut: *Ik heb de indruk dat je nogal ongelukkig bent in je huwelijk.*
Fleur: *Probeer je me nu te vertellen dat ik ermee moet stoppen?*

Ik merkte dat ik er erg op ging letten dat mijn woorden niet als controlerend zouden overkomen.

Fleur was getrouwd en had een kind gekregen toen ze nog een tiener was. Ze is nu zeven jaar getrouwd en heeft twee kinderen.

Fleur: *Mijn grootste probleem is Ad, mijn man. Hij is een ongelofelijke pietlut. Ik loop hem altijd te bedienen. Ik voel me net een slaaf. Als hij iets wil, verwacht hij dat ik direct opspring. En dat niet alleen. Hij wil alles ook nog op zijn manier. Als het niet precies goed is, krijgt hij een beroerte. Dan kan hij verschrikkelijk naar doen. Hij gaat dan maar door. Gisteren heeft hij uren tegen me lopen schreeuwen omdat ik hem tien minuten te laat wakker maakte.*

Fleur vindt het leven met Ad niet vol te houden. Alsof het zo nog niet erg genoeg is, verbiedt hij haar om met familie of vrienden om te gaan. Op een dag betrapte hij haar erop dat ze wegglipte naar vrienden en sloeg haar. Vlak daarna besloot ze om in therapie te gaan.

Fleur voelt zich wanhopig en ongelukkig, maar ze is bang voor de gevolgen wanneer ze Ad zou verlaten. Ze denkt ook dat het beter is voor de kinderen als ze bij hem blijft. De relatie is voor haar rampzalig, temeer omdat hij haar zo doet denken aan de relatie met haar vader. In feite is ze zo jong getrouwd om haar ouderlijk huis te ontvluchten, waar ze met haar vader woonde. Nu lijkt haar leven met haar man nog wel erger dan dat met haar vader.

Paul en Fleur hebben allebei de valkuil van de extreme aanpassing. Ze geven anderen de gelegenheid hen te overheersen.

DE EXTREME AANPASSINGSVRAGENLIJST

Deze vragenlijst meet hoe sterk je de valkuil van extreme aanpassing hebt. Gebruik de schaal hieronder.

SCORINGSWIJZE

1. HELEMAAL NIET BIJ ME PASSEND
2. VRIJWEL NIET BIJ ME PASSEND
3. EEN BEETJE BIJ ME PASSEND
4. MEER WEL DAN NIET BIJ ME PASSEND
5. VOOR HET GROOTSTE DEEL BIJ ME PASSEND
6. BESCHRIJFT ME PERFECT

De valkuil kan op jou van toepassing zijn, ook als je maar een enkele keer een 5 of een 6 scoort en zelfs als je totale score laag is.

Score	Beschrijving
	1. Ik laat mijn doen en laten door andere mensen bepalen.
	2. Als ik niet doe wat anderen willen, dan ben ik bang dat ze me dat betaald zetten, dat ze kwaad worden of dat ze me afwijzen.
	3. Ik heb het gevoel dat ik de belangrijkste beslissingen in mijn leven niet zelf heb genomen.
	4. Het kost me heel veel moeite om anderen te vragen mijn rechten te respecteren.
	5. Ik pieker er veel over hoe ik anderen een plezier kan doen en hoe ik ze voor me kan winnen.
	6. Ik ben bereid om heel ver te gaan om confrontaties uit de weg te gaan.
	7. Ik geef anderen meer dan ik terugkrijg.
	8. Ik voel de pijn van anderen heel goed aan, en daardoor zorg ik vaak voor de mensen die dicht bij me staan.
	9. Ik voel me schuldig als ik mezelf op de eerste plaats zet.
	10. Ik ben een goed mens omdat ik meer aan anderen denk dan aan mezelf.
	Je totale extreme aanpassingsscore (Tel je scores bij vraag 1 tot en met 10 bij elkaar op.)

Het interpreteren van je score	
10 – 19	Zeer laag, deze valkuil is niet van toepassing.
20 – 29	Tamelijk laag, deze valkuil is soms van toepassing.
30 – 39	Gemiddeld, deze valkuil is een thema voor je.
40 – 49	Hoog, dit is voor jou een belangrijke valkuil.
50 – 60	Zeer hoog, dit is zeker een van je centrale valkuilen.

HOE HET IS OM EEN EXTREME AANPASSER TE ZIJN

Je ervaart de wereld om je heen in termen van macht en controle. Andere mensen hebben het altijd voor het zeggen – jij voelt je bepaald door de mensen om je heen. De kern van je valkuil is dat je ervan overtuigd bent dat je anderen een plezier moet doen. Je moet je ouders een plezier doen, je broers en zussen, je vrienden, je docenten, je echtgenoot, je bazen, je collega's, je kinderen en zelfs onbekenden. De enige uitzondering op deze regel ben je waarschijnlijk zelf. Jij bent de enige die je geen plezier hoeft te doen. De ander komt op de eerste plaats.

Paul en Fleur voelen zich allebei in de val zitten. Extreme aanpassing geeft je een benauwd gevoel. Je leeft onder een zware last. Het is een grote verantwoordelijkheid om de behoeften van anderen steeds in te willigen. Het is uitputtend. Het leven verliest op die manier veel van zijn vreugde en vrijheid. Extreme aanpassing ontneemt je je vrijheid omdat de keuzen die je maakt gedicteerd worden door het effect op anderen. Jíj bent niet het focus. Niet 'Wat ík voel en wil', maar 'Wat jij wilt en wat ik kan doen om jou gelukkig te maken', daar draait het om.

Extreme aanpassing vertroebelt je wensen en gevoelens, en je eigen ik. Paul, die door zijn vader van kinds af aan werd opgejut om de zaak over te nemen en dat ook deed, weet heel goed dat hij geen zakenman is. Maar hij heeft geen idee van wat hij *wel* wil. Hij heeft nooit geprobeerd om daar achter te komen. Je bent passief. Het leven overkomt je.

Paul: *Ik heb gewoon het gevoel dat ik niet krijg wat ik eigenlijk zou willen in mijn leven. Ik weet niet hoe dat moet.*

Therapeut: *Je hebt het gevoel dat je alleen de kruimels kunt krijgen die anderen laten liggen. Je vecht niet voor wat je wilt.*

Je hebt het gevoel dat je geen invloed hebt op de loop van de gebeurtenissen. Je voelt je een slachtoffer van de omstandigheden of van het lot. Je bepaalt niet wat er gebeurt, je reageert. Je denkt dat je weinig kunt doen om je problemen op te lossen. Je wacht en hoopt dat plotseling, als bij toverslag alles beter zal gaan.

Je denkt vast dat je gemakkelijk bent voor anderen. Je kunt goed met anderen opschieten omdat je zo aardig bent, mensen naar de ogen kijkt en conflicten vermijdt. Je ziet jezelf als iemand die zich gemakkelijk aanpast. Dat vind je ook een van je sterke kanten: dat je flexibel bent en in staat bent om met veel verschillende soorten mensen om te gaan. Maar je stelt geen grenzen aan anderen. Als ze je iets onredelijks vragen, bijvoorbeeld dat je een hoop werk moet verzetten, dan zeg je ook ja. En je vindt het heel moeilijk om aan mensen te vragen om hun gedrag te veranderen, hoeveel last je er ook van hebt.

Tegelijk ben je er trots op dat je anderen van dienst bent – dat je in staat bent om anderen te helpen en dat je goed op anderen let. En je hebt gelijk. Het vermogen om je in dienst te stellen van anderen is een grote kracht. Je bent er misschien erg goed in geworden, misschien heb je er je beroep van gemaakt. Maar een van je zwakke kanten is dat je niet meer weet wat je zélf wilt. Je komt te vaak niet goed voor jezelf op en je verzwijgt je eigen behoeften.

Je onderworpenheid verlaagt je gevoel van eigenwaarde. Je hebt het gevoel geen recht te hebben op de dingen waar anderen wel recht op hebben. Iedereen heeft rechten behalve jij. Ellen verwoordde dit over Paul in een van de gezinsgesprekken.

Ellen: *Ik was laatst zo kwaad op Paul.*
Therapeut: *Wat was er aan de hand?*
Ellen: *We gingen uit eten en Pauls eten was niet warm toen het op tafel werd gezet. Maar hij wilde het per se niet teruggeven. Hij hield het en at het op. Maar ondertussen zat hij er wel de hele avond over te klagen.*
Paul: *Dat vond ik nou zo* onbelangrijk, *om daar zo'n soesa over te maken.*

Dat horen we vaak van patiënten die zich extreem aanpassen: zij komen niet op voor wat ze willen omdat hun wensen zo onbeduidend lijken. Maar als je alle triviale wensen overslaat, dan eindig je ten slotte met een leven waarin jouw behoeften maar nauwelijks worden vervuld.

Toen we Paul voor de eerste keer wezen op zijn extreme aanpassing, sprak hij het tegen. Hij was gewoon gemakkelijk. Maar Paul was eerder passief dan gemakkelijk. Gemakkelijke mensen hebben wel terreinen waarop ze voor hun gevoelens uitkomen. Het gaat ze vaak niet om de kleine maar om de grote zaken. Het zijn bepaalde dingen waar ze op staan. Bij mensen met extreme aanpassing als valkuil ontbreken die sterke gevoelens op elk terrein. Of het nu belangrijke of minder belangrijke kwesties betreft, het maakt niet uit. De extreme aanpasser heeft gewoon geen sterk gevoel ven eigenwaarde. Onderdrukte woede is ook een teken dat er eerder sprake is van extreme aanpassing dan van gemakkelijkheid.

Omdat je geen sterk ontwikkeld gevoel hebt over wie of wat je bent, bestaat het gevaar dat je jezelf kan verliezen in je onderworpenheid. Je kunt je zo gaan voegen naar anderen dat je jezelf erin verliest. De grens tussen jou en anderen vervaagt. Je neemt de doelen en opinies van anderen over, alsof ze van jou zijn. Je verliest jezelf in de ander. Je kunt je ook onderwerpen aan een groep, vooral als deze een charismatische leider heeft. Of je voelt je aangetrokken tot een sekte.

In ons werk hebben we twee belangrijke redenen vastgesteld waarom patiënten, die zich extreem aanpassen zich door anderen laten bepalen. Ten eerste doen ze dat uit schuldgevoel, omdat ze het leed van anderen willen verminderen en ten tweede omdat ze anticiperen op afwijzing, wraak of verlating. Deze redenen komen overeen met de twee typen extreme aanpassing.

TWEE TYPEN EXTREME AANPASSING

1. ZELFOPOFFERING (EXTREME AANPASSING UIT SCHAAMTE);
2. ONDERWORPENHEID (EXTREME AANPASSING UIT ANGST).

Paul onderwerpt zich uit schuldgevoel. Hij wil goedkeuring. Hij wil dat iedereen hem aardig vindt. Bovendien voelt Paul heel goed aan wat anderen doormaken. Als hij voelt dat iemand lijdt, wil hij graag voor die ander zorgen. Hij probeert het anderen naar de zin te maken. Als hij denkt dat hij iets fout heeft gedaan, voelt hij zich schuldig. Dat vindt hij een erg vervelend gevoel, en zijn zelfopoffering helpt hem het schuldgevoel opzij te zetten.

Fleur kiest de positie van extreme aanpassing uit angst. Ze onderwerpt zich omdat ze bang is om gestraft te worden. Haar angst is reëel: Ad is wreed en overheersend. Hoewel je je wel afvraagt hoe het komt dat Fleur van de ene extreme aanpassing in de relatie met haar vader, vliegt naar de andere met haar man. In haar huwelijk voert Fleur het drama van haar jeugd opnieuw op.

ZELFOPOFFERING

Mensen die zichzelf opofferen voelen zich verantwoordelijk voor het welzijn van anderen. Het kan zijn dat je te veel verantwoordelijkheid hebt gehad voor het lichamelijk welzijn van een ouder, broer of zuster of een ander belangrijk iemand. Misschien was een van je ouders chronisch ziek of depressief. Als je volwassen bent denk je dat het jouw taak is om voor anderen te zorgen. Door dat te doen verwaarloos je jezelf.

Je opofferingsgezindheid is een te grote deugd geworden. Voor anderen zorgen is in allerlei opzichten erg bewonderenswaardig.

Paul: *Het kan best zijn dat ik mezelf te veel opoffer, maar ik doe veel goeds. Al mijn vrienden komen met mij over hun problemen praten. Als mijn moeder ziek is, dan belt ze mij. Ik breng haar naar de dokter. Ik zorg voor haar. Ik ben ook vrijwilliger in een tehuis voor daklozen en ik ben lid van Greenpeace en Amnesty International. Mensen zoals ik zijn in deze wereld hard nodig.*

Je voelt anderen goed aan, dat is je eigen. Je voelt de pijn van anderen en wilt die verzachten. Je probeert te repareren, alles en iedereen beter te maken.

Het is belangrijk om vast te stellen dat extreme aanpassing iets is dat voor een groot deel door jou zelf gekozen is. Je werd als kind *niet gedwongen* om te doen wat anderen wilden. Maar omdat ze pijn hadden of verzwakt waren, had je het gevoel dat hun behoeften voor gingen.

Hoewel mensen die zichzelf opofferen wat minder boosheid met zich meedragen dan andere extreme aanpassers, moet je ergens wel kwaad zijn. Er is geen evenwicht in geven en ontvangen – je geeft meer dan je terugkrijgt. Je kunt het de mensen die van jouw zorgen profiteren niet kwalijk nemen dat ze je minder geven dan ze ontvangen. Maar toch heb je vast en zeker last van een boos gevoel, hoewel je je niet bewust bent van verbolgenheid of iets dergelijks. Je valkuil wordt vooral gevoed door *schuldgevoel*. Als je jezelf op de eerste plaats stelt, voel je je schuldig. Als je boos wordt omdat je jezelf onderwerpt, dan voel je je schuldig. Je voelt je schuldig als je voor jezelf opkomt. Je voelt je schuldig als het je niet lukt om te helpen. Schuld is de drijfveer van je extreme aanpassing.

Als je uit de rol van extreme aanpassing stapt, voel je je schuldig. Iedere keer dat je je schuldig voelt, val je terug op de zelfopoffering. Om je van het schuldgevoel te verlossen stort je je met hernieuwde kracht in de rol van extreme aanpassing en begraaf je je woede voor de zoveelste keer. Je moet leren je schuldgevoel te verdragen wil je kunnen veranderen.

Paul laat dit patroon van woede en schuld zien in de relatie met zijn vrouw. Hij probeert haar voortdurend ter wille te zijn, maar hoe meer hij dat probeert, hoe meer zij van hem eist. Natuurlijk maakt hem dat ook kwaad. Maar als hij zich maar even boos voelt, dan voelt hij zich direct schuldig en dan probeert hij twee keer zo hard zijn best te doen om zijn vrouw te plezieren. Op die manier schiet hij heen en weer van woede op zijn vrouw en schuldgevoel over zijn woede.

ONDERWORPENHEID

Onderworpenheid is een tweede vorm van extreme aanpassing. Je geeft je *onvrijwillig* over aan het proces dat leidt tot de positie van extreme aanpassing. Of je nu in werkelijkheid wel of geen keus hebt, je hebt het gevoel dat je geen keus hebt. Als kind onderwierp je jezelf om te ontkomen aan straf of verlating, waarschijnlijk door een van je ouders. Die dreigde je te slaan of niet meer van je te houden of je te negeren. Je werd tot onderworpenheid *gedwongen*. Je bent bijna altijd boos, zelfs als je dat niet onderkent of niet zo voelt.

Fleur is zo'n onderworpen extreme aanpasser. Haar vader was altijd heel streng toen ze nog een kind was en in haar puberteit.

Fleur: *Als ik wegging dan moest hij weten waar naartoe. Als ik terugkwam, moest hij weten waar ik was geweest. Ik mocht tot mijn zeventiende niet met jongens uit. Iedereen mocht dat eerder. Make-up en strakke kleding waren verboden. Door de week mocht ik nooit 's avonds uit en in het weekend moest ik op tijd thuis zijn. Het was een ramp.*
Therapeut: *En wat gebeurde er als je dat toch deed?*
Fleur: *Hij gaf een preek of hij schreeuwde. Soms sloeg hij me. Ik haatte hem.*

Ze had het gevoel dat ze thuis gevangen zat. Aan de buitenkant was ze gehoorzaam, maar van binnen zat ze vol woede.

Als je dit type extreme aanpasser bent, dan *denk* je verkeerd. Je dicht mensen die je nu tot extreme aanpasser maken meer macht toe dan ze in werkelijkheid hebben. Degene die jou nu overheerst, je man, je vrouw of een ouder, heeft in feite weinig macht over je. Jij hebt de macht om een einde te maken aan je onderworpenheid. Er kunnen uitzonderingen zijn, je baas bijvoorbeeld, maar zelfs over hem heb je meer macht dan je denkt. Je moet misschien iemand willen verlaten, maar hoe dan ook *kun* je een eind maken aan je onderworpenheid. Je *hoeft* niet bij iemand te blijven die je overheerst of misbruikt.

Vroeger was je extreme aanpassing onvermijdelijk, toen was je nog een kind. Je was hulpeloos en afhankelijk van de volwassenen die je overheersten. Een kind kan zich niet verzetten tegen de dreiging met straf of verlating. Dat je je daar toen niet tegen verzette was adequaat. Maar nu ben je volwassen en ben je niet langer afhankelijk en hulpeloos. Als volwassene heb je een keuze. Dat is iets dat je je moet realiseren voordat je kunt veranderen.

DE ROL VAN ANGST

Hoewel je misschien de indruk maakt een gemakkelijk mens te zijn, word je gekweld door sterke gevoelens. Vooral woede kan zich opbouwen als je steeds maar weer jouw behoeften ondergeschikt maakt aan die van anderen. Als je behoeften aan één stuk door worden genegeerd dan is woede onvermijdelijk. Je voelt je gebruikt of overheerst, je hebt het gevoel dat mensen misbruik van je maken. Of je hebt het gevoel dat jouw behoeften niet van belang zijn.

Hoewel je misschien chronisch kwaad bent, ben je je er waarschijnlijk nauwelijks van bewust. Het woord kwaadheid komt niet eens in je vocabulaire voor.

Paul: *Ik vond het wel een beetje vervelend dat Ellen per se wilde dat ik haar thuis ophaalde voor dat etentje. Ik moest er zo'n eind voor omrijden, terwijl ze best met de trein had kunnen gaan.*

Je denkt dat het niet goed is en zelfs gevaarlijk om anderen te laten merken dat je kwaad bent, en daarom ontken en onderdruk je deze gevoelens.

Het zal je misschien verbazen, maar boosheid is een vitaal onderdeel van een gezonde relatie.

Het is een signaal dat er iets niet in orde is, dat de ander iets doet dat niet eerlijk is. Idealiter zorgt boosheid ervoor dat we assertiever worden en de situatie veranderen. Als woede dat effect heeft, is het adequaat en helpt het. Maar omdat je gewoonlijk je kwaadheid inhoudt en niet voor jezelf opkomt, ontken je je natuurlijke lichaamssignalen en corrigeer je de situatie niet.

Je bent je er dikwijls niet van bewust hoe je je boosheid aan anderen laat zien. Je blaast iets kleins op, op een manier die niet passend is. Fleur, die gewoonlijk kalm is, werd plotseling razend op haar dochter. Katelijne was tien minuten te laat voor het eten. En ze ging toch tekeer, op een manier die haarzelf en haar dochter hogelijk verbaasde.

Fleur: *Ik stond bij de deur toen Katelijne binnenkwam. En plotseling begon ik tegen haar te schreeuwen. Ik was nog nooit zo tegen haar tekeer gegaan. Ik kon het niet geloven. Ze keek geschokt naar me en begon te huilen. Ik ging meteen naar haar toe en zei dat het me speet. Ik herinner me dat ik dacht dat nu het moment gekomen was om in therapie te gaan.*

Het komt vaak voor dat dergelijke sterke en plotselinge woede-uitbarstingen de extreme aanpasser en de ontvanger evenzeer verrassen. Dit soort opgekropte woede lijkt altijd niet passend bij de situatie.

Hoewel je misschien soms je boosheid direct uit, doe je dat vaker op een indirecte, verhulde manier, passief-agressief. Je pakt mensen op een subtiele manier terug, door te laat te komen of door achter hun rug over hen te praten. Dat doe je vaak onbewust. Als je ernaar wordt gevraagd dan ontken je dat het iets met boosheid te maken had. Toen Fleur die woedeaanval had tegen haar dochter, was ze bij nader inzien eigenlijk kwaad op haar baas.

Therapeut: *Waarom werd je op dat moment zo kwaad op Katelijne?*
Fleur: *Ik was laat thuis uit mijn werk, en ik was me vreselijk aan het haasten om het eten klaar te hebben voordat Ad thuis zou komen. Katelijne zou me helpen en zij was te laat. Ik was al in een rotbui toen ik thuiskwam. Ik moest van mijn baas alweer overwerken.*

Het bleek dat de baas van Fleur eiste dat ze veel overuren maakte. Ze werd nooit direct boos op hem en ze kwam ook niet voor zichzelf op. In plaats daarvan kwam ze chronisch te laat op haar werk en overschreed ze de deadlines. Op die manier nam ze wraak op haar baas, maar ze deed het indirect. Haar baas kon er niet zeker van zijn wat er aan de hand was. Dat haar te laat komen te maken had met kwaadheid.

Uitstellen, achter iemands rug praten, beloven iets te doen en het dan niet doen, uitvluchten verzinnen – al deze passief-agressieve gedragingen hebben gemeen dat het andere mensen irriteert. Maar het is voor anderen lastig uit te maken of dat ook de bedoeling is van de passief-agressieve man of vrouw.

Of het nu door therapie komt of door iets anders, soms wordt iemand assertiever. Als dat gebeurt, dan voelen ze zich vaak erg schuldig. Dat heeft te maken met je extreme aanpassing, omdat je ervan uitgaat dat het *verkeerd* is om je eigen wensen naar voren te brengen. Het is het beste om te leren je schuldgevoel te verdragen en om door te gaan met voor jezelf op te komen. Als je dat niet doet, blijft je boosheid een belangrijk probleem voor je, zelfs al ben je je niet bewust van de nadelige gevolgen ervan.

'IK ZAL ME NOOIT GEWONNEN GEVEN': DE REBEL

Extreme aanpassers voelen zich over het algemeen goed thuis in hun passieve rol. Sommige mensen met deze valkuil gaan echter in de tegenaanval. In plaats van zich te onderwerpen nemen ze de tegenovergestelde rol. Ze worden agressief en dominant. Door te rebelleren compenseren ze hun extreme aanpassing.

Anders dan Paul en Fleur hebben rebellen de neiging te doen alsof alleen zij belangrijk zijn en alsof alleen hun wensen tellen. Als dit bij jou past, dan hanteer je je onderworpenheid door de rol van agressor, de egoïst en de opstandeling te kiezen. Je *rebelleert.* Maar desondanks voel je je van binnen net als andere extreme aanpassers: je voelt je minder belangrijk, andere mensen hebben de touwtjes in handen. Je agressie is maar een masker, waarmee je je een beetje een bedrieger voelt. Je voelt je gedreven tot extreme assertiviteit. Je maakt een arrogante indruk. Anderen zeggen dat je te bazig en overheersend bent. Onder je bravoure voel je je eigenlijk snel door anderen geïntimideerd.

Bij de rebel voel je de woede aan de oppervlakte. Je bent vaak geïrriteerd, en je hebt waarschijnlijk regelmatig woede-uitbarstingen. Als kind of als tiener reageerde je met ongehoorzaamheid en was je onhandelbaar als je ouders probeerden je hun wil op te leggen. Je had misschien woedeaanvallen of gedragsproblemen op school. Misschien heb je nog steeds problemen met autoriteiten. Je bent snel uit je evenwicht en je hebt de neiging om te snel kwaad te worden. Je ligt voortdurend in de clinch met autoriteiten: als iets je maar enigszins doet denken aan controle van buitenaf kun je dat nauwelijks verdragen – ieder advies, iedere opdracht, iedere vorm van druk, van bevel.

Typerend voor rebellen is dat zij hun leven lang bezig zijn om met hun ouders te strijden. Ze schikken zich niet in hun volwassen rol en laten klaarblijkelijk deze conflicten nooit achter zich. Ze blijven rebellerende pubers, die precies het tegenovergestelde doen dan wat hun ouders voor ogen hadden op het gebied van carrière en relaties.

Rebellen zijn in feite niet vrijer dan andere extreme aanpassers. Ze kiezen niet echt hun eigen interesses of relaties – hun keuzen worden bepaald door de mensen tegen wie ze rebelleren. Doordat ze per se niet aan de regels willen voldoen zijn ze er net zo aan gebonden als de mensen die zich wél aanpassen. Op hen is eigenlijk dat grapje van toepassing: 'Waarom hebben die pubers de weg overgestoken?' 'Omdat iemand ze het had verboden.'

ROSA IS 19 JAAR. ZE IS ZO BEZIG OM CONTROLE TE HOUDEN OVER WAT ZE EET DAT ZE ANOREXIA HEEFT.

Sommige mensen ontwikkelen een extreme vorm van *zelfcontrole* om hun gevoel van onderworpenheid kwijt te raken. Omdat zij het gevoel hebben de macht over hun eigen leven kwijt te zijn, proberen ze op een bepaald gebied wél controle te krijgen. Dat was er aan de hand met Rosa, die de eetstoornis *anorexia nervosa* heeft. Ze hongerde zich uit totdat ze heel erg mager was geworden, terwijl ze ondertussen volhield dat ze te dik was.

Als we naar haar gezin kijken zien we dat haar moeder overheersend was en haar als kind behandelde. Rosa leerde om haar eigen behoeften te negeren en aan haar moeders wensen te voldoen.

Rosa: *Ik was altijd een lief kind. Ik was altijd gehoorzaam. Niemand in mijn familie kan geloven dat ik problemen veroorzaak.*

Vader: *Dat is echt zo. Als ik iets moet noemen dan zou het zijn dat ze te perfect was.*

Rosa heeft haar eigen behoeften zo vaak opzij gezet dat ze zich er niet langer van bewust is. Ze heeft geen idee van wat ze zelf voelt en het is van binnen een warboel voor haar.

Het enige gebied waar Rosa zich sterk in voelt, waar ze een gevoel van controle over heeft, is haar gewicht. Ze is er geweldig mee bezig. Zij en haar moeder zijn verwikkeld in een voortdurende strijd over haar eten. Rosa is in de tegenaanval tegen haar moeders macht over haar leven, door dwangmatig controle te houden over hoeveel ze eet. Het eten wordt het strijdperk waarop de strijd om de macht tussen moeder en dochter wordt gestreden. Met behulp van de anorexia rebelleert ze tegen haar moeder en onbewust komt ze daarmee in haar valkuil van extreme aanpassing terecht.

Bronnen van de valkuil van de extreme aanpassing

1. Je ouders probeerden je op ieder gebied onder de duim te houden.
2. Je ouders bestraften, dreigden je of ze werden kwaad als je de dingen niet op hun manier deed.
3. Je ouders trokken zich emotioneel terug of keerden zich van je af als je het niet met ze eens was.
4. Je ouders stonden je als kind niet toe je eigen keuzen te maken.
5. Omdat je moeder/vader er niet genoeg was of daar niet toe in staat was, heb jij voor het gezin moeten zorgen.
6. Je ouders praatten met je over hun persoonlijke problemen, zodat je altijd in de rol zat van degene die luistert.
7. Je ouders waren net martelaren of heiligen, ze zorgden onbaatzuchtig voor anderen en ze ontkenden hun eigen behoeften.
8. Je had niet het gevoel dat je rechten, behoeften of meningen als kind werden gerespecteerd.
9. Je moest voorzichtig zijn in wat je wel en niet zei als kind, omdat je bang was dat je moeder of vader anders depressief of bezorgd zou worden.
10. Je voelde je vaak kwaad op je ouders, omdat je niet die vrijheid kreeg die anderen kregen.

Als kind werd je overheerst door de mensen die dicht bij je stonden, door je ouders, broers en zussen of anderen. Als extreme aanpassing je voornaamste valkuil is, dan waren het waarschijnlijk je vader of je moeder, omdat de ouders de belangrijkste personen zijn in het leven van een kind.

Als kind was je je nauwelijks bewust van je onderworpenheid. Je voelde je misschien rancuneus ten opzichte van een of beide ouders of je had een benauwd gevoel. Zelfs als volwassene voel je mogelijk niet de reikwijdte van jouw onderworpenheid in je kinderjaren. Soms beginnen mensen als ze in therapie zijn te begrijpen hoe ze zijn onderworpen en krijgen ze inzicht in hoe ze als kinderen zijn overheerst. Vaak worden ze dan erg kwaad. Als dat bij jou het geval is bedenk dan dat de motieven van ouders die hun kinderen overheersen sterk kunnen verschillen.

Aan de extreem negatieve kant is er een misbruikende ouder die zijn kind aan zich onderwerpt uit egoïsme, net als bij Fleur. Zulke ouders proberen volledige controle te houden over hun kinderen door hen te straffen of door liefde te weigeren. Kinderen moeten dan wel gehoorzamen om te overleven.

Fleur: *Gisteravond zat ik naar [mijn vader] en mijn dochter te kijken. Ik keek en ik wist dat hij met mij precies hetzelfde had gedaan. Ze moest steeds maar opnieuw vragen of ze alsjeblieft van tafel mocht opstaan. Omdat de manier waarop hem niet beviel. Maar ze is pas vier. Mijn dochter begon te huilen en hoe harder ze huilde, hoe harder hij tegen haar tekeer ging.*

Als een van je ouders je misbruikte of mishandelde, drugs of alcohol gebruikte, psychiatrische problemen had, of andere ernstige problemen, dan ben je misschien op deze extreme manier overheerst. Dergelijke ouders laten hun eigen behoeften prevaleren boven die van hun kinderen en het ontbreekt hen aan invoelend vermogen. Ze berokkenen hun kinderen veel schade. Als jij zo'n kind was, dan heb je nu vrijwel zeker de valkuil van de extreme aanpassing. Dan kun je overwegen om in therapie te gaan om eroverheen te komen.

Meer naar het midden van het continuüm van extreme aanpassing werd het uitdrukken van je eigen individualiteit door je ouders bekritiseerd of bestraft. Dat was het geval bij Paul. Als hij iets wilde, dan noemde zijn vader hem slap of egoïstisch.

Paul: *Ik weet echt niet wat ik zou moeten doen als ik uit de zaak van mijn vader zou gaan en voor mezelf zou beginnen.*

Therapeut: *Was er iets waar je als kind van hield, iets dat speciaal voor je was?*

Paul: *Jazeker. Ik hield heel erg van piano spelen. Maar mijn vader hield er niet van. Hij dacht dat ik niet mans genoeg was. Hij lachte me uit. Hij wilde dat ik ging sporten. Hij dwong me om op een teamsport te gaan. Maar geen enkel team wilde me hebben. Hij werd razend op me dat ik zo beroerd was met sport.*

Pauls vader wilde een zoon naar zijn evenbeeld. Als Paul daartegen in opstand kwam, had hij kritiek. Na een poosje leerde Paul dat het slecht was om eigen behoeften te hebben. Hij droeg dit gevoel met zich mee, met als gevolg dat hij later als volwassene zich erg schuldig voelde als hij voor zichzelf opkwam.

Pauls vrouw is net als zijn vader. Ellen heeft ook zo haar ideeën over hoe hij moet zijn. Als hij maar even iets anders doet, gaat ze tegen hem tekeer. En in dezelfde geest klaagt ze erover als hij piano speelt en pusht ze hem om op zijn werk krachtiger op te treden. Hoewel hij kwaad op haar is, laat hij het niet merken. Hij gedraagt zich daarentegen voortdurend schuldbewust, als een mak lammetje. Dat doet hij ook met anderen. Hij laat zich door anderen onderdrukken, en zo continueert hij het proces dat door zijn vader lang geleden is begonnen.

Pauls zelfopoffering had ook met de relatie met zijn moeder te maken. Toen hij klein was, was zijn moeder vaak ziek en bedlegerig. Ze was depressief en zwak.

Paul: *Ik probeerde haar gezelschap te houden en haar op te vrolijken. Ze was de hele tijd zo somber. Ik bleef thuis, in plaats van buiten te gaan spelen. Ik herinner me dat ik de andere kinderen buiten hoorde als ik bij haar zat.*

Therapeut: *Wat deed je allemaal voor haar?*

Paul: *Ik las haar voor of we zaten te praten. Ik bracht haar haar eten en probeerde haar wat te laten eten.*

Therapeut: *Het moet moeilijk voor je zijn geweest om je vrienden op te geven.*

Paul: *Ik kan me niet herinneren dat ik dat zo erg vond.*

Paul werd niet verschrikkelijk kwaad op zijn moeder, omdat ze hem niet dwong zich voor haar op te offeren. Hij deed het omdat ze hem nodig had. Maar onderhuids voelde hij zich erg verwaarloosd.

De geschiedenissen van Paul en Fleur belichten maar enkele facetten van de wijze waarop onderworpenheid zich kan manifesteren in de kindertijd. Omdat deze valkuil zo vaak voorkomt, geven we nog een paar voorbeelden.

ELINE IS 24 JAAR. ZE IS EEN 'BRAAF MEISJE' DAT DOET WAT HAAR MOEDER EN HAAR MAN ZEGGEN.

De ouders van Eline hadden het beste met haar voor, maar ze waren overbeschermend. Haar moeder wilde voorkomen dat ze verkeerde beslissingen nam.

Eline: *Mijn moeder besliste alles voor me. En ik, als brave dochter, liet het toe. Zij besliste over mijn vrienden, met wie ik uitging, waar ik op school ging, wat voor spelletjes ik deed. Alles wat je maar kan bedenken.*

Haar moeder controleerde haar, maar subtiel. Als Eline voor zichzelf opkwam en rebelleerde, dan ondermijnde haar moeder haar zelfvertrouwen door te impliceren dat Eline niet in staat zou zijn haar eigen keuzen te maken.

Naast extreme aanpassing ontwikkelde ze ook afhankelijkheid (zie hoofdstuk 10). Zowel afhankelijkheid als extreme aanpassing zien we weerspiegeld in haar onvermogen beslissingen te nemen. Als volwassene laat Eline nog steeds anderen haar beslissingen nemen. Anton, haar man, beklaagt zich daarover:

Anton: *Ze neemt geen enkel initiatief. Ik ben altijd degene die moet zeggen waar we gaan eten, welke voorstelling we gaan zien, waar we heen gaan op vakantie, wat we in huis gaan aanpakken. Als hier vrienden op bezoek zijn en we praten over wat we zullen doen, dan zal Eline nooit zeggen, 'Kom we gaan naar de film.' En als ik aan haar vraag waar ze naartoe wil, zegt ze altijd: 'Het maakt mij niet uit. Ik vind alles best'.*

Eline: *Maar dat is ook echt zo, het maakt me niet uit.*

Net als in de relatie met haar moeder maakt haar man haar belachelijk als Eline een voorstel heeft. Als dat gebeurt, valt ze weer terug in haar onderworpenheid.

MAARTEN IS 37 JAAR. ALS KIND ZORGDE HIJ ALS EEN OUDER VOOR ZIJN ALCOHOLISTISCHE MOEDER.

Maarten wijdde een te groot deel van zijn leven aan het verzorgen van zijn alcoholistische moeder. Dat komt maar al te veel voor bij deze kinderen. Als klein jochie was zelfopoffering een manier om een band met zijn moeder te houden, door haar te laten overleven verzekerde hij zich van haar beschikbaarheid. Hij zorgde voor zijn moeder. Hij was een geparentificeerd kind.

Maarten: *Ik deed de boodschappen. Ik kookte. Ik belde haar baas en verzon excuses als haar kater te erg was om te gaan werken. Ik vertelde op school heel vaak dat ik ziek was, terwijl ik niet naar school ging om mijn moeder te verzorgen. Ik deed zoveel moeite om haar te laten ophouden met drinken. Ik verborg de flessen. Ik hield bij hoeveel ze dronk. Ik zette streepjes op de flessen voor ik naar school ging. Ik smeekte haar om hulp te zoeken.*

Therapeut: *Was er niemand die jou probeerde te helpen?*

Maarten: *Nee. Zo nu en dan vroegen mijn tantes en ooms wat er aan de hand was. Maar ik loog en zei dat het prima ging. Ik wist dat ze het niet echt wilden weten.*

Als volwassene probeert Maarten andere mensen te redden. Hij is arts. Hij heeft geleerd om zijn zelfopofferende kwaliteiten in te zetten in zijn werk.

In zijn persoonlijke leven heeft hij meer problemen. Hij zoekt afhankelijkheid op. Zijn patroon is om zwakke mensen uit te zoeken, vooral alcoholistische vrouwen en dan zelfopofferende relaties met ze aan te gaan. Hij heeft een eerste stap gezet om dit te veranderen door steun te zoeken bij een lotgenotengroep van kinderen van ouders met alcoholproblemen. De relatie met zijn huidige vriendin is gezonder. Hij kan zijn eigen wensen uitspreken en als hij dat doet, dan luistert zijn vriendin ernaar. Maarten leert dat het gezonder voor hem is om relaties te hebben waarin hij ook iets terugkrijgt.

Misschien herken jij je in een van deze verhalen. Misschien is jouw geschiedenis wat anders. Er zijn veel wegen die leiden naar de valkuil van de extreme aanpassing. Cruciaal is dat je werd onderworpen, om redenen waar je toen geen invloed op kon hebben. En nu je volwassen bent en de omstandigheden anders zijn, ga je ermee door je te onderwerpen aan je naasten, door onderwerping of zelfopoffering.

Waarschuwingssignalen bij potentiële partners

1. Je partner is overheersend en verwacht dat alles op zijn of haar manier gebeurt.
2. Je partner is erg zelfbewust en weet altijd precies wat hij of zij wil.
3. Je partner wordt geïrriteerd of kwaad als je het niet met hem eens bent of als je niet ingaat op zijn wensen.
4. Je partner respecteert jouw opvattingen, behoeften of rechten niet.
5. Je partner zet een lelijk gezicht of trekt zich terug als jij je zin doorzet.
6. Je partner is snel gekwetst of van zijn stuk gebracht, zodat je het gevoel krijgt dat je voor hem moeten zorgen.
7. Je moet uitkijken met wat je zegt of doet, omdat je partner veel drinkt of humeurig is.
8. Je partner is niet erg competent of accuraat, zodat het erop neerkomt dat jij het meeste werk doet.
9. Je partner is onbetrouwbaar of onverantwoordelijk, met als gevolg dat jij dat heel erg moet zijn.
10. Je laat je partner de meeste beslissingen nemen omdat jij meestentijds niet goed weet wat je wilt.

11. JE PARTNER GEEFT JE EEN SCHULDGEVOEL OF BESCHULDIGT JE VAN EGOÏSME, ALS JE VRAAGT OM IETS OP JOUW MANIER TE DOEN.
12. JE PARTNER IS SNEL VERDRIETIG, BEZORGD OF SOMBER, ZODAT JIJ MAAR STEEDS MOET LUISTEREN.
13. JE PARTNER IS ERG ZWAK EN VAN JOU AFHANKELIJK.

Je voelt je het sterkst aangetrokken en je hecht je het meest aan partners die je valkuil oproepen. Deze relaties roepen sterke gevoelens op omdat zij je de emoties van je kindertijd ontlokken. Steeds maar weer, in iedere nieuwe relatie, voer je het drama op van je onderworpenheid als kind. Zelfs als je het rebelse type extreme aanpasser bent en een passieve partner hebt uitgekozen die je domineert en controleert, dan gaat het in principe nog steeds om hetzelfde proces van onderwerping.

Een veel voorkomend patroon bij extreme aanpassers van het onderworpen type is dat zij relaties aangaan met agressieve, dominante figuren, met leidersfiguren. In je passiviteit heb je behoefte aan een sterk persoon. Je hebt iemand nodig die je vertelt wat je moet doen en hoe je moet denken. Je wordt afhankelijk van anderen die de beslissingen voor je nemen. Dat was het geval bij Eline, wier moeder al haar beslissingen nam. Zij was altijd de brave dochter. Eline trouwde precies het type man dat haar ouders wilden. En nu is ze de perfecte echtgenote.

Eline: *Ik ben geloof ik niet echt gelukkig met hoe de dingen gaan, maar Anton wordt kwaad als ik er iets van zeg. Dan krijgt hij er echt de pest in.*
Therapeut: *Waarom is het zo erg als Anton kwaad op je wordt?*
Eline: *De gedachte alleen al maakt me bang. Stel je voor dat hij opeens geen relatie meer met me wil.*

Eline voelt zich totaal afhankelijk van haar echtgenoot. Ze voelt zich bang als ze maar een paar uur niet samen zijn. Ze probeert alles goed te doen, om te voorkomen dat hij kwaad wordt. Wat ze het meest vreest is dat hij haar in zijn woede zal verlaten – ze denkt dat ze het niet alleen zal redden. Ze onderwerpt zich volkomen. Haar afhankelijkheid houdt haar onderworpenheid in stand en andersom.

Als je jezelf opoffert, voel je je vaak aangetrokken tot zwakke en afhankelijke partners. Je bent altijd voor ze aan het rennen. Je probeert ze te redden. Soms kiezen extreme aanpassers narcistische partners, die veeleisend zijn maar weinig teruggeven, en die niet echt om de gevoelens van anderen geven. De rol van gulle gever is je vertrouwd. Als je tot het rebelse type behoort, dan kies je misschien iemand uit die nog meer een extreme aanpasser is dan jij, zodat jij de overhand hebt.

VALKUILEN VOOR EXTREME AANPASSERS

1. JE GEEFT ANDERE MENSEN ALLE RUIMTE.
2. JE WILT TE GRAAG GOEDKEURING VAN ANDEREN.
3. JE BENT HET NIET GRAAG OPENLIJK MET ANDEREN ONEENS.
4. JE VOELT JE BETER ALS ANDEREN DE LEIDING HEBBEN.
5. JE DOET BIJNA ALLES OM CONFRONTATIE OF KWAADHEID TE VERMIJDEN. JIJ PAST JE AAN.
6. JE WEET MEESTAL NIET PRECIES WAT JE WILT OF WAT JOUW VOORKEUR IS.
7. JE BENT NIET DUIDELIJK IN JE LOOPBAANKEUZEN.
8. JIJ DRAAIT ALTIJD OP VOOR DE ZORG VOOR ANDEREN, ER IS NIEMAND DIE EENS NAAR JOU LUISTERT OF DIE VOOR JOU ZORGT.
9. JE REBELLEERT: JE ZEGT AUTOMATISCH 'NEE' ALS ANDEREN ZEGGEN WAT JE MOET DOEN.
10. JE KAN NIET IETS ZEGGEN OF DOEN DAT ANDEREN KWETST.
11. JE BLIJFT VAAK IN EEN SITUATIE ZITTEN WAARIN JE JE OPGESLOTEN VOELT OF WAARIN JE TEKORTKOMT.
12. JE WILT NIET DAT ANDEREN JE ZIEN ALS EEN ZELFZUCHTIG IEMAND, DUS SCHIET JE DOOR NAAR HET ANDERE UITERSTE.
13. JE OFFERT JEZELF VAAK OP VOOR ANDEREN.
14. JE NEEMT VAAK MEER VERANTWOORDELIJKHEID OP JE DAN NODIG IS, ZOWEL THUIS ALS IN JE WERK.
15. ALS ANDEREN PROBLEMEN HEBBEN OF MOEILIJK ZITTEN DAN SPAN JE JE ERG VOOR HEN IN, ZELFS TEN KOSTE VAN JEZELF.
16. JE VOELT JE VAAK KWAAD OP ANDEREN ALS ZE JE ZEGGEN WAT JE MOET DOEN.
17. JE VOELT JE VAAK TEKORTGEDAAN: JE GEEFT MEER DAN JE KRIJGT.
18. JE VOELT JE SCHULDIG ALS JE UITKOMT VOOR JE EIGEN BEHOEFTEN.
19. JE KOMT NIET VOOR JE EIGEN RECHTEN OP.
20. JE VERZET JE OP EEN INDIRECTE MANIER TEGEN WAT ANDEREN JE OPLEGGEN. JE STELT UIT, JE MAAKT FOUTEN, JE VERZINT SMOEZEN.
21. JE KUNT NIET GOED MET AUTORITEITEN OVERWEG.
22. JE KUNT OP JE WERK NIET OM PROMOTIE OF OPSLAG VRAGEN.
23. JE VOELT JE ONWAARACHTIG, JE PAST JE TE VEEL AAN.
24. MENSEN VINDEN DAT JE NIET AMBITIEUS OF AGRESSIEF GENOEG BENT.
25. JE BAGATELLISEERT JE EIGEN SUCCESSEN.
26. JE BENT GEEN STERKE ONDERHANDELAAR.

Dit zijn de valkuilen waarvoor je moet uitkijken in je werk en in je liefdesleven. Zelfs als je een partner vindt die een gelijkwaardige relatie wil, kun je nog op allerlei manieren in je valkuil terechtkomen. Zelfs als je een baan hebt die je de gelegenheid geeft om een belangrijke rol te spelen, kun je het zo draaien dat je in extreme aanpassing terechtkomt.

Welke relatie je ook neemt, je woede zit aan de oppervlakte. Je hebt zoveel opgekropte woede in je dat het de stabiliteit van je relaties ondermijnt. In het begin van de relatie onderdruk je je boosheid en ga je conflicten uit de weg. Dat helpt om de relatie in stand te houden, maar dat is moeilijk vol te houden. Na een periode van jaren heb je zoveel woede verzameld dat je gaat rebelleren en de relatie op het spel zet. Je trekt je terug of je neemt wraak. Dikwijls is er ook sprake van seksuele problemen. Daar komt bij dat je je ontwikkelt naarmate de jaren verstrijken en je een sterkere identiteit hebt gekregen. Als je assertiever bent geworden, en niet langer door wil gaan in een relatie waarin jij je extreem aanpast, dan moet de relatie zich daaraan aanpassen of hij moet stoppen.

WERK

Omdat de valkuil van de extreme aanpassing zo'n sterk effect kan hebben op je werk, zullen we hier uitgebreid bij stilstaan.

Extreme aanpassers van het zelfopofferende type werken vaak in zorgende beroepen. Je bent misschien arts of verpleegkundige, huisvrouw, onderwijzer, therapeut of een ander soort hulpverlener. Je neigt op natuurlijke wijze naar een loopbaan ten bate van anderen. Je extreme aanpassing kost je veel, maar geeft je ook iets terug. Je hebt de gave om de noden en het verdriet van anderen goed aan te voelen. Naar alle waarschijnlijkheid maakt je beroep gebruik van je vermogen er voor anderen te zijn.

Je kunt de rechterhand zijn van iemand met meer macht, iemand aan wie jij toegewijd bent en die jou erg waardeert, hoewel je zelf waarschijnlijk buiten de schijnwerpers blijft. Op veel manieren ben jij precies het type dat je baas wil hebben. Je bent gehoorzaam en loyaal, je vraagt weinig. Je vraagt bijvoorbeeld haast nooit om opslag. Je probeert zo sterk om het iedereen naar de zin te maken, vooral je superieuren, dat je er moeite mee hebt om grenzen te stellen. Je offert je op. Hier is een voorbeeld van een van de relatiegesprekken van Paul en Ellen.

Ellen: *Er is nog iets waar ik kwaad over ben, en dat is dat Paul geen vakantie neemt. Hij vraagt het gewoon niet aan zijn vader. We zijn in jaren niet samen op vakantie geweest.*

Paul: *Je begrijpt het gewoon niet. Ze hebben me te veel nodig op de zaak. Ik weet zeker dat vader teleurgesteld zou zijn. Ik kan hem gewoon niet laten zitten.*

Hoewel Paul best vakantiedagen wil opnemen en het vreselijk vindt dat hij niet vaker thuis kan zijn bij zijn gezin, komt zijn werk altijd op de eerste plaats. Zijn eigen wensen stelt hij daarbij achter.

Het kan zijn dat je te vaak ja zegt. Je bent het eens met je baas of je collega's om ze een plezier te doen, eerder dan omdat je denkt dat ze gelijk hebben. Heleen is zo iemand.

HELEEN IS 34 JAAR. DOOR HAAR VALKUIL VAN EXTREME AANPASSING KAN ZE ZICH ONVOLDOENDE WAARMAKEN IN HAAR WERK.

Heleen werkt in een groot bedrijf in een leidinggevende positie in het middenkader. Ze had bijzonder goede resultaten als student bedrijfskunde, maar ze maakt niet zo snel carrière als haar medestudenten. Heleen heeft de neiging om iedereen naar de mond te praten, in plaats van te zeggen wat zij vindt, vooral met autoriteiten. Ze ziet ervan af om suggesties te doen of het ergens mee oneens te zijn, zelfs als ze iets belangrijks te zeggen heeft. Veel van haar waardevolle ideeën en meningen laat zij achterwege omdat ze haar mond houdt als ze zou moeten spreken.

Als haar superieuren haar vragen hoe de projecten lopen, dan schetst ze een extreem optimistisch beeld, omdat ze graag in de smaak wil vallen. Ze neemt te veel werk aan. Het is geen wonder dat ze in het kringetje blijft ronddraaien van niet kunnen waarmaken wat ze heeft beloofd.

Anders dan Heleen, die wel uitgesproken ideeën heeft maar die ze niet uitspreekt, hebben veel het gevoel niet te weten wat ze denken over bepaalde kwesties in hun werk. Als hen commentaar wordt gevraagd, weten ze niet goed wat ze moeten zeggen. Eline heeft dat. Zij heeft zowel afhankelijkheid als extreme aanpassing. Ze denkt niet zelf na, maar ze past zich gewoon aan aan wat ze denkt dat de groep wil. Hoewel ze een harde werker is, draagt haar werk niet het stempel van haar persoonlijkheid.

Eline: *Het ging gisteren helemaal mis op mijn werk. Ik moest beslissen of ik bepaalde cijfers nu wel of niet moest vermelden in het rapport aan de Veiligheidsraad. Mijn baas was er de hele dag niet. Ik kreeg bijna een paniekaanval.*

Therapeut: *Hoe heb je de beslissing genomen?*

Eline: *Ik heb iedereen die ik kon vinden om advies gevraagd. Ik werd er gek van, echt waar. Iedereen zei weer iets anders en het klonk allemaal erg verstandig.*

Therapeut: *Het klinkt alsof jij er nog meer van in de war raakte.*

Eline heeft geen goede kijk op haar professionele identiteit in haar bedrijf. Dat gaat ten koste van de kwaliteit van haar werk. Ze heeft de pest erover in dat anderen, die minder hard werken dan zij, sneller carrière hebben gemaakt.

Je bent misschien te passief in je werk en dat vermindert je kansen op promotie. Het initiatief en de ambitie om vooruit te komen ontbreken je. Je gaat leidende posities, waarin je zelfstandig moet opereren uit de weg. Je bent het meest op je gemak onder leiding van een autoriteit.

KATRIEN IS 30 JAAR. ZE WAS EEN GOEDE STUDENT, MAAR ZE KAN IN HAAR WERK NIET ZELFSTANDIG FUNCTIONEREN.

Katrien werkt als advocaat op een klein advocatenkantoor. Als student rechten was ze steengoed, maar daar werkte ze nauw samen met haar professor die als haar mentor optrad. Toen ze de universiteit verliet, kreeg ze problemen. Haar werk vereiste meer autonomie en eigen regie dan waartoe ze in staat was.

Katrien: *Ik weet dat ik eigenlijk mijn eigen zaken moet behartigen, maar ik merk dat ik dat niet doe. Ik werk liever samen. Ik sta onder zo'n grote druk om productie te maken.*

Ze is zo gewend aan de passiviteit van de extreme aanpassing dat haar nieuw verworven vrijheid niet vertrouwd is.

ANNE IS 28 JAAR. ZE VERKOOPT ZICHZELF NIET GOED IN HAAR WERK.

Anne laat weer een ander type van onderworpenheid zien waardoor je kansen om vooruit te komen kleiner worden. Ze werkt voor een reclamebureau in een team van zes mensen dat reclamecampagnes bedenkt. Ze is heel slim en creatief. Toch heeft ze een opmerkelijk talent om haar belangrijkheid bagatelliseren.

Anne: *Ik werk hard. Ik heb een goede bijdrage aan het team. Maar ik heb te weinig vertrouwen in mezelf. Ik houd er niet van in het middelpunt van de aandacht te staan. Zoals bijvoorbeeld gisteren. Nico deed net alsof hij het idee voor de cakemix-reclame had bedacht. Ik durfde daar niet goed tegenin te gaan, het recht te zetten.*

Therapeut: *Ik dacht dat jij jouw idee over de campagne zou presenteren.*

Anne: *Op het laatste moment heb ik het toch aan Nico overgelaten. En hij kreeg de complimenten.*

Verder is onderhandelen ook niet haar sterkste kant. Anne trekt zich te gemakkelijk terug. Ze is zelfs met ondergeschikten niet assertief genoeg, omdat ze te veel haar best doet om goede maatjes te blijven en omdat ze niet goed haar positie bewaakt. Ze geeft ze complimenten ook als ze matig werk leveren en ze laat ze te veel vrij. Ze doet zelf de vervelende karweien, die ze uit handen zou moeten geven. Als haar medewerkers onredelijke eisen stellen, vindt ze het moeilijk om nee te zeggen. Natuurlijk maken mensen misbruik van haar.

Het is onvermijdelijk dat je boos wordt over je rol als extreme aanpasser op je werk. Maar je laat je boosheid niet direct zien. Je houdt je woede in. Door die te onderdrukken maak je je woede alleen maar erger. Plus de kans dat je het op een zelfdestructieve manier gaat uiten.

Je zult merken dat je lange tijd je woede in kunt houden, en dan plotseling uitbarst in een vreselijke woedeaanval. Buiten alle proporties. Misschien ben je niet goed in staat de hoeveelheid werk die je opgedragen krijgt te beperken. Je woede blijft lang onder de oppervlakte en dan opeens, tijdens een vergadering, heb je een uitbarsting of ben je te agressief tegenover klanten of medewerkers. Met dit onprofessionele gedrag ondermijn je je positie.

Naar alle waarschijnlijkheid uit je je woede op een passief-agressieve manier. Net als Paul.

Paul: *Mijn vader eist veel te veel van me. Hij maakt misbruik van mijn goedheid.*
Therapeut: *Zeg je ooit tegen je vader dat het werk je te veel is?*
Paul: *Nee, maar dat weet hij best. In zijn gezicht zeg ik dat het oké is, maar de manier waarop ik het zeg, spreekt boekdelen.*

Paul doet het met een omweg. Hij leeft zijn boosheid uit, in plaats van deze op een direct manier te uiten. Hij loopt rond met een gezicht als een kniesoor. Hij klaagt achter zijn vaders rug tegen andere medewerkers en hij spoort anderen aan tot klagen. Hij stelt dingen uit en maakt dan uitgebreid excuses dat hij zijn werk niet af heeft.

DE REBEL AAN HET WERK

Rebellen hebben precies het tegenovergestelde patroon: zij zijn dominant en controlerend.

TIM IS 43 JAAR. HIJ GEDRAAGT ZICH ONDERWORPEN TEN OPZICHTE VAN ZIJN BAAS, MAAR ZIJN ONDERGESCHIKTEN HEBBEN VEEL VAN HEM TE VERDUREN.

Je onderwerpt je aan sommigen op je werk maar anderen geef je ervan langs. Tim doet dat. Hij runt de mannenafdeling van een groot warenhuis. Hij neemt ten opzichte van de algemeen directeur de positie van extreme aanpasser in. Hij doet alles om hem voor zich te winnen, maar zonder resultaat.

Tim: *De algemeen directeur heeft geloof ik een hekel aan me. Soms zet hij me voor gek. Gisteren nog kreeg ik een uitbrander ten overstaan van collega's en klanten. Ik moest daar gaan staan en kleren opvouwen, alsof ik een knechtje ben.*
Therapeut: *Wat heb je toen gedaan?*
Tim: *Ik heb het gewoon gedaan, ik ben die kleren gaan opvouwen.*

Zoiets roept natuurlijk boosheid op. Tim draagt zijn boosheid over op de verkopers en andere ondergeschikten.

Tim: *Ik gedraag me als een tiran op de afdeling. Ik geef bevelen en mensen hebben het maar te doen. Als ze een fout maken, dan laat ik ze dat luid en duidelijk weten ten overstaan van de hele afdeling.*
Therapeut: *Dat is wraak. Je behandelt ze nog erger dan dat jij wordt behandeld.*

Tim heeft twee kanten. Aan de ene kant is hij onderdanig, een hielenlikker. Aan de andere kant is hij veeleisend en razend. Aan de ene kant lijkt boosheid volstrekt afwezig; aan de andere kant is zijn woede buitenproportioneel.

DEZE STAPPEN MOET JE ZETTEN OM JE VALKUIL VAN EXTREME AANPASSING TE VERANDEREN

1. HEB BEGRIP VOOR JE EXTREME AANPASSING IN JE JEUGD. VOEL HET EXTREEM AANGEPASTE KIND IN JE.
2. MAAK EEN LIJST VAN ALLEDAAGSE SITUATIES THUIS EN OP JE WERK WAARIN JE JE ONDERWERPT OF WAARIN JE JE OPOFFERT VOOR ANDEREN.
3. VORM JE EIGEN VOORKEUREN EN MENINGEN OP TAL VAN LEVENSGEBIEDEN: FILMS, ETEN, VRIJE TIJD, POLITIEK, CONTROVERSIËLE KWESTIES, GEBRUIK VAN TIJD, ENZOVOORT. LEER JEZELF EN JE EIGEN BEHOEFTEN KENNEN.
4. MAAK EEN LIJST VAN WAT JE VOOR ANDEREN DOET EN WAT JE AAN HEN GEEFT, EN ANDERSOM. WAT DOEN ZIJ VOOR JOU OF WAT GEVEN ZE AAN JE? HOEVEEL TIJD BESTEED JE AAN HET LUISTEREN NAAR ANDEREN?
5. HOU OP MET PASSIEF-AGRESSIEF GEDRAG. DWING JEZELF OM ASSERTIEF TE ZIJN, LAAT HOREN WAT JE WILT OF NODIG HEBT. BEGIN EERST MET DE GEMAKKELIJKE VRAGEN.
6. VRAAG ANDEREN OM VOOR JE TE ZORGEN. VRAAG OM HULP. BESPREEK JE PROBLEMEN. PROBEER GEVEN EN NEMEN IN EVENWICHT TE BRENGEN.
7. TREK JE TERUG UIT RELATIES MET MENSEN DIE TE VEEL OP ZICHZELF ZIJN GERICHT OF DIE TE EGOCENTRISCH ZIJN OM MET JOUW BEHOEFTEN REKENING TE HOUDEN. VERMIJD EENZIJDIGE RELATIES. RELATIES WAARIN JE JE OPGESLOTEN VOELT MOET JE VERANDEREN OF BEËINDIGEN.

8. OEFEN OM MENSEN TE CONFRONTEREN IN PLAATS VAN JE STEEDS MAAR AAN TE PASSEN. TOON JE BOOSHEID OP EEN ADEQUATE MANIER, EN OP HET MOMENT ZELF. PROBEER JE WAT COMFORTABELER TE GAAN VOELEN ALS IEMAND GESCHOKT IS, GEKWETST OF KWAAD.
9. PROBEER JE NEIGING OM HET ANDEREN NAAR DE ZIN TE MAKEN NIET TE RATIONALISEREN. HOU ERMEE OP JEZELF TE VERTELLEN DAT HET NIET ZOVEEL UITMAAKT.
10. ONDERZOEK JE VROEGERE RELATIES EN LAAT HET PATROON VAN JE KEUZE VOOR CONTROLERENDE OF ZWAKKE PARTNERS DUIDELIJK NAAR VOREN KOMEN. MAAK EEN LIJST VAN SIGNALEN WAAR JE GOED OP MOET LETTEN. ALS HET MOGELIJK IS MOET JE EGOÏSTISCHE, ONVERANTWOORDELIJKE OF AFHANKELIJKE PARTNERS, WAAR JE NU JUIST ZO OP VALT, VERMIJDEN.
11. ALS JE EEN PARTNER VINDT DIE AANDACHT HEEFT VOOR JOUW BEHOEFTEN, DIE OM JE MENING VRAAGT EN JE WAARDEERT EN STERK GENOEG IS OM 50 PROCENT VAN HET WERK TE DOEN, MOET JE DE RELATIE EEN KANS GEVEN.
12. BIJT OP JE WERK MEER VAN JE AF. LAAT ANDEREN NIET MET DE EER GAAN STRIJKEN. LAAT MENSEN GEEN MISBRUIK VAN JE MAKEN. VRAAG OM IEDERE PROMOTIE OF SALARISVERHOGING WAAR JE RECHT OP HEBT. DELEGEER VERANTWOORDELIJKHEDEN.
13. (VOOR DE REBEL) PROBEER OM NIET JUIST HET OMGEKEERDE TE DOEN VAN WAT ANDEREN JE VRAGEN. PROBEER UIT TE VINDEN WAT JIJ WILT, EN DOE DAT, OOK AL IS DAT PRECIES WAT ANDEREN WILLEN.
14. MAAK SYSTEEMKAARTEN. GEBRUIK ZE OM JEZELF OP HET SPOOR TE HOUDEN.

---

1. Heb begrip voor je extreme aanpassing in je jeugd. Voel het extreem aangepaste kind in je. Je valkuil brengt zeer sterke gevoelens met zich mee. Deels komt dat omdat gevoelens uit je jeugd altijd sterk zijn. Kinderen zijn minder goed dan volwassenen in staat om hun gevoelens in te dammen met hun verstand, waardoor deze gevoelens een primitieve kracht behouden. Als de valkuil van de extreme aanpassing in werking wordt gezet, komen deze gevoelens naar buiten en krijgen negatieve gevoelens, zoals woede, schuld en angst, de overhand.

Gewoonlijk probeer je zo'n intense activering van je valkuil te vermijden. Je probeert deze pijnlijke gevoelens uit de weg te gaan. Je ontkent je gevoelens en je onderdrukt ze. En dan, zonder dat goed te beseffen, leef je je extreme aanpassing blindelings uit. Je hebt herhaaldelijk de rol van underdog in je relaties. Om te kunnen veranderen, moet je in staat zijn om pijnlijke gevoelens toe te laten en te verdragen.

De beste manier om het extreem aangepaste kind in je te voelen is door een imaginatieoefening. Begin met een moment van extreme aanpassing in je huidige leven. Kies een goed moment uit om je ogen te sluiten en laat een beeld in je opkomen van een moment dat je je eerder zo voelde. Probeer ver terug te gaan in je kindertijd. Forceer het niet. Laat het maar gewoon in je opborrelen. Wie was er bij je? Was het je moeder of je vader? Was het je broer, je zus of een vriendje?

Fleur: *Ik heb gisteravond de hele avond niets tegen Ad gezegd en hij merkte het niet eens.*
Therapeut: *Was je kwaad op hem?*
Fleur: *Kwaad? Ik wilde steeds iets tegen hem zeggen en hij luisterde niet. Hij onderbrak me steeds en dan ging hij weer over zichzelf verder. Dus besloot ik mijn mond te houden. Maar hij merkte het niet eens.*
Therapeut: *Laten we hier maar eens mee oefenen. Doe je ogen eens dicht en herinner je wat er gisterenavond gebeurde, toen Ad niet wilde luisteren. Kun je dat?*
Fleur: *Ja, ik ben er weer. Ik probeer weer om Ads aandacht te trekken.*
Therapeut: *Oké, laat dan nu een beeld naar boven komen van een moment waarop je je als kind net zo voelde.*
Fleur: *Hm (pauze). Ik zie mijn vader voor me. Ik probeer hem te vertellen dat alle meisjes lang mogen blijven op het schoolfeest. Maar hij luistert niet naar me. Hij blijft maar tegen me schreeuwen dat nooit en te nimmer een dochter van hem de hele nacht weg mag blijven. Ik ben zo gefrustreerd dat ik het wel uit zou kunnen schreeuwen.*

Dit soort imaginatieoefeningen helpen je om bepaalde gevoelens naar boven te halen. Je kunt erdoor overvallen worden. Probeer je gevoelens te accepteren en probeer eruit op te maken wat ze je vertellen. Het kan zijn dat je je enorm kwaad voelt worden op degenen die je tot extreme aanpassing hebben gedwongen. Probeer je kwaadheid te verdragen. Die kwaadheid is je *gezonde* kant. Dat dient een goed doel, het zegt je dat je verandering moet brengen in de manier waarop je met anderen omgaat. Je kwaadheid kan je in contact brengen met dat deel van jou dat iets anders wil, dat wil veranderen en wil groeien. Je woede kan een heel sterke manier zijn om in contact te komen met dit gevoel. Het kan zelfs de enige manier zijn om te ontdekken dat je iets anders wilt.

Door imaginatieoefeningen kun je de geschiedenis van je extreme aanpassing achterhalen. Volg het pad van de ontwikkeling ervan in je jeugd. Let goed op welke ervaringen je valkuil in de hand hebben gewerkt en het bijna onvermijdelijk hebben gemaakt dat jij je extreem aangepast zou gaan gedragen. Ga door tot je een realistisch beeld hebt gekregen van je vroege kinderjaren. Uiteindelijk zul je, naar we hopen, verdrietig zijn of kwaad over wat jou is overkomen als kind, maar kun je ermee ophouden deze ervaringen als bewijs te zien voor de noodzaak om je nu extreem aan te passen.

2. Maak een lijst van alledaagse situaties thuis en op je werk waarin je je onderwerpt of waarin je je opoffert voor anderen. Begin met goed naar jezelf te kijken. Alsof je door de ogen van iemand anders naar jezelf kijkt, blijf objectief. Observeer je extreme aanpassing van alle kanten. Maak een lijst van situaties die gewoonlijk moeilijk voor je zijn. Daar moet je proberen meer greep op te krijgen.

Dit is een voorbeeld van de lijst van Fleur.

STAPPEN OM UIT DE EXTREME AANPASSING TE KOMEN

1. TEGEN DE KRANTENJONGEN ZEGGEN DAT HIJ DE KRANT IN DE BUS MOET GOOIEN ALS HET REGENT (*TYPISCH AMERIKAANS VOORBEELD*)
2. DE VERKOPER ZEGGEN DAT IK GEEN HULP WIL.
3. MIJN KINDEREN NIET MEER GELD GEVEN DAN AFGESPROKEN.
4. AAN AD VRAGEN OM DE KINDEREN NAAR SCHOOL TE BRENGEN ALS IK NAAR MIJN OPLEIDING MOET.
5. MIJN VADER ZEGGEN DAT HIJ GEEN KRITIEK MOET HEBBEN OP DE KINDEREN ALS IK ERBIJ BEN.
6. EEN HELE DAG VOOR MEZELF NEMEN. DINGEN DOEN DIE IK LEUK VIND, ZOALS WINKELEN, LEZEN IN HET PARK, VRIENDINNEN ZIEN.
7. AAN DOORTJE (VRIENDIN) ZEGGEN DAT IK KWAAD BEN DAT ZE NIET MEEDOET MET HET WEGBRENGEN VAN DE KINDEREN.
8. AD ZEGGEN HOE IK ME VOEL ALS HIJ ME TEN OVERSTAAN VAN ANDEREN BEKRITISEERT.
9. AD ZEGGEN DAT HIJ ME NIET MEER MAG BEKRITISEREN ALS IK NIETS FOUT HEB GEDAAN OF ALS ER ANDEREN BIJ ZIJN.
10. ALS AD EN IK NAAR EEN BANK GAAN KIJKEN MIJN VOORKEUR DUIDELIJK MAKEN IN PLAATS VAN ZOMAAR ZIJN ZIN TE DOEN.

---

3. Vorm je eigen voorkeuren en meningen op tal van levensgebieden: films, eten, vrije tijd, politiek, controversiële kwesties, gebruik van tijd, enzovoort. Leer jezelf en je eigen behoeften kennen. Je moet je aandacht gaan verschuiven. Let op wat je zelf wilt en voelt, in plaats van maar steeds proberen uit te vinden wat de ander wil en voelt. Bedenk wat jouw voorkeur is.

Therapeut: *Welke film heb je gisteravond gezien?*
Paul: *'De Poolse Bruid'*
Therapeut: *En, vond je hem leuk?*
Paul: *Ik, eh, weet het niet. Wel goed, geloof ik. Ellen vond hem wel mooi. Ik heb er nog niet zo over nagedacht.*
Therapeut: *Nou, denk er maar over na.*
Paul: *Ik vond het wel een beetje vergezocht eigenlijk.*
Therapeut: *Zo erg dat je hem niet meer leuk vond.*
Paul: *Nee, ik vond hem wel goed. Interessant ook. Ik bleef maar denken over wat er nou met haar gebeurd was.*

Jij bent de bron van jouw meningen, niet de mensen om je heen.

4. *Maak een lijst van wat je voor anderen doet en wat je aan hen geeft, en andersom. Wat doen zij voor jou of wat geven ze aan je? Hoeveel tijd besteed je aan het luisteren naar anderen?* Kijk goed naar de balans van geven en nemen in je relaties. Kies de belangrijkste eruit: je geliefde, je partner, je kinderen, je beste vriendin, je ouders of je baas. Maak een lijst met twee kolommen voor ieder van hen.

'Wat geef ik?' en 'Wat krijg ik?' Door deze lijst te maken kun je onmiddellijk zien in welke mate de relatie uit balans is.

Fleur: *Ik heb een lijst gemaakt over Ad en mij. (ze geeft me de lijst)*

Therapeut: *(leest de lijst) Dat is interessant. Op de lijst van wat je aan Ad geeft staan 32 dingen: 'naar de problemen op zijn werk luisteren', 'kleren voor hem kopen', 'zijn eten koken', 'zijn kleren naar de stomerij brengen', 'zijn cadeautjes kopen', 'zijn kleren wassen', enzovoort. Op de lijst van wat Ad aan jou geeft staat: 'financiële zekerheid'.*

Fleur: *Klopt. Ik weet het. Geen wonder dat ik zo kwaad ben.*

Ons uiteindelijke doel is dat jij meer evenwicht in je relaties brengt. We willen niet dat je ermee ophoudt om zoveel te geven, meer dan wat je zou willen als je er meer greep op had. En we willen graag dat je ermee begint de dingen te krijgen die je graag wilt hebben: tederheid, zorg, begrip, steun en respect.

5. *Hou op met passief-agressief gedrag. Dwing jezelf om assertief te zijn, laat horen wat je wilt of nodig hebt. Begin eerst met de gemakkelijke vragen.* Om te kunnen veranderen, moet je bereid zijn om te experimenteren met nieuwe manieren van doen, assertiever zijn en te zeggen wat je wel en niet wilt. Je moet de manier waarop je met anderen omgaat willen veranderen.

Veranderen hoe je met anderen omgaat verandert soms je gevoelens voor ze. Het is bijvoorbeeld niet gemakkelijk om bang te blijven voor iemand als je je assertief hebt opgesteld. Het belangrijkste is dat je door je gedrag te veranderen anders over *jezelf* gaat denken. Verandering van je gedrag in de goede richting maakt dat je zelfvertrouwen en zelfwaardering krijgt. Het bouwt je gevoel van eigenwaarde op.

De volgende stap is dat je leert je assertiever te gaan gedragen. We weten dat dit niet gemakkelijk voor je is. Daarom moet je het stap voor stap doen. Begin met je assertiever op te stellen in situaties die relatief gemakkelijk voor je zijn en ga geleidelijk naar moeilijker situaties.

Neem de lijst die je hebt gemaakt van situaties waarin je je extreem aanpaste. Geef aan hoe moeilijk iedere opdracht voor je zou zijn. Maak gebruik van de volgende schaal.

Moeilijkheidsgraad
0 Erg gemakkelijk
2 Niet zo moeilijk
4 Moeilijk
6 Erg moeilijk
8 Bijna onmogelijk

Fleur scoorde bijvoorbeeld haar opdrachten als volgt.

Stappen die ik kan nemen om uit de extreme aanpassing te komen	Moeilijkheidsgraad
Tegen de krantenjongen zeggen dat hij de krant in de bus moet gooien als het regent. *(typisch Amerikaans voorbeeld)*	2
De verkoper zeggen dat ik geen hulp wil.	3
Mijn kinderen niet meer geld geven dan is afgesproken.	5
Aan Ad vragen om de kinderen naar school te brengen als ik naar mijn cursus moet.	4
Mijn vader zeggen dat hij geen kritiek moet hebben op de kinderen als ik erbij ben.	7
Een hele dag voor mezelf nemen. De dingen doen die ik leuk vind, zoals winkelen, lezen in het park, vriendinnen zien.	4
Aan Doortje (vriendin) zeggen dat ik kwaad ben dat ze niet meedoet met het wegbrengen van de kinderen.	5
Ad zeggen hoe ik me voel als hij me ten overstaan van anderen bekritiseert.	7
Ad zeggen dat hij me niet meer mag bekritiseren als ik niets fout heb gedaan of als er anderen bij zijn.	8
Als Ad en ik naar een bank gaan kijken, mijn voorkeur duidelijk maken in plaats van zomaar zijn zin te doen.	4

Werk aan iedere opdracht en begin met de gemakkelijkste. Ga dan door met de moeilijkere. Je kunt de volgende richtlijnen volgen.

Houd in gedachten dat het je doel is om de opdracht tot een goed einde te brengen. Zorg ervoor dat je extreme aanpassing je niet van het goede spoor brengt. Toen bijvoorbeeld Fleur opdracht 7 op haar lijst uitvoerde, namelijk om haar vriendin Doortje te vertellen dat ze boos is over wegbrengen van de kinderen, moest ze zichzelf er steeds aan blijven herinneren dat *haar* doel was om haar boosheid te uiten, en *niet* om Doortje een plezier te doen. Laat je niet afleiden door de eeuwige verborgen agenda van de extreme aanpasser: *de ander een plezier doen.*

Blijf rustig je standpunt herhalen, wat die ander ook doet. Als hij gaat aanvallen, *word dan niet defensief.* Laat je daar niet door van de wijs brengen. Blijf bij je standpunt. Hier is bijvoorbeeld een stukje uit een rollenspel dat ik met Fleur deed, om te oefenen hoe ze Doortje zou aanspreken over het wegbrengen van de kinderen. Ik speelde de rol van Doortje.

Fleur: *Doortje, er is iets wat ik met je wil bespreken. Ik heb me kwaad gemaakt over het wegbrengen van de kinderen. Alle vijf afgelopen dinsdagen heb je me gevraagd voor jou te rijden. Voor mij is twee keer per week rijden echt te veel.*

Therapeut *(die Doortje speelt) Ik snap niet hoe je het in je hoofd haalt om zoiets onbelangrijks aan te kaarten.*

Fleur: *Dat kan jij vinden, maar voor mij is het echt te zwaar om twee keer per week te rijden.*

Wees direct. Preek niet. Er wordt eerder naar je geluisterd als je kort en duidelijk vertelt waar het om gaat. Spreek in de ik-vorm en breng je gevoelens ter sprake. (Gek genoeg spreken veel extreme aanpassers niet in de ikvorm als ze het over hun gevoel hebben. In plaats van dat ze zeggen: '*Ik* was kwaad toen je me onderbrak', zeggen ze bijvoorbeeld: '*Mensen* worden boos als ze op zo'n manier worden afgekapt.') Spreken in termen van je eigen gevoel is essentieel voor assertiviteit. Dat heeft deels een praktische reden. Niemand kan jouw gevoelens ter discussie stellen. Als je zegt: 'Ik had gelijk en jij niet', dan kan de ander argumenten gaan aandragen, maar als je zegt: 'Ik was boos, toen je dat deed', dan kan niemand dat betwisten. Niemand kan zeggen, 'Nee, je was niet boos.' Door te zeggen wat je voelt, geef je aan dat jouw gevoelens *ertoe doen.*

Neem ten minste een week voor iedere opdracht. Doe het steeds opnieuw, net zolang tot je het onder de knie hebt. Als je het maar één keer kunt doen, doe dan andere, even moeilijke opdrachten, op andere terreinen van je leven.

Probeer spontaan assertiever te reageren, zodra een situatie zich voordoet. Dat kan je helpen om op alle gebieden van je leven assertiever te worden. Beschouw iedere gelegenheid die zich voordoet om je assertief te gedragen als een kans om te oefenen.

6. Vraag anderen om voor je te zorgen. Vraag om hulp. Bespreek je problemen. Probeer geven en nemen in evenwicht te brengen. Vraag mensen om meer te geven. Praat over jezelf. Veel mensen met extreme aanpassing vertellen dat ze, als ze 'te lang' over zichzelf praten, zich angstig gaan voelen. Dat ze zich dan weer op de ander gaan richten. Als jij dat ook hebt, begrijp dan dat het *prima* is om over jezelf te praten. Het is *prima* om over je problemen te praten en om hulp te vragen. Je zal zien dat het je dichter bij anderen brengt. En als mensen niet willen luisteren, dan moet je je afvragen hoe belangrijk ze eigenlijk voor je zijn.

7. Trek je terug uit relaties met mensen die te veel op zichzelf zijn gericht of die te egocentrisch zijn om met jouw behoeften rekening te houden. Vermijd eenzijdige relaties. Relaties waarin je je opgesloten voelt moet je veranderen of beëindigen. Toen ik als therapeut begon, wilde ik iedere relatie van de patiënten in stand houden. Als hij getrouwd was, wilde ik het huwelijk sparen. Als hij een liefdesrelatie had, wilde ik die niet in de weg staan. Maar nu ben ik van mening veranderd. Relaties hoeven niet tot iedere prijs in stand te blijven. Sommige relaties zijn eenvoudigweg te beschadigend en bieden te weinig perspectief op verandering.

Er zullen altijd mensen zijn die weigeren om zich aan te passen aan jouw pogingen om de relatie in evenwicht te brengen. Als je getrouwd bent met zo iemand of als ze tot je familie behoren, kun je ze alle kansen geven om te veranderen. Maar als ze uiteindelijk niet willen veranderen, dan zul je je uit de relatie moeten terugtrekken. Soms moet je de relatie zelfs beëindigen.

Het huwelijk van Paul bleef in stand. Ellen verzette zich eerst met hand en tand toen hij assertiever werd. Maar in haar hart was ze er ook blij mee. Ergens was het zelfs een opluchting voor haar dat er grenzen werden gesteld aan haar veeleisendheid. Ze voelde zich zekerder, veiliger.

Fleurs huwelijk overleefde het niet. Ad kon haar verandering niet accepteren. Voor hem was het te belangrijk de touwtjes in handen te hebben. Uiteindelijk verliet ze hem. Ze werkt en ze volgt een opleiding. Ze gaat weer met andere mannen uit.

8. Oefen om mensen te confronteren in plaats van je steeds maar aan te passen. Toon je boosheid op een adequate manier, en op het moment zelf. Probeer je wat comfortabeler te gaan voelen als iemand geschokt is, gekwetst of kwaad. Je moet leren je boosheid op een adequate en constructieve manier te uiten. Je moet leren om je kwaadheid te *gebruiken* om je relaties te verbeteren, in plaats van je maar steeds door je boosheid te laten regeren.

Je kunt bepaalde richtlijnen volgen. Het basisprincipe luidt: *Blijf je standpunt kalm herhalen, wat de ander ook doet.* Laat je niet verleiden tot een defensieve houding. Blijf bij je standpunt.

Blijf kalm. Ga niet schreeuwen. Je hebt meer macht wanneer je kalm blijft dan wanneer je schreeuwt. Schreeuwen betekent psychologisch verlies. Probeer de ander niet aan te vallen. Zeg gewoon wat je heeft geraakt.

Als je in principe een goede relatie hebt, maar iets negatiefs of kritisch wilt zeggen, begin dan met iets positiefs. Probeer bij de ander een opening te maken voor wat je wilt gaan zeggen. Mensen kunnen alleen maar luisteren als ze dat willen. Als je ze boos maakt worden ze defensief en sluiten ze zich af. Als je op een positieve toon begint zijn ze ontvankelijker.

Paul begon bijvoorbeeld bij een van zijn moeilijkere opdrachten ('Ellen zeggen dat ik niet meer door haar in het openbaar berispt wil worden') met de uitspraak: 'Ellen, ik weet dat je van me houdt.' Zeg iets positiefs, maar blijf *eerlijk*. Zeg niet zomaar wat. En richt je kritiek niet op de persoon van iemand, maar op diens *gedrag*. Paul zegt niet tegen Ellen: 'Wat ben jij een ongevoelig mens.' Maar hij zegt haar dat ze iets doet wat hij vervelend vindt: 'Soms maak je op- en aanmerkingen waar anderen bij zijn.' Vraag om specifieke dingen te veranderen. Iemand zal eerder meewerken als je duidelijk kunt maken wat je precies anders wilt. En eindig ten slotte weer met iets positiefs. Paul zei bijvoorbeeld: 'Ik vind het erg prettig dat je naar me hebt geluisterd.'

Denk aan de timing. Kies niet een moment uit dat een van jullie tweeën in alle staten is. Wacht tot je het kalm kunt bespreken. En wees ten slotte assertief in woorden, maar ook in wat je verder uitstraalt. Let op je toon, kijk de ander aan. Je kunt ook voor de spiegel oefenen als dat helpt, voordat je het in het echt doet.

9. Probeer je neiging om het anderen naar de zin te maken niet te rationaliseren. Hou ermee op jezelf te vertellen dat het niet zoveel uitmaakt. De tijd is nu gekomen om anderen duidelijk te maken wat je in de relatie belangrijk vindt. Grijp iedere gelegenheid aan. Begin met schijnbaar onbelangrijke dingen en neem dan vervolgens de belangrijker zaken ter hand.

Paul: *Vreemd genoeg geloof ik dat ik in mijn therapie begon te veranderen op een avond dat Ellen vroeg wat ik wilde eten. Ik begon weer te zeggen dat het me echt niet uitmaakte. Maar toen corrigeerde ik me en heb ik gezegd dat ik graag entrecote wilde.*

Weeg de voors en tegens tegen elkaar af. Maak een keuze en laat weten wat je wilt.

10. Onderzoek je vroegere relaties en laat het patroon van je keuze voor controlerende of zwakke partners duidelijk naar voren komen. Maak een lijst van signalen waar je goed op moet letten. Als het mogelijk is moet je egoïstische, onverantwoordelijke of afhankelijke partners, waar je nu juist zo op valt, vermijden. Maak een lijst van de relaties in jouw leven die het belangrijkst zijn. Wat zijn de overeenkomsten? Op welke waarschuwingssignalen moet je letten? Word je vooral aangetrokken tot dominerende partners? Pas je je zo aan het leven van je partners aan dat je geen eigen leven meer hebt? Voel je je aangetrokken tot mensen die je koeioneren of die je een schuldgevoel bezorgen? Of tot hulpeloze, afhankelijke mensen voor wie je moet zorgen?

Dit zijn de patronen die je moet zien te vermijden. We weten dat dat moeilijk voor je is omdat je je nu juist het meest tot deze partners aangetrokken voelt. Desondanks kun je deze relaties niet in stand houden. Op den duur word je boos en ongelukkig. Je kunt beter een gelijkwaardige relatie uitkiezen, ook al val je wat minder op zo iemand.

11. Als je een partner vindt die aandacht heeft voor jouw behoeften, die om je mening vraagt en je waardeert en sterk genoeg is om 50 procent van het werk te doen, moet je de relatie een kans geven. Als je een goede relatie hebt, met een partner die in gelijkwaardigheid gelooft, geef de relatie dan een kans, ook al geeft het je een raar gevoel. Mensen met extreme aanpassing geven vaak goede relaties te snel op. Ze zeggen dan dat ze zich er niet goed bij voelen, dat hun partner niet interessant genoeg is, dat ze niet genoeg op hem vallen. Zolang je een beetje seksuele aantrekkingskracht voelt, zelfs al is het maar weinig, geef de relatie dan toch een kans. Als je meer gewend raakt aan je nieuwe rol, dan wordt het seksueel meestal ook beter.

12. Bijt op je werk meer van je af. Laat anderen niet met de eer gaan strijken. Laat mensen geen misbruik van je maken. Vraag om iedere promotie of salarisverhoging waar je recht op hebt. Delegeer verantwoordelijkheden. Pas al je assertieve vaardigheden toe in je werk. Verander situaties waarin je je extreem aanpast. Ben je indirect ten opzichte van je baas? En vervolgens passief-agressief? Laat je de belangen van medewerkers voor gaan op die van jou? Laat je collega's en concurrenten over je heen lopen? Verander deze situaties. Eerst kan het beangstigend zijn, maar uiteindelijk zul je merken dat het goed voor je is om assertief te zijn, en dat zal je motiveren om door te gaan. Word niet overdreven agressief, maar sta op je recht.

13. (voor de rebel) Probeer om niet juist het omgekeerde te doen van wat anderen je vragen. Probeer uit te vinden wat jij wilt, en doe dat, ook al is dat precies wat anderen willen. Voor de rebellen onder jullie, maak jezelf los van de invloed van anderen, van diegenen tegen wie je rebelleert. Ga bij jezelf na wat je wilt en hoe je over dingen denkt. Je kent jezelf even slecht als andere extreme aanpassers, en je bent evenmin vrij. Zolang jouw meningen worden bepaald door anderen, ben je even onderdrukt en boos. Geef jezelf de vrijheid om het eens te zijn met autoriteiten.

Voer alle stappen van verandering uit. Ook jij moet leren om assertiever te zijn, en niet agressiever. Probeer meer balans te brengen in geven en nemen in jouw leven, zodat je evenveel geeft als dat je krijgt.

14. Maak systeemkaarten. Gebruik ze om jezelf op het spoor te houden. Als je ergens moeite mee hebt, gebruik dan systeemkaarten. Een kaart kan je herinneren aan je recht op assertiviteit. Hier is een voorbeeld van een kaart van Paul. Het ging over het 'nee' zeggen tegen onredelijke verzoeken.

EEN KAART TEGEN ZELFOPOFFERING

IK HEB ER RECHT OP OM NEE TE ZEGGEN ALS MENSEN ME ONREDELIJKE DINGEN VRAGEN. ALS IK JA ZEG, WORD IK ALLEEN MAAR BOOS OP DE ANDER EN OP MEZELF. IK KAN LEVEN MET HET SCHULDGEVOEL ALS IK NEE ZEG. ZELFS ALS IK ANDEREN DAARMEE EEN BEETJE KWETS, IS DAT MAAR IETS TIJDELIJKS. MENSEN ZULLEN ME RESPECTEREN ALS IK NEE TEGEN ZE ZEG. EN IK BEHOUD MIJN ZELFRESPECT.

En hier is er een van Fleur, over haar relatie met Ad.

EEN KAART TEGEN EXTREME AANPASSING

WAT IK WIL IS BELANGRIJK. IK VERDIEN MET RESPECT BEHANDELD TE WORDEN. IK HOEF NIET TOE TE STAAN DAT AD ME SLECHT BEHANDELT. IK VERDIEN BETER. IK KAN VOOR MEZELF OPKOMEN. IK KAN RUSTIG VRAGEN OM MET RESPECT DOOR HEM BEHANDELD TE WORDEN OF ANDERS IS DE DISCUSSIE OVER. ALS HIJ NIET GENOEG KAN VERANDEREN OM MIJ IN DE RELATIE GELIJKWAARDIG TE BEHANDELEN, DAN KAN IK DE RELATIE BEËINDIGEN EN IEMAND ZOEKEN DIE BETER BIJ ME PAST.

Neem de kaarten steeds mee. Stop ze in je zak of je tas. Als je valkuil wordt geactiveerd, en het de hoogste tijd is om assertief te worden, haal dan je kaart tevoorschijn en lees hem. Kaarten zijn heel waardevol bij het maken van een langzame transitie van intellectueel begrijpen naar acceptatie in je gevoel.

ENKELE WOORDEN TOT SLOT

Als je bezig bent te veranderen, is het belangrijk om iedere kleine stap vooruit te waarderen. Geef jezelf een compliment als je dat verdient.

Veranderen is veel moeilijker als je vergeet om jezelf te belonen voor de tussenstappen. Probeer liever terug te kijken om te zien hoever je al bent gekomen, dan vooruit te kijken. Sta bij iedere verandering, hoe klein ook, een moment stil om die goed tot je door te laten dringen. Als je uit je extreme aanpassing stapt geef jezelf dan de erkenning die je verdient.

Denk eraan dat de kracht van de valkuil van extreme aanpassing wordt gevormd door levenslange herhalingen en herinneringen dat je zo moet zijn. Extreme aanpassing voelt goed voor je. Je hele zelfbeeld wordt erdoor bepaald. En je kijk op de wereld. En je valkuil zal hard vechten om overeind te blijven. Jij vindt het geruststellend om je valkuil vast te houden, ook al ondervind je de nare gevolgen ervan. Laat je niet ontmoedigen doordat de veranderingen langzaam gaan.

Het is verleidelijk om jezelf op je kop te geven voor je extreme aanpassing. Fleur zegt: 'Ik ben zo'n oen. Ik haat mezelf.' Maar dit staat je verandering alleen maar in de weg. Dat helpt niks. Probeer respect op te brengen voor de achtergrond van je valkuil. Toen je klein was kon je niet anders, wilde je emotioneel overleven. Maar wat je eerst hielp, werkt nu tegen je en het is tijd om ermee op te houden. De tijd is gekomen dat je de lange reis begint op weg naar zelfwaardering en zelfrespect en naar een leven voor jezelf.

HOOFDSTUK 15

'HET IS NOOIT GOED GENOEG' DE VALKUIL VAN DE EXTREEM HOGE EISEN

JULIA IS 40 JAAR. ZE MOET PERFECT ZIJN IN ALLES WAT ZE DOET, ZOWEL IN HAAR WERK ALS IN HAAR PRIVÉ-LEVEN.

Julia is een supervrouw. Ze doet alles. Ze is arts, hoofd van de afdeling anesthesiologie van een Academisch Ziekenhuis. Ze is niet alleen een voortreffelijk anesthesist, een van de moeilijkste specialismen, maar ze staat ook aan het hoofd van een grootschalig onderzoeksprogramma. Ze heeft beurzen gekregen van de overheid en het bedrijfsleven, ze publiceert in internationale toptijdschriften en reist over de hele wereld om voordrachten te houden op internationale congressen. Ze verdient vijf ton per jaar.

Tegelijk is ze een perfecte echtgenote en moeder. Haar man Ole is manager in een grote onderneming en bijna iedere week gaat ze naar een receptie voor zakenmensen of nodigt ze mensen thuis uit. Bij dat alles staat ze erop om er voor haar kinderen te zijn en iedere dag maakt ze tijd voor hen vrij. Ze doet iedere dag conditietraining en kan heel goed tennissen. Haar huis is piekfijn in orde, met een prachtig onderhouden tuin. Julia zegt me dat ze het jammer vindt dat ze niet alles in de tuin zelf kan doen.

Therapeut: *Dus jij bent zo iemand die alles uit het leven probeert te halen.*
Julia: *Dat klopt, en dat lukt me geloof ik ook wel. Het enige probleem is dat ik zoveel verschillende dingen doe dat ik het niet meer red. Ik ben altijd bezig.*
Therapeut: *Het klinkt alsof het te veel voor je is.*
Julia: *Ik denk van wel. Ik kan niet meer genieten. Je zou denken dat ik met dit alles wel een beetje zou genieten. Maar dat is niet zo. Ik ben eigenlijk erg somber. Overbelast en depressief. Daarom ben ik in therapie gegaan. Het is zo erg dat ik mijn bed haast niet meer uit wil komen.*

Therapeut: *Zijn er dingen die je niet meer doet?*
Julia: *Nee, natuurlijk niet. Ik doe alles. Ik sta op, alles gaat nog hetzelfde. Misschien komt het omdat ik veertig ben geworden. Ik wil meer. Ik wil wat meer tijd voor* mezelf.

MARTIN IS 42 JAAR. ZIJN ONOPHOUDELIJKE STREVEN NAAR SUCCES ONDERMIJNT ZIJN GEZONDHEID.

Martin is ook succesvol in alles wat hij doet. Hij is nieuwspresentator voor de televisie. Hij ziet er goed uit en heeft iets arrogants. Hij vertelt me zogenaamd achteloos over al zijn successen. Hij is beroemd, kent beroemde mensen, heeft een invloedrijke positie bij de televisie, hij is rijk en gaat om met mooie vrouwen, modellen en actrices. Maar ondanks alles is Martin niet tevreden. Hij wil meer. Hij is rusteloos.

Therapeut: *Waarom ben je in therapie gegaan?*
Martin: *Ik zal eerlijk zeggen hoe het zit. Ik wilde helemaal niet komen. De enige reden dat ik hier ben is dat mijn artsen tegen me zeggen dat mijn geïrriteerde blaas en mijn hoofdpijn het gevolg zijn van stress. Ik moet gewoon leren ontspannen.*
Therapeut: *Je wilt af van die hoofdpijn en van je geïrriteerde darmen, maar verder moet alles hetzelfde blijven.*
Martin: *Ja, ik ben er niet aan toe om te stoppen met mijn carrière.*

DE EXTREEM HOGE EISENVRAGENLIJST

Door deze vragenlijst in te vullen, meet je hoe sterk je de valkuil hebt. Gebruik de schaal hieronder.

SCORINGSWIJZE

1. HELEMAAL NIET BIJ ME PASSEND
2. VRIJWEL NIET BIJ ME PASSEND
3. EEN BEETJE BIJ ME PASSEND
4. MEER WEL DAN NIET BIJ ME PASSEND
5. VOOR HET GROOTSTE DEEL BIJ ME PASSEND
6. BESCHRIJFT ME PERFECT

Ook als je maar een enkele keer een 5 of een 6 scoort, kan het zijn dat de valkuil op jou van toepassing is, zelfs als je totale score laag is.

Score	Beschrijving
	1. Alleen het beste is goed genoeg. Ik moet uitblinken in alles wat ik doe.
	2. Alles wat ik doe kan nog beter.
	3. Ik streef ernaar om alles perfect in orde te hebben.
	4. Ik moet er altijd perfect uitzien.
	5. Ik moet zoveel presteren dat ik geen tijd heb om te ontspannen.
	6. Mijn persoonlijke relaties hebben te lijden onder mijn prestatiedrang.
	7. Ik zet mezelf zo onder druk, dat mijn gezondheid eronder lijdt.
	8. Als ik een fout maak dan verdien ik scherpe kritiek.
	9. Ik ben erg rivaliserend.
	10. Status en rijkdom betekenen veel voor mij.
	Je totale extreem hoge eisen-score (Tel je scores bij vraag 1 tot en met 10 bij elkaar op.)

Het interpreteren van je score

10 – 19	Zeer laag, deze valkuil is niet van toepassing.
20 – 29	Tamelijk laag, deze valkuil is soms van toepassing.
30 – 39	Gemiddeld, deze valkuil is een thema voor je.
40 – 49	Hoog, dit is voor jou een belangrijke valkuil.
50 – 60	Zeer hoog, dit is zeker een van je centrale valkuilen.

HOE VOELEN EXTREEM HOGE EISEN?

Primair voel je druk. Je kunt nooit ontspannen en genieten. Altijd maar met alle geweld vooruit moeten. Je dwingt jezelf om in alles het beste te zijn, in je studie, je werk, bij het sporten, in je hobby's, relaties en in seks. Je moet het mooiste huis hebben, de beste auto, de beste baan, het hoogste salaris en je moet er het mooist uitzien. Je moet geweldig creatief zijn en tegelijk zeer georganiseerd.

De naam van de valkuil is gebaseerd op de manier waarop een buitenstaander ernaar kijkt. *Wij* vinden dat Julia en Martin extreme normen hanteren, zijzelf denken daar anders over. Voor hen is het een gewoon streefniveau. Mensen die de valkuil van de extreem hoge eisen hebben, zijn gewoonlijk in alles wat ze doen succesvol, maar dat zijn ze in de ogen van anderen. Anderen vinden dat je veel hebt bereikt, maar voor jou tellen je prestaties niet. Dat vind je normaal.

Lichamelijke stresssymptomen zoals Martin heeft, geïrriteerde darmen en hoofdpijn, komen vaak voor, net als hoge bloeddruk, maagzweren, colitis, slapeloosheid, vermoeidheid, paniekaanvallen, hartritmestoornissen, obesitas, rugpijn, huidproblemen, artritis, astma of andere lichamelijke klachten.

Martin: *Het is alsof mijn lichaam me vertelt dat ik dit niet aankan. Dat ik niet zo hard kan werken.*

Therapeut: *Je betaalt een prijs.*

Voor jou bestaat het leven uit *doen*. Leven is altijd moeten werken of presteren. Je bent altijd je grenzen aan het verleggen. Je mag nooit eens even pauzeren, stoppen en genieten. Alles waar je van zou kunnen genieten, zwemmen of spelletjes, wordt een beproeving. Julia en Ole bespraken dit in een van hun relatiegesprekken.

Julia: *Als ik tennis, kan ik me niet echt ontspannen. Ik kijk als het ware naar mijn spel en iedere slag moet perfect zijn. Als dat niet het geval is baal ik echt verschrikkelijk.*

Therapeut: *Dus zelfs als je tennist moet je hard werken.*

Ole: *Ja, dat is zo. Daarom tennis ik niet graag met haar. Ze neemt het zo serieus en wordt zo gespannen. En het is zo erg voor haar om te verliezen. Ze is geen goede verliezer.*

De valkuil van de extreem hoge eisen kent het hele scala aan gevoelens. Je voelt je alsmaar gefrustreerd en geïrriteerd omdat je niet aan je eigen normen kunt voldoen. Of je bent chronisch boos en je bent vaak erg angstig. Je bent nu al aan het stressen over het volgende dat je perfect moet doen. Tijd is voor jou vreselijk belangrijk: Je hebt zó veel te doen en je hebt zó weinig tijd. Je bent je altijd bewust van de tijd en staat altijd onder druk. Je voelt je ook vaak depressief over de grimmigheid van je leven en over de leegte die al je prestaties je geven.

Je vraagt je misschien af waarom je jezelf zo opjaagt. Je bent zo uitgeput en in plaats van het kalmer aan doen, doe je er nog een schepje bovenop, neem je nog meer verantwoordelijkheid op je. Het is net alsof je denkt dat je uiteindelijk wél voldoening zult halen uit wat je doet. Je realiseert je niet dat de manier waarop je die voldoening najaagt, het plezier in de weg staat. Alles wat je probeert voor elkaar te krijgen leidt tot meer van hetzelfde, namelijk dat je je erg onder druk voelt staan.

Martin: *Ik blijf denken dat ik tevreden zou zijn als ik zou bereiken wat ik wil.*
Therapeut: *Maar wat je ook bereikt, of het nu een nieuwe baan is, een nieuwe vriendin, een nieuwe auto, een reisje, je blijft altijd die extreme eisen stellen. Die eisen, die moeten veranderen.*

Je gelooft echt dat je kunt slagen – dat als je doorzet je de staat van perfectie kunt bereiken. Hoewel je jezelf niet als echt succesvol beschouwt, heb je het gevoel dat je de goede kant opgaat, dat je steeds dichter bij je doel komt. Dit gevoel van vooruitgang houdt je gaande. Je ziet het einde van de lange weg voor je, het moment dat je eindelijk kunt ontspannen en van het leven kunt gaan genieten. Je fantaseert over het moment in de toekomst waarop je van alles verlost zult zijn.

Therapeut: *Wat is het toch dat je maar door blijft gaan in dit krankzinnige tempo? Waarom hou je er niet gewoon mee op?*
Julia: *Daar denk ik zelf ook veel over na. Ik denk dat ik altijd het licht aan het eind van de tunnel zie. Het moment waarop ik me eindelijk kan ontspannen en dat het dan zo is als ik het wil. Voor mijn gevoel ben ik er steeds bijna.*

Maar die vreedzame toestand, die je met alle macht hoopt te vinden, komt nooit. En zelfs als dat het geval zou zijn dan vind je wel weer iets anders dat je zou kunnen nastreven. Zo houdt je valkuil zichzelf in stand. In wezen voel je je niet op je gemak als je niet bezig bent iets te bevechten. Het maakt je misschien niet zo gelukkig, maar het is vertrouwd. Dit ken je.

Er zijn ten minste drie veel voorkomende varianten van de valkuil van de extreem hoge eisen. Je kunt meer dan één type zijn – je kunt ze zelfs alledrie hebben.

DRIE TYPEN VAN EXTREEM HOGE EISEN

1. DWANGMATIGHEID;
2. PRESTATIEGERICHTHEID;
3. STATUSGERICHTHEID.

DWANGMATIGHEID

Een dwangmatig persoon zorgt ervoor dat alles perfect in orde is. Je bent het type dat zelfs op de kleinste details let, en dat geen enkele fout wil maken, zelfs niet een kleintje. Je voelt je gefrustreerd en uit je doen als de dingen niet gaan zoals jij dat wilt.

Martin: *Mijn afspraakje met Cleo was een ramp. In de schouwburg zaten we ten minste zes stoelen uit het midden. Ik was zo kwaad dat ik haast niets van het toneelstuk heb gezien.*

Therapeut: *Wat zonde. Ik weet dat het niet niks voor je was om tijd vrij te maken voor dit toneelstuk. Wat jammer dat je er niet van kon genieten.*

Als Martin ergens naartoe gaat dan ontsnapt hem geen enkel detail. De stoel moet perfect zijn, er mag niets aan te merken zijn op het eten, de temperatuur in de kamer moet precies goed zijn. Natuurlijk is dat nooit het geval, en kan hij zich daar niet bij neerleggen en genieten.

Martin wordt kwaad omdat de buitenwereld hem altijd teleurstelt. Maar niet alle compulsieve types doen dat. Sommigen worden boos op zichzelf. Je kunt jezelf de schuld geven in plaats van de buitenwereld. Julia doet dat. Ze is net als Martin een dwangmatig type, maar zij richt haar kwaadheid op zichzelf.

Therapeut: *Hoe was het etentje bij je thuis?*

Julia: *Het ging goed, alleen de rijst was wat te gaar. Dat nam ik mezelf eigenlijk erg kwalijk.*

Als Julia terugdenkt aan haar dineetje, blijft ze haken aan dat ene detail dat niet helemaal in orde was. Ze verwijt dat zichzelf.

Je ziet vaak dat er sprake is van dwangmatige zelfcontrole. Controle is dikwijls een belangrijk thema voor dit type. Als je je op andere levensgebieden machteloos voelt (als gevolg van kwetsbaarheid of extreme aanpassing, bijvoorbeeld), kan dwangmatigheid een manier zijn om daarmee om te gaan. Zodat je wél een gevoel van controle krijgt.

PRESTATIEGERICHTHEID

Dit is de workaholic. Je werkt zestien uur per dag, zeven dagen per week. Je stelt een hoog prestatieniveau boven al je andere behoeften. Je moet de beste zijn.

Julia: *Tijdens mijn studie lag ik een keer een hele nacht wakker omdat ik dacht dat ik een zes zou halen voor wiskunde. Ik dacht dat ik met die zes niet zou afstuderen. Ik was zo kwaad dat ik die cursus had verknoeid.*

Het is belangrijk het verschil te begrijpen tussen extreem hoge eisen en mislukken. Mislukken is het gevoel dat je in vergelijking met je leeftijdgenoten hebt gefaald, dat je onder het gemiddelde zit. Extreem hoge eisen is het gevoel dat je in ieder geval gemiddeld presteert, maar dat je jezelf voortdurend opjaagt met perfectionistische normen. Iemand met de valkuil van het mislukken zal een taak uitvoeren en denken: 'Ik kan ook niks, ik heb er weer een puinhoop van gemaakt.' Iemand die extreem hoge eisen stelt zal diezelfde taak uitvoeren en denken: 'Ik heb het redelijk gedaan, maar ik had het veel beter gekund.'

Julia: *Het is niet dat ik denk dat ik zal mislukken. Ik weet best dat ik het wel goed zal doen. Ik ben eerder bang om middelmatig te zijn, niet boven de massa uit te steken.*

De valkuil van de extreem hoge eisen kan soms een gevoel van mislukking geven. Als je normen zo extreem zijn dat je er bij lange na niet aan kunt voldoen, ga je je incompetent voelen, een mislukkeling. Je denkt dat je niets bereikt hebt, omdat je je doelen helemaal niet haalt.

Veel workaholics zijn chronisch geïrriteerd of boos. Dit noemen we de type A persoonlijkheid. Type A persoonlijkheden worden kwaad op iedereen die hun ambities in de weg staat. Of ze worden kwaad op zichzelf, als de blokkades in henzelf zitten. Ze denken dat ze niet genoeg inzet tonen of dat ze niet genoeg presteren. Ze voelen zich aan één stuk door geïrriteerd.

Misschien heb je een wat minder ernstige vorm van prestatiegerichtheid. Misschien is de balans tussen werken en spelen in je leven verstoord. Je kunt niet echt ontspannen, maar je leven wordt tenminste niet helemaal door je werk opgeslokt. Je kunt ook op andere gebieden een soort workaholic zijn, bijvoorbeeld in het inrichten van je huis, het kopen van kleren of koopjes najagen, in hobby's en sport. Het zou van alles kunnen zijn – iedere activiteit waardoor je je laat opslokken alsof het werk is.

STATUSGERICHTHEID

Statusgerichtheid wil zeggen de extreme nadruk op erkenning, status, rijkdom en schoonheid – je bent onecht, je hebt een 'vals zelf'. Het is vaak een vorm van bestrijden, om je gevoelens van minderwaardigheid of sociaal isolement te compenseren.

Als je erg statusgericht bent, voel je je nooit goed genoeg, wat je ook doet. Je hebt de neiging jezelf te straffen of je te *schamen* als het je niet lukt om aan je hoge verwachtingen te voldoen. Je bent in een oneindige strijd verwikkeld om steeds meer macht, geld of prestige te verwerven. Maar het is nooit genoeg om je een goed gevoel te geven.

Therapeut: *Het is opvallend dat het toch lijkt alsof je de hele tijd ongelukkig was. Ondanks het feit dat het je gelukt was een uitnodiging voor zo'n exclusief feestje te bemachtigen, en je, zoals je zei 'de mooiste vrouw van allemaal' bij je had.*

Martin: *Ik was kwaad dat we niet op de goede plaatsen zaten tijdens het diner. Daaruit bleek dat we niet echt deel uitmaakten van de vriendenkring.*

Martin is nooit tevreden. Hij voelt zich gedreven om steeds grotere successen te behalen, maar innerlijk blijft hij zich schamen over wie hij is.

De statusgerichtheid kan een manier zijn om gevoelens van emotionele verwaarlozing te verhullen. Je vult je emotionele leegte met macht, roem, succes en geld – in plaats van echt emotioneel contact.

Maar status is nooit genoeg. Mimi, een cliënte die met een rijke, kille man getrouwd was, deed niet anders dan kopen. Ze had van alles het beste. En daar zat ze dan in haar grote huis, met al haar spullen, zich af te vragen wat ze miste.

Er zijn vier gemeenschappelijke bronnen van de valkuil van de extreem hoge eisen.

DE BRONNEN VAN DE VALKUIL VAN DE EXTREEM HOGE EISEN

1. JE KREEG ALLEEN LIEFDE VAN JE OUDERS OP VOORWAARDE DAT JE GOED PRESTEERDE.
2. EEN VAN JE OUDERS (OF ALLEBEI) WAS HET SCHOOLVOORBEELD VAN HOGE NORMEN DIE NIET REEËL WAREN.
3. DE VALKUIL VAN DE EXTREEM HOGE EISEN ONTSTOND OM JE GEVOELENS VAN MINDERWAARDIGHEID, SOCIAAL ISOLEMENT, VERWAARLOZING OF MISLUKKEN TE COMPENSEREN.
4. EEN VAN JE OUDERS (OF ALLEBEI) GAF JE EEN GEVOEL VAN SCHAAMTE OF REAGEERDE HEEL STRENG ALS JE NIET VOLDEED AAN DE EXTREME EISEN.

Opgroeien in een sfeer van voorwaardelijke liefde is het eerste gemeenschappelijke punt. Je ouders gaven je alleen liefde, aandacht of goedkeuring als je succesvol of perfect was. Dit gebeurde er met Julia.

Julia: *Het was net alsof ik alleen voor ze bestond als ik de een of andere prijs won of het hoogste cijfer haalde. Ik herinner me dat mijn eerste gedachte was, toen ik hoorde dat ik mocht afstuderen, dat ik naar huis zou rennen om het aan mijn ouders te vertellen. Dat ik ze een plezier zou doen. Verder hadden ze weinig belangstelling voor me.*

Als je alleen voorwaardelijke liefde krijgt, ben je je hele jeugd door aan het rennen om je ouders voor je te winnen. Het is een oneindige race, met enkele aanmoedigingen onderweg. We vroegen Julia een beeld van haar jeugd te maken.

Julia: *Ik loop te rennen en te hollen naar huis, maar ons huis gaat steeds verder weg. Ik ga harder hollen, maar het huis gaat nog verder weg.*

Aan de andere kant kun je ook liefhebbende ouders hebben gehad die je overlaadden met liefde en goedkeuring als je aan hun hoge verwachtingen kon voldoen. Belangrijk is dat je er op die manier het meest zeker van was dat je liefde, respect of zelfs bewondering van je ouders kon krijgen. Namelijk door hoge cijfers te halen, sportprestaties, status, populariteit of schoonheid. Ze plaatsten je misschien zelfs op een voetstuk vanwege je succes.

Je ouders hebben het misschien wel voorgeleefd. Ze waren zelf perfectionistisch, erg ordelijk, statusgericht of succesvol. Je nam hun houding en gedrag over. Het frappante is dat niemand in de familie weet dat de eisen zo extreem zijn. Iedereen vindt ze normaal.

Julia: *Tot ik in therapie ging vroeg ik me nooit af of mijn normen realistisch waren. Ik realiseerde me niet dat mijn ouders perfectionistisch waren. Ik dacht altijd aan ze als gewone mensen met gewone normen. Pas toen ik er beter naar ging kijken realiseerde ik me dat mijn moeder alles in huis perfect wilde. Er was nooit rommel. Als ik een papiertje op tafel liet liggen, zou mijn moeder me binnen vijf minuten vragen om het op te ruimen.*
Mijn vader was zeer perfectionistisch in zijn werk. Hij had zijn eigen bedrijf en hij wilde alles zelf doen, wat het ook was, om het helemaal perfect te kunnen doen. Hij was altijd aan het werk.

Niemand zei ooit tegen Julia: 'Je moet het wel heel goed doen.' Ze leerde het gewoon omdat het haar werd voorgeleefd door haar ouders. Ouders die extreem hoge eisen stellen brengen dat subtiel of minder subtiel op jou over.

Dat komt veel voor in rijke voorsteden, waar veel hoger opgeleiden wonen. Hoe hoger opgeleid de ouder, des te waarschijnlijker is het dat een kind die druk ervaart. De hele cultuur ademt deze hoge prestatie-eisen. Maar er zijn ook mensen uit lagere milieus die extreem hoge eisen als valkuil hebben. Je kunt ook ouders hebben die als werktuigkundige, caissière, huisschilder of musicus werken. Het komt overal voor, in alle rangen en standen.

Sommige van onze cliënten kregen hun valkuil van de extreem hoge eisen doordat ze probeerden boven hun eigen milieu uit te stijgen. Je voelde je misschien minderwaardig ten opzichte van je leeftijdgenoten of je beleefde je ouders als minderwaardig, en je probeerde dat te compenseren door hoge prestaties of status. Zo was het voor Martin. Hij groeide op in een arbeidersbuurt en schaamde zich ervoor. Hij ging naar een gewone buurtschool, maar hij was jaloers op de rijke studenten uit de welvarender stadsdelen.

Martin: *Ik had het gevoel dat het niet goed genoeg was, waar ik vandaan kwam. Ik wilde net zoals die rijke kinderen zijn. Ik wilde alles hebben wat zij hadden. En ik besloot al vroeg dat ik dat voor elkaar zou krijgen.*

Martin deed alles om boven zijn milieu uit te kunnen stijgen. Zijn valkuil van de extreem hoge eisen was een reactie op de schaamte over het sociaal isolement van zijn familie.

Extreem hoge eisen kunnen ook verbonden zijn met andere valkuilen, zoals emotionele verwaarlozing. Je merkte bijvoorbeeld als kind dat complimenten voor je prestaties iets goed konden maken voor wat je tekortkwam aan echte aandacht. Succes kan een manier zijn geweest om contact te hebben met anderen. Het is helaas een schrale vergoeding voor het gebrek aan werkelijke liefde en begrip.

Je ouders hebben je misschien aangemoedigd. De moeder van Martin had het gevoel dat ze beneden haar stand was getrouwd. Ze verwezenlijkte haar behoefte om sociaal te stijgen via Martin. Met als gevolg dat hij niet kon ontspannen. Ze was altijd op de achtergrond aanwezig. Hij schetste het volgende beeld:

Martin: *Ik lig in bed en probeer te slapen. Ik hoor de hele tijd haar stem. Ze zegt: 'Je moet een beetje opschieten, er is een hoop te doen. Heb je je huiswerk af, moet je niet tennissen, moet je je vrienden niet bellen?'*

Hoewel mensen met extreem hoge eisen meestal erg succesvol zijn als volwassenen, herinneren ze hun jeugd heel anders. Ze herinneren zich juist dat ze zich mislukt voelden, buitengesloten of alleen.

Julia: *Ik herinner me dat ik zo vaak thuiskwam uit school met de beste cijfers en dat er niet eens belangstelling voor was. Ik moest echt iets heel bijzonders laten zien, voordat ik aandacht kreeg.*

Bij Julia thuis was goed presteren heel gewoon. Je kreeg zelden complimenten. Als we deze cliënten vragen of ze perfectionistisch zijn dan zeggen ze nee. Als we ze vragen of hun ouders perfectionistisch waren zeggen ze ook nee. In hun ogen zijn ze verre van perfect.

Martin: *In mijn eerste jaar werd ik niet voor het bestuur gevraagd van de studentenvereniging. Mijn moeder heeft toen een week niet met me gepraat.*

Een andere cliënte vertelde dat haar moeder opeens ophield met lief voor haar te zijn toen ze geen achten haalde op school.

Je herinnert je al je mislukkingen heel levendig. De vader van een van onze cliënten dreef altijd de spot met hem als hij verloor van zijn broers bij het sporten. In dat gezin was het één grote wedstrijd om de beste te zijn. Hij vocht met zijn broers om uit te maken wie de sterkste was. Hoewel hij een succesvol atleet werd herinnert hij zich vooral de teleurstelling en spanning.

Je herinnert je misschien dat je heel erg je best deed en dat het toch niet mogelijk was om aan die hoge eisen te voldoen.

Als je ouders een gevoel van schaamte bij je opriepen of veel kritiek hadden als je niet aan hun verwachtingen voldeed, dan heb je vast ook minderwaardigheid als valkuil.

De valkuilen van extreem hoge eisen

1. Je gezondheid lijdt onder de dagelijkse druk, zoals steeds overwerken en niet alleen als gevolg van onvermijdelijke gebeurtenissen.
2. De balans tussen werk en plezier is ernstig verstoord. Je leven lijkt wel een aaneenschakeling van werk en stress zonder plezier.
3. Je hele leven is gericht op succes, status en materieel gewin. Je bent het contact kwijt met wie je echt bent en je weet niet meer wat je echt gelukkig maakt.
4. Er gaat te veel energie zitten in je pogingen om je leven op orde te houden. Je moet steeds lijsten afwerken, je leven organiseren, plannen, schoonmaken, repareren, en je houdt niet genoeg tijd over om creatief te zijn en te niksen.

5. JE RELATIES MET ANDEREN LIJDEN ERONDER DAT JE ZOVEEL TIJD NODIG HEBT OM AAN JE EIGEN NORMEN TE VOLDOEN – VOORAL IN JE WERK EN JE GERICHTHEID OP SUCCES.
6. JE GEEFT ANDEREN IN JE OMGEVING EEN ONGEMAKKELIJK EN MISLUKT GEVOEL OMDAT ZE NIET IN STAAT ZIJN AAN JOUW HOGE EISEN TE VOLDOEN.
7. JE STAAT WEINIG STIL BIJ WAT JE BEREIKT EN NEEMT GEEN TIJD OM ERVAN TE GENIETEN. JE HEBT ZELDEN EEN VOLDAAN GEVOEL. JE GAAT LIEVER DIRECT DOOR NAAR DE VOLGENDE OPDRACHT.
8. JE VOELT JE OVERWELDIGD OMDAT JE PROBEERT TE VEEL TE DOEN; ER IS NOOIT GENOEG TIJD OM AF TE MAKEN WAARAAN JE BENT BEGONNEN.
9. JE EISEN ZIJN ZO HOOG DAT JE VEEL BEZIGHEDEN ZIET ALS VERPLICHTING OF BEPROEVING DIE JE NU EENMAAL MOET DOORSTAAN, IN PLAATS VAN DAT JE ER GEWOON VAN KUNT GENIETEN.
10. JE STELT VEEL DINGEN UIT. OMDAT JE HOGE EISEN TOT GEVOLG HEBBEN DAT JE DENKT DAT JE BEPAALDE TAKEN NIET AAN ZULT KUNNEN, GA JE ZE UIT DE WEG.
11. JE VOELT JE VAAK GEÏRRITEERD OF GEFRUSTREERD OMDAT DE DINGEN EN DE MENSEN OM JE HEEN NIET AAN JOUW HOGE EISEN VOLDOEN.

Het grootste probleem met extreem hoge eisen is dat je het contact met jezelf kwijtraakt. Je bent zo gericht op ordelijkheid, prestaties of status dat je niet meer let op je basale lichamelijke, emotionele en sociale behoeften.

Julia: *Ik voel me soms net een machine, alsof ik niet echt leef. Alsof ik alles op de automatische piloot doe.*

Dingen als liefde, familie, vriendschap, creativiteit en plezier – de dingen die het leven de moeite waard maken – worden naar achteren geschoven door je obsessieve hang naar perfectie.

Ole: *We gingen naar ons zomerhuis en de kinderen en ik verkleedden ons om in het meer te gaan zwemmen. Wij waren aan het lachen en in het water aan het spelen, terwijl Julia binnen aan het schoonmaken was en de tassen uitpakte. Ik weet niet wat ze verder nog allemaal aan het doen was. We riepen de hele tijd of ze ook naar buiten kwam om te zwemmen. Zij zei maar steeds: 'Nog even, nog even', maar ze kwam niet.*

Extreem hoge eisen kosten je heel veel. Je mist veel kansen op geluk en voldoening in je leven.

Je beloning is een zekere mate van succes. Op ieder gebied dat je hebt uitgekozen om perfect te zijn, ben je waarschijnlijk de beste. In iedere top van een organisatie vinden we wel iemand met extreem hoge eisen. Wie zou anders al die tijd en energie ervoor over hebben die nodig is om de top te bereiken? Als je interviews leest met beroemde mensen, hoor je hen spreken over hun perfectionisme, hun toewijding, hun aandacht voor details en hoe ze zichzelf en anderen opjagen.

Maar het punt is dat je niet de tijd neemt om te genieten van je succes. Als het ene klaar is, begin je direct aan het volgende, waardoor je wat je net hebt bereikt weer ongedaan maakt. En soms is je succes ook betekenisloos. Dat is zo wanneer je perfectionistisch bent in onbelangrijke dingen. Doet het er echt toe of je keukenkastjes of de kinderkamers perfect netjes zijn? Maakt het uit of jouw partner op een feestje de mooiste is of dat jij het best gekleed bent van iedereen? Maakt het uit of je een negen haalt of een tien?

Je intieme relaties lijden er zeker onder. Je wilt misschien de perfecte partner, en je neemt geen genoegen met minder. De enige vrouw die in de ogen van Martin goed genoeg is, is zo mooi, getalenteerd en succesvol dat ze talloze aanbidders heeft; ze heeft geen belangstelling voor hem.

Als je een relatie hebt, ben je extreem kritisch en veeleisend. Je verwacht dat anderen (vooral je naasten, zoals je echtgenoot of je kinderen) aan jouw normen voldoen. En, zonder dat je je dat realiseert, kraak je ze af omdat ze niet aan jouw eisen voldoen. Omdat jij niet vindt dat jouw eisen zo extreem zijn, heb je het gevoel dat je verwachtingen normaal en gerechtvaardigd zijn.

Je voelt je misschien aangetrokken tot partners die hun eigen extreem hoge eisen hebben, of juist tot partners met het tegenovergestelde, die ontspannen zijn en het ervan nemen. Je kiest iemand die jou uit je drukke leven bevrijdt – die je geeft wat je allemaal bent kwijtgeraakt. Zo'n relatie kan de enige plek zijn waar je kunt genieten en ontspannen.

Je hebt waarschijnlijk weinig tijd om thuis te zijn bij je geliefde. Als alleenstaande verwaarloos je je vrienden en minnaar; als je getrouwd bent verwaarloos je je gezin. Je hebt gewoon geen tijd. Je hebt het te druk met je werk, met je huis in orde brengen of met je status. Je denkt dat er een moment komt dat je kunt ontspannen en dat je een partner zult vinden of tijd kunt vrijmaken om met je partner en je kinderen door te brengen. Ondertussen glijdt het leven door je vingers en voel je je emotioneel leeg.

Als je eens de tijd neemt voor de mensen van wie je houdt, dan ben je geneigd dat op dezelfde gehaaste en achteloze manier te doen. Julia trekt iedere dag tijd uit voor haar kinderen, maar noch zij, noch de kinderen kunnen ervan genieten.

Ole: *Julia heeft altijd wel iets op de kinderen aan te merken. Ik denk dat ze hen te veel onder druk zet. Emilie bijvoorbeeld, onze dochter, heeft last van hoofdpijn en buikpijn. Ze zit pas in de groep vijf en ze maakt zich nu al zorgen over haar schoolprestaties.*

Zo worden de extreem hoge eisen doorgegeven aan de volgende generaties. Jij krijgt ze van je ouders en je geeft ze weer door aan je kinderen. Zelfs de tijd die je met je kinderen doorbrengt is vol ambitie. Je blijft ze beoordelen. Dat ontneemt jou je plezier en maakt hen ongelukkig.

Het is niet ongebruikelijk voor iemand met deze valkuil om een groot project op zich te nemen, en vervolgens doodsbang te worden en niet op gang te komen. Uitstellen hoort er echt bij. Het niveau waarop je van jezelf moet presteren is zo hoog dat het je afschrikt. Hoe meer je bij een project betrokken bent hoe waarschijnlijker het is dat je zult afhaken. Soms zul je zelfs helemaal instorten en ophouden te functioneren. Je kunt gewoonweg de gedachte niet verdragen dat je aan al die verwachtingen moet voldoen.

Omdat je extreem hoge eisen hebt, voel je je zelden tevreden. De afmattende race om aan je eigen normen te voldoen maakt het je onmogelijk iets als tederheid, rust en vrede, geluk, trots of ontspanning te ervaren. Je voelt je daarentegen geïrriteerd, gefrustreerd, teleurgesteld en gespannen. Het wordt tijd dat je je bewust wordt hoeveel die hoge eisen je eigenlijk kosten. Is dat het wel waard?

Dit zijn de stappen die je moet doen om je valkuil te veranderen.

Het veranderen van je extreem hoge eisen

1. Maak een lijst van de terreinen waarop je eisen uit balans of extreem hoog zijn.
2. Maak een lijst van de voordelen die het je dagelijks oplevert om aan deze eisen te voldoen.
3. Maak een lijst van de nadelen van het jezelf zo opjagen op deze gebieden.
4. Probeer je voor te stellen hoe je leven eruit zou zien zonder die constante druk.
5. Probeer te begrijpen hoe je valkuil is ontstaan.
6. Bedenk wat het effect zou zijn als je je eisen 25 procent naar beneden schroefde.
7. Probeer eens uit te rekenen hoeveel tijd je besteedt aan het handhaven van jouw normen.
8. Probeer vast te stellen wat redelijke normen zijn door ze te overleggen met mensen die meer in evenwicht lijken te zijn.
9. Probeer je tijdschema of je gedrag te veranderen om ervoor te zorgen dat je werkelijke behoeften worden vervuld.

---

1. Maak een lijst van de terreinen waarop je eisen uit balans of extreem hoog zijn.
Afhankelijk van het type, dwangmatig, prestatiegericht of statusgericht, kan je lijst bestaan uit: dingen op orde houden, schoon houden, werk, geld, de geneugten des levens, uiterlijk, sportprestaties, populariteit, sta-

tus of roem. Je kunt op ieder gebied, wat je ook maar bedenkt, een constante druk voelen.

2. Maak een lijst van de voordelen die het je oplevert om iedere dag aan deze eisen te voldoen. Deze voordelen zullen ongetwijfeld te maken hebben met de mate van je succes. Het zijn de voordelen die te maken hebben met het bereiken van succes, aanzien en status. De voordelen kunnen aanzienlijk zijn. Onze cultuur bevoordeelt mensen met extreem hoge eisen heel erg.

Dit is de lijst van Martin.

VOORDELEN VAN MIJN EXTREEM HOGE EISEN

1. IK KAN KOPEN WAT IK WIL.
2. IK VOEL ME BIJZONDER.
3. MENSEN ZIJN JALOERS OP ME EN WILLEN OOK HEBBEN WAT IK HEB.
4. IK KAN BIJNA IEDERE VROUW KRIJGEN DIE IK WIL.
5. IK BEWEEG ME IN GOEDE KRINGEN.

Oppervlakkig gezien lijkt het alsof Martin veel bezit. Maar wat hij heeft maakt hem niet gelukkig. Hij geniet er niet van. Hij is steeds ontevreden. Hij kijkt altijd naar de volgende aankoop, de volgende vrouw, de volgende stap op de sociale ladder. Niets geeft hem voldoening.

Dit is de lijst van voordelen van Julia.

VOORDELEN VAN MIJN EXTREEM HOGE EISEN

1. IK VERDIEN VEEL GELD.
2. IN MIJN WERK STA IK AAN DE TOP.
3. IK HEB PRIJZEN EN STIPENDIA GEWONNEN.
4. MIJN HUIS ZIET ER BIJNA ALTIJD GEWELDIG UIT.
5. MIJN HUISHOUDEN VERLOOPT PERFECT.
6. IK PRESTEER ALS ANESTHESIOLOOG OP HOOG NIVEAU.

Opnieuw zien we grote voordelen. Julia heeft veel bereikt en mag daar best trots op zijn. Maar wat overeind blijft, is dat ze niet gelukkig is. Ze voelt daarentegen een constante druk om te blijven presteren.

Misschien geldt dat ook voor jou. Je hebt misschien veel voordeel van je hoge eisen, maar in werkelijkheid ben je ongelukkig. Wat heb je eraan om een smetteloos en perfect huis te hebben, als je jezelf over de kop moet werken om dat zo te houden en als je de pest hebt aan iedereen die je voor de voeten loopt?

Wat is het nut van een topbaan als je geen tijd overhoudt voor plezier en liefde in je leven? Wat heb je aan de geneugten des levens als je te uitgeput bent om ervan te genieten?

3. *Maak een lijst van de nadelen van het jezelf zo opjagen op deze gebieden.* De nadelen zijn alle negatieve gevolgen, alles wat je opoffert. Dat kan je gezondheid zijn, je geluk, je verlangen naar rust en je stemming. Als je je lijst maakt, kijk dan ook naar de kwaliteit van je gevoelsleven – hoe je extreem hoge eisen je relaties met familie, geliefden en vrienden beïnvloeden.

Dit is Julia's lijst.

NADELEN VAN MIJN EXTREEM HOGE EISEN

1. IK VOEL ME LICHAMELIJK UITGEPUT.
2. IK HEB HELEMAAL GEEN PLEZIER.
3. MIJN HUWELIJK LIJDT ERONDER.
4. IK STEL TE HOGE EISEN AAN MIJN KINDEREN. IK GENIET NIET VAN ZE. ZE LIJKEN BANG VOOR ME.
5. IK BEN VEEL GOEDE VRIENDEN KWIJTGERAAKT.
6. IK HEB HELEMAAL GEEN TIJD VOOR MEZELF.

De lijst met nadelen van Martin bevatte maar twee punten.

NADELEN VAN MIJN EXTREEM HOGE EISEN

1. MIJN GEZONDHEID LIJDT ERONDER.
2. IK BEN NIET GELUKKIG.

Nu moet je de voordelen tegen de nadelen afwegen en beslissen wat het verstandigst is. Zijn de voordelen voor jou de moeite waard? Wegen de nadelen op tegen de voordelen?

4. *Probeer je voor te stellen hoe je leven eruit zou zien zonder die constante druk.* Soms, als je erg onder druk staat, als je die bekende drang voelt, stop dan even en stel je voor hoe je leven eruit zou kunnen zien als je dat even los zou laten. Ga achteroverzitten en doe je ogen dicht. Laat een beeld in je opkomen. Wat zou je anders kunnen doen, iets dat belangrijker voor je is? Toen Martin dit deed, realiseerde hij zich dat het voor hem minder belangrijk was om gezien te worden met een mooie vrouw (Adriënne) dan het plezier dat hij had met Anneke.

Martin: *Ik was gisteren op een etentje met Adriënne, maar ik bleef maar aan Anneke denken. Ik wist best dat het beter was om met Adriënne daar te zijn, ze ziet er beter uit dan Anneke, ze is rijker. Je kunt beter met haar gezien worden dan met Anneke. Maar ik bleef maar denken dat ik toch liever met Anneke samen was geweest. Dat zou veel leuker zijn.*

Deze oefening kan je helpen te begrijpen dat de nadelen van jouw leven direct verbonden zijn met je extreem hoge eisen. Als je je eisen naar beneden schroefde, dan zou je veel van deze nadelen kunnen uitbannen.

5. Probeer te begrijpen hoe je valkuil is ontstaan. Waar komen je extreem hoge eisen vandaan? Kreeg je van je ouders alleen liefde onder voorwaarde? Leefden je ouders de extreem hoge eisen voor? Zoals we al zeiden kan deze valkuil ook verbonden zijn met andere valkuilen in je jeugd. Je extreem hoge eisen kunnen deel uitmaken van minderwaardigheid, sociaal isolement of emotionele verwaarlozing. En deze valkuilen kunnen fundamenteler zijn.

6. Bedenk wat het effect zou zijn als je je eisen 25 procent naar beneden schroefde. Allereerst moeten we je alles-of-niets-denken aanpakken dat bij extreem hoge eisen hoort. Het is óf perfect óf het is helemaal niets. Je kunt je niet voorstellen dat je iets gewoon goed doet. Op een schaal van 0 tot 100 lijkt het voor jou dat je een 0 scoort als je geen 100, of 99 of 98 scoort. Je moet leren dat het mogelijk is om 80 procent te presteren of 70 procent, en dat dat goed genoeg kan zijn. Je kunt nog steeds trots zijn op je werk. Tussen perfectie en mislukking is er een groot grijs gebied.

Julia: *Ik maakte lasagna voor een dineetje gisteren. De ouders van Ole zouden komen. Ik gebruikte kant en klare saus. Dat was echt vreselijk voor me. Ik voelde me er de hele avond schuldig over. Als iemand me complimenteerde met de lasagna dan voelde ik me schuldig, alsof ik het niet verdiende. Ik heb er echt mijn best voor gedaan. Ik bleef maar volhouden dat het een prima etentje was, dat het voor het geheel niet uitmaakte of ik kant en klare saus had gebruikt.*

Als je met wat minder toekon, in plaats van te staan op perfectie, dan zou je nog steeds dezelfde voordelen krijgen in termen van je loopbaanontwikkeling, financiële successen, complimenten of status, zonder die hoge prijs ervoor te hoeven betalen. Je zou wel iets moeten opgeven in termen van deze beloningen, maar die prijs weegt niet op tegen de voordelen van minder stress, gezondheid, meer tijd voor ontspanning, een betere stemming en betere relaties.

7. Probeer eens uit te rekenen hoeveel tijd je besteedt aan het handhaven van jouw normen. Je kunt daarvoor time-management gebruiken. Maak een tabel waarop je voor alles wat je op een dag moet doen een bepaalde tijd uittrekt. Je mag niet meer tijd eraan besteden dan je jezelf hebt gegeven en je moet verdragen dat het niet beter kan dan je hebt gedaan als je tijd om is.

Julia gebruikte deze techniek bij het schrijven van artikelen. Ze gaf zichzelf zes uur voor een artikel.

Julia: *En aan het eind van die zes uur moest het maar af zijn. Het artikel moest blijven zoals het was, ik mocht het niet meer verbeteren. Dat was erg moeilijk voor me. Ik wilde er nog zoveel aan doen. Maar wat hielp was dat ik aan mijn kinderen dacht. Het was belangrijker voor me om bij hen te zijn.*

Als je beslist hoeveel tijd je ergens aan wilt besteden, bepaal dan hoe belangrijk het is voor je algehele welzijn. Geef vervolgens die gebieden die voor jou het meest belangrijk zijn de meeste tijd. Mensen met extreem hoge eisen verliezen dat vaak uit het oog; alles wordt even belangrijk. Je besteedt misschien evenveel tijd aan het reserveren van een vliegticket als aan het schrijven van een belangrijk rapport. Je verdeelt je tijd zodanig dat je alles perfect kan doen, los van de vraag hoe belangrijk dat is voor de kwaliteit van je leven.

Julia schatte dat het haar twintig uur zou kosten als ze haar artikel perfect wilde schrijven. Maar haar gezin is belangrijker voor haar dan het artikel, dus besloot ze om meer tijd aan haar gezin te besteden en minder aan het artikel.

We hopen dat je leert dat perfectie geen enkel offer waard is. Je kunt ophouden voor je de perfectie bereikt hebt en je leven kan verder gaan zoals tevoren, alleen beter. Geef iedere taak een redelijke hoeveelheid tijd en accepteer vervolgens het prestatieniveau dat je hebt bereikt in die tijd. Anders zou de tijd die je aan iets besteedt zich steeds uitbreiden en dan zou je leven snel onbeheersbaar zijn.

8. Probeer vast te stellen wat redelijke normen zijn door ze te overleggen met mensen die meer in evenwicht lijken te zijn. Dit is een van de dingen die wij kunnen doen voor cliënten met extreem hoge eisen. We kunnen ze een meer objectieve mening geven over wat redelijke eisen zijn, of we kunnen helpen bedenken hoe ze aan een objectievere kijk kunnen komen. Jij moet dat ook doen, omdat in jouw ogen je eigen eisen niet uit balans zijn. Je kunt in deze kwestie niet op jezelf vertrouwen. Vraag eens aan anderen wat voor hun gevoel redelijk is. Als er in jouw leven mensen zijn die evenwichtiger lijken, die ook wel hoge eisen stellen, maar die toch van het leven kunnen genieten, vraag hen dan hoeveel tijd ze besteden aan hun werk, aan ontspanning, aan hun gezin, sport, vakantie en slapen. Probeer een beeld te krijgen van een leven dat meer in evenwicht is.

9. *Probeer je tijdschema of je gedrag te veranderen om ervoor te zorgen dat je werkelijke behoeften worden vervuld.* Verander je leven stukje bij beetje, net zolang totdat het in evenwicht is. Dat hebben Julia en Martin allebei geprobeerd. Julia maakte goed gebruik van time-management. Ze ging korter in het ziekenhuis werken en droeg haar verantwoordelijkheid voor enkele onderzoeksprojecten over aan een assistent op haar afdeling. Ze leerde hoe ze moest delegeren. Ze bracht meer tijd door met haar man en haar kinderen. Ze ging wandelen en meer naar buiten – hoewel het ook moeilijk voor haar was om hierin niet perfectionistisch te worden, zoals je je wel kunt voorstellen.

Julia: *Toen ik eenmaal in mijn werk wat gemakkelijker werd, zag ik direct dat mijn leven beter werd. Ik werd gewoon een gelukkiger mens. Iedereen is gelukkiger zo. Dat maakte dat ik ermee doorging. Dat hielp me om het meer los te laten.*

Julia droeg een kaart bij zich met de volgende tekst om haar te helpen herinneren: 'Ik kan mijn eisen omlaag schroeven zonder dat ik me een mislukkeling hoef te voelen. Ik kan dingen middelmatig doen en me daar toch goed over voelen, en ik hoef niet te proberen ze beter te doen.'

Voor Martin betekende veranderen iets anders. Voor hem betekende het dat hij helemaal zijn kijk moest veranderen op wat belangrijk voor hem was. Anneke was daarin een belangrijke katalysator. Martin werd echt verliefd op haar en was er zelf verbaasd over.

Martin: *Met Anneke was het alsof er een gewicht van mijn schouders viel. Ik merk dat ik gewoon zin heb om rustig een avond bij haar te zijn, te koken en naar de film te gaan. Dat hele society-gebeuren kan me gestolen worden.*

Zowel Julia als Martin zijn goede voorbeelden van het compromis. Laat iets van je behoefte aan perfectie, prestatie of status varen, in ruil voor een betere kwaliteit van leven en bevredigender relaties met de mensen van wie je houdt.

HOOFDSTUK **16**

'IK HEB ER RECHT OP OM ALLES TE KRIJGEN WAT IK WIL' DE VALKUIL VAN DE VEELEISENDHEID

HANS IS 43 JAAR. ZIJN VROUW DREIGT BIJ HEM WEG TE GAAN.

Voordat ik Hans ook maar één keer had ontmoet, raakte ik al steeds meer geïrriteerd. In ons eerste telefonische contact vroeg hij of er een mogelijkheid was op donderdagavond. Ik zei dat ik alleen op maandag- en woensdagavond werk. 'Dus er is geen mogelijkheid om op donderdag te komen?' vroeg hij. Ik zei opnieuw dat ik niet op donderdagavond werk. We maakten een afspraak voor de volgende maandag. Hij belde nog tweemaal voor die maandag. 'Kan ik echt niet op een donderdag komen?' wilde hij weten. 'Dat zou me veel beter uitkomen.'

Hans was twintig minuten te laat voor onze eerste afspraak. Toen hij het kantoor binnenliep, was het eerste dat hij opmerkte hoe lastig het voor hem was om op maandag te komen. 'Ik moet helemaal door de stad', zei hij. Hij ging op de bank zitten en zei dat hij niet gemakkelijk zat. 'Kan ik de bank wat verschuiven?' vroeg hij.

Ik vroeg hem waarom hij kwam.

Hans: *Dat komt door mijn vrouw, Aafje. Ze dreigt dat ze bij me weg zal gaan, als ik niet in therapie ga. Ik wil niet dat ze weggaat.*
Therapeut: *Waarom wil ze je verlaten?*
Hans: *Ze kwam erachter dat ik weer een verhouding had.*
Therapeut: *Dus dat is eerder voorgekomen?*
Hans: *Ja, dit is de tweede keer dat ze erachter komt.*
Therapeut: *Is het je tweede verhouding?*
Hans: *Nee. (lacht) Het is een beetje een kronkel van mij. Ik heb gewoon niet genoeg aan één vrouw.*

Na verloop van tijd kwamen we erachter dat er nog meer redenen waren waarom Aafje dreigde met weggaan. Aafje vertelde erover in een van de relatiegesprekken.

Aafje: *Ik kan er niet meer tegen. Alles moet altijd op zijn manier, ik heb er schoon genoeg van. Hij lijkt wel een verwend kind.*

Hans leek van zijn stuk gebracht door Aafje's gedrag. 'Ze overdrijft het allemaal zo!' klaagde hij.

GINA IS 30 JAAR. ZE RAAKT STEEDS HAAR BAAN KWIJT.

Gina kwam ook laat voor haar eerste afspraak. 'Sorry' zei ze, 'ik kom altijd te laat.'

Therapeut: *Tja, begin maar eens met te vertellen waarom je in therapie wilt.*
Gina: *Mijn man Ed wil dat ik ga werken. We hebben financiële problemen.*
Therapeut: *Wil je wel een baan?*
Gina: *Nee, ik vind het echt oneerlijk van hem dat hij nu na al die jaren vindt dat ik moet gaan werken. Ik baal er echt van.*
Therapeut: *Maar het klinkt alsof je toch op zoek bent naar werk.*
Gina: *Ja, ik heb gezocht. Ik heb weinig keus. We hebben echt geldproblemen. Het probleem is alleen dat ik moeilijk een baan kan vinden. En eerlijk gezegd raakte ik vroeger steeds mijn baan kwijt.*
Therapeut: *Wat was het probleem dan?*
Gina: *Ik geloof dat ik het saai vind om te werken. Je kunt toch niet van me verlangen dat ik alles doe wat ze willen.*

Gina maakt op ons een kinderlijke indruk. Het eigenlijke doel van haar komst lijkt te zijn om een bondgenoot te vinden die haar echtgenoot moet overtuigen dat ze niet zou moeten werken.

Therapeut: *Denk je dat je man bereid is om met jou hierheen te komen?*
Gina: *Dat zou geweldig zijn. Ik hoop dat je hem tot rede kan brengen. Ik ben werkelijk niet uit het juiste hout gesneden om te gaan werken.*
Therapeut: *Ja, als je wilt dat hij dat weet, dan moet je dat zelf tegen hem zeggen.*

Als het Gina duidelijk wordt dat we niet zullen ingrijpen op de manier zoals zij dat wil, wordt ze kregelig. 'Waarom doe je me dat aan?' vraagt ze.

DE VEELEISENDHEIDVRAGENLIJST

Deze vragenlijst meet hoe sterk je de valkuil van de veeleisendheid hebt. Gebruik de schaal hieronder.

SCORINGSWIJZE

1. HELEMAAL NIET BIJ ME PASSEND
2. VRIJWEL NIET BIJ ME PASSEND
3. EEN BEETJE BIJ ME PASSEND
4. MEER WEL DAN NIET BIJ ME PASSEND
5. VOOR HET GROOTSTE DEEL BIJ ME PASSEND
6. BESCHRIJFT ME PERFECT

Ook als je maar een enkele keer een 5 of een 6 scoort, kan het zijn dat de valkuil op jou van toepassing is, zelfs als je totale score laag is.

Score	Beschrijving
	1. Ik kan het slecht verdragen als mensen nee tegen me zeggen.
	2. Ik word boos als ik niet kan krijgen wat ik hebben wil.
	3. Ik ben zo bijzonder dat ik de normale beperkingen niet hoef te accepteren.
	4. Mijn eigen behoeften komen op de eerste plaats.
	5. Ik vind het moeilijk mezelf ertoe te brengen te stoppen met drinken, roken, te veel eten of ander probleemgedrag.
	6. Ik kan niet de discipline opbrengen om saaie taken of routineklussen af te maken.
	7. Ik laat me leiden door gevoelens en impulsen, die me daarna in de problemen brengen.
	8. Als ik mijn doel niet kan bereiken, raak ik snel teleurgesteld en geef ik het op.
	9. Ik sta erop dat mensen alles op mijn manier doen.
	10. Ik kan slecht directe bevrediging uitstellen om een langetermijndoel te behalen.
	Je totale veeleisendheidscore (Tel je scores bij vraag 1 tot en met 10 bij elkaar op.)

Het interpreteren van je veeleisendheidscore	
10 – 19	Zeer laag, deze valkuil is niet van toepassing.
20 – 29	Tamelijk laag, deze valkuil is soms van toepassing.
30 – 39	Gemiddeld, deze valkuil is een thema voor je.
40 – 49	Hoog, dit is voor jou een belangrijke valkuil.
50 – 60	Zeer hoog, dit is zeker een van je centrale valkuilen.

WELKE GEVOELENS MERK JE BIJ VEELEISENDHEID?

Er zijn drie typen van veeleisendheid, en ieder daarvan brengt weer speciale gevoelens met zich mee. De typen overlappen elkaar – je kunt er meer dan één hebben.

DRIE TYPEN VEELEISENDHEID

1. VERWENDE VEELEISENDHEID;
2. AFHANKELIJKE VEELEISENDHEID;
3. IMPULSIEVE VEELEISENDHEID.

VERWENDE VEELEISENDHEID

Je ziet jezelf als speciaal. Je bent veeleisend en controlerend, en je wilt dat alles op jouw manier gaat. Als anderen tegenstribbelen, word je boos.

Aafje: *We hadden ruzie omdat ik die cursus wilde doen, en hij vindt het niet goed.*
Hans: *Dan is ze niet thuis als ik thuiskom.*
Aafje: *Ik ben maar een half uur later thuis dan jij.*
Hans: *Maar dan kun je niet voor me koken.*
Aafje: *Het is maar één avond per week. We kunnen eten laten brengen of uit eten gaan.*
Hans: *Je begrijpt het niet. Ik werk hard. Het gaat om mijn gemak. (schreeuwt) En dat is heel belangrijk voor me.*

Je houdt haast geen rekening met de gevoelens van anderen, je leeft je niet in. Hierdoor ben je onzorgvuldig en misschien maak je zelfs misbruik van anderen.

Normale sociale verwachtingen en gebruiken laten je koud. Je denkt dat je boven de wet staat. Je gelooft dat anderen wel gestraft moeten worden als zij de regels overtreden, maar dat hetzelfde niet voor jou geldt. Je verwacht niet dat jij de consequenties van je daden moet dragen.

Hans: *Sorry dat ik te laat ben. Ik moest wachten tot die eikel eindelijk zijn auto uit de wegsleepzone had gehaald, zodat ik daar kon gaan staan.*
Therapeut: *Heb je je auto in de wegsleepzone gezet?*
Hans: *Jazeker. Maar dat geeft niet. Ik heb de auto van mijn broer geleend, die is arts. Als ik een bekeuring krijg dan praat ik me er wel uit.*

Je neemt wat je wilt, zonder dat je je er schuldig over voelt, omdat je het gevoel hebt er recht op te hebben. Je verwacht dat je op de een of andere manier de negatieve gevolgen kunt vermijden, die anderen wel moeten dragen als ze hetzelfde zouden doen. Je denkt dat je er wel mee wegkomt of je zet de dingen zo naar je hand dat je de gevolgen ervan niet hoeft te ondervinden.

AFHANKELIJKE VEELEISENDHEID

Als je het afhankelijke type bent, dan voel je je gerechtigd om afhankelijk te zijn van anderen. Je neemt de afhankelijke, incompetente en behoeftige positie in en je verwacht dat anderen sterk zijn en voor je zullen zorgen. Net als een kind ten opzichte van zijn ouders heb je het gevoel dat je er recht op hebt. Mensen zijn het je verschuldigd.

Gina: *Ed is echt kwaad op me omdat hij ontdekte dat ik geld voor het huishouden gebruikte om kleren van te kopen.*
Therapeut: *Waarom deed je dat?*
Gina: *Ja, hij heeft mijn toelage voor kleding verminderd. Het is vreselijk voor me. Wat moet ik doen? Steeds die vreselijke oude kleren blijven dragen?*
Therapeut: *Dat klopt. Hij heeft je kleedgeld verminderd omdat jullie grote financiële problemen hebben.*
Gina: *Ja, maar hij moet er beter voor zorgen. Het had nooit zover mogen komen.*

Net als Gina heb je misschien het gevoel recht te hebben op financiële zorg. Je geeft de verantwoordelijkheid voor je dagelijks leven en de beslissingen die je neemt uit handen.

Je bent eerder passief dan agressief. Als iemand niet goed voor je zorgt, dan voel je je slachtoffer. Je bent boos, maar je houdt je in. Je laat je boosheid op andere manieren blijken – pruilen, passief-agressief gedrag, hypochondrische lichamelijke klachten, zeuren en af en toe een kinderlijke woedeaanval.

Je voelt je niet speciaal. In feite probeer je je erg aan te passen en gemakkelijk te zijn. Je hebt het gevoel dat je recht hebt op afhankelijkheid. Het gevoel veeleisend te mogen zijn komt voort uit je gevoel van zwakte en kwetsbaarheid. Jij hebt hulp nodig en anderen moeten je die hulp geven.

IMPULSIVITEIT

Je hebt je leven lang al het probleem dat je niet goed in staat bent om je gedrag en je gevoel te beheersen. Je hebt een probleem met je impulscontrole. Je doet waar je zin in hebt, zonder op de gevolgen te letten.

Je bent niet voldoende in staat om teleurstellingen te verdragen, waardoor je langetermijntaken niet kunt afmaken, vooral saaie routinetaken niet. Je bent niet georganiseerd en hebt weinig structuur. Je hebt geen discipline.

Gina: *Ik heb die baan bij het reisbureau niet gekregen.*
Therapeut: *O, dus je bent wel gegaan. Wat is er gebeurd?*
Gina: *Eigenlijk kon ik niet door de sollicitatie heenkomen. Ze wilden dat ik al die vreselijke formulieren invulde, die ik niet snapte. Al dat papierwerk! En er was niemand die me wilde helpen om dat stap voor stap te doen. Ik dacht dat als de sollicitatie net zo was als de baan, dat ik dan de baan niet leuk zou vinden. Op zo'n plek wil ik niet werken.*

Je hebt, net als Gina, de neiging dingen voor je uit te schuiven. Als je iets dan eindelijk aanpakt, doe je het halfhartig of op een passief-agressieve manier. Je kunt jezelf er niet toe brengen om ertegenaan te gaan en door te zetten. Zelfs als je iets per se wilt, dan is het nog moeilijk voor je. Je probleem is dat je op korte termijn beloning wilt, je kunt dat niet uitstellen.

Je probleem met het uitstellen van beloning kan ook de vorm aannemen van verslavingen zoals te veel eten, roken, drinken, drugsgebruik of seksverslaving. Maar andersom is het niet zo dat verslaving automatisch betekent dat je deze valkuil hebt. Verslaving is maar één van de vele aanwijzingen. Je verslaving moet deel uitmaken van een meer algemeen patroon van problemen met zelfdiscipline en controle. Je kunt misschien je gevoelens niet goed in bedwang houden, vooral boosheid. Hoewel je soms ook last hebt van somberheid, staat het gevoel van boosheid toch het meest op de voorgrond. Je kunt die niet op een volwassen manier laten zien. Je lijkt wel een woedend kind. Je wordt ongeduldig, geïrriteerd en kwaad.

Aafje: *Zoals hij kan schreeuwen, het is verschrikkelijk. Het kan hem niet schelen waar hij is of wie het kan horen. Hij begint gewoon plotseling te schreeuwen. Bij iemand thuis, in het openbaar, overal.*
Hans: *Dat klopt, als ik boos ben, moeten mensen dat weten ook.*
Aafje: *En ik kan je vertellen dat het werkt. Ik doe alles wat hij wil, als hij maar ophoudt met schreeuwen. En dat doet iedereen.*

Je vindt dat je het recht hebt je woede te uiten. Je moet ieder gevoel kunnen uiten. Het kan je niet schelen wat het effect is op anderen.

Dat je moeite hebt met het in bedwang houden van je woede en je impulsen brengt risico's met zich mee. In het uiterste geval kan het leiden tot crimineel gedrag. Gewoonlijk leidt het tot explosiviteit, woede-uitbarstingen of onaangepast gedrag.

Gina: *Ik heb die fantastische nieuwe jurk gekocht voor het feestje vrijdag.*
Therapeut: *Hoe heb je dat voor elkaar gekregen? Ik dacht dat Ed je geen geld meer gaf.*
Gina: *Nou, als je belooft je mond erover te houden, ik heb hem gestolen. Het was heel gemakkelijk Ik nam hem mee de kleedkamer in en ik heb hem in mijn tas gestopt.*
Therapeut: *Hoe leg je dat dan uit aan Ed?*
Gina: *O, dat merkt hij toch niet. Het is eigenlijk zijn fout, omdat hij me geen geld geeft.*

Ed kwam erachter en hij was zo kwaad, dat hij een proefscheiding wilde. Dat was het laatste wat zij wilde. Ze had impulsief gehandeld, zonder de gevolgen onder ogen te zien. Ze moest leren eerst te *denken* en dan pas te *doen*.

Anders dan bij andere valkuilen – die juist tot gevolg hebben dat je je behoeften onderdrukt – geeft de valkuil van de veeleisendheid juist *volledig vrij baan* aan je verlangens. Je mist de normale remming. Waar andere mensen voldoende zelfdiscipline hebben, heb jij dat niet.

De meeste cliënten met veeleisendheid hebben zelf weinig last van hun valkuil. Dat maakt veeleisendheid anders dan de andere valkuilen in dit boek. We hebben nog niet meegemaakt dat een cliënt bij ons kwam met de klacht dat hij het gevoel had speciaal te zijn of te veeleisend. Daarentegen hebben veel mensen een partner met ernstige problemen op dit gebied. En zo komt de veeleisende man of vrouw in therapie – als de partner van een van onze cliënten. (We vragen vaak of de partners van onze cliënten meekomen.) Om het bot te zeggen ben je er vaker de oorzaak van dat anderen in therapie gaan, dan dat je zelf hulp zoekt.

Je leven wordt pas pijnlijk als je niet meer in staat bent onder de negatieve gevolgen van je veeleisendheid uit te komen – bijvoorbeeld als je echt je baan verliest omdat je je werk niet goed doet of als je partner je dreigt te verlaten. Dan pas erken je dat anderen niet te spreken zijn over je gedrag en dat de valkuil van de veeleisendheid een probleem is. Je realiseert je ten slotte dat je een prijs betaalt voor je valkuil – dat deze echt schade kan berokkenen.

BRONNEN VAN VEELEISENDHEID

Veeleisendheid kan op drie verschillende manieren ontstaan. Te weinig grenzen krijgen van je ouders, is de eerste.

Bron 1 veeleisendheid door onduidelijke grenzen

Onduidelijke grenzen is de belangrijkste bron van veeleisendheid. Deze ouders geven hun kinderen te weinig grenzen en controle. Zulke ouders verwennen hun kinderen of geven ze te veel hun zin. En dat doen ze op verschillende manieren.

A Verwende veeleisendheid

De kinderen krijgen alles wat ze willen. Dat geldt voor spullen maar ook mogen ze gewoon doen wat ze willen. Het kind controleert de ouders.

B Impulsiviteit

Kinderen wordt niet geleerd teleurstellingen te verdragen. Ze hoeven geen enkele verantwoordelijkheid te dragen of taken te doen die hen worden opgedragen, bijvoorbeeld huishoudelijke klussen of schoolwerk. De ouders staan toe dat het kind zijn verantwoordelijkheid niet draagt. Ze zitten er niet achteraan of geven nooit straf.

Ook leren deze kinderen niet om hun impulsen in bedwang te houden. De ouders staan toe dat de kinderen al hun gevoelens uitleven, zoals kwaadheid, zonder dat ze er voldoende negatieve consequenties aan verbinden. Een van beide (of beide ouders) kan zelf problemen hebben met het in de hand houden van zijn gevoelens en impulsen.

Als we het hebben over grenzen, bedoelen we redelijke regels en consequenties. Zowel Hans als Gina kregen als kind te weinig grenzen. In zekere zin werden ze opgevoed tot veeleisendheid. Ze werden grootgebracht in een permissieve sfeer, waarin alles mocht en waarin ze werden verwend en in alles hun zin kregen.

Ouders staan vaak model voor zelfcontrole en zelfdiscipline. Ouders zonder zelfcontrole krijgen kinderen zonder zelfcontrole.

Hans: *Ja, ik geloof dat mijn vader vaak op dezelfde manier door het huis stormde. Hij raakte altijd zijn geduld kwijt en schreeuwde tegen ons. Ik lijk eigenlijk wel erg op hem.*

Aafje: *En je moeder dan? Je moeder laat zich door je vader de wet voorschrijven.*

Hans: *Ja, ik geloof dat ze geen van beiden de schoonheidsprijs verdienden voor goed gedrag.*

Bij Hans thuis werd geaccepteerd dat zijn vader zich als een klein kind gedroeg. Als volwassenen geen zelfdiscipline hebben, kunnen ze hun kinderen dat ook niet leren. Door de regels van onze ouders leren we onszelf te beheersen. We gedragen ons zoals met ons werd omgegaan. Als we ouders hebben die duidelijke consistente en adequate grenzen stellen, leren we onszelf ook die grenzen te stellen.

Cliënten die opgevoed worden met zwakke grenzen leren als kind vaak niet het principe van de wederkerigheid. Je ouders leerden je niet dat je om iets te krijgen ook iets moet geven. De boodschap was dat zij voor je zouden zorgen, zonder dat je daar iets voor terug hoefde te doen.

Hans en Gina hadden een interessante overeenkomst: Hans was de enige jongen en Gina het enige meisje in het gezin.

Gina: *Ik was de jongste en het enige meisje. Mijn moeder wilde heel graag een meisje. Ze moest eerst drie jongens krijgen voordat ik kwam. Ik kreeg alles wat ik wilde als kind. Ik was een klein prinsesje. Iedereen zorgde voor me, mijn ouders en mijn broers.*

Het is mogelijk dat sommige kinderen – enige kinderen, jongste kinderen of kinderen die als enige een andere sekse hebben – meer kans hebben op deze valkuil. Dit is omdat ze vaker verwend worden.

BRON 2 AFHANKELIJK MAKENDE TOEGEEFLIJKHEID

DE BRON VAN AFHANKELIJKE VEELEISENDHEID ZIJN OUDERS DIE ZODANIG TOEGEEFLIJK ZIJN TEN OPZICHTE VAN HUN KINDEREN, DAT ZE HEN AFHANKELIJK VAN ZICH MAKEN. DE OUDERS NEMEN DE DAGELIJKSE DINGEN VAN HEN OVER, ZIJ NEMEN DE BESLISSINGEN EN RUIMEN DE MOEILIJKHEDEN UIT DE WEG. DE OMGEVING IS ZO VEILIG EN BESCHERMD EN VAN HET KIND WORDT ZO WEINIG VERWACHT DAT HET KIND ERTOE WORDT GEBRACHT OM DIT SOORT VERZORGING OP TE EISEN.

Het verschil tussen de valkuil van de afhankelijkheid en 'afhankelijke veeleisendheid' is gradueel. Hoe afhankelijker je mocht zijn – hoe meer je beschermd bent en in alles je zin kreeg – des te meer zul je neigen naar afhankelijk veeleisendheid. Als dit jouw type is, dan moet je ook het hoofdstuk over afhankelijkheid lezen.

BRON 3 VEELEISENDHEID ALS VERWEER TEGEN ANDERE VALKUILEN

VOOR DE MEERDERHEID VAN ONZE CLIËNTEN IS VEELEISENDHEID EEN VORM VAN VERWEER TEGEN OF COMPENSATIE VOOR ANDERE VALKUILEN – MEESTAL MINDERWAARDIGHEID, EMOTIONELE VERWAARLOZING OF SOCIAAL ISOLEMENT. VOOR DE BRON VAN DEZE GEVALLEN VAN VEELEISENDHEID MOET JE HET HOOFDSTUK VAN DIE ONDERLIGGENDE VALKUIL LEZEN.

Als je veeleisend bent geworden als manier van omgaan met vroege emotionele verwaarlozing, dan werd je als kind waarschijnlijk bedrogen of ernstig verwaarloosd. Je ouders waren misschien kil of niet liefdevol, en hierdoor kwam je emotioneel tekort. Je probeerde je ertegen te verweren door veeleisend te zijn. Of misschien waren jullie arm. De gezinnen om jullie heen waren rijker en jullie waren in vergelijking daarmee arm. Je wilde dingen die je niet kon krijgen. En nu, als volwassene wil je er zeker van zijn dat je alles krijgt wat je hartje begeert.

Je veeleisendheid kan een goede en gezonde manier zijn geweest om met de problemen om te gaan toen je nog een kind was. Veeleisendheid heeft je misschien een uitweg geboden uit de eenzaamheid, het gebrek aan liefde, zorg en aandacht die jou als kind ten deel viel. Of het bood een uitweg uit de armoede. Het probleem is dat je te ver bent gegaan. Als volwassene was je zo bang dat je weer tekort zou komen of weer bedrogen zou worden, dat je veeleisend, narcistisch en overheersend bent geworden. Je begon te vervreemden van je naasten. In je pogingen om je te verzekeren van wat je wilde hebben, begon je juist die mensen weg te duwen die het je waarschijnlijk konden geven.

Het is een interessante vraag waarom sommige verwaarloosde kinderen veeleisendheid als strategie uitkiezen. Hoe komen ze tot deze strategie? Naar ons idee speelt hierbij een aantal factoren een rol. In de eerste plaats het temperament van het kind. Sommige kinderen zijn agressiever. Ze zijn meer geneigd op een actieve manier te reageren, eerder dan zich over te leveren aan hun gevoelens van verwaarlozing.

Een andere factor is of het gezin het kind verweer toestaat. Een emotioneel verwaarlozende ouder kan toelaten dat een kind op andere terreinen veeleisend is.

Een derde factor is of het kind in een of ander opzicht begaafd is – intelligent, knap om te zien of getalenteerd. Een kind kan de aandacht die het krijgt voor zijn gaven gebruiken als compensatie. Op dat gebied worden zijn behoeften dan tenminste wél vervuld.

Kwaadheid is ook een factor die iemand ertoe kan brengen om veeleisend te worden als manier van omgaan met verwaarlozing. Extreme woede kan een sterk motiverende factor zijn om een tekort uit de kindertijd teniet te doen. Het geeft je de wil om iets recht te zetten dat je als onrechtvaardigheid ziet.

Hoewel veeleisendheid meestal een reactie is op het gevoel van emotionele verwaarlozing, kan het ook een reactie zijn op andere valkuilen. Iemand die zich minderwaardig voelt of een buitenstaander kan dat compenseren door zich speciaal te voelen. Als je onderliggende gevoel is: 'Ik ben minderwaardig' dan kun je je verweren door te zeggen: 'Nee, ik ben speciaal, ik ben beter dan wie dan ook.'

Geen teleurstellingen kunnen verdragen of je niet kunnen beheersen, kunnen ook manieren zijn om je te verweren tegen het gevoel dat je je moet aanpassen (hoewel dat niet vaak de bron is van impulsiviteit). In andere gevallen was het kind juist vreselijk gedisciplineerd en beheerst en leeft het dat later uit door in opstand te komen tegen discipline en controle.

WAARSCHUWINGSSIGNALEN BIJ PARTNERS

Dit zijn de signalen dat je partnerkeuze wordt ingegeven door de valkuil. Dat betekent dat je iemand hebt gekozen die je veeleisendheid versterkt.

VERWEND EN VEELEISEND

JE VOELT JE AANGETROKKEN TOT PARTNERS DIE

1. HUN EIGEN BEHOEFTEN ACHTERSTELLEN BIJ DE JOUWE;
2. JE TOESTAAN OM HEN TE OVERHEERSEN;
3. BANG ZIJN OM HUN EIGEN BEHOEFTEN EN GEVOELENS TE UITEN;
4. BEREID ZIJN OM MISBRUIK EN KRITIEK, ENZOVOORT, TE VERDRAGEN;
5. TOESTAAN DAT JE VAN ZE PROFITEERT;
6. GEEN STERK ONTWIKKELD GEVOEL VAN EIGENWAARDE HEBBEN EN DIE VIA JOU WILLEN LEVEN;
7. AFHANKELIJK VAN JE ZIJN, EN DIE HET ACCEPTEREN DAT ZE OVERHEERST WORDEN, ALS PRIJS VOOR DE AFHANKELIJKHEID.

AFHANKELIJK EN VEELEISEND

JE VOELT JE AANGETROKKEN TOT STERKE PARTNERS DIE COMPETENT ZIJN EN DIE BEREID ZIJN OM VOOR JE TE ZORGEN (ZIE HET HOOFDSTUK OVER AFHANKELIJKHEID).

IMPULSIVITEIT

JE VOELT JE AANGETROKKEN TOT PARTNERS DIE GEORGANISEERD, DWANGMATIG, GEDISCIPLINEERD ENZOVOORT ZIJN, EN DIE DUS JOUW NEIGING TOT CHAOS EN WANORDE INDAMMEN.

Samenvattend voel je je eerder aangetrokken tot partners die je veeleisendheid ondersteunen, dan ertegenin gaan. Zowel Hans als Gina hadden veel relaties gehad die dat uitwezen. Voordat hij trouwde had Hans andere warme en liefhebbende vrouwen gehad die hij had afgebekt en die door hem slecht waren behandeld, en Gina had relaties gehad met andere veeleisende mannen.

Waarschijnlijk is dit bij jou ook het geval. Veel van je relaties volgen dat patroon. Ze geven je de mogelijkheid om door te gaan met veeleisend zijn. Natuurlijk is het zo dat de mensen die op deze basis een relatie met jou aangaan, hun eigen valkuilen daarin tot uitdrukking brengen. Er zijn er twee voor nodig.

De tabel hieronder laat de meest voorkomende patronen van mensen met de diverse typen van veeleisendheid zien.

Valkuilen van mensen die verwend en veeleisend zijn

1. De behoeften van de mensen om je heen laten je koud. Je eigen behoeften jaag je na ten koste van die van hen. Je kwetst ze.
2. Je maakt misbruik van de mensen om je heen, je vernedert ze of je bent gemeen tegen ze.
3. Je kunt je niet goed inleven in de gevoelens van anderen. Zij hebben het gevoel dat je ze niet begrijpt of dat het je niets kan schelen.
4. Je mag meer nemen dan geven aan de samenleving. Dit resulteert in onevenwichtigheid en is niet eerlijk ten opzichte van anderen.
5. Op je werk word je misschien ontslagen of overgeplaatst of iets dergelijks omdat je geen rekening houdt met de gevoelens van anderen of omdat het je niet lukt om volgens de regels te handelen.
6. Je partner, gezin, vrienden of kinderen laten je misschien in de steek, ze krijgen een hekel aan je of verbreken het contact met je, omdat je misbruik van ze maakt of omdat je ze oneerlijk of egoïstisch behandelt.
7. Je kunt in criminele of illegale zaken terechtkomen, als je fraudeert of de wet overtreedt, zoals bijvoorbeeld door belastingontduiking of bedrijfsfraude.
8. Je hebt nooit de kans gekregen om het genoegen te proeven van een echte gelijkwaardige wederzijdse relatie – het plezier van onbaatzuchtig geven.
9. Als je veeleisendheid een vorm van verweer is, dan geef je jezelf nooit de kans om je andere valkuilen onder ogen te zien en op te lossen. Je echte behoeften worden nooit vervuld. Je kunt je emotioneel verwaarloosd, minderwaardig of sociaal ongewenst te blijven voelen.

VALKUILEN VAN MENSEN DIE AFHANKELIJK EN VEELEISEND ZIJN

1. JE LEERT NOOIT OM VOOR JEZELF TE ZORGEN, OMDAT JE PER SE WILT DAT ANDEREN VOOR JE ZORGEN.
2. JE MAAKT TEN ONRECHTE INBREUK OP DE RECHTEN VAN ANDEREN. JE STAAT TEN ONRECHTE ANDEREN NIET TOE HUN TIJD VOOR ZICHZELF TE GEBRUIKEN. JE BELAST ANDEREN TE VEEL MET JOUW EISEN.
3. DE MENSEN VAN WIE JIJ JE AFHANKELIJK MAAKT, KRIJGEN UITEINDELIJK GENOEG VAN JE AFHANKELIJKHEID EN JE EISEN. ZE WORDEN KWAAD, ZE LATEN JE IN DE STEEK, ZE ONTSLAAN JE OF HOUDEN ERMEE OP JE TE HELPEN.
4. DE MENSEN WAAR JE AFHANKELIJK VAN BENT ZULLEN DOOD GAAN OF JE VERLATEN, EN DAN BEN JE NIET IN STAAT VOOR JEZELF TE ZORGEN.

VALKUILEN VAN MENSEN DIE IMPULSIEF ZIJN

1. JE BRENGT TAKEN NIET TOT EEN GOED EINDE, ZODAT JE IN JE LOOPBAAN NIET VOORUITKOMT. JE PRESTEERT CHRONISCH ONDER JE KUNNEN, EN JE VOELT JE INCOMPETENT ALS GEVOLG VAN JE MISLUKKINGEN.
2. DE MENSEN OM JE HEEN KRIJGEN NA VERLOOP VAN TIJD GENOEG VAN JE ONVERANTWOORDELIJKE GEDRAG EN ZE VERBREKEN HUN RELATIE MET JE.
3. JE LEVEN IS EEN CHAOS. JE KUNT JEZELF NIET ERTOE BRENGEN OM VOLDOENDE RICHTING EN STRUCTUUR AAN TE BRENGEN. DAARDOOR BLIJF JE VASTZITTEN.
4. JE BENT VERSLAAFD AAN DRUGS, ALCOHOL OF ETEN.
5. JE BENT OP BIJNA ALLE LEVENSGEBIEDEN TE WEINIG GEDISCIPLINEERD OM JE DOELEN TE BEREIKEN.
6. JE HEBT NIET GENOEG GELD OM VOOR ELKAAR TE KRIJGEN WAT JE IN JE LEVEN WILT BEREIKEN.
7. JE HEBT PROBLEMEN GEKREGEN MET DE SCHOOLLEIDING, MET DE POLITIE OF OP JE WERK, OMDAT JE IMPULSIEF BENT.
8. JE BENT VERVREEMD VAN JE VRIENDEN, JE ECHTGENO(O)T(E), JE KINDEREN OF JE BAZEN DOOR JE BOOSHEID EN JE EXPLOSIVITEIT.

Het is belangrijk voor je om deze valkuilen goed te bekijken, omdat je misschien weinig gemotiveerd bent om te veranderen.

Bij de valkuil van veeleisendheid is de motivatie om te veranderen een belangrijke factor. Jij hebt zelf geen last van je veeleisendheid. En dat is het verschil met de andere valkuilen. De mensen om je heen hebben er last van. Jij zelf niet.

Therapeut: *Hans, je moet Aafje de gelegenheid geven te gaan werken. Wat jij doet is niet eerlijk.*

Hans: *Waarom zou ik? Waarom zou ik moeten doen wat jij zegt? Ik wil de dingen zo houden als ze zijn. Ik vind het prettig als Aafje zich op mij richt.*

Hans' standpunt is goed te begrijpen. *Waarom* zou hij veranderen? Zijn valkuil brengt hem op het eerste gezicht alleen maar voordeel. En waarom zou Gina zelf dingen leren doen, als ze anderen voor haar karretje weet te spannen?

Als we met cliënten werken die veeleisend zijn, zoeken we altijd naar de kosten en baten. Waarom zouden ze willen veranderen? Wat kost de valkuil hen in hun persoonlijk leven en in hun werk?

Bedenk goed wat de valkuil je kost.

HET VERANDEREN VAN VEELEISENDHEID

Toen we dit hoofdstuk schreven, bleven we steeds het gevoel houden dat het de moeite niet loonde. We weten dat weinig mensen met deze valkuil dit hoofdstuk zullen lezen. Mensen met deze valkuil willen zelden veranderen. Ze lezen helemaal geen zelfhulpboeken. Ze willen helemaal niet in therapie. Ze geven anderen de schuld van hun problemen en ze doen alles om de status quo te handhaven.

Als jij de uitzondering op de regel bent – een veeleisend mens, die toch dit hoofdstuk leest – is dat waarschijnlijk omdat je zo'n hoge prijs betaalt voor je valkuil dat je er niet meer omheen kunt. Je echtgeno(o)t(e) heeft een scheiding aangevraagd, je geliefde wil er een punt achter zetten of je dreigt je baan te verliezen. Er is sprake van een crisissituatie.

We realiseren ons dat veel van de patronen die met veeleisendheid te maken hebben en die we eerder in dit hoofdstuk hebben besproken voor jou niet van belang zijn. Het kan jou niet zoveel schelen dat je veeleisendheid niet eerlijk is ten opzichte van anderen. Het kan je niet schelen dat je anderen pijn doet. Je bent egoïstisch. Jij alleen telt. Je hebt daarmee een grote achterstand als het gaat om het opbouwen van motivatie.

We hebben het volgende deel van dit hoofdstuk over de verandering in twee delen gesplitst. Het ene is gericht op de mensen met de valkuil die willen veranderen. Maar wij denken dat de meerderheid van de lezers van dit hoofdstuk bestaat uit mensen die te lijden hebben onder veeleisende mensen. Dat wil zeggen dat je zelf niet veeleisend bent. Je bent iemand die probeert een veeleisende ander – je geliefde, echtgenoot of ouder – met behulp van dit hoofdstuk beter te begrijpen.

Voor jou hebben we ook een stuk bijgevoegd.

JEZELF HELPEN OM OVER JE VEELEISENDHEID HEEN TE KOMEN

Dit zijn de stappen die je moet nemen om je valkuil te veranderen.

JEZELF HELPEN OM OVER JE VEELEISENDHEID HEEN TE KOMEN.

1. MAAK EEN LIJST VAN DE VOOR- EN NADELEN VAN HET NIET AANVAARDEN VAN BEPERKINGEN. DIT IS CRUCIAAL OM JEZELF TOT VERANDERING TE MOTIVEREN.
2. BESTRIJD DE EXCUSES DIE JE GEBRUIKT OM ZE NIET TE HOEVEN ACCEPTEREN.
3. SCHRIJF OP HOE JE PROBLEMEN MET JEZELF BEGRENZEN ZICH IN HET DAGELIJKS LEVEN VOORDOEN. MAAK EEN GRENZEN-KAART.
4. MAAK KAARTEN DIE JE HELPEN JE VEELEISENDHEID EN JE PROBLEMEN MET ZELFDISCIPLINE IN IEDERE SITUATIE TE BESTRIJDEN.
5. VRAAG OM FEEDBACK ALS JE PROBEERT TE VERANDEREN.
6. PROBEER JE IN TE LEVEN IN DE MENSEN IN JE OMGEVING.
7. ALS JE VALKUIL EEN VORM VAN VERWEER IS TEGEN ANDERE VALKUILEN, PROBEER DAN OM DE KERNVALKUILEN DIE ERAAN TEN GRONDSLAG LIGGEN TE BEGRIJPEN. VOLG DE STAPPEN VAN VERANDERING DIE DAARVOOR GELDEN.
8. ALS JE MOEITE HEBT MET ZELFDISCIPLINE, MAAK DAN EEN HIËRARCHIE VAN TAKEN OP GROND VAN DE MATE VAN VERVELING OF FRUSTRATIE DIE ZE OPWEKKEN. WERK JE STAP VOOR STAP DOOR DE HIËRARCHIE.
9. ALS JE ER PROBLEMEN MEE HEBT OM JE GEVOELENS IN BEDWANG TE HOUDEN, PAS DAN DE TIME-OUT-TECHNIEK TOE.
10. ALS JE AFHANKELIJK EN VEELEISEND BENT, MAAK DAN EEN HIËRARCHIE VAN OPDRACHTEN, DIE VERSCHILLEN IN MOEILIJKHEIDSGRAAD. GA DAN ZELF DE DINGEN DOEN DIE JE NU ANDEREN VOOR JE LAAT DOEN. BEWIJS JEZELF MAAR DAT JE COMPETENT BENT.

---

1. *Maak een lijst van de voor- en nadelen van het niet aanvaarden van beperkingen. Dit is cruciaal om jezelf tot verandering te motiveren.* Zorg ervoor dat je bij de nadelen opschrijft welke narigheid je anderen bezorgt, de mogelijkheid dat familie of vrienden je zullen laten vallen, de mogelijkheid om ontslagen te worden of geen promotie te krijgen, de mogelijkheid dat er een proces tegen je wordt aangespannen, enzovoort. Als je problemen met impulsiviteit hebt, probeer dan onder ogen te zien dat je nooit je doelen zult bereiken als je niet beter leert om teleurstellingen te verdragen. *Let goed op dat je alle negatieve gevolgen die je al hebt ondervonden opschrijft.*

Dit is de lijst van Hans.

VOOR- EN NADELEN VAN MIJN VEELEISENDHEID

VOORDELEN
1. ALLES GAAT ZOALS IK DAT WIL EN DAT VIND IK PRETTIG.
2. IK NEEM WAT IK WIL HEBBEN – GELD, VROUWEN EN ALLES WAT HET MIJ GEMAKKELIJK MAAKT.
3. DOOR KWAAD TE WORDEN KAN IK MEESTAL IEDEREEN ER WEL TOE BRENGEN TE DOEN WAT IK WIL.
4. IK KAN DE MEESTE MENSEN WEL IN MIJN GREEP HOUDEN EN DAT VIND IK PRETTIG.
5. IK VOEL ME SPECIAAL.
6. IK BEN SPECIAAL EN DE REGELS ZOUDEN OP MIJ NIET VAN TOEPASSING HOREN TE ZIJN.

NADELEN
1. AAFJE DREIGT BIJ ME WEG TE GAAN.
2. MENSEN WORDEN VAAK KWAAD OP ME OF ZE GAAN ME UIT DE WEG.
3. OP MIJN WERK ZIJN DE MENSEN VAAK BANG VOOR ME, ZE VINDEN ME NIET AARDIG.
4. IK HEB NIET ZOVEEL GOEDE VRIENDEN. VEEL MENSEN WORDEN NA VERLOOP VAN TIJD KWAAD OP ME EN ZE WILLEN NIET MEER MET ME OMGAAN.

Je merkt misschien dat Hans, zoals te verwachten, bij de nadelen niets opschreef over de last die hij anderen bezorgt of de onrechtvaardigheid van zijn veeleisendheid. Dit zou het resultaat zijn van het toekomstige werk in de therapie.

Probeer je die vervelende gebeurtenissen voor te stellen, zodat je de gevolgen meer echt gaat voelen. Stel je voor dat je vriendin je verlaat, dat je je baan verliest. Bij Gina stond bij 'Nadelen': 'Als Ed me in de steek laat, zou ik niet weten hoe ik voor mezelf zou moeten zorgen.'

Therapeut: *Doe je ogen dicht en probeer je voor te stellen hoe dat zou zijn.*
Gina: *(pauze) Ik zie mezelf aan de telefoon. Ik bel mijn moeder en mijn vrienden om ze ertoe te bewegen iets voor me te doen. Het is vernederend. Ik heb het gevoel dat ik moet bedelen. Dat maakt me kwaad, kwaad op Ed. Maar hoe kwaad ik ook ben, hij komt niet terug.*

Probeer te voelen hoeveel je veeleisendheid je kost, voordat de negatieve gevolgen gaan ontstaan. Plaats de *gedachte* tussen de impuls en de handeling.

2. Bestrijd de excuses die je gebruikt om ze niet te hoeven accepteren. Maak een lijst van de uitvluchten. Schrijf bij iedere uitvlucht op waarom deze alleen maar een rationalisatie is en waarom dit niet een echt valide argument is. Probeer de denkbeelden die jouw veeleisendheid bestendigen tegen te spreken.

Hier zijn enkele van de uitvluchten die Hans in de loop van de therapie ontdekte.

UITVLUCHTEN VOOR VEELEISENDHEID

MENSEN MOETEN ME ACCEPTEREN ZOALS IK BEN.
IK DOE ER NIEMAND KWAAD MEE.
IEDEREEN MAAKT ER ZO'N HEISA VAN.
IK BEN SPECIAAL EN IK VERDIEN HET.
ZE PAKKEN ME TOCH NIET.
IK ZORG GEWOON GOED VOOR MEZELF, EN DAT ZOUDEN ANDEREN OOK MOETEN DOEN.
HET IS GEWOON GEZOND OM MIJN WOEDE TE UITEN.
ALS IK MAAR SLIM GENOEG MANIPULEER, KAN IK WEL MIJN ZIN KRIJGEN.

De uitvluchten van Gina hadden meer betrekking op haar gebrek aan zelfdiscipline.

EXCUSES VOOR IMPULSIEF GEDRAG

ALS IETS ME VERVEELT, WAAROM ZOU IK HET DAN DOEN?
IK KAN HET ALTIJD NOG WEL DOEN.
IK DOE HET MORGEN WEL.
HET LUKT WEL MET MIJN NATUURLIJKE TALENTEN, IK HOEF ME NIET ERVOOR IN TE SPANNEN.
IEMAND ANDERS KAN DIT WEL VOOR ME DOEN.
ED LAAT ME NOOIT IN DE STEEK.
HET LEVEN IS LEUKER ALS IK DOE WAT IK WIL.
IK KAN ER NIETS AAN DOEN, ZO BEN IK NU EENMAAL.

Je excuses helpen je om de realiteit van de situatie te ontkennen. Als je zo doorgaat, zul je een hoge prijs gaan betalen voor je veeleisendheid en impulsiviteit. Het feit dat je dit leest laat zien dat er al iets aan de hand is.

Laten je excuses niet verhullen dat je valkuil negatieve gevolgen heeft.

3. Schrijf op hoe je problemen met jezelf begrenzen zich in het dagelijks leven voordoen. Maak een grenzen-kaart. We willen dat je een *heel duidelijke* lijst maakt van de manieren waarop je valkuil zich in jouw leven manifesteert. Vraag vrienden en familieleden om je te helpen. Ze zullen *uiterst tevreden* zijn met de mogelijkheid jou dat duidelijk te maken.

Kijk naar de verschillende levensgebieden: thuis, met je partner, met je kinderen, op je werk, in de auto, in restaurants of hotels of met vrienden. Maak voor ieder gebied een grenzen-kaart. Dat geeft je de mogelijkheid om je verwachtingen af te meten aan de norm.

De norm is wederkerigheid, of gelijkwaardige uitwisseling. Dat wordt het beste uitgedrukt in de gouden stelregel: 'Ga met anderen om zoals je wilt dat ze met jou omgaan.'

Hier heb je een voorbeeld van de grenzen-kaart van Hans voor de situatie 'een film uitkiezen met Aafje.'

Levensgebied	Mijn veeleisendheid	Normale verwachtingen	Negatieve gevolgen van mijn gedrag
Een film uitkiezen met Aafje.	Mijn zin doordrijven.	Wederkerigheid – een compromis vinden en naar een film gaan die we allebei willen zien.	Aafje gaat niet meer zo vaak met me mee; ze zal wel de hele avond kwaad op me zijn.

Deze stap zal heel veel tijd vergen. Dat komt omdat we willen dat je de kaart voor alle levensgebieden invult, waarop je veeleisend bent. Het kunnen heel kleine dingen zijn, die niet direct opvallen. Zoals bijvoorbeeld bij Hans, toen hij naar een restaurant ging en de eetzaal precies de juiste temperatuur moest hebben, dat de tafel op de juiste plaats moest staan, enzovoort. Zijn veeleisendheid was doorgedrongen tot in alle hoeken van zijn leven.

Als je in therapie bent, kan je therapeut je erbij helpen. Ook familie en vrienden kunnen je erbij helpen. Het is belangrijk om anderen om hulp te vragen, omdat je je niet bewust bent van alle momenten waarop je veeleisend bent.

4. Maak kaarten die je helpen je veeleisendheid en je problemen met zelfdiscipline in iedere situatie te bestrijden. We willen dat je nu tegen je valkuil gaat vechten. Iedere keer dat je een situatie tegenkomt die op de grenzen-kaart staat, moet je je volgens de norm gaan gedragen in plaats van op je oude veeleisende, impulsieve of ongedisciplineerde manier.

De kaarten kunnen je daarbij helpen. Maak een kaart voor iedere situatie. Gebruik ze van tevoren om je op de situatie voor te bereiden.

Als je de kaart schrijft, denk dan aan de volgende aandachtspunten.

EEN VEELEISENDHEID-KAART MAKEN

1. LET OP DE GEVOELENS VAN DE MENSEN OM JE HEEN. PROBEER ZE AAN TE VOELEN EN TE BEGRIJPEN HOE ZE ZICH VOELEN.
2. STEL JEZELF TEN DOEL OM WEDERKERIGHEID, EERLIJKHEID EN GELIJKWAARDIGHEID IN JE RELATIES MET ANDEREN ALS LEIDENDE PRINCIPES TE HANTEREN.
3. VRAAG JE AF OF JOUW DIRECTE BEHOEFTE BELANGRIJK GENOEG IS OM DE NEGATIEVE GEVOLGEN ERVAN TE RISKEREN (BIJVOORBEELD JE VRIENDEN VAN JE VERVREEMDEN, JE BAAN VERLIEZEN).
4. LEER TELEURSTELLINGEN OP DE KORTE TERMIJN TE VERDRAGEN, MET ALS DOEL OM BETER JE LANGETERMIJNDOELEN TE KUNNEN NASTREVEN. DENK AAN HET GEZEGDE 'ZONDER MOEITE GEEN GEWIN'.

Dit is een voorbeeld van een kaart die Hans schreef voor de situatie 'Me aangetrokken voelen tot een andere vrouw.'

EEN VEELEISENDHEID-KAART

IK WEET DAT IK ME OP DIT MOMENT AANGETROKKEN VOEL TOT DIE VROUW, EN IK BEN AL BEZIG OM TE BEDENKEN HOE IK HET GA AANPAKKEN OM MET HAAR NAAR BED TE GAAN. MAAR DAT ZAL AAFJE ERG KWETSEN EN KWAAD MAKEN. IK WIL NIET DAT ZIJ MET IEDEREEN NAAR BED GAAT, DUS IK ZOU HET EIGENLIJK OOK NIET MOETEN DOEN. MET DEZE VROUW VRIJEN IS MINDER BELANGRIJK DAN MIJN HUWELIJK MET AAFJE. ALS IK DOORGA MET MIJN AVONTUURTJES, DAN RAAK IK HAAR ZEKER KWIJT. IK HOU VAN AAFJE EN IK WIL DE REST VAN MIJN LEVEN MET HAAR DELEN.

Hans was Aafje bijna kwijt geweest. Het was een reëel gevaar en door de kaart te gebruiken bleef het voor hem een realiteit. Zijn liefde voor Aafje vormde voor Hans de uiteindelijke motivatie voor zijn verandering.

Hou bij hoe vaak je in iedere situatie je aan de norm hebt gehouden, tegenover het aantal keren dat je volgens je valkuil hebt gehandeld. Deze lijst kan dienen als objectieve norm voor je vooruitgang.

5. *Vraag om feedback als je probeert te veranderen.* Het is belangrijk dat mensen die je vertrouwt je helpen bij je pogingen om te veranderen. Vraag vrienden, collega's en intimi hoe het gaat. Hebben ze al verandering gemerkt? Op welke gebieden vinden zij verandering nog nodig?

Veeleisendheid is zozeer een onderdeel van je bestaan dat het je zelf niet zo snel opvalt. Andere mensen hebben het beter in de gaten. Vraag om feedback. Hierdoor kun je een betere kijk op jezelf krijgen.

Het zal je ook helpen om beetje bij beetje te gaan begrijpen wat de normale verwachtingen zijn. Wat doen mensen normaliter voor anderen? Wat betekent het om eerlijk te zijn, wat betekent gelijkwaardigheid in relaties? Welke impliciete afspraken liggen er ten grondslag aan het gedrag? Blijf dit onderzoeken. Maak voor jezelf duidelijk wat de impliciete regels zijn die voor anderen heel gewoon zijn.

6. *Probeer je in te leven in de mensen in je omgeving.* Je valkuil wordt ook versterkt door je gebrek aan inlevingsvermogen.

Aafje: *Het lijkt net alsof Hans niet begrijpt hoe hij me kwetst. Hij denkt maar dat hij zijn gang kan gaan met andere vrouwen en dat het niet uitmaakt. Hoeveel verdriet ik ook heb, het maakt hem niet uit, lijkt het wel.*
Therapeut: *Jouw verdriet helpt hem niet ermee te stoppen.*
Hans: *Ik begrijp niet waarom het zo belangrijk is. Waarom neem je dat zo hoog op?*

Hans snapt de gevoelens van anderen niet. Dit geldt voor veel mensen die verwend en veeleisend zijn. Hun egocentrisme bestaat al zo lang dat ze zich er helemaal niet van bewust zijn hoe dat voor anderen is. Ze missen een belangrijk gevoel voor menselijke verhoudingen.

De reacties van anderen spelen een belangrijke rol in sociale situaties. Ze helpen ons om te beslissen hoe te handelen. Hans deed het zonder die signalen. Hij opereerde in een vacuüm. Hij herkende het niet als hij over bepaalde grenzen heenging. Hij nam gewoon aan dat als het voor hem goed was, het wel oké was.

In echtpaartherapie doen we 'spiegeloefeningen' om mensen te helpen zich in anderen te leren inleven. Spiegelen is een vorm van actief luisteren. Het bestaat uit twee onderdelen. Eerst vertel je wat de ander heeft gezegd. Vervolgens zeg je iets over wat je denkt dat de ander voelt.

Aafje: *Ik begin echt kwaad te worden over de manier waarop hij me thuis loopt te bevelen. Als we tv-kijken en hij wil iets eten dan zegt hij dat ik het moet gaan halen. En als ik zeg dat hij moet wachten op de reclame dan wordt hij pissig.*
Therapeut: *(tegen Hans) Kun je dat spiegelen en dan antwoorden?*
Hans: *Je zegt dat ik je thuis te veel loop te bevelen en dat ik wil dat je iets te eten voor me haalt terwijl we tv-kijken. En hoe jij je voelt? Kwaad.*

Besteed aandacht aan andere mensen. Luister eens naar hun klachten en problemen. Je moet ermee oefenen. Probeer te begrijpen hoe ze zich voelen als je geen rekening houdt met hun behoeften. Wat je onder de knie moet krijgen is dat je je in anderen inleeft zonder defensief te worden.

7. Als je valkuil een vorm van verweer is tegen andere valkuilen, probeer dan om de kernvalkuilen die eraan ten grondslag liggen te begrijpen. Volg de stappen van verandering die daarvoor gelden. Als veeleisendheid een strategie van je is om je te verdedigen tegen andere valkuilen – zoals emotionele verwaarlozing, minderwaardigheid, of sociaal isolement – volg dan de aanwijzingen om te veranderen die in die hoofdstukken worden aanbevolen. Als je de onderliggende valkuil niet aanpakt dan wordt het heel moeilijk om te veranderen.

Een van de belangrijkste aspecten van de verandering is om in contact te komen met je eigen *kwetsbaarheid*. Je veeleisendheid is een drastische poging om je te verweren tegen mogelijke pijn en kwetsbaarheid. Je kunt alleen maar veranderen als je dat onderliggende gevoel van verwaarlozing, minderwaardigheid of sociaal isolement voelt.

Het is alles of niets. Of je krijgt in alles je zin of je voelt je totaal verwaarloosd. Of je bent perfect en zo niet, dan voel je je minderwaardig. Ze kijken tegen je op of ze wijzen je af. Je moet leren dat er een tussenweg is, dat je je behoeften op een normale manier kunt vervullen.

Probeer op zo'n manier aan je basisbehoeften te voldoen dat je de rechten en behoeften van anderen daarbij respecteert. Je hoeft niet zo dwingend, overheersend en veeleisend te zijn om voor elkaar te krijgen wat je wilt. Geef je verdediging op. Leg de nadruk op je intieme relaties. Je kunt je behoeften leren bevredigen door de ander meer toe te laten. Leer te vragen om wat je wilt, zonder het te eisen. Probeer wat eerlijker tegen jezelf te worden. Wees open over wie je bent. Leer te zeggen wie je bent, zonder te proberen te verhullen, te verbergen of te imponeren.

We weten dat dit moeilijk voor je is. Je bent bang dat je kwetsbaar en hulpeloos overgeleverd bent, zonder dat je krijgt wat je nodig hebt of zonder dat je je door anderen geaccepteerd voelt. Je zult merken dat dit niet nodig is. Je leven kan veel bevredigender zijn. Door de veranderingstechnieken in de hoofdstukken over je onderliggende valkuilen uit te voeren, krijg je meer greep op het proces.

8. Als je moeite hebt met zelfdiscipline, maak dan een hiërarchie van taken op grond van de mate van verveling of frustratie die ze opwekken. Werk je stap voor stap door de hiërarchie. Zo kun je zelfdiscipline leren. Stel jezelf een aantal doelen en dwing jezelf ze te realiseren.

We weten dat dat lastig voor je is. Soms is het saai, soms frustrerend. Denk maar dat je een trainingsprogramma volgt. Je traint jezelf in 'frustratietolerantie'. Geef niet op, denk aan je langetermijndoelen.

Maak een lijst van taken die je moet uitvoeren en rangschik ze op grond van moeilijkheid. Gebruik de volgende schaal om aan te geven hoe moeilijk de taken op jouw lijst zijn. Geef aan hoe moeilijk een bepaalde opdracht voor jou is. Het invullen van een sollicitatieformulier is misschien voor de meeste mensen niet moeilijk, maar voor Gina wél.

Moeilijkheidsgraad
0 Erg gemakkelijk
2 Niet zo moeilijk
4 Moeilijk
6 Erg moeilijk
8 Bijna onmogelijk

Gina bijvoorbeeld scoorde haar items als volgt.

Taken die zelfdiscipline vragen	Moeilijkheidsgraad
1. De afwas doen	2
2. Iedere week de boodschappen doen bij de supermarkt	3
3. Tweemaal per week naar conditietraining gaan	4
4. Iedere dag de vacatures in de krant nalezen	5
5. Een huishoudbudget vaststellen	5
6. De telefoon pakken om afspraken te maken voor sollicitatiegesprekken	6
7. Op sollicitatiegesprek gaan	7
8. Een sollicitatieformulier invullen	7
9. Al het huishoudgeld aan het huishouden besteden, en deze week niet aan mezelf	8
10. Een sollicitatietraining volgen	8

Probeer ten minste iedere week een taak aan te pakken. Je kunt er ook voor kiezen om enkele taken op te nemen in je routine. Maak er een gewoonte van om nadat je alle taken hebt afgewerkt, iedere week ervoor te gaan zitten om jezelf doelen te stellen. Hou vast wat je hebt geleerd. Probeer niet terug te vallen in je oude grenzeloze gedrag.

9. Als je er problemen mee hebt om je gevoelens in bedwang te houden, pas dan de time-out-techniek toe. Time-out-technieken kunnen je vooral helpen je woede in bedwang te houden. Als je op het punt staat om in woede uit te barsten, helpen ze je om te stoppen en eruit te stappen voordat je je gevoelens de vrije loop laat. Als je jezelf weer onder controle hebt, kun je een rationele beslissing nemen om wel of niet iets met je gevoelens te doen.

Wat we willen is dat je je kwaadheid als signaal leert gebruiken. Zodra je kwaadheid voelt opkomen moet je leren om jezelf in bedwang te houden. Gebruik de volgende schaal om de hevigheid van je kwaadheid te scoren.

Kwaadheidsschaal
0 Helemaal niet kwaad
2 Een beetje kwaad
4 Matig kwaad
6 Erg kwaad
8 Heel erg kwaad

Gebruik de time-out-techniek als je kwaadheid 4 is of hoger op de schaal van 0 tot en met 8. Je moet jezelf excuseren en even weggaan. (Je kunt bijvoorbeeld iets zeggen als: ‘Sorry, maar ik moet even alleen zijn om na te denken. Laten we over een paar minuten verder praten.’) Als het onmogelijk is om je terug te trekken, ga dan in jezelf tellen. Tel net zolang tot je kwaadheid beneden de 4 is op de schaal.

Neem de tijd om na te denken over hoe je wilt reageren, zodra je je kwaadheid in de hand hebt. Je kunt beslissen om je kwaadheid te uiten. Maar doe het op een adequate, assertieve manier. Wees kalm en houd jezelf in bedwang. Val de ander niet aan. Maak duidelijk waarom je boos bent.

Aan de andere kant kun je beslissen, als je er goed over hebt nagedacht, je kwaadheid niet te laten zien. Immers – hoe vaak ben je niet in woede uitgebarsten en had je er later spijt van?

10. Als je afhankelijkheid en veeleisendheid hebt, maak dan een hiërarchie van opdrachten, die verschillen in moeilijkheidsgraad. Ga dan zelf de dingen doen die je nu anderen voor je laat doen. Bewijs jezelf maar dat je competent bent. Je moet steeds meer dingen zelf gaan doen. Je moet je onderliggende afhankelijkheid aanpakken.

Schrijf op wat de voor- en nadelen zijn van het feit dat je de mensen om je heen voor je laat zorgen. Wat is het effect op je gevoel van eigenwaarde? Welke invloed heeft het op de mensen om je heen?

Voor Gina was het gemakkelijk om de voordelen op te sommen. De dingen werden voor haar gedaan, andere mensen konden het beter en ze kreeg alles voor elkaar wat ze wilde. Met de nadelen had ze meer problemen.

Gina: *Ik kan het gewoon niet zo goed als anderen. Veel jongere mensen kunnen al dingen die ik niet eens kan. Ik bedoel,* tieners *kunnen banen krijgen en dingen leren.*

Een dramatisch gevolg van deze valkuil is dat je je zelfrespect volledig verliest. Je kunt gewoon niet meekomen met je leeftijdgenoten. Je afhankelijkheid maakt dat je anderen uitput en jezelf schade toebrengt.

Schrijf op wat anderen allemaal voor je doen, met als doel dat stap voor stap zelf te gaan doen. Het is belangrijk om de mensen die aan je valkuil meewerken, erbij te betrekken. Je moet langzamerhand je leven weer in eigen hand nemen.

Je hebt twee valkuilen, afhankelijkheid en veeleisendheid. Je moet ze allebei tegelijk aanpakken. Voer ook de stappen van verandering uit die in het hoofdstuk over afhankelijkheid staan.

Hier geven we enkele richtlijnen om andere mensen te helpen om hun veeleisendheid te overwinnen.

IEMAND ANDERS HELPEN OM ZIJN OF HAAR PROBLEMEN MET GRENZEN TE OVERWINNEN

1. Wat heb jij in handen als wisselgeld? Wat kan de ander motiveren? Je respect? Geld? Een baan? Liefde?
2. Hoe ver wil je gaan om verandering te bewerkstelligen? Ben je bereid je partner te verlaten? Of een medewerker te ontslaan?
3. Stap op de veeleisende persoon toe en breng je klachten op een niet-aanvallende manier naar voren. Vraag of hij of zij zich bewust is van jouw gevoelens. En of hij of zij bereid is te veranderen.
4. Als dat zo is, werk dan samen de stappen van verandering in dit hoofdstuk door.
5. Als hij er niets voor voelt, zeg dan wat de consequenties zijn. Voer ze stuk voor stuk uit, net zolang tot de veeleisende man of vrouw bereid is met je samen te werken. Probeer je wel in te denken hoe moeilijk het voor hem is om te veranderen, maar blijf beslist.
6. Onthoud dat het vaak onmogelijk is om iemand met deze valkuil te veranderen. Als je niet genoeg wisselgeld hebt, dan lukt het waarschijnlijk niet. Bereid je erop voor dat je een prijs betaalt, als je op verandering aanstuurt en het doorzet. Maak een lijst van voor- en nadelen als je een conflict riskeert en misschien je relatie moet beëindigen. Maak een bewuste keuze.

Hans en Gina behoren allebei tot de uitzonderingen. Beiden zijn zij mensen met veeleisendheid die kunnen en willen veranderen. Wat maakt hen anders? Hun partners spelen zeker een rol. Beiden hadden partners die bereid waren om hen te verlaten en tegelijk hielden zij allebei veel van hun partners. Liefde is hard wisselgeld.

Wacht niet tot je veeleisende partner uit zichzelf verandert. Jij moet veranderen. Je moet leren met hem om te gaan. Een veeleisend mens hanteren is iets wat je kunt leren. Eigenlijk gaat het erom dat je leert om grenzen te stellen. Veeleisende mensen zijn narcistisch. Ze kunnen zich niet goed in anderen inleven, ze geven de schuld aan anderen en ze hebben het gevoel meer rechten te hebben dan anderen. *Zij zullen zichzelf nooit begrenzen.* Jij moet dat voor hen doen.

Toen Aafje met therapie begon dacht ze dat als Hans zou merken hoeveel pijn hij haar deed, hij er wel mee zou ophouden. Ze bleef maar doorgaan met te laten zien hoe gekwetst ze was.

Aafje: *Ik kon het niet volgen. Ik zou* hem *nooit zoveel pijn kunnen doen. Ik zou het niet kunnen verdragen als ik wist dat ik hem zoveel pijn deed. Ik bedoel dat er momenten waren dat ik bijna aan zelfmoord dacht, zo erg. Ik kon er niet bij dat hij wist dat hij me zoveel pijn deed en toch weer avontuurtjes begon met andere vrouwen.*

Aafje moest leren dat haar pijn Hans nooit zou doen veranderen. Dat moet jij ook weten. Laten zien hoezeer je gekwetst bent is zinloos bij mensen die veeleisend zijn.

In plaats daarvan moet je grenzen stellen. Gebruik alles wat je hebt aan wisselgeld. Toen Aafje Hans zei dat ze zou scheiden als hij niet in therapie ging, gebruikte ze wisselgeld om grenzen te stellen. Daar was ze er natuurlijk nog niet mee. Dat was maar het begin. Hans greep tijdens de therapie alles aan om maar niet te hoeven veranderen. Hij bleef de schuld op Aafje schuiven, in de hoop dat zij zou toegeven.

Aafje moest zich heel assertief opstellen. Ze moest leren zeggen: 'Je gedrag is onacceptabel', en ze moest het echt menen. Ze moest voortdurend grenzen stellen, bijvoorbeeld zeggen: 'Als je nu weer een andere relatie begint, dan ga ik bij je weg' en 'Als je je vieze kleren op de grond laat liggen, in plaats van in de wasmand, dan was ik ze niet.' Aafje moest zich ook niet meer door haar schuldgevoel laten manipuleren. Ze moest Hans geen toestemming meer vragen om haar eigen leven te mogen leiden. Als ze uit wilde gaan met vrienden of als ze 's avonds een cursus wilde volgen, moest ze het gewoon gaan doen, los van wat Hans zei.

Dat betekent niet dat Aafje gemeen tegen hem zou moeten zijn. Ze moest leren hem op een rustige en besliste manier te benaderen. Aafje werd in feite een stuk aardiger. Dat kwam omdat het geven en nemen in de relatie in balans kwam en ze daardoor minder kwaad werd.

In feite wilde Hans ook door haar begrensd worden. Dat gaf hem een groter gevoel van veiligheid. En bovendien kreeg hij meer respect voor haar. En dat was ook belangrijk voor hem.

ENKELE WOORDEN TOT SLOT

Onderzoek heeft aangetoond dat hoe meer lijdensdruk cliënten hebben, des te waarschijnlijker het is dat zij zullen veranderen. Wij hopen voor jouw eigen bestwil dat je je niet zo prettig voelt. Wij hopen dat je een reden vindt om je veeleisendheid te veranderen. Want als je dat nalaat, zul je nooit een bevredigend leven hebben, noch in de liefde, noch in je werk.

HOOFDSTUK 17

BESPIEGELINGEN OVER VERANDERING

ZEVEN BASISPRINCIPES

Veranderen is moeilijk. We zien onze cliënten iedere dag worstelen om hun diepgewortelde patronen te veranderen. Ook wij ervaren hoe moeilijk het is om te veranderen en we merken hoe frustrerend het kan zijn voor onze vrienden en familieleden.

We weten dat zelfhulpboeken, net als dit boek, waarschijnlijk de indruk wekken dat verandering gemakkelijker lijkt dan het is. We zouden willen dat er een manier was om je voor te bereiden op de golfbewegingen van de groei. Het is een grillig verlopend proces. Cliënten vertellen ons altijd dat het 'twee stappen vooruit is en weer één stap terug'. Je kunt in het proces van verandering veel tegenslag verwachten. Hoofdstuk 5 beschrijft veel obstakels en geeft oplossingen.

Aan onze benadering van verandering ligt een manier van denken ten grondslag. Deze omvat verschillende basisprincipes. We kunnen ze niet bewijzen. We kunnen alleen zeggen dat verandering gemakkelijker is als je deze basisprincipes accepteert.

In de eerste plaats gaan we ervan uit dat *iedereen* iets in zich heeft dat streeft naar geluk en vervulling. Dit proces wordt soms ook zelfverwerkelijking genoemd. We nemen aan dat dit gezonde deel begraven is geraakt onder jaren van verwaarlozing, onderdrukking, misbruik, kritiek en andere destructieve krachten. Het proces van verandering omvat onder andere het weer tot leven wekken van, en hoop geven aan dit gezonde deel.

Ten tweede nemen we aan dat er verschillende basale behoeften of verlangens zijn, die wanneer zij worden vervuld, maken dat we gelukkiger zijn. De behoefte aan contact en je verbonden voelen met anderen, de behoefte aan onafhankelijkheid, autonomie, de behoefte om je aantrekkelijk te voelen, competent, succesvol, begerenswaardig en de moeite waard om geliefd te zijn bij je leeftijdgenoten. De behoefte om aan anderen te laten weten wat je wilt en voelt, de behoefte aan plezier, creativiteit en genot, om je interesses na te streven, je hobby's, en de dingen te doen die je graag doet. De behoefte om anderen te helpen, om liefde en zorgzaamheid te tonen. Deze behoeften komen later in dit hoofdstuk nog uitgebreid aan bod.

Een derde aanname in de valkuilbenadering is dat mensen *in staat zijn om fundamenteel te veranderen.* Sommigen zijn hier sceptisch over. Zij geloven dat onze persoonlijkheid vaststaat aan het einde van onze kinderjaren, of zelfs nog eerder door onze genetische aanleg, en dat fundamentele verandering op volwassen leeftijd niet mogelijk of onwaarschijnlijk is. Wij verwerpen dat idee met kracht. Wij zien mensen dagelijks ingrijpend veranderen, hoewel we moeten toegeven dat het veranderen van ingesleten patronen erg moeilijk is. Ons aangeboren temperament, samen met de vroege ervaringen in ons gezin en met andere kinderen *bieden een fors tegenwicht tegen verandering.* Maar ze maken verandering *niet onmogelijk.* Hoe destructiever die vroege ervaringen, hoe harder we zullen moeten werken om de valkuilen te veranderen, en hoe meer steun we nodig hebben.

Een vierde aanname is dat we allemaal een grote innerlijke weerstand hebben tegen verandering. Dit heeft belangrijke gevolgen. Het impliceert dat het *hoogst onwaarschijnlijk is dat we onze valkuilen zullen veranderen zonder daar van tevoren een bewuste beslissing over te nemen.* We doen veel op de automatische piloot, waarbij we onze gewoontes in denken, voelen en relaties aangaan, herhalen en steeds blijven doen wat we al ons hele leven doen. Deze patronen zijn comfortabel en vertrouwd, en we zullen ze waarschijnlijk niet veranderen, tenzij we ons daar vastbesloten, weloverwogen en langdurig toe zetten. Als we wachten tot verandering vanzelf komt, dan zal het zeker niet gebeuren. We zijn gedoemd om de fouten van vroeger en de erfenis van onze ouders en grootouders te blijven herhalen, tenzij we daar bewust en krachtig verandering in proberen te brengen.

Een vijfde aanname is dat we er meestal sterk toe neigen om pijn te vermijden. Het goede daaraan is dat we meestal streven naar ervaringen die ons plezier en genoegen geven. Het nadeel daarvan is dat we *pijnlijke situaties en gevoelens uit de weg gaan. Ook al biedt het ons een grote kans op groei wanneer we ze onder ogen zouden zien.* De neiging om pijn te vermijden is een van de ingewikkeldste blokkades voor verandering. Om onze valkuilen te veranderen moeten we bereid zijn om de pijnlijke herinneringen naar boven te halen die gevoelens oproepen als verdriet, angst, schuld, schaamte en gêne. We moeten bereid zijn om situaties tegemoet te treden die we ons hele leven uit de weg zijn gegaan, omdat we bang zijn dat ze alleen maar mislukking, afwijzing en vernedering zullen opleveren. We zijn gedoemd de schadelijke patronen te herhalen, tenzij we deze pijnlijke herinneringen en bedreigende situaties onder ogen zien. De meesten van ons vinden pijnlijke gevoelens afschrikwekkend; veel cliënten stoppen liever met therapie dan deze gevoelens te ervaren. Mensen raken verslaafd aan alcohol en drugs, om niet te hoeven voelen. Willen we veranderen, dan moeten we bereid zijn pijn te lijden.

Ten zesde *geloven we niet dat er één techniek of benadering van verandering is die succesvol is voor iedereen.* Wij denken dat de meest effectieve verandering bewerkstelligd kan worden door allerlei verschillende technieken en benaderingen te integreren. In de valkuilbenadering maken we gebruik van cognitieve, gedragsmatige, experiëntiële, psychoanalytische en interpersoonlijke technieken van verandering. Omdat we een aantal krachtige veranderingstechnieken combineren, geloven we dat we met deze therapie meer mensen kunnen helpen dan met andere therapieën, die maar enkele van deze interventies gebruiken.

We adviseren je om die benadering en die therapeut te zoeken die verschillende modellen combineert in plaats van maar een of twee benaderingen. Hoewel we niet verwachten dat we iedereen kunnen helpen met onze valkuilbenadering, hopen we meer succesvol te zijn dan behandelingen die maar één techniek gebruiken.

HET ONTWIKKELEN VAN EEN PERSOONLIJKE VISIE

Onze laatste aanname over verandering betreft de noodzaak om een persoonlijke visie te ontwikkelen. Verandering betekent niet dat je geen valkuilen meer hebt. We moeten gaan uitvinden wie we willen zijn en wat voor ons in het leven belangrijk is. Naar ons idee is het van vitaal belang om dat te weten voordat je je in het veranderingsproces begeeft. We willen dat je verder gaat dan het elimineren van je valkuilen en dat je een beeld voor ogen hebt waardoor je je uiteindelijk meer bevredigd en gelukkiger zult gaan voelen en waardoor je meer tot je recht kunt komen.

Velen van ons gaan door het leven met slechts een vaag idee van waar het toe moet leiden. Dat verklaart waarom zoveel mensen gefrustreerd en gedesillusioneerd de middelbare leeftijd of het pensioen halen. Ze beschikken niet over een aantal algemene doelen die hen richting geven. Het is voetballen zonder te weten waar de doelen staan of op een vliegtuig stappen zonder de bestemming te kennen. Toch is het erg belangrijk om zo'n blauwdruk te hebben. *De elf valkuilen zijn obstakels die het bereiken van onze doelen in de weg staan; ze vertellen ons niet wat we nodig hebben om gelukkig te worden.* Als je eenmaal je doelen hebt vastgesteld, kun je gaan kijken hoe je ze kunt bereiken. We adviseren je dringend om verandering op een systematische manier aan te pakken. Je moet het niet zomaar lukraak doen.

Om een persoonlijke visie te ontwikkelen moet je goed weten hoe je van nature bent. Dat betekent dat je weet welke interesses, relaties en activiteiten je zullen bevredigen. We denken dat iedereen aangeboren persoonlijke voorkeuren heeft. Misschien is ontdekken wat ons het beste ligt wel het allerbelangrijkste wat we in ons leven voor elkaar moeten krijgen.

Onze gevoelens en onze lichamelijke reacties zijn daarbij onze beste raadgevers. Als we relaties aangaan of dingen doen die bij ons passen, dan voelen we ons goed. Ons lichaam is tevreden en we voelen ons prettig of we hebben plezier.

Helaas is het zo dat velen van ons als kind geleerd hebben om juist niet te doen wat ons het beste ligt, maar dat wat van ons wordt verwacht. We werden gedwongen om flink te zijn, terwijl we van nature gevoelig zijn; we zijn gedwongen om geneeskunde te studeren, terwijl we liever buiten zijn. We zijn gedwongen om conventioneel te zijn, terwijl we dat vanuit onszelf niet zijn. We zijn gedwongen om routinematig te handelen, terwijl we van nature creatief zijn.

We zouden door kunnen gaan met voorbeelden van de manier waarop ouders en leerkrachten ons met de beste bedoelingen aanmoedigden om onze aard te verloochenen. Natuurlijk kan het niet zo zijn dat we egoïstisch alleen maar datgene nastreven wat óns gelukkig maakt. We moeten een balans zien te vinden tussen de sociale behoeften en onze persoonlijke behoeften. We verdedigen hier geen narcistische levensfilosofie. Maar velen van ons zijn te veel gedrild en overaangepast. We zijn te veel gedwongen om te doen wat anderen van ons verwachten.

Velen van ons moeten dit proces omdraaien als zij willen veranderen. We moeten ontdekken wie we zijn. We moeten uitvinden wat ons gelukkig maakt, zonder alleen maar af te gaan op wat anderen gelukkig maakt. Wij kunnen deze visie niet voor je ontwikkelen, maar we kunnen je wel de vragen aanreiken die je jezelf kunt stellen. We hebben al gesproken over onze kernbehoeften die kunnen leiden tot geluk. (Dit was de tweede aanname van onze filosofie.) Hier zullen we nu uitgebreider op ingaan.

Op het vlak van verandering gaat het allereerst om *relaties*. Wat is jouw visie op de relaties die je in je leven wilt? Maak duidelijk hoe je met anderen wilt omgaan. Kijk naar je intieme relaties. Hoe wil je die? Wat is het belangrijkst voor je – passie en romantiek, een maat, een gezin? Wat zoek je in een partner? Hoe belangrijk is voor jou intimiteit in vergelijking tot seksuele aantrekkingskracht?

Relaties zijn vaak een compromis. Het is lastig voor ons om de juiste compromissen te sluiten, omdat we niet goed meer weten wat bij ons past. Maar zeer weinigen van ons vinden een partner die ons alles geeft wat we nodig hebben, dus daarom moeten we keuzen maken. Wat is voor jou het belangrijkste bij de keuze van een partner? Welke minder belangrijke eigenschappen zouden wel leuk zijn, maar zou je laten schieten als je moest kiezen? Stel dat je bijvoorbeeld iemand hebt gevonden van wie je houdt en bij wie je je thuis voelt, maar waar je weinig passie voor voelt? Wij geloven niet in de ideale relatie, een relatie die ideaal is voor iedereen. Je moet weten wat voor jou het beste voelt.

Wat voor soort sociale contacten wil je? Wat voor soort vrienden? Bij wie wil je horen? Wat wil je doen voor de gemeenschap? Wil je actief zijn in een kerk of synagoge? Wil je op school of in de politiek actief zijn? Wil je meedoen aan sociale bewegingen? In hoeverre wil je op je werk met mensen omgaan? Hier moet je keuzen in maken, op grond van wat voor je gevoel bij je past.

Emotionele verwaarlozing, wantrouwen en misbruik, verlatingsangst en sociaal isolement zijn de belangrijkste blokkades als het gaat om het krijgen van relaties zoals je ze wilt hebben. Door deze valkuilen aan te pakken kun je relaties aangaan die intiemer zijn en bevredigender. Jouw visie op relaties zal je helpen om door te zetten om deze valkuilen uit de weg te ruimen.

Het tweede belangrijke vlak van verandering betreft *autonomie.* Wat is het optimale niveau van onafhankelijkheid voor jou? Natuurlijk wil je in de wereld staan met een gevoel van onafhankelijkheid en competentie, met een stevig gevoel van eigenwaarde. Maar welke mix van autonomie en verbondenheid zal je het meest gelukkig maken? Voor sommigen is het heel bevredigend om een groot deel van hun tijd in hun eentje te besteden. Anderen zijn gelukkiger als ze bezig zijn met anderen, dat doen ze liever dan alleen zijn.

Autonomie geeft je de vrijheid om gezonde relaties op te zoeken, in plaats van ongezonde. Je bent vrij om met een relatie door te gaan omdat je dat wilt en niet omdat je dat *moet.* Veel mensen met afhankelijkheid of kwetsbaarheid voelen zich vastzitten in ongezonde relaties. Ze zijn bang om weg te gaan en op eigen benen te gaan staan. Deze twee valkuilen vormen belangrijke blokkades bij het ontwikkelen van een gezonde mate van autonomie.

Autonomie is een wezenlijk onderdeel als het gaat om het uitvinden van wat bij je past. Dan gaat het ook om het ontwikkelen van je identiteit. Je bent vrij om te zijn wie je bent. Je bent uniek. Of je nu musicus wilt zijn, artiest, schrijver, atleet, technicus, acteur, huisvrouw, reiziger, natuurminnaar, verzorger, leider, dan kan allemaal. Je bent niet al te bang om het leven tegemoet te treden. Je zult jezelf in relaties niet verliezen en het leven van je partner leiden in plaats van dat van jezelf.

Het derde vlak van verandering betreft *gevoel van eigenwaarde.* Net als bij autonomie gaat het bij het gevoel van eigenwaarde om *vrijheid.* In plaats van geblokkeerd, ben je vrij. Minderwaardigheid en mislukken zijn blokkades voor het gevoel van eigenwaarde. Minderwaardigheidsgevoelens en schaamte drukken je naar beneden. Je schaamte hangt als een zware donkere wolk om je heen en verhindert je je te bewegen – je bent niet in staat om contact te maken, jezelf te laten zien, je behoeften te vervullen, uit te blinken.

Je wilt zo leven dat je zelfvertrouwen kan groeien. Hoe kun je ernaar streven om je goed te voelen over jezelf? Wat is je kracht en hoe kun je die verder ontwikkelen? Welke zwakke punten kun je corrigeren?

Het vierde vlak van verandering betreft *assertiviteit* en *zelfverwerkelijking*. Dit houdt in dat je ervoor kunt zorgen dat je behoeften worden vervuld en dat je je gevoelens kunt tonen. Assertiviteit wil zeggen dat je trouw bent aan je ware aard en plezier kunt beleven aan de dingen die je doet. Hoe kun je tonen wie je bent?

Extreme aanpassing en extreem hoge eisen staan zelfverwerkelijking en assertiviteit in de weg. Als je je extreem aanpast, geef je je eigen behoeften en plezier op in ruil voor erkenning en goedkeuring en om schaamte te omzeilen. Succes en perfectie worden je belangrijkste doelen in het leven ten koste van geluk en voldoening.

Passie, creativiteit, speelsheid en plezier maken het leven de moeite waard. Het is belangrijk om je soms te kunnen laten gaan, om ruimte te geven aan plezier en uitgelatenheid. Als je assertiviteit en zelfverwerkelijking te weinig plaats geeft, voelt het leven zwaar en ga je je wanhopig voelen. Jouw behoeften en die van de mensen om je heen zijn uit balans geraakt. *Veranderen impliceert dat je jezelf toestaat om toe te geven aan je basale behoeften en neigingen, zonder daarbij anderen onnodig pijn te doen.*

Het vijfde vlak van verandering, even belangrijk als de vier andere, heeft te maken met *zorgzaamheid voor anderen*. Een van de meest bevredigende dingen in het leven is *leren geven* aan anderen en met hen mee leren leven. Je bijdrage leveren geeft een *goed gevoel*. Maatschappelijke betrokkenheid, liefdadigheid, kinderen krijgen en aan hen geven, je vrienden helpen – dat alles impliceert dat je je verbonden voelt met iets buiten jouzelf en je individuele bestaan. Hoe kun je iets bijdragen aan de samenleving als geheel?

Spiritualiteit en religie kunnen belangrijk zijn in het gevoel deel uit te maken van een groter geheel. De meeste religieuze en spirituele benaderingen benadrukken het feit dat zij buiten de nauwe grenzen van zelf en gezin treden, namelijk het hele universum. Veel religieuze ervaringen geven deze toegevoegde waarde en voldoening.

Kijk goed naar deze vlakken van verandering wanneer je je visie op je leven ter hand neemt. De doelen van het leven zijn waarschijnlijk universeel: liefde, zelfexpressie, plezier, vrijheid, spiritualiteit, geven – dat is wat we willen.

Maar deze doelen zijn vaak strijdig. Bijvoorbeeld passie kan in strijd zijn met stabiliteit, autonomie kan intimiteit in de weg staan, zelfverwerkelijking het meeleven met anderen.

Je zult prioriteiten moeten stellen en een balans moeten vinden die bij je past. Je moet echt elementen van die bredere doelen op jouw eigen unieke manier in elkaar passen, zodat ze aansluiten bij jouw unieke behoeften en prioriteiten.

EMPATHISCHE ZELFCONFRONTATIE

We hebben een begrip ontwikkeld dat het beste omschrijft wat wij verstaan onder een gezonde houding tegenover verandering: *empathische zelfconfrontatie.* Wees aardig voor jezelf, terwijl je bezig bent jezelf te dwingen tot verandering. Veel mensen hebben te scherpe kritiek op zichzelf als ze het gevoel hebben niet genoeg te veranderen. Of ze zijn te gemakkelijk en zoeken excuses om het op te kunnen geven.

Het proces van verandering is vreselijk moeilijk, zoals we al vaak hebben gezegd. Blijf boven alles met jezelf begaan. Je doet je best. Heb begrip voor je zwakheden en je beperkingen. Denk eraan dat valkuilen moeilijk te veranderen zijn. Het is van vitaal belang te begrijpen hoe je zo bent geworden als je bent. *Denk aan de oorsprong van je valkuilen en probeer mededogen te hebben met jezelf als kind.*

Maar het is ook belangrijk om verantwoordelijkheid te nemen voor de verandering. Veel zelfhulpgroepen hebben de kritiek gekregen dat ze te veel benadrukten dat de deelnemers slachtoffers zijn van hun ouders, zonder ze te leren verantwoordelijkheid te nemen om te veranderen. Dit is een reëel gevaar. Je moet jezelf confronteren. Vasthoudend zijn. Niet uitstellen en wachten tot het beter uitkomt. Nu is het het goede moment om te beginnen. Hoe beschadigd je ook bent als kind, het ontslaat je niet van de verantwoordelijkheid te investeren in je verandering. *De pijn uit je kindertijd verklaart waarom verandering zo moeilijk is en zo lang duurt, maar verklaart niet waarom sommigen maar doorgaan in hun destructieve patronen, zonder zich ervoor in te zetten ze te veranderen.*

Wees eerlijk. Zeg tegen jezelf dat het erg belangrijk is om de realiteit onder ogen te zien. Zoveel mensen houden zichzelf voor de gek of houden vast aan illusies over hoe ze zouden willen zijn of wat ze van anderen verwachten. Maar ze willen niet onder ogen zien hoe ze echt zijn – hoe kil ze zijn, hoe verdrietig, hoe kwaad, hoe bang. Kijk met open vizier naar je situatie. Jezelf misleiden helpt je alleen om door te gaan in je destructieve patronen. En op relationeel vlak blijf je in de kou staan. (Je krijgt er geen echte goede relaties mee.)

Zeg tegen jezelf dat je moet veranderen op de manier en zo snel als jij kunt. Je kunt niet alles tegelijk aanpakken, dus moeten we de valkuilen stap voor stap nemen. Vertrouw erop dat je kunt komen waar je wilt. Vertrouwen helpt je om mislukking en teleurstelling te verdragen tussen je successen door. Wees geduldig. Als je doorzet zul je uiteindelijk je doel bereiken.

Jammer genoeg kunnen sommige veranderingen niet in kleine stappen worden bereikt. Soms is er een grote stap voor nodig of moet je een groot risico nemen. Soms moeten we een grote verandering aandurven om verandering mogelijk te maken, zoals bijvoorbeeld het beëindigen van een relatie, een verandering van baan of een verhuizing naar een andere stad. Als we ons bewuster willen worden van hoe we werkelijk zijn en als we onze valkuilen willen dichten, dan moeten we vaak met het verleden durven breken. Je moet de veiligheid van de bekende patronen durven loslaten om de volwassene te worden die je wilt zijn.

HULP VAN ANDEREN AANVAARDEN

Het is erg moeilijk om in je eentje te veranderen. Verandering is gemakkelijker wanneer je steun krijgt. Probeer die hulp te krijgen. Laat vrienden en familieleden zich ermee bemoeien. Vertel ze wat je probeert te doen en laat ze je helpen.

Soms kunnen vrienden of familieleden die je willen steunen als mentoren optreden of als rolmodel voor het bereiken van je persoonlijke doelen. Ze kunnen je advies geven, sturing en inspiratie. Als je iemand goed kent die al enkele van jouw doelen heeft bereikt, dan kan dat het proces voor jou haalbaar maken, je kunt gaan geloven dat verandering *mogelijk* is.

Vrienden en familieleden zijn vaak objectiever dan jij. Ze kunnen je helpen om goed naar de realiteit te kijken en ze kunnen je wijzen op de dingen die je uit de weg gaat. Het zal lastig voor je zijn, zonder de hulp van een ander die goed en realistisch naar je kijkt, omdat het voor jou niet gemakkelijk is om je eigen kronkels te kennen.

Het kan helaas zo zijn dat het niet mogelijk is om een beroep te doen op familie of vrienden. Je hebt ze niet of ze hebben het te moeilijk met zichzelf om jou te kunnen helpen. Vaak zijn het juist familieleden die eerder je valkuil in stand helpen houden, dan hem te helpen veranderen. Als dat zo is zou je aan professionele hulp kunnen denken.

Er zijn ook andere redenen waarom het verstandiger kan zijn om professionele hulp te zoeken. Als je symptomen zo ernstig zijn dat je niet goed meer kunt functioneren, als je al lange tijd vastzit en niet weet hoe te veranderen, als verandering hopeloos lijkt – in die gevallen kun je denken aan professionele hulp. Denk er ook aan als je in een crisis bent, bijvoorbeeld als een langdurige relatie is beëindigd of als je je baan bent kwijtgeraakt – op dat soort momenten heb je steun nodig en ben je meer ontvankelijk voor verandering. Ook wanneer je een traumatische jeugd hebt gehad, met emotionele verwaarlozing of fysieke of seksuele mishandeling, is het goed om aan professionele hulp te denken. En tot slot, als je andere mensen kwetst met jouw probleem, dan is professionele hulp duidelijk aangewezen.

Als je symptomen heel ernstig zijn, kunnen medicijnen helpen. Bijvoorbeeld als je erg depressief bent: als je je waardeloos voelt, als je eten en slapen verstoord zijn, als je niet meer op gang kunt komen, als je je niet meer kunt concentreren, als je je interesse verliest in dingen waar je vroeger wel plezier in had of als je minder presteert. Je kunt zelfs zelfmoord overwegen. Als je deze depressieve symptomen hebt, vooral als je je suïcidaal voelt, moet je direct professionele hulp zoeken.

Ook bij ernstige angstverschijnselen, zoals paniekaanvallen, multipele fobieën, dwangmatig gedrag of bang zijn voor alles, is professionele hulp nodig. Je kunt zo bang zijn voor sociale situaties dat je ze omzeilt, waarmee je je sociale en professionele leven in de vernieling helpt. Zoek in dat geval professionele hulp.

Als je verslaafd bent aan alcohol of drugs. Bij een posttraumatische stressstoornis, waarbij de dingen uit het verleden je niet loslaten. Je hebt nachtmerries of herbelevingen of je voelt je verdoofd en emotieloos. Of als je een ernstige eetstoornis hebt, zoals bulimia of anorexia. De drang om gewicht kwijt te raken is zo sterk dat je eten in grote hoeveelheden naar binnen werkt en het op de een of andere manier weer kwijtraakt, of dat je steeds minder gaat eten en gevaarlijk dun wordt. Zoek in ieder geval professionele hulp als dit het geval is.

HET UITZOEKEN VAN EEN THERAPEUT

Als je besloten hebt om professionele hulp te zoeken moet je af gaan vragen wat voor soort therapeut je nodig hebt. Hier is geen algemeen geldig antwoord op. Het is eerder zo dat je een therapeut moet uitzoeken die bij je past.

Het is van belang om een therapeut te nemen die goed opgeleid is. Over het algemeen is het zo dat je beter een professionele therapeut kunt kiezen dan een niet-professionele. Je vertrouwt tenslotte je wel en wee toe aan een ander. Je wilt dan iemand die goed opgeleid is en die gebonden is aan een beroepscode. Hoewel wij zelf psychologen zijn, bevelen we ook maatschappelijk werkers, psychiaters en psychiatrisch verpleegkundigen aan, *als ze ervaring hebben met jouw type probleem.* Al deze beroepen vereisen ten minste hbo of universitair niveau en een overheidsregistratie. Als je een dergelijke professional uitkiest, dan heb je de grootste kans op iemand met kennis en klinische vaardigheden, die gebonden is aan een beroepscode en die verantwoording schuldig is aan zijn beroepsvereniging. Hoe ernstiger jouw problemen, des te belangrijker het is een professional te kiezen.

Er zijn ook nogal wat verschillende therapierichtingen. Zoals we al eerder in dit hoofdstuk zeiden, geloven we dat het een vergissing is om een therapeut uit te zoeken die maar één model hanteert. Naar onze mening zijn de beste therapeuten diegenen die in staat zijn om verschillende technieken en strategieën toe te passen, passend bij de cliënt. Om die reden gaat onze voorkeur uit naar een integratieve therapeut.

Het is van groot belang dat je een therapeut vindt bij wie je je emotioneel thuis voelt. Je wilt iemand die warm is en je accepteert, iemand die je een veilig gevoel geeft. Je wilt iemand die jou aankan – die grenzen stelt en die je aanspreekt als je uit het spoor raakt. Wees sceptisch ten opzichte van een therapeut die het altijd met je eens is en je een goed gevoel geeft of een die kil is en afstandelijk, die te kritisch is, of van wie de motieven om met je te werken niet kloppen.

Vermijd inadequate aantrekkingskracht, die het gevolg kan zijn van je valkuilen. Als je bijvoorbeeld minderwaardigheid hebt, maak je grote kans dat je je aangetrokken voelt tot een kritische, 'superieure' therapeut, hoewel dat niet goed voor je is. Het zou beter zijn als je een therapeut vond die jou aardig lijkt te vinden en die je respecteert. Als je probleem is dat je niet goed contact maakt, dan is een afstandelijke en kille therapeut voor jou niet ideaal. Je moet iemand hebben die je helpt om je open te stellen. Je therapeut moet iemand zijn die een omgeving biedt die reparerend is voor jou met jouw speciale probleem.

In sommige opzichten wil je een therapeut die een soort van ouder voor je is, die je niet had. Dat noemen we 'limited reparenting', een herkansing in de therapie. Een aspect van therapie is dat je een soort tegengas krijgt tegen de problemen van je jeugd. Als je onvoldoende koestering kreeg, dan krijg je die van je therapeut. Als je te veel kritiek kreeg, dan krijg je van je therapeut waardering en steun. Als je ouders te grensoverschrijdend waren, dan respecteert de therapeut je grenzen. Als je werd misbruikt, dan biedt de therapeut veiligheid en bescherming.

Natuurlijk kun je niet verwachten dat een therapeut je alles kan bieden wat je bent tekortgekomen. Dat is niet reëel. Je kunt maar zoveel krijgen als er therapie-uren in de week zijn. En dat zijn er meestal maar één of twee. Kijk uit voor therapeuten die je afhankelijk maken en die je een onprofessionele hoeveelheid steun beloven, die verder gaat dan wat psychotherapie je kan bieden.

Je therapeut kan ook een voorbeeld zijn op het vlak waar jij problemen mee hebt. Je therapeut is bijvoorbeeld assertief, waar jij dat niet bent, of open, terwijl jij gesloten bent. Je therapeut kan je voordoen hoe je problemen effectief kunt oplossen.

Je kunt je ook aansluiten bij zelfhulpgroepen. In Nederland zijn er nog niet zoveel. Maar je kunt wel hierover informeren bij de huisarts. Deze groepen hebben een programma waar je iets aan kunt hebben.

Kijk uit voor sektes, met hun charismatische leiders, die van je verwachten dat je nieuwe leden werft (bekeert) en waar je meestal veel geld aan kwijt bent. Sektes maken je afhankelijk en vereisen extreme aanpassing. Als lid voel je je speciaal, je hebt een geheim dat anderen niet hebben. In werkelijkheid moeten sekteleden kinderen blijven, in plaats van dat een beroep gedaan wordt op hun volwassenheid. Ze moeten de leider volgen, in plaats van te leren hun eigen behoeften te volgen. Als je overweegt je aan te sluiten bij een groep, en er niet zeker van bent of dat goed is, raadpleeg dan de huisarts of een andere professional, of neem contact op met een van de beroepsverenigingen, bijvoorbeeld met het NIP (Nederlands Instituut van Psychologen) of de NVP (Nederlandse Vereniging van Psychotherapeuten).

Als je de Engelse taal beheerst kun je contact met de auteurs opnemen; op de website www.schematherapy.com vind je alle auteursgegevens. Vertel hen je verhaal. Zij kunnen geen therapie bieden per post of per e-mail, maar zij willen wel graag horen wat je vindt van hun benadering.

In Nederland is de benadering van Young in opkomst. Je kunt het beste contact opnemen met de Riagg om informatie in te winnen over therapeuten, die getraind zijn in de valkuilentherapie.

We willen graag besluiten met een citaat van T.S. Eliot, Little Gidding

We shall not cease from exploration
And the end of all our exploring
Will be to arrive where we started
And know the place for the first time.

Onvermoeid zetten we onze tocht voort
Om uiteindelijk terecht te komen
Waar we zijn begonnen, en ontdekken
Dat we dan pas weten waar we zijn.

(vertaling S.E. Janzen)